アントレプレナーシップ教育

Entrepreneurship Education

稲田 優子
Yuko Inada

関西学院大学出版会

アントレプレナーシップ教育

まえがき

　複雑で不確実な状況において、社会の課題を解決し、価値を創造するアントレプレナーシップ教育（Entrepreneurship Education）の需要は高まりつつある。日本においても、政府や教育機関は学習者に起業への関心を促し、地域や世界市場を視野に入れた新規事業など価値を創造する人材育成を積極的に実施している。文部科学省（2017a, 2021a）は、2014年から2016年にかけて高等教育において若手研究者や大学院生等を対象に、起業に挑戦する人材を育成するグローバルアントレプレナー育成促進事業を開始した。そして、アントレプレナーシップマインド、事業の運営、課題発見・解決能力、広範囲の視野をアクティブラーニングで身につける人材の育成を試みた。2017年から2021年には、次世代アントレプレナー育成事業で学部生や社会人にも対象者を広げ、アイデアの創出やビジネスモデルの構築を中心とした実践的なプログラムの実施、アントレプレナーシップの醸成、ベンチャー企業の創出を強化した。2021年から2025年にはスタートアップ・エコシステムの形成支援として、自治体・産業界と大学との連携を強化し、大学等における実践的なアントレプレナーシップ教育と資金を含めた大学発ベンチャーの起業支援の制度構築を目指している。日本政府は2022年をスタートアップ創出元年と位置づけ、起業する人材育成としてアントレプレナー（起業家）の創出や新たな価値を創出する小さな起業であるスタートアップを支援し、日本全体で起業のエコシステム（生態系）を創出しようとしている。首相自ら、起業を支援する企業や団体を視察し、資金支援等を含めた前例にとらわれない大胆な政策を打ち出している（経済産業省 2022）。このように、アントレプレナーシップ教育は、日本の経済的な発展と個人の人生がより豊かになるために起業や起業思考を育成することを重視しており、近年注目されている。日本の高等教育機関に対するアントレプレナーシップ教育の期待は非常に高い。しかしながら、アントレプレナーシップ教育に関する分野は新しく、その概要や教育効果の検証、人材育成や教育支援の有効的なアントレプレナーシップ教育のフレームワークに関する研究の蓄積が非常に少ない。

本書の目的

　本書の目的は、アントレプレナーシップ教育に関心を持つ研究者、教育者、実務家が、欧米日の体系的なアントレプレナーシップ教育の知見を得て、その価値を理解し、本書を研究や教育に活用することにある。Mwasalwiba（2010）のアントレプレナーシップ教育の5項目（定義、目的、授業・プログラムの内容、教授法、効果測定）に基づき、高等教育における国内外のアントレプレナーシップ教育の先端とされる大学・大学院のアントレプレナーシップ教育の内容や教授法を明らかにしている。そして、定量・定性調査を用いて、多角的な視点から授業・プログラムの効果検証を実施している。その実証研究の結果をもとに、日本の高等教育に関する理論と実践が融合したアントレプレナーシップ教育プログラム、人材育成、起業エコシステムの構築の重要性を示唆している。

本書の学術的な独自性や創造性

　本書の学術的な独自性や創造性を3点述べる。第1に、本書は、欧米日のアントレプレナーシップ教育についての文献、実態調査の資料として学術的な発展に役立つと考える。アントレプレナー、アントレプレナーシップ、アントレプレナーシップ教育の定義、フレームワーク、教育効果に関する調査を整理した。また、欧米日のアントレプレナーシップ教育の比較において、日本の大学は、アントレプレナーシップの科目数、実践的なアントレプレナーシッププログラム、起業支援センターの設置数が非常に少ない。よって、本書が、国内外のアントレプレナーシップ教育についての実態調査の資料として、日本のアントレプレナーシップ教育の課題の把握に関して学術的な発展の一助になるものと考える。

　第2に、本書の短期・長期的調査の結果から、アントレプレナーシップ教育の新たな効果測定の研究が進展する可能性があるということである。本書において、著者は、Jones & Matlay（2011, p.694）、Mwasalwiba（2010, p.23）のアントレプレナーシップ教育フレームワーク、Jack & Anderson（1998, p.10）、Lackéus（2015, p.13）のアントレプレナーシップ教育の効果測定に着目した。Mwasalwiba（2010, p.23）のアントレプレナーシップ教育フレームワーク、Lackéus（2015, p.13）の起業に関する適性（知識・

能力・態度）を用いて、短期調査の授業の受講前後および長期調査のプログラムの受講前後での学習者の変化を調査した。量的・質的の両方の観点からそれらを分析し、学習者のアントレプレナーシップ教育に関する効果を示したことに新規性があると考える。

これまで、Lackéus（2015, p.13）の起業に関する適性（知識・能力・態度）の理論的なフレームワークは発表されていたが、アントレプレナーシップ教育に関する効果測定の実証的な量的研究は行われていない。Nabi, Linan, Fayolle, Krueger, & Walmsley（2017, p.280, 281, 283）のアントレプレナーシップ教育の知識・能力・態度の側面から測定した効果検証の66件の文献調査からは80％以上が肯定的な結果であることが示された。本書でも同様に、短期調査において起業に関する適性について知識・能力・態度が向上する傾向がみられ、長期調査において能力・態度の向上がみられたため、Nabi et al.（2017, p.280, 281, 283）の研究を支持する結果となった。

また、インタビュー調査から、アントレプレナーシップ教育における理論と実践を融合したプログラム、自己探求、内省、研鑽、協働学習、共感、共創、価値創造の人材育成の重要性、教育者、支援センターの役割、起業者、支援者、理解者のエコシステムの構築、アントレプレナーシップ教育が、アントレプレナーおよびアントレプレナーシップマインドの育成やキャリア形成に影響があることが明らかになった。

本研究は、アントレプレナーシップ教育を受講した学習者を調査対象としている。卒業前、卒業後のキャリアを示していることで、実態調査の資料として貢献できると考える。2017年Financial TimesによるGlobal MBA Rankingの上位Business Schoolの学習者を調査対象とし、著者は、2018年に米国のHarvard、MIT Sloan、Chicago Booth、Kellogg、Babson Business School、西国（スペイン）のIE Business School、早稲田大学を訪問し、それらの訪問先の学習者や九州大学、関西学院大学の学習者から貴重な資料を取得した。

また、著者は、学習者に対してアントレプレナーシップ教育の内容、支援センター、卒業前、卒業後のキャリアなどについてインタビュー調査を実施した。2017年Financial TimesのGlobal MBA RankingにあるBusiness Schoolの上位10校では、卒業者の直近の進路はホームページ等

で開示しているところもあるが、追跡調査は実施されていないか、もしくは、開示されていないことが多い。日本の大学に関しても卒業者の進路を開示していないところが多い。

　本研究では、国内外の大学の卒業者を対象とした進路を示している。IE Business School の卒業者に関しては、5年以内に何名のアントレプレナーを輩出したか追跡調査を行い、学習者の卒業後のキャリアを示している。アントレプレナーシップ教育を受講した学習者が、どれくらいの割合でアントレプレナーとして活躍するのかを明記しており、一定の目安になる。また、欧米の大学は、在学中に豊富な資金、施設、メンター制度が提供されている。学習者が新規事業に挑戦できる環境が日本の大学と比較して整備されており、そのことがアントレプレナーシップマインドセットに大きな影響を与えている。

　先行研究の、Gibb(1987)、Curran & Stanworth(1989)、Block & Stumpf(1992)、Young (1997)、Storey (2000)、Konig (2016) は、アントレプレナーシップ教育の効果測定の重要性を提唱する。国内でアントレプレナーシップ教育の向上に注力している日本ベンチャー学会の起業家教育推進委員会は、2019年度からアントレプレナーシップ教育の効果測定を重要なテーマとして設定している。また、著者が参加した海外の学会、Academy of Management のアントレプレナーシップ部門の学会 (2018) ではアントレプレナーシップ教育の理論の構築だけでなく、教授法や効果測定など教育者の研修を積極的に実施していた。このように国内外でアントレプレナーシップ教育の効果測定に関して活発な議論が実施されており、本研究の短期・長期的調査の結果から、アントレプレナーシップ教育の新たな効果測定の研究が前進する可能性がある。

　第3に、理論と実践を融合したアントレプレナーシップ教育のフレームワークの示唆により、実務的なアントレプレナーシップ教育の可能性を広げ、新規事業を創出する人材の育成に貢献できる点で意義がある。

　Jones & Matlay (2011, p.694)、Mwasalwiba (2010, p.23) のアントレプレナーシップ教育フレームワーク、アントレプレナーシップ教育のプログラム内外の学び (QAA 2018, p.22)、教育支援 (Kourilsky 1995; 安岡・宮田・井上・菊地 2018)、教授法 (シャーマー＆カウファー 2015; シャーマー

2017; 村田 2018) は示されているが、アントレプレナーシップ教育は、学術的にまだ初期の段階で発展途上であり (Finkle, Soper, Fox, Reece, & Messing 2009)、効果的なアントレプレナーシップ教育の基礎的なフレームワークがない (Fiet 2000a, b; Brockhaus, Hills, Klandt, & Welsch 2001; Solomon 2007)。授業・プログラムの効果測定に基づいたアントレプレナーシップ教育のフレームワークに関する研究には限界がある。Jones & Matlay (2011, p.694) のアントレプレナーシップ教育のフレームワークでは、地域という観点はあったが、教育機関、企業や団体との提携という観点はなかった。また、Mwasalwiba (2010, p.23) のアントレプレナーシップ教育フレームワークでは、定義、目的、プログラム、教育支援、教授法、効果測定に関する論文数や各項目の内容の紹介はされていたが、アントレプレナーシップ教育の具体的な内容に関しては示していなかった。

　本研究では、Jones & Matlay (2011, p.694)、Mwasalwiba (2010, p.23) のアントレプレナーシップ教育フレームワークを活用し、欧米日の大学におけるアントレプレナーシップ教育比較、アントレプレナーシップ教育の短期調査や長期調査の効果検証、Stanford 大学や Babson 大学の教職員研修、日本の起業支援センターの情報をもとに、学習者を中心としたアントレプレナーシップ教育のフレームワークを示唆した。日本のアントレプレナーシップ教育にとって、授業、研修、インターンシップなどの実践的な場の提供、インキュベーション施設、資金調達などの実践の強化には教育機関、企業、団体、地域との連携が欠かせないことを示した。また、アントレプレナーシップ教育の定義、目的、プログラム、教育支援、教授法、効果測定、アントレプレナーシップ教育の普及方法を示唆した。言い換えれば、各ステークホルダーを明らかにし、日本のアントレプレナーシップ教育を基盤とした企業、団体、地域、国内外の教育機関との連携、初級・中級・上級レベルの授業の設置、QAA (2018, p.22) のアントレプレナーシップ教育のプログラム内外の学び、起業支援を示した。

　効果測定に関しては、国際認証機関のプログラム効果指標や本研究の調査をもとにし、アントレプレナーシップ教育のプログラムの効果指標を示した。また、学習者の内面の評価指標として、シャーマー＆カウファー (2015)、シャーマー (2017) の U 理論における学習者の内省を促し、学

習者の自身の課題に対する自己評価と振り返りを含んだポートフォリオ等の示唆を行った。それらは、アントレプレナーシップのマインドセットに大きな影響を与える。

さらに、本研究では多様性、協働学習、共創、自己探求、内省、研鑽の重要性を示し、価値創造、社会に価値を還元する過程を表示した。そして、Kourilsky（1995）の起業活動の推進とサポート体制ピラミッドにあるように、アントレプレナーの育成だけではなく、アントレプレナーの支援者、理解者の育成が欠かせないことを示した。大学からの観点だけではなく、企業や起業支援の団体の視点からどのように起業システムが構築されるのかについて新たな知見を示している。また、対面授業だけでなくCollaborative Online International Learning（以下、COIL）を用いた国際産学官連携のオンライン授業を示し、COILを用いた国際産学官連携の可能性を見いだした。本研究の詳細を含めた理論と実践を融合したアントレプレナーシッププログラムの示唆により、実務的なアントレプレナーシップ教育の可能性を広げる。本書は、不確実で複雑な社会の課題に対して、新規事業を創出する人材の育成に有益な視点を提供するものと考える。

本書の構成

本書は、第1章から第6章の構成である。第1章でアントレプレナーシップ教育の意義と課題を述べている。第2章でアントレプレナーシップ教育の理論を示している。第3章で欧米日におけるアントレプレナーシップ教育の内容を比較し、第4章でアントレプレナーシップ教育の授業やプログラムの効果検証を説明している。第5章で、支援者や教職員に焦点を当て、起業エコシステムがどのように形成され、何が必要なのかを示している。第3章から第5章で提示した内容をもとに、第6章でアントレプレナーシップ教育の価値創造や国際産学官連携を用いたアントレプレナーシップ教育の方向性を示唆している。

本書の概要

第1章　アントレプレナーシップ教育の意義と課題

本章では、アントレプレナーシップ教育の背景および課題、本研究の目

的とその必要性、および本書で使用する用語の定義について説明している。本書は、経営学の分野でアントレプレナーシップの研究をしている方だけでなく、教育学などその他の分野で、アントレプレナーシップ教育の研究を始めようとされている方も読者の対象である。経営学ではアントレプレナーシップは新しい分野である。そのため、アントレプレナーシップやアントレプレナーシップ教育の概念、定義、目的、意義、内容を整理し、専門用語の説明をしている。アントレプレナーシップ教育とは、アントレプレナーを育成すること、あるいは、人々の人生をより豊かにするための起業思考を向上させることを意味する。その成果は、雇用の創出や不確実で複雑な社会課題に対する価値創造である。近年、アントレプレナーシップ教育は、事業創造を担うグローバル人材の育成として注目されている。文部科学省や経済産業省を中心に、起業する人材や起業思考を育成するための施策が積極的に推進されている。しかしながら、2016年のGlobal Entrepreneurship Monitor（以下、GEM）調査、主要7か国（米国、日本、独国、英国、仏国、伊国、中国）のうち、日本の起業活動の状況（行動）が最も低調であり、危機的な状況が示されている。このことは、日本のアントレプレナーシップ教育に関するプログラムの開発や効果測定等の研究、教職員の人材育成や支援者とのネットワーク構築が整っていないことが関連している。さらに、産学官連携の実践的なアントレプレナーシップ教育の仕組みが構築されていないことも指摘されている。2024年の同様の調査においても、教育機関におけるアントレプレナーシップ教育は低迷したままである。このように、日本のアントレプレナーシップ教育の課題は、その実態が明らかでなく、効果検証に基づいたアントレプレナーシップ教育の開発や仕組みが構築されていないことである。

第2章　アントレプレナーシップ教育の理論

　本章では、アントレプレナーシップ教育の歴史的な経緯を説明し、アントレプレナーシップ教育の理論（経営学と教育学の代表的な理論）を紹介している。アントレプレナーシップ教育の歴史的な経緯では、1947年にHarvard Business Schoolでアントレプレナーシップ教育が開始され、2014年には、全米の3分の2を占める2,000校で実施されていることを示

している。欧州では、1994年に開始され、海外から教員を招致してアントレプレナーシップ教育を進展させてきた（Katz 2003; European Commission 2000; Zhang 2011）。日本では、2002年に経済産業省が理系と経営の融合においてアントレプレナーシップ教育を導入し、2014年に文部科学省がグローバルアントレプレナー育成促進事業を開始した。現在もその事業は継続され、起業エコシステム形成も支援している。欧米では高等教育においてアントレプレナーシップ教育の導入は早いが、日本では約10年前に本格的に導入した。よって、欧米と日本のアントレプレナーシップ教育の研究や教育には、非常に大きな差がある。

　アントレプレナーシップ教育の理論の主なものとしては、Kourilsky（1995）の起業活動の推進と支援体制、Mwasalwiba（2010）のアントレプレナーシップ教育フレームワーク（定義、目的、プログラム、教授法、効果測定）、Lackéus（2015）の起業に関する適性、Brown（2009）のデザインシンキング、Sarasvathy（2001）のエフェクチュエーションである。また、教育学のKolb（1984）の経験学習等を示している。このように経営学と教育学の理論の枠組みで、読者にアントレプレナーシップ教育の全体像の把握をできるように提示している。

　第3章　欧米日におけるアントレプレナーシップ教育の比較
　本章では、欧米日の高等教育機関におけるアントレプレナーシップ教育の比較調査をしている。対象とした大学は、2017年Financial Times Global MBA Rankingに記載されている欧米の大学の上位10校と文部科学省の2017年専門職大学院一覧（MBA）に記載されている日本の大学の23校を対象とした。Mwasalwiba（2010）のアントレプレナーシップ教育フレームワークのプログラムに基づき、欧米日のアントレプレナーシップ授業科目、実践活動、支援センターの文献を用いて比較している。それらの比較の結果、欧米の高等教育機関では、アントレプレナーシップ教育の科目が豊富にあり、実践活動や支援センターの設備や支援内容が充実していることが明らかとなった。これに対して、日本の高等教育機関では、アントレプレナーシップ教育科目や実践活動が非常に少なく、起業支援センターが少ない。欧米日の高等教育機関におけるアントレプレナーシップ教

育に実際に差があったことを示している。

　また、どのようなアントレプレナーシップ教育が実施されているのかを理解するために、先端の大学・大学院（Harvard、Stanford、MIT Sloan、Chicago Booth、IE、Kellogg、Babson）のアントレプレナーシップ教育の事例を紹介している。日本においては、早稲田大学、九州大学、関西学院大学の事例を紹介している。各大学におけるアントレプレナーシップ教育の目的、大学内の位置づけ、全体のカリキュラム、授業科目の詳細、実践活動や支援センターの運営についてである。これらの事例により、読者が、先端の大学・大学院の取り組みを知ることができる。アントレプレナーシップ教育がどのように実施され、どのような工夫がされているのかについて理解を促している。

　第4章　アントレプレナーシップ教育の効果検証

　本章では、高等教育機関におけるアントレプレナーシップ教育の授業やプログラムの効果に関する実証研究を示している。篠原・清水・榎本・大矢根（2010）、Holloway & Galvin（2016）、グラハム（2017）、須田（2019）の研究をもとに、量的研究と質的研究のメリットやデメリットを示し、多角的な視点から研究のアプローチをすることが大切であることを説明している。

　授業を対象とした短期調査では、日本の1校の大学における8つの授業、フィールドワーク調査の結果が含まれている。プログラムを対象とした長期調査では、欧米の大学の7校と日本の大学の3校が含まれている。また、分析の枠組みやデータ収集、分析方法、倫理的な観点を示している。

　短期調査と長期調査の結果から、アントレプレナーシップ教育における学習者の起業に関する適性（知識・能力・態度）の向上、協働学習による共創の有効性を示している。また、学習者は、リスクや失敗を恐れず挑戦することで多様な仲間と共に価値を創造していることを示している。さらに、学習者が、起業体験、フィールドワーク、インターンシップ、短期・長期留学などの実践的な経験を積むことや自主的に自己を探求し、内省を試み、自己研鑽、自己の価値や自己の成長を認識することで、アントレプレナーシップのマインドセットが起こることを示している。アントレプレ

ナーシップ教育において学習者の協働学習は重要である。学習者は、自己の成長を認識することと学習者同士、教育機関、企業、団体、地域との協働学習における共創により、個人と社会の持続的な発展のための価値創造を行っている。アントレプレナーシップ教育のフレームワークには、ものづくりなどのハード面と精神、サービスなどのソフト面の日本独自のリソースを活用しつつ協働学習を考慮し、理論と実践を用いて、教育の効果を計測し、プログラムの内容を改善していくことが求められていることを示している。

第5章　アントレプレナーシップ教育における起業エコシステムの形成

　本章では、アントレプレナーシップ教育の起業エコシステムはどのように形成され、何が必要なのかについて示している。そのエコシステムの形成には、授業やプログラムの実施や運営をしている教職員の人材育成や地域や国際的な産学官連携が欠かせない。なぜなら、高等教育機関内のアントレプレナーシップ教育のみでは限界がある。起業を支援する地域の企業や団体、さらには海外の高等教育機関や起業支援の企業や団体の協力が必要である。

　教職員の人材育成に関しては、近年アントレプレナーシップ教育が関連する学会である日本ベンチャー学会で実施され始めてはいる。しかしながら、日本のアントレプレナーシップ教育の教職員における知識やスキルの向上に関する研究や教育は非常に少ない。一方で、先端のアントレプレナーシップ教育を実施しているStanford大学やBabson大学では、アントレプレナーシップ教育の発展のために国内外から教職員を募集し、人材の育成が実施されている。この研修では、教職員は、学習者にとってより良い教育が提供できるよう授業の内容や教授法、評価方法等を実際に体験する。著者は、それらの研修に参加する機会を得た。その研修内容には、日本のアントレプレナーシップ教育における教職員研修に求められる要素が含まれている。よってその知見を本章で集約している。

　起業エコシステムの形成における産学官連携に関しては、インタビュー調査を用いて起業支援の実態を明らかにしている。たとえば、CIC Tokyo、大阪産業創造館、東京都産業労働局等の起業を支援する機関が、

どのように起業エコシステムを拡充させ、大学と何を、どのように、なぜ取り組んでいるかについて説明している。今後、大学が、企業や団体とどのようにアントレプレナーシップ教育に取り組んでいけば良いのかという視点を提供している。

さらに、国際的な起業エコシステムの形成において、コロナ禍において世界中に普及したオンラインを活用した国際的な双方向の教育手法であるCOILアプローチを示している。このアプローチでは、日本と他国に在住する学習者を結び、オンラインでアントレプレナーシップ教育が可能になることを示している。実際に、日加（日本・カナダ）の5大学が提携したアントレプレナーシップ教育において、対面とCOILでは、学習者の5つの項目（知識、課題解決能力、コミュニケーション能力、異文化理解・チームワーク能力、自信・意欲）の習得に差がないことを示している。今後のアントレプレナーシップ教育をオンライン上で実施でき、国際的な起業エコシステムの形成に非常に役立つ可能性を示している。

第6章　アントレプレナーシップ教育の価値創造

本章では、第1章で提示した日本のアントレプレナーシップ教育の課題を再度掲載し、その課題の解決に必要なアントレプレナーシップ教育のプログラムや起業エコシステムの形成に必要な支援の重要性についてまとめている。まず、アントレプレナーシップ教育には、定義、目的、プログラム（プログラムの種類、対象者、科目内容、実践活動）、教授法、客観的、主観的な指標を含めた効果測定が必要である。また、「理論・実践」ならびに「共創・価値創造」の視点で、日本の高等教育機関は、在学生・卒業生、地域や国際社会に向けて、それらの取り組みの情報を発信し、ブランドの認知に取り組む必要があることを示唆している。本研究では、学習者、教職員、企業、団体、地域との協働学習に着目している。学習者は、自主的に自己を探求し、内省を試み、リスクや失敗を恐れず挑戦するなど自己研鑽することと、教育機関、企業、団体、地域と協働学習の共創により、個人と社会の持続的な発展のための価値創造が可能であることを示している。最後に、日本の高等教育機関において、アントレプレナーシップ教育の定義、目的、授業、プログラムの内容、教育の効果を明らかにしたうえ

で、「理論・実践」のプログラムと教育機関、企業、団体、地域との「共創・価値創造」が、個人と社会の持続的な発展につながると結論づけている。そして、授業やプログラムの効果検証の結果をもとに、アントレプレナーシップ教育を改善していくことで、体系的なアントレプレナーシップ教育が進展することを示唆している。

　本書は、著者の 2021 年 2 月に受理された博士論文「MBA アントレプレナーシップ教育フレームワークの構築：授業・プログラムの効果検証」およびその後に国内外の査読付き専門誌に発表した論文や 2020 年度から 2022 年度の若手研究（20K13919）の課題「グローバルキャリア人材教育－日本人学習者とカナダ人学習者の協働学習－」で取り組んだ国際産学官連携型のアントレプレナーシップ教育の学習効果や起業エコシステムの研究等をまとめ、新資料を反映させたものである。

目　次

まえがき　iii
図表目次　xviii

第1章　アントレプレナーシップ教育の意義と課題　1
価値を創造する人材育成

第1節　研究の背景および課題　1
第2節　本研究の目的と必要性　7
第3節　用語の定義　9
第4節　まとめ　16

第2章　アントレプレナーシップ教育の理論　19
学習者の視点を中心に

第1節　アントレプレナーシップ教育の歴史　19
第2節　アントレプレナーシップ教育のフレームワーク　25
　　第1項　フレームワーク　27
　　第2項　プログラム　32
　　第3項　教育支援　38
　　第4項　教授法　42
第3節　アントレプレナーシップ教育の効果測定のフレームワーク　54
　　第1項　起業に関する適性（知識、能力、態度）　55
　　第2項　効果指標　59
第4節　アントレプレナーシップ教育の研究動向　65
第5節　リサーチクエスチョン　69
第6節　まとめ　70

第3章　欧米日におけるアントレプレナーシップ教育の比較　75
理論と実践

第1節　大学　76
第2節　国際認証機関の評価指標　81
第3節　アントレプレナーシップコース（専攻）・プログラム　85

第4節　アントレプレナーシップ科目、実践活動、支援センター　　90
　第5節　先端大学の事例　96
　　　　第1項　Harvard Business School　105
　　　　第2項　Stanford Business School　107
　　　　第3項　MIT Sloan Business School　116
　　　　第4項　Chicago Booth Business School　120
　　　　第5項　IE Business School　121
　　　　第6項　Kellogg Business School　126
　　　　第7項　Babson Business School　128
　　　　第8項　早稲田大学　132
　　　　第9項　九州大学　138
　　　　第10項　関西学院大学　142
　第6節　まとめ　151

第4章　アントレプレナーシップ教育の効果検証　161
　　　　理論と実践の重要性

　第1節　実証研究のアプローチ　161
　　　　第1項　量的研究・質的研究　161
　　　　第2項　倫理　165
　　　　第3項　分析の枠組み　166
　　　　第4項　データの収集・分析　168
　　　　第5項　短期・長期プログラムの質問紙調査の内容　173
　　　　第6項　分析方法　177
　第2節　短期調査の概要　180
　　　　第1項　質問紙調査　181
　　　　第2項　インタビュー調査　194
　　　　第3項　フィールドワーク調査　208
　第3節　長期調査の概要　218
　　　　第1項　質問紙調査　218
　　　　第2項　インタビュー調査　225
　第4節　まとめ　249

目 次

第5章 アントレプレナーシップ教育における 起業エコシステムの形成　263
企業・団体・地域との持続的な協働と教職員の育成

第1節　起業エコシステムの形成　263
- 第1項　PBL　267
- 第2項　COIL　274
- 第3項　COILにおける国際産学官連携型PBL　278

第2節　教育支援　305
- 第1項　企業・団体　306
- 第2項　CIC Tokyo　314
- 第3項　大阪産業局　316
- 第4項　東京都産業労働局　318

第3節　教職員の育成　321
- 第1項　Babson大学の教職員研修　322
- 第2項　Stanford大学の教職員研修　334
- 第3項　教職員研修の重要な項目　361

第4節　まとめ　362

第6章 アントレプレナーシップ教育の価値創造　365
探求と共創

第1節　アントレプレナーシップ教育　365
- 第1項　フレームワーク　368
- 第2項　プログラム　374
- 第3項　教育支援　377
- 第4項　教授法　378
- 第5項　効果測定　380
- 第6項　アントレプレナーシップ教育の価値創造　384
- 第7項　アントレプレナーシップ教育の普及　386

第2節　本研究の要約　388
第3節　教育的示唆　396
第4節　今後の課題　402

参考文献　405
あとがき　431
索　引　433

図表目次

図表 1	評価の対象領域	22
図表 2	欧米日のアントレプレナーシップ教育の経緯	25
図表 3	アントレプレナーシップ教育フレームワーク 1	28
図表 4	アントレプレナーシップ教育フレームワーク 2	30
図表 5	アントレプレナーシップ教育プログラムとプログラム外の学習経路	37
図表 6	起業活動の推進と支援体制ピラミッド	39
図表 7	産学連携・協働の視点	42
図表 8	アクティブラーニングピラミッド	44
図表 9	講義中心モデルと起業育成モデルの対比	44
図表 10	最も重要な道具－「自己」（大きな S の自己）	47
図表 11	U プロセスの 5 つの動き	48
図表 12	経験学習のプロセスと基礎知識の形成に関するフレームワーク	50
図表 13	体験学習の実践と振り返りの実践例	50
図表 14	問いかけ例	52
図表 15	オンライン双方向型学習理論のダイナミックモデル	55
図表 16	起業に関する適性（知識、能力、態度）	57
図表 17	効果測定のフレームワーク	61
図表 18	アントレプレナーシップ教育の研究論文数	66
図表 19	国別アントレプレナーシップ教育の研究論文数	66
図表 20	国際認証機関の評価指標	82
図表 21	2017 年 Financial Times Global MBA Ranking 上位の欧米 10 校	87
図表 22	2017 年文部科学省専門職大学院	88
図表 23	アントレプレナーシップ教育プログラムを構成する科目	89
図表 24	アントレプレナーシップ科目、実践活動、支援センター	92
図表 25	10 校の大学の概要	97
図表 26	欧米の大学（7 校）の卒業者の年収、卒業後の進路、起業率、内定率	100
図表 27	欧米日の大学の違い	104
図表 28	Stanford d.school デザインシンキング（2016）	110
図表 29	Stanford d.school デザインシンキング（2021）	111
図表 30	Stanford d.school の科目	115
図表 31	MIT Sloan の MBA 科目	119
図表 32	IE Business School の MBA プログラム	123
図表 33	IE Business School の MBA 科目	124
図表 34	主要プログラムの全体像	137
図表 35	九州大学の QREC カリキュラム体系	140
図表 36	関西学院大学のアントレプレナーシップ専攻プログラム	145
図表 37	研究のアプローチ	162
図表 38	実証研究の枠組み	167
図表 39	データ収集のまとめ	170
図表 40	分析ワークシート	180

図表目次

図表 41	起業に関する適性（知識・能力・態度）の授業前後の変化	183
図表 42	各科目の起業に関する適性（知識・能力・態度）の有意な変化	184
図表 43	各科目の起業に関する適性（知識・能力・態度）の効果量	184
図表 44	各授業前後の平均値、標準偏差、変化量、効果量	185
図表 45	研究開発型ベンチャー創成　自由記述項目と記述例	192
図表 46	日本人学習者の共起ネットワーク分析結果	195
図表 47	留学生の共起ネットワーク分析結果	196
図表 48	日本人学習者と留学生の授業やグループワークでの認識	197
図表 49	授業前後の日本人学習者と留学生の変化	201
図表 50	日本人学習者と留学生の類似点と相違点	203
図表 51	5つのグループの成功と課題の要因	205
図表 52	成功したグループ（グループ1と2）の経緯	207
図表 53	フィールドワークのスケジュール	209
図表 54	分析ワークシート	210
図表 55	カテゴリー、概念、定義	212
図表 56	フィールドワークの学習モデル図	213
図表 57	IE Business School (長期) の質問項目の回答結果	219
図表 58	IE Business School (長期) の授業前後の変化	221
図表 59	IE Business School (長期) の起業に関する適性（知識・能力・態度）の有意な変化	221
図表 60	IE Business School (長期) のプログラム前後の平均値、標準偏差、変化量、効果量	222
図表 61	分析ワークシート	226
図表 62	カテゴリー、概念、定義	230
図表 63	欧米大学の起業支援体制と学習者のマインドセット	232
図表 64	分析ワークシート	239
図表 65	カテゴリー、概念、定義	241
図表 66	カテゴリーの形成	241
図表 67	起業、就職に関するキャリアの動向	242
図表 68	分析ワークシート	246
図表 69	カテゴリー、概念、定義	247
図表 70	学習者の学習プロセス	248
図表 71	短期・長期調査の結果と考察	252
図表 72	起業エコシステムの構成と相互作用	265
図表 73	Society 5.0 で求められる人材の資質・能力と求められる教育	268
図表 74	職場や地域社会で活躍するうえで必要となる能力について	270
図表 75	社会人基礎力の能力要素	271
図表 76	COIL 授業設計のための教職員ガイド	276
図表 77	グローバルキャリアの授業のシラバス	281
図表 78	5つの主要なカテゴリーに関連する28の項目	283
図表 79	知識、課題解決能力、コミュニケーション能力、異文化理解・チームワーク能力、自信・意欲の授業前後の変化	286
図表 80	2020年と2021年の授業前後の平均値、標準偏差、効果量	286
図表 81	学習者、教職員、企業と団体の共創	291
図表 82	知識、課題解決能力、コミュニケーション能力、	

xix

図表 83	異文化理解・チームワーク能力、自信・意欲の授業前後の変化	293
	日加大学の学習者の知識、課題解決能力、コミュニケーション能力、	
	異文化理解・チームワーク能力、自信・意欲の授業前後の変化	294
図表 84	加大学の学習者の知識、課題解決能力、コミュニケーション能力、	
	異文化理解・チームワーク能力、自信・意欲の授業前後の変化	296
図表 85	日本の大学の学習者の知識、課題解決能力、コミュニケーション能力、	
	異文化理解・チームワーク能力、自信・意欲の授業前後の変化	297
図表 86	分析ワークシート	307
図表 87	カテゴリー、概念、定義	309
図表 88	起業エコシステムの構成と相互作用	310
図表 89	学習者、教職員、企業・団体の共創	319
図表 90	デザインシンキング（観察と解釈、アイデア創出と選択、プロトタイプ、市場）	325
図表 91	Babson 大学の教職員研修での学び	333
図表 92	Teaching & Learning Studio の授業構成	337
図表 93	Teaching & Learning Studio のアクティビティ	340
図表 94	経験、気づき、意味づけ	343
図表 95	身体的な自己表現とリーダーシップの活動	354
図表 96	Stanford 大学の教職員研修での学び	359
図表 97	アントレプレナーシップ教育の協働学習における学習事項	366
図表 98	アントレプレナーシップ教育のフレームワーク	369
図表 99	アントレプレナーシップ教育の概要	373
図表 100	アントレプレナーシップ教育のプログラム	374
図表 101	評価項目	381
図表 102	自己探求、内省、自己研鑽、自己成長の認識	382
図表 103	アントレプレナーシップ教育の価値創造	385
図表 104	アントレプレナーシップ教育のフレームワーク	386

第1章

アントレプレナーシップ教育の意義と課題

価値を創造する人材育成

　本章では、本研究の背景および課題、目的とその必要性、および本書で使用する用語の定義について述べる。

第1節　研究の背景および課題

　アントレプレナーシップは、経済の効率性を向上させ、イノベーションをもたらし、雇用を促進するために重要である（Shane & Venkataraman 2000, p.219; European Commission 2012b, p.3）。アントレプレナーの行動は経済発展の要であるため、教育機関でアントレプレナーシップ教育は広範囲に実施されている（Kuratko 2005, p.577）。また、アントレプレナー育成や起業思考の向上などキャリアマネジメントとしての人材育成が必要である（Konig 2016）。高等教育においてアントレプレナーシップ教育の重要性は教育者（Alvarez 1996）や学習者（Shane 2003）にようやく認識されている段階である。しかしながら、アントレプレナーシップに関して日本の起業活動の状況（行動）が他の先進国と比較して、最も低く、日本でアントレプレナーシップ教育を実施する大学は少ない。

　アントレプレナーシップにおける日本の起業活動の状況に関して、GEM調査の結果があげられる。GEM調査は、起業活動が国家経済に及ぼす影響についての国際調査である。1999年に日本を含めた10か国で開始され、2016年に66か国まで調査範囲が拡大した（GEM 2017）。GEM調査の目的は、ベンチャー企業の成長プロセスを解明し、起業活動を活発にす

る要因を把握し、そのうえで国家の経済成長や競争力、雇用などに関し、各国の政策担当者に重要な政策方針を提供することである（みずほ情報総研 2017, p.1）。GEM 調査の実施方法には、各国平均 2,000 名に対して、「一般成人調査（Adult Population Survey）」と各国のアントレプレナーや起業活動に関する専門家を対象とした「専門家調査（National Expert Survey）」の2種類があり、電話や訪問調査である（磯辺・矢作 2011, p.4）。

　2016 年の GEM 調査では、主要 7 か国（米国、日本、独国、英国、仏国、伊国、中国）のうち、米国、英国、中国が起業活動の状況（行動）の総合起業活動指数が高い[1]。また、米国、英国、中国では、起業活動を取り巻く環境（態度）の項目である 1) 起業活動の社会への浸透、2) 事業機会の認識、3) 事業機会を実現するための知識・能力・経験、4) 職業選択に対する評価、5) アントレプレナーの社会的な地位に対する評価などが他国と比較して高い傾向がある。一方、日本は、上記の主要 7 か国の中で起業活動の状況（行動）の項目である 1) 総合起業活動指数、2) 将来の起業計画が極めて低い。また、起業活動を取り巻く環境（態度）の項目である 1) 事業機会の認識、2) 事業機会を実現するための知識・能力・経験、3) 職業選択に対する評価、4) アントレプレナーの社会的な地位に対する評価が主要 7 か国の中で最も低い（みずほ情報総研 2017, p.17-27）。この結果は、一時的なものではなく、2024 年の GEM 調査においても教育機関におけるアントレプレナーシップ教育は低迷している。日本の起業活動に対して危機的状況であることを示している。

　日本において、起業活動に関する対策が講じられてきていないわけではない。日本経済再生本部（2016, p.3-7, p.24）は、大学生、大学院生（社会人）を対象に起業に関する人材を育成するために「ベンチャー・チャレンジ 2020」を促進している。経済産業省は、UVGP（University Venture Grand Prix）などで研究開発型ベンチャー支援事業を実施し、文部科学省は、EDGE プログラム（グローバルアントレプレナー育成促進事業）などを実施している。また、平成 28 年度の文部科学省先導的経営人材養成機能強化促進委託事業の調査報告書（文部科学省 2017c, p.4, 5）、同シンポジウムなどでは、大学・大学院で世界市場にチャレンジできるアントレプレナーシップ教育に焦点を当て、新規事業を創出する人材育成、起業支援を

積極的に行っている。企業からのグローバル化に対応した経営、新規事業への人材育成として、日本の大学のアントレプレナーシップ教育への期待は高い。

　人和総研（2009, p.46）の平成20年度大学・大学院における起業家教育実態調査によると、アントレプレナーシップ教育を実施する日本の大学・大学院は増加傾向にあるが、米国と比較すると実施科目数で5分の1程度である（日本：928科目、米国：約5,000科目）。さらに、その調査では、基礎から実践に至るまでの段階的で多様性のあるアントレプレナーシップ教育を提供している大学が日本では少ないと指摘している。また、トーマツ（2014）の平成25年度創業・起業支援事業（起業家教育の実態及びベンチャー支援策の周知・普及等に関する調査）調査報告書によれば、アントレプレナーシップ教育のコース・専攻を一切持たない日本の大学・大学院は85％以上を占めており、いまだに設置率が低い。

　日本政府や教育機関は、学習者に起業への関心を促し、地域や世界市場を視野に入れた新規事業など価値を創造する人材育成を積極的に実施している。ある一定の効果はあるとしながらも実態は好転していない。文部科学省（2021a）は、全国の大学に質問紙調査を配布し、アントレプレナーシップ教育の調査を実施した。アントレプレナーシップ教育を実施している大学が27％（調査回答598校）で、それを受講した大学生・大学院生は1％（全国に大学生・大学院生は約300万人）である。また、民間や他大学等の外部機関と連携し、実践的な内容を実施している大学は7％である。民間や他大学等の外部機関との連携はほとんどの大学で十分ではない状況であった。このように、大学におけるアントレプレナーシップ教育は普及しておらず、産学官連携を用いた実践的なアントレプレナーシップ教育に関しても不十分であり、アントレプレナーシップ教育の受講率は極めて低いことがわかる。

　この状況を改善するために、アントレプレナーシップ教育における全体像を打ち出し、未来社会像を「多様な価値を認め"Well-being"を達成するためのよりよい社会　1つの固定されたものではなく、常に考え続けていかなければならないもの」（文部科学省 2021a, p.23）とした。目指す人材に関しては、「急激な社会環境の変化を受容し、新たな価値を生み出して

いく精神（アントレプレナーシップ）を備えた人材の創出」を掲げる。その土台として専門分野における学士力「知識・理解、汎用的技能、態度・志向性、総合的な学習経験と創造的思考力」（中央教育審議会答申 2012)[2]、「生きる力、学びのその先へ」として、学習者が学習したことを人生や社会で活用する「学びに向かう力、人間性」、実際の社会や生活で生きて働く「知識及び技能」、未知の状況にも対応できる「思考力、判断力、表現力」（文部科学省 2020)[3]や OECD（2018, p.5）が提唱する「変革を起こす力のあるコンピテンシー」で「新たな価値を創造する力」「対立やジレンマを克服する力」「責任ある行動をとる力」が必要である。

　OECD（2018）は、2030 年の教育を見据え、次世代における新たなコンピテンシー（行動特性）を学習フレームワークとして示している。複雑で不確かな世界において、若い世代がどのように自分の人生と世界を切り開いていくかについての指針である。コンピテンシーという概念は、単に知識や技能の習得を意味するのではない。世界と関わるために必要な相互に関連する能力を育成するために、内省（リフレクション）、予測、行動のプロセスを通じて、知識、技能、態度、価値観を活用し行動することである。知識には、学問分野、学術、認識、手続き（やり方、プロセス）に関する知識が含まれる。技能には、認知的・メタ認知、社会・感情、実践・身体に関する技能が含まれる。態度、価値観には個人、地域、社会、グローバルの観点からの態度や価値観が含まれる。それらの詳細について示す。

　知識に関して、将来、学習者には、幅広い知識と専門的な知識の両方が必要となる。学問分野の知識は、新しい知の発展のために、今後も重要であり続ける。それには、学習者が学問分野の境界を越えて考え、「点と点を結ぶ」能力とともに、専門的な学術の知識が必要である。認識に関する知識には、数学者、歴史家、科学者のように考える方法を知ることである。手続きに関する知識は、分野固有のものもあれば、分野を超えて伝達可能なものもある。これは、デザイン思考やシステム思考など、実践的な問題解決を通して、何がどのように行われるのか、あるいは作られるのかを理解することにより習得される。たとえば、目標を達成するために取られる一連の手順や行動を理解することである。

　学習者は、未知の状況や変化する状況において、自分の知識を応用する

必要がある。そのためには、認知的・メタ認知に関する技能（批判的思考、創造的思考、学習、自己調整など）、社会・感情に関する技能（共感、自己効力感、協調性など）、実践・身体に関する技能（新しい情報通信技術機器の使用など）など、幅広い技能が必要となる。

このような幅広い知識や技能の使用は、態度や価値観（やる気、信頼、多様性の尊重、美徳など）によって媒介される。態度や価値観は、個人、地域、社会、グローバルレベルで観察することができる。人間の生活は、さまざまな文化的観点や性格的特徴から生じる価値観や態度の多様性によって豊かになるが、譲ることのできない人間の価値観（たとえば、生命と人間の尊厳の尊重、環境の尊重など）もある。

以上のように、教育によって学習者の知識、技能、態度、価値観のコンピテンシーを高める。学習者が主体性を発揮できるように、個人に合わせた学習環境、識字能力、計算能力の基礎を築いたうえで、デジタルやデータの活用、身体的、精神的な健康に配慮する。「変革を起こす力のあるコンピテンシー」には、「新たな価値を創造する力」「対立やジレンマを克服する力」「責任ある行動をとる力」が必要である。学習者は、それらの内省、予測、行動のプロセスを通じて、学習者同士、教育者、両親、地域のコミュニティの支援を受けながら、個人と社会における"Well-being"の達成に向けて活動する。"Well-being"には、物理的資源（所得や富、仕事や収入、住居）だけでなく、健康、市民の参加、社会とのつながり、教育、安全保障、生活満足度、環境など、生活の質にも関連している。これらすべてへの公平なアクセスが、包摂的な成長の概念を支えている。教育は、人々がインクルーシブで持続可能な未来に貢献し、そこから利益を得ることを可能にする知識、技能、態度、価値観を育むうえで、極めて重要な役割を担っている。教育は、学習者が社会で活躍できるように準備するだけでなく、学習者が、積極的で責任ある市民となるために実施されている。OECD (2018) の2030年の教育を見据えた学習フレームワークは、アントレプレナーシップ教育の醸成に重要である。

文部科学省 (2021b) によると、アントレプレナーシップ教育においては、動機づけや意識の醸成とコンピテンシーの形成からアントレプレナーシップの醸成を図り、アントレプレナーシップを発揮して社会で実践すること

を目指している。アントレプレナーシップ教育の後は、各専門家、メンターの相談を得て、その課題解決のプランを事業化することを想定している。つまり、学習者は、社会課題を自分ごととして捉え、課題を発見し、共感や課題解決に向けて行動するための精神と態度を身につける。志が同じ仲間との出会いも含まれる。同時に、未来への価値創造や課題解決のための基礎知識や技能を習得する。そして、その知識、技能、態度を活用して課題解決の実践スキルを習得し、専門家等との人脈を構築する。将来的には、専門家やメンターの協力を得て事業化する。

　文部科学省（2021b）によると、日本の大学が抱えるアントレプレナーシップ教育の主な課題は3つある。1つ目は、アントレプレナーシップ教育に関する学習者の認知や関心が不足しており、アントレプレナーシップ教育の受講者数が少ないことである。2つ目は、教職員のリソース不足によりアントレプレナーシップ教育のプログラムの開発や運営、効果測定等の実施体制が整っていないことである。3つ目は、産学官連携の取り組みと実践的なアントレプレナーシップ教育の仕組みが構築されていないことである。よって、アントレプレナーシップ教育推進に向けて、アントレプレナーシップ教育へ学習者の認知や関心の向上、学習者数の拡大、教職員の育成、企業、団体、地域との連携、それらの成果が見込める仕組みの構築が求められている。アントレプレナーシップ教育のプラットフォームには、学習者のコミュニティ、教育者のコミュニティ、プログラム、運営・企画、プログラムの効果検証が必要である。教職員間の連携においては、各大学間が連携するため、教職員のコミュニティを構築し、活発な交流をしながらアントレプレナーシップ教育のノウハウを蓄積することが重要である。今後の施策として、教職員のためのアントレプレナーシップ教育の学びの場として研修や勉強会、報告会を開催することや企業、団体、地域と持続的な学びの場を創出することを掲げている。また、継続的な交流の場の創出として、オンラインを活用して全国の教職員が交流できるプラットフォームの設置が考えられる。

　アントレプレナーシップ教育の支援者に関しては、企業、団体、地域がある。企業、団体、地域は大学と提携して起業支援を実施している。実施している施設には、CIC Tokyo、大阪イノベーションハブ、ナゴヤイノ

ベーターズガレージ等があり、アントレプレナーの育成やアントレプレナーシップ教育の普及活動、地域連携に携わっている（文部科学省 2021b）。

アントレプレナーシップ教育は、雇用促進のためのアントレプレナーの育成、学習者の自己実現、自己成長のために必要である。しかしながら、平成 28 年度文部科学省先導的経営人材養成機能強化促進委託事業の調査報告書、同シンポジウムなどから、日本では新しいことに挑戦するアントレプレナーシップが低調であり、大企業を含め、新規事業を生み出すノウハウを持つ人材層が薄いことがあげられる。大和総研（2009）やトーマツ（2014）の指摘にあるように、日本の大学においてはアントレプレナーシップ教育プログラムの提供が少ない傾向にある。よって、学習者を対象にしたアントレプレナーシップ教育の概要やその効果を明らかにし、有効なプログラムの開発が求められている。

第 2 節　本研究の目的と必要性

本研究の目的は 3 つある。1 つ目は、欧米日のアントレプレナーシップ教育の内容を明らかにすることである。2 つ目は、アントレプレナーシップ教育の授業・プログラムは学習者にどのような効果があるのかについて明らかにすることである。3 つ目は、アントレプレナーシップ教育、教育の効果検証、教育支援、人材育成に着目し、日本の高等教育機関における有効なアントレプレナーシップ教育のフレームワークを提示することである。

第 1 に、アントレプレナーシップ教育は米国で始まり（Katz 2003）、欧州（European Commission 2000; Twaalfhoven & Wilson 2004; Wilson 2008）、日本（原田 2010; 文部科学省 2017b）に普及しつつあることが明らかにされた。松田（2000 p.104）は、大学・大学院の役割は独立・社内ベンチャーにかかわらず、世界中のどこでも新規ビジネスを設立できる人材の育成であると提唱する。しかしながら、欧米日における事例を考慮した具体的なアントレプレナーシップ教育のプログラムは十分な議論がなされていない。本書では、Mwasalwiba(2010, p.23) のアントレプレナーシッ

プ教育フレームワークを用いて、2017 年 Financial Times Global MBA Ranking に記載されている欧米の大学の上位 10 校と文部科学省の 2017 年専門職大学院一覧（MBA）に記載されている日本の大学の 23 校を対象に、アントレプレナーシップ教育プログラムの有無とプログラム内容（科目内容・実践活動・支援センター）について明らかにする。

　第 2 に、Mwasalwiba（2010, p.23）のアントレプレナーシップ教育フレームワークでは、アントレプレナーシップ教育の定義、内容、プログラム、教授法、効果測定が重要であると示されている。Lackéus（2015, p.13）の起業に関する適性（知識、能力、態度）や Jack & Anderson（1998, p.10）の効果指標は提示されているが、それらを用いて実証的なアントレプレナーシップ教育の効果検証をした研究は実施されていない。Hill & O'Cinnéide（1998）、European Commission（2012b）、牧野（2018）がアントレプレナーシップ教育の効果を調査した研究はわずかであることを指摘しているように、アントレプレナーシップ教育の効果測定に関する研究は少ない。Nabi et al.（2017, p.280, 281, 283）は、アントレプレナーシップ教育の効果を知識・能力・態度の側面から測定した 66 件の論文を調査し、80％以上が肯定的な結果であったことを明らかにしている。日本において、アントレプレナーシップ教育を実施する大学・大学院数は増加傾向にあるが、アントレプレナーシップ教育の効果を実証的に検証した論文は極めて少ない。このような背景から、本研究の目的は、日本の大学におけるアントレプレナーシップ教育プログラムを拡充するため、アントレプレナーシップ教育が、学習者にどのような影響を与えるかについて実証的に効果を検証することにある。

　第 3 に、Jones & Matlay（2011, p.694）、Mwasalwiba（2010）のアントレプレナーシップ教育フレームワーク、アントレプレナーシップ教育のプログラム内外の学び（QAA[4] 2018）、教育支援（Kourilsky 1995; 安岡ら 2018）が示されている。一方、アントレプレナーシップ教育は、学術的にまだ初期の段階で発展途上あり（Finkle et al. 2009）、より効果的なアントレプレナーシップ教育の基礎的なフレームワークがない（Fiet 2000a, b; Brockhaus et al. 2001; Solomon 2007）。授業・プログラムの効果測定に基づいたアントレプレナーシップ教育のフレームワークに関する研究には限

界がある。本研究は、欧米日のアントレプレナーシップ教育の実態調査を実施し、アントレプレナーシップ教育の授業、プログラムの実証的な効果、教育支援、人材教育に着目したうえで、有効なアントレプレナーシップ教育のフレームワークの示唆を目指す。

第3節　用語の定義

1）アントレプレナーの定義

アントレプレナーの定義に関しては、仏国のリチャード・カンティヨン（Richard Cantillon: 1680-1734）が、著書「Essai sur la nature du commerce en général」（Cantillon 1755, p.269）[5]の中でフランス語の「Entreprendre」という言葉を初めて記述した。ジャン＝バティスト・セイ（Jean-Baptiste Say: 1767-1832）が、アントレプレナーと資本家を分別して考察し（Say 1803, p.314-321, p.329, 330）、ヨーゼフ・アーロイス・シュンペーター（Joseph Alois Shcumpeter: 1833-1950）が、Schumpeter（1934）で、資本主義の歴史において、人口増加や資本の供給の増大といった変化がなくても経済が停滞しなかったことや、競争があるにもかかわらず利潤が消滅しなかったことに注目した。

そして、Schumpeter（1934, p.182-183）は、アントレプレナーが生産要素の結合の仕方を変化させ「新結合（イノベーション）」を生み出すと考えた。新結合は「1. 新製品あるいは新品質製品の生産、2. 新生産方法の導入、3. 新市場の開拓、4. 原料あるいは半製品の新しい供給源の獲得、5. 新しい組織の実現」を含む。この考えは、「資本主義の経済発展の原動力となる」のがアントレプレナーであるため、経済発展にはアントレプレナーの主体的役割が欠かせないことを示した（宮本 2014, p.5）。

その後、イスラエル・カーズナー（Israel Kirzner: 1930-）が市場の不均衡を均衡に調整することがアントレプレナーである（Kirzner 1973, p.29-35）と提唱し、ハーヴェイ・ライベンシュタイン（Harvey Leibenstein: 1922-1994）が異なる市場を結合し、経営上の非効率を改善し、新規参入、情報や知識を次世代に継承し、企業などを変革するのがアントレプレナーである（Leibenstein 1968, p.75）と提唱した。Leibenstein（1968, p.74）は、

アントレプレナーの特徴として、「事業機会を探索、発見、評価すること、企業に必要な資金を収集すること、情報や知識を次世代に継承すること、マネジメントに関して最大限の責任を発揮すること、不確実性の中でリスクをとること、企業内でモチベーションを向上させるシステムの構築に責任を持つこと、新たな経済に関する情報を模索し発見すること、新市場、新技術、新商品の情報を熟知すること、グループワークでリーダーシップを発揮すること」をあげる。

　次に、ピーター・ドラッカー（Peter Drucker: 1909-2005）は、アントレプレナーは秩序を破壊し解体すると提唱する。シュンペーター（Schumpeter）が述べたように、アントレプレナーの責務は「創造破壊」であり、「変化を探し、変化に対応し、変化を機会として利用する」（Drucker 1985, p.4）ことである。そして「イノベーションを行う」（Drucker 1985, p.7）ことであると述べた。

　近年に至っては、Babson 大学のジェフリー・A・ティモンズ（Jeffry A. Timmons: 1941-2008）は、「アントレプレナーは、国家経済の燃料であり、エンジンであり、スロットルである」（Timmons 1997, p.7）と述べている。また、Babson 大学のウィリアム・バイグレイブ（William Bygrave: 1937-）は、アントレプレナーを「事業機会を認識し、その事業を実現するために組織を作り上げる人」（Bygrave & Zacharakis 2008, p.3）とする。Harvard 大学のクレイトン・クリステンセン（Clayton Christensen: 1952-2020）は、イノベーティブ・アントレプレナーとして、「What if」と現状に質問を投げかけ、事業による世の中の変化を考え、興味を持ったことを積極的に観察し、仮説を立て実験、検証し、アイデア・ネットワークで他者の知恵を活用することを考える人であると実証した（Dyer, Gregersen, & Christensen 2008, p.322）。

　Babson 大学の Neck, Neck, & Murray（2017, p.8, 383）は、アントレプレナーは、計画よりも行動し、自己完結するよりコラボレーションし、極端にリスクをとる者ではない。個人的な社会ネットワークを構築し、意図的に協力し、情報交換や信頼関係を築く人と主張する。このようなネットワークは、人間の信頼関係で成り立っているので、目には見えにくいが、重要なものであると示す。1700 年代当初から 1900 年代では、アントレプ

レナーは、個人的な活動に注目されていたが、Bygrave & Zacharakis（2008）、Dyer et al.（2008）から Neck et al.（2017）の 2000 年代に至っては組織の形成や他者との連携、コラボレーションすることを重要視する。

シュンペーター（Schumpeter）(1998, まえがき ii) の翻訳を行った清成は、アントレプレナーは、企業者、企業家、起業家というように年代によって翻訳が変化することを指摘した。寺島（2013, p.23）は、企業家には大企業の組織改革者が含まれ、起業家はスタートアップの意味が強いとする。山田（2013, p.18）によると、「企業家」とは、ビジネスを起こし、新たな組織を形成する人以外のイノベーションも含めた大きな範囲での企業家を示し、大手メディアでは「起業家」が多く使用されていることを指摘する。「アントレプレナー」は、カタカナ表記の意味の広さと柔軟さを考慮して使用する場合もある。このようにアントレプレナーの翻訳に関しては、共通の定義がない。本書では、後者のアントレプレナーと表示する。

本書でアントレプレナーとは、Schumpeter（1934, p.182-183）の「新結合」、Drucker（1985, p.4）の「変化を探し、変化に対応し、変化を機会として利用する」、Timmons（1997, p.7）の「アントレプレナーは、国家経済の燃料であり、エンジンであり、スロットルである」、Bygrave & Zacharakis（2008, p.3）の「事業機会を認識し、その事業を実現するために組織を作り上げる人」、Dyer et al.（2008, p.322）の「『What if』と現状に質問を投げかけ、事業による世の中の変化を考え、興味を持ったことを積極的に観察し、仮説を立て実験、検証し、アイデア・ネットワークで他者の知恵を活用することを考える人」、Neck et al.（2017, p.383）の「個人的な社会ネットワークを構築し、意図的に協力し、情報交換や信頼関係を築く人」を用いる。つまり、アントレプレナーとは、「経済の発展の原動力として新結合を生み出し、変化を機会として事業を創造し、組織を形成し行動する人」と定義する。

2）アントレプレナーシップの定義

ドラッカーは、アントレプレナーシップとは、原理、方法を基礎とした「行動」であり、「まったく新しいことを行うことに価値を見いだすこと」

である（Drucker 1985, p.3, 4）と述べている。ジェフリー・A・ティモンズは、アントレプレナーシップを「実際に何もないところから価値を創造する過程」「起業機会を創り出すか、適切に捉え、資源の有無のいかんにかかわらずこれを追求するプロセス」であり、「人的エネルギーを結集し、事業を創造し、組織を作り上げる」（Timmons 1997, p.10）ことが重要であると述べている。Kuratko & Hodgetts（2004, p.30）は、アントレプレナーシップを「ビジョンや変化、価値を創造するプロセス」であり、「不確実な状況でありながら、時間や資金やキャリアに関してリスクをとる意思があり、新しいアイデアや創造性のある解決策を実行する努力とパッション」が必要であることを示している。また、Kuratko & Hodgetts（2004, p.30）は、「効果的なチームを形成し、創造性を発揮しつつビジネスプランを設計し、事業機会を見いだす能力」が必要であると述べている。ウィリアム・バイグレイブは、アントレプレナーシップとは「事業機会を実現するために行う組織作りや事業機会を認識することに伴う活動、行動、そして機能のすべてを含んでいる」（Bygrave & Zacharakis 2008, p.3）と述べている。

　アントレプレナーシップの定義は、機会獲得、事業開発、自己雇用、ベンチャー創成・発展などを伴いビジネスを起こすアントレプレナーになること（Mahieu 2006; Fayolle & Gailly 2008; QAA 2012, p.7）とし、アントレプレナーに注目する学者が多くいる。また、個人の成長、創造性、自立性、先導性、行動性を伴い、起業思考を兼ね備えていること（Lackéus 2015, p.9）など広範囲な定義を用いる学者もいる。

　Neck et al.（2017, p.8, 9, 10, 32）は、アントレプレナーシップは、「個人の性格などの特別な性質に左右されず、誰でも学習することができる」と述べている。また、アントレプレナーシップは、「スタートアップのみの育成ではなく、生活のスキルとして、不確かな状況においても考察、実行、機会獲得、問題へのアプローチ、解決策へ導くことができる」「学習し、それを積み上げ、行動を起こすためのマインドセットを含む」とも述べている。そして、アントレプレナーシップは、創造、実験、遊び、共感、内省の実践が含まれる（Neck, Greene, & Brush 2015）。

　McGrath & MacMillan（2000, xv）は、マインドセットとは、「不確実

な状況の中で素早く理解し、行動を起こし、結集することである」と述べる。Ireland, Hitt, & Sirmon（2003, p.968-970）は、アントレプレナーシップマインドセットには、「起業機会の認識、俊敏さ、柔軟な意思決定、起業機会を獲得するための目標設定、タイミングなどの枠組み、起業機会を明確に示すこと」が必要であるとしている。

　また、別の定義では、アントレプレナーシップマインドセットは、「学習者の人格、アイデンティティの認識、自分自身の夢や目標を達成するためのモチベーション、自己管理、柔軟性、逆境に立ち向かう力、好奇心、新規の人脈によって生じる問題の対処、限界の超越、不確実性やリスク、失敗への寛容性、個人的な価値」（QAA 2012, p.19）が関連する。また、そのマインドセットには、「戦略を考え、状況や変化を受け入れる能力であるメタ認知能力が、実践において発揮される。失敗を受け入れ、学習し、不快なレベルから快適なレベルに変換すること」が含まれる（Neck et al. 2017, p.68-70）。Covin & Slevin（2002, p.310）は、不確実な社会において個人や企業が価値創造を実施するのに、アントレプレナーシップマインドセットが必要であることを示唆する。このように、アントレプレナーシップにはマインドセットが関連しており、価値創造における起業や起業思考の育成に欠かせないものである。

　アントレプレナーシップは、起業、ビジネスを運用するリスク管理や革新性、リーダーとしての行動等を含んだ多次元の概念である（Gedeon 2010）ため、アントレプレナーシップに関するさまざまな定義がある。本研究では、アントレプレナーシップの定義は、Drucker（1985, p.3, 4）の「まったく新しいことを行うことに価値を見いだすこと」、Timmons（1997, p.10）の「実際に何もないところから価値を創造する過程」「起業機会を創り出し、適切に捉え、資源の有無のいかんにかかわらずこれを追求するプロセス」であり、「人的エネルギーを結集し、事業を創造し、組織を作り上げる」、Kuratko & Hodgetts（2004, p.30）の「ビジョンや変化、価値を創造するプロセス」「新しいアイデアや創造性のある解決策を実行する努力とパッション」を活用する。そして、Mahieu（2006）、Fayolle & Gailly（2008）、QAA（2012, p.7）の「機会獲得、事業開発、自己雇用、ベンチャー創成・発展などを伴いビジネスを起こすアントレプレナーにな

ること」、Bygrave & Zacharakis（2008, p.3）の「事業機会を実現するために行う組織作りや事業機会を認識することに伴う活動、行動、そして機能のすべてを含んでいる」、Lackéus（2015, p.9）の「個人の成長、創造性、自立性、先導性、行動性を伴い、起業思考を兼ね備えていること」、Neck et al.（2017, p.8）の「個人の性格などの特別な性質に左右されず、誰でも学習することができる」を用いる。つまり、本書では、アントレプレナーシップとは、「機会獲得、事業開発、自己雇用、ベンチャー創成・発展などを伴い価値を創造するアントレプレナーになることである。また、誰もが学習でき、個人の成長、創造性、自立性、先導性、行動性を含む起業思考を兼ね備えることである」とする。アントレプレナーシップは、狭義のアントレプレナーと広義の起業思考の両方が含まれる。

3）アントレプレナーシップ教育の定義

Timmons（1997, p.10）は、経済発展を促すアントレプレナー育成のためのアントレプレナーシップ教育は、「起業活動を賞賛する文化、アントレプレナーの活動が国民にとって必要不可欠であることを教える教育、基礎研究および応用科学を積極的に支援する世界で最も優れた学校教育」であると述べている。アントレプレナーシップ教育は、一般的な現象を理論的なアプローチで教えることやアントレプレナーとして必要な知識や能力を教えること（Lackéus 2015, p.10, 11）が含まれる。Kirby（2004, p.11）は、「新規事業を開発することである」と述べている。

European Commission（2008a, p.10）が提唱するアントレプレナーシップ教育は、「創造性、革新性、自己雇用を促進すること」であり、次の4つの要素で構成されている。第1の要素は、起業思考や行動力の基盤を形成する個人の態度や能力の開発（創造性、率先して実行する意欲、リスクの引受、自律性、自信、リーダーシップ、チームスピリットなど）を推進する。第2の要素は、学習者のキャリアオプションとしての自己雇用やアントレプレナーシップに関する意識を可能な限り高める。第3の要素は、具体的な起業プロジェクトおよび活動に取り組む。第4の要素は、起業時や会社運営をどのように成功させるのかに関する特定のビジネス能力や知識を提供する。このようにEuropean Commission（2008a, p.10）の提唱

するアントレプレナーシップ教育には、広範囲のアントレプレナーシップの定義が含まれている。

　大江（2004, p.25, 26）は、アントレプレナーシップ教育の定義は、「起業家を輩出する教育」「創造性教育」「社会経済を学習する教育」「生きる力を身につけさせる教育」と提唱し、アントレプレナーを育成することとアントレプレナーシップマインドを育成することを推進する。Jones & English（2004, p.416）は、アントレプレナーシップ教育を「機会獲得、洞察力、自尊心、知識と能力に対する認識力を個人に提供するプロセスである」と定義する。Mwasalwiba（2010, p.26）は、「個人の起業スキルの獲得、新規ビジネスの形成、機会獲得、スタートアップのマネジメントである」とする。Lackéus（2015, p.10）は、「価値創造」がアントレプレナーシップ教育の主な役目だと主張する。Baumeister, Vohs, Aaker, & Garbinsky（2013）は、価値創造は、実現する意味があり、魅力的で満足のいく方法で人々が支え合うときに起こると主張する。QAA（2018, p.3）は、アントレプレナーシップ教育は、「学習者の創造性、柔軟性、革新のプロセスを促進し、学習者の行動に変化をもたらし、積極的に市民活動に良い影響を与える効果がある」ことを示す。また、アントレプレナーシップ教育は、「新規ビジネスを支援し、起業数、雇用者数、起業支援者数を増加させ、キャリア教育の向上を目的にする」と定める。

　本書では、Timmons（1997, p.10）の「起業活動を賞賛する文化、起業家活動が国民にとって必要不可欠であることを教える教育、基礎研究および応用科学を積極的に支援する世界で最も優れた学校教育」、Jones & English（2004, p.416）の「機会獲得、洞察力、自尊心、知識と能力に対する認識力を個人に提供するプロセスである」、大江（2004, p.25, 26）の「起業家を輩出する教育」「創造教育」「社会経済を学習する教育」「生きる力を身につけさせる教育」、European Commission（2008a, p.10）の「創造性、革新性、自己雇用を促進すること」、Mwasalwiba（2010, p.26）の「個人の起業スキルの獲得、新規ビジネスの形成、機会獲得、スタートアップのマネジメントを含む」、Lackéus（2015, p.15）の「価値創造」をもとに、「価値を創造するアントレプレナーとアントレプレナーシップマインドを育成し、理論と実践を融合したアプローチで個人の成長と社会の発展を促

進するための教育」をアントレプレナーシップ教育の定義とする。

第4節　まとめ

　本章では、アントレプレナーシップ教育の意義と課題を明らかにしたうえで、本研究の目的と必要性、用語の定義について示した。経済発展や価値創造の観点から、世界各国でアントレプレナーシップ教育の重要性は認識されている。しかしながら、GEM調査が示すように、長年、日本のアントレプレナーシップ教育は低調である。文部科学省（2021b）は、アントレプレナーシップ教育の醸成を促し、多様な価値を認め、一人一人の"Well-being"が実現する社会を目指している。日本の大学が抱えるアントレプレナーシップ教育の課題に関しては、アントレプレナーシップ教育に対する学習者の認知や関心、授業やプログラムなどの受講者数の向上、教職員の人材育成やプログラム開発、効果検証、産学官連携による実践的な取り組みの仕組みの構築があげられる。アントレプレナーシップ教育を拡充し、アントレプレナーや起業思考を用いて不確実で複雑な社会の課題を解決し価値を創造する人材を育成する必要がある。

　本研究では、欧米日のアントレプレナーシップ教育比較において、アントレプレナーシップ教育の現状を明らかにしたうえで、短期的、長期的なアントレプレナーシップ教育の実証的な効果を測定、検証し、人材育成や教育支援の観点を含めたアントレプレナーシップ教育フレームワークの示唆をすることを目的としている。

　次に、アントレプレナー、アントレプレナーシップ、アントレプレナーシップ教育の用語について整理する。1750年代に仏語で書物に「Entreprendre」（アントレプレナー）と記載されたのが始まりであるといわれている。本書におけるアントレプレナーの定義は、「経済の発展の原動力として新結合を生み出し、変化を機会として事業を創造し、組織を形成し行動する人」である。アントレプレナーシップの定義は、「機会獲得、事業開発、自己雇用、ベンチャー創成・発展などを伴い価値を創造するアントレプレナーになることである。また、誰もが学習でき、個人の成長、創造性、自立性、先導性、行動性を含む起業思考を兼ね備えること」であ

る。アントレプレナーシップは、狭義のアントレプレナーと広義の起業思考の両方が含まれる。アントレプレナーシップ教育の定義は、「価値を創造するアントレプレナーとアントレプレナーシップマインドを育成し、理論と実践を融合したアプローチで個人の成長と社会の発展を促進するための教育」である。

注

1　みずほ情報総研（2017）によると、総合起業活動指数（Total Early-Stage Entrepreneurial Activity: TEA）は、各国の起業活動の活発さを示す指標である。各国のアントレプレナー数は、誕生期と乳幼児期のアントレプレナー数の合計である。誕生期は、「独立・社内を問わず、新しいビジネスを始めるための準備を行っており、かつまだ給与を受け取っていないまたは受け取っている場合その期間が3か月未満である人」である。乳幼児期は、「すでに会社を所有している経営者で、当該事業からの報酬を受け取っている期間が3か月以上3.5年未満の人」である。これらのアントレプレナー数が成人人口に占める割合（％）がTEAである。

2　中央教育審議会答申（2012）「新たな未来を築くための大学教育の質的転換に向けて」。https://www.mext.go.jp/b_menu/shingi/chukyo/chukyo3/047/siryo/__icsFiles/afieldfile/2012/10/12/1326849_02.pdf（最終閲覧日：2022年8月21日）。

3　文部科学省(2020)「育成すべき資質・能力の三つの柱」。https://www.mext.go.jp/content/1421692_7.pdf（最終閲覧日：2022年8月21日）。

4　QAAとはThe Quality Assurance Agency for Higher Educationを示す。英国の高等教育の品質をチェックする非営利活動法人である。

5　執筆は1730年頃になるが、1755年に出版された。https://en.wikipedia.org/wiki/Richard_Cantillon（最終閲覧日：2022年8月21日）。

第2章

アントレプレナーシップ教育の理論

学習者の視点を中心に

　本章では、本研究の先行研究となるアントレプレナーシップ教育の歴史を説明し、理論、研究の動向を示す。

第1節　アントレプレナーシップ教育の歴史

　Katz（2003）によると、アントレプレナーシップ教育は1947年にHarvard Business Schoolで始められた。1958年にはMIT Sloanアントレプレナーシップコースが開設された。1970年代初期にアントレプレナーシップ教育は全米の大学院で本格的に教えられ始めたとされている。米国でアントレプレナーシップコースを設置した大学院は、1985年に210校であり、2011年には351校へと67％増加している（Zhang 2011, p.186）。
　アントレプレナーをアントレプレナーシップ教育で育成できるのかという議論は存在するが、米国では、全体の3分の2以上に相当する2,000校を超える大学でアントレプレナーシップ教育が実施されており、最も増加した講義がアントレプレナーシップ関連科目である（高橋 2014）。アントレプレナーシップ教育が拡大した理由は、経済成長、雇用創出である（Wong, Ho, & Autio 2005）。グローバル化が進み、不確実で複雑な社会で、企業、組織がアントレプレナーシップ教育の起業に関する適性（知識、能力、態度）を必要としてきた（Gibb 2002）。
　また、起業活動が、教育（Surlemont 2007）と職場での生活（Amabile & Kramer 2011）において、学習者や雇用者に適切な関与やクリエイティ

ビティ、モチベーション、幸福の向上（Diener & Suh 2003; Goss 2005; Amabile & Khaire 2008, 2011）をもたらし、重要な社会の課題解決（Rae 2010）に役立つとされる。これにより、アントレプレナーシップ教育は公共の利益のために社会的な価値創造を起こす雇用者や企業、組織を力づけることに貢献すると考えられる（Austin, Stevenson, & Wei-Skillern 2006; Wilson, Vyakarnam, Volkmann, Mariotti, & Rabuzzi 2009）。米国において、アントレプレナーシップコースを設置した大学院の数が26年間で67％の増加を示したことや2,000校以上の大学でアントレプレナーシップ教育が実施されていることは、社会、企業、組織の中で、価値を創造するアントレプレナーシップ教育が求められていることの裏づけになる。

　欧州でも、競争性の加速、経済成長、雇用創出などの理由からアントレプレナーシップ教育の必要性が認識されている（European Commission 2000）。欧州でアントレプレナーシップ教育が継続的にカリキュラムに取り入れ始められたのは1994年頃からである（Twaalfhoven & Wilson 2004）。公立、私立の両方の大学においてアントレプレナーシップ教育は、革新的なプログラムの重要な要素となった（Matlay 2001; Li & Matlay 2005）。欧州では、アントレプレナーシップ教育を用いて、起業思考や起業に必要とされる能力開発によって革新的な起業文化を促進しようと試みた。

　当初、欧州のアントレプレナーシップ教育の学部では、授業に現地の言語を使用した。大学院では、現地の言語と英語で実施した。アントレプレナーシップ教育を実施するにあたり、言語と文化の違い、アントレプレナーシップ担当教育者の不足の問題が生じた。しかしながら、2002年から2005年に、欧州の教育機関は、36か国から173名の教員を招聘し、アントレプレナーシップ教育のネットワークを確立し、協働で教え合うなど新たなやり方を取り入れたことによりアントレプレナーシップ教育が進展した。英国、愛蘭国（アイルランド）、西国では、アントレプレナーシップ教育において教育者のコミュニティ拡充だけでなく、地域のコミュニティ、アントレプレナー、卒業生との関わりが、重要な役割を果たしていると分析する（Wilson 2008, p.12, 13）。

　欧州の教育機関は、1995年から1999年にかけて、アントレプレナーシップ教育に関して講義を主に実施していたが、2000年から2004年頃にはア

ントレプレナーシップ教育の授業数、科目数を著しく増加することができ、理論と実践のプログラムに進化した。つまり、欧州の教育機関は、講義だけでなく実践にも注力し始めた（Matlay & Cary 2007）。

　EVCA（European Private Equity and Venture Capital Association）（2005）によると、欧州はエコシステムの確立、優秀な研究者の養成、産学連携、技術移転やアントレプレナー育成においてグローバルに競争できる可能性を秘めていると報告する。このように、欧州でもアントレプレナーシップ教育を積極的に教育に取り入れている傾向にある。

　European Commission（2018）は、政治的に独立した機関として、EU全体の利益を考慮し、平和、自由、繁栄の促進など、EUの目標を反映した法律、政策、プログラムを提案している。また、European Commission（2018）は、アントレプレナーシップ教育の分野においても定期的に調査結果を公表している。英国のNational Council for Graduate Entrepreneurship（2007）、西国のMinistry for Industry, Tourism and Trade（2006）の報告書によると、大学、大学院の教育機関で、英国では、ビジネスの領域で60％以上、西国では、経済、ビジネス、サイエンスの分野で50％以上の割合でアントレプレナーシップ教育が行われている。欧州では、European Commissionが中心となり、アントレプレナーシップ教育の研究が活発に行われている。アントレプレナーシップ教育の進展には、アントレプレナーシップ教育の研究が重要であることを示唆する。

　European Commission（2019, p.8-10）がErasmusと高等教育の評価に関する研究報告書で、学習者、教職員、教育機関、戦略的パートナーシップの4つに対して評価の項目を示している（図表1）。学習者の項目は、1.学習者の言語、資金、認知などの障壁の対応、プログラムの参加のしやすさやモチベーション、2.学術、学習経験、就職、結束性の社会において一貫して高い業績を生み出す行動特性、3.雇用、4.欧州アイデンティティ、5.人格、態度、行動である。教職員に対しては、1.教職員の言語、資金、認知などの障壁の対応、プログラムの参加のしやすさやモチベーション、2.先端の教授法、3.雇用、4.欧州アイデンティティ、5.社会的関与である。教育機関に対しては、1.教授法とカリキュラムの発展、2.支援体制、3.教育機関の国際化、4.国際的な信用の流動性、5.企業との連携である。戦略

図表 1　評価の対象領域

```
【学習者】
1. 学習者の言語、資金、認知などの障壁の対応、
   プログラムの参加のしやすさやモチベーション
2. 学術、学習経験、就職、結束性の社会において
   一貫して高い業績を生み出す行動特性
3. 雇用
4. 欧州アイデンティティ
5. 人格、態度、行動

【教育機関】
1. 教授法とカリキュラムの発展
2. 支援体制
3. 教育機関の国際化
4. 国際的な信用の流動性
5. 企業との連携

【教職員】
1. 教職員の言語、資金、認知などの障壁の対応、
   プログラムの参加のしやすさやモチベーション
2. 先端の教授法
3. 雇用
4. 欧州アイデンティティ
5. 社会的関与

【戦略的パートナーシップ】
1. 外部パートナーとの連携
2. 教授法とカリキュラムの発展
3. 教育機関の国際化
4. 実践の手段と多様性
```

出所）European Commission (2019, p.8–10). Impact areas 著者訳出

的パートナーシップに対しては、1. 外部パートナーとの連携、2. 教授法とカリキュラムの発展、3. 教育機関の国際化、4. 実践の手段と多様性である。

　日本のアントレプレナーシップ教育の推進は、欧米と比較すると、かなり遅れて始まった。2000年前後から徐々に教育現場で行われるようになったが、アントレプレナーシップは学術分野として歴史が浅く、複合的な分野を包括する概念であるため、教育プログラムや教育者、研究者が不足している（原田 2010）。日本経済新聞（2006, p.15）によると、大和総研が日本の主要22大学（国立11校、私立11校）を対象に調査した結果、アントレプレナーシップの授業数は71あり、MBA（経営学修士）が52％、MOT（技術経営）が20％を占める。この調査では、私立大学がアントレプレナーシップ教育の運営に関して70％を占めており、大学間競争の激化を反映して、アントレプレナーシップの授業を導入したと考えられることを示している。

　大和総研の調査結果から、アントレプレナーシップの授業数に関して、MBA（経営学修士）が52％、MOT（技術経営）が20％占める（日本経済新聞 2006 p.15）とあるように、理系でもアントレプレナーシップ教育が実施されている。理系の学問と経営の融合に関しては、1980年後半から半導体やバイオ、ITなどサイエンス型産業が日本経済の中核になった

ことが背景にある。これらの産業は、製品・市場リスクを考慮しなければならない。技術経営の目的である「技術投資の費用対効果を最大化すること」（早稲田大学ビジネススクール 2002 p.8）を達成するため、科学の知識を応用し具現化する工学と市場での適性利潤獲得方法を検討する経営学の融合が社会的に必要となった（文部科学省 2017c）。このような背景があり、2002 年に経済産業省が本格的にアントレプレナーシップ教育の普及を促進し、急速に進展した。しかしながら、MBA 学習者と理工学学習者の混在の授業はあるが、意識レベルに差があり、焦点が絞りにくいという意見もある（飯田 2006）。

近年、日本経済再生本部（2016）は大学生、大学院生（社会人）を対象に起業に関する人材を育成するために「ベンチャー・チャレンジ 2020」を促進している。経済産業省（2009）は、起業家育成事業として 2009 年に「大学・大学院起業家教育推進ネットワーク」を設立し、アントレプレナーシップ教育の教育者やアントレプレナーなどとネットワークを構築し、アントレプレナーシップ教育の活性化を図った。2012 年から 2014 年まで UVGP（University Venture Grand Prix）などアントレプレナーシップ教育を実施する大学・大学院に在籍する学習者を対象に全国規模のビジネスプランコンテストと交流会を開催した。

文部科学省（2017a, 2021a, b）は、2014 年から 2016 年にかけて高等教育におけるグローバルアントレプレナー育成促進事業（EDGE: Enhancing Development of Global Entrepreneur）で若手研究者や大学院生等に起業に挑戦する人材育成を開始した。学習者が、アントレプレナーシップマインド、事業の運営、課題発見・解決能力、広範囲の視野をアクティブラーニングで身につけることが目的である。2017 年から 2021 年には、次世代アントレプレナー育成事業（EDGE-NEXT: Exploration and Development of Global Entrepreneurship for NEXT generation）で学部生や社会人にも対象者を広げ、アイデアの創出やビジネスモデルの構築を中心とした実践的なプログラムの実施、アントレプレナーシップの醸成、ベンチャー企業の創出を目指した。2021 年から 2025 年にはスタートアップ・エコシステム形成支援として、自治体・産業界と大学の連携を強化した。大学等における実践的なアントレプレナーシップ教育と大学発ベンチャーの起業支

援を構築しようとしている。アントレプレナーシップ教育（文部科学省 2021a, p.23, b, p.8）の全体の構造として、未来社会像「多様な価値を認めウェルビーイングを達成するためのよりよい社会　一つの固定されたものでなく、常に考え続けていかなければならないもの」、目指す人材「急激な社会環境の変化を受容し、新たな価値を生み出していく精神（アントレプレナーシップ）を備えた人材の創出」を掲げている。アントレプレナーシップの醸成には、コンピテンシーの形成段階、動機づけ・意識醸成段階が含まれる。具体的には、「未来創造や課題解決のために必要な汎用知識やスキルを提要すると共に、それらを活用し、実現に向けた仮説検証ができる場や機会を提供」「社会に存在する課題を自分事として捉える課題の発見力や共感力を育むことを入口に、不確実性の高い環境下でも自身の持つ資源を超えて機会を追求し未来創造や課題解決に向けた行動を起こしていくための精神と態度を学ぶ場や機会を提供」である。大学生が身につける能力として、各専門分野を通じて培う学士力、生きる力、変革を起こす力（「新たな価値を創造する力」「対立やジレンマを克服する力」「責任ある行動をとる力」）である。

　アントレプレナーシップ教育（文部科学省 2021a, p.22, 24, b, p.7）の現状として、アントレプレナーシップ教育を実施している大学は27％である。アントレプレナーシップ教育の受講率（国内大学生、大学院生）は1％である。全プログラムのうち実践の割合は7％、年間の予算がないところが35％、民間や他大学等外部機関との連携はほとんどの大学で不十分であった。また、学習者の裾野が広がらない、指導体制や外部のリソース不足、成果を生むための仕組みづくりができておらず、効果検証や成功事例の横展開が不足していることが指摘されている。

　以上の経緯をまとめたものが図表2の欧米日のアントレプレナーシップ教育の経緯となる。このように、日本経済再生本部、経済産業省、文部科学省は積極的にアントレプレナーシップ教育を推進する傾向にあるが、欧米との差は依然として大きい。

第2章　アントレプレナーシップ教育の理論

図表2　欧米日のアントレプレナーシップ教育の経緯

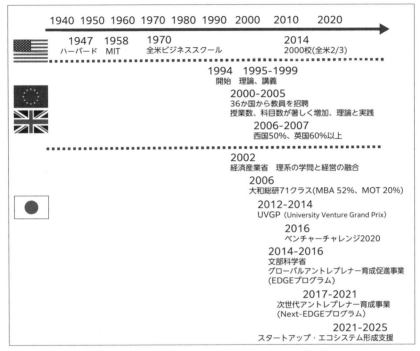

出所）著者作成

第2節　アントレプレナーシップ教育のフレームワーク

アントレプレナーシップ教育において、共通のフレームワークもしくは最も有効であると認知されたフレームワークはない（Fiet 2000a; Brockhaus et al. 2001; Fayolle & Gailly 2008）。Stevenson & Jarillo（1990, p.18）は「誰」をアントレプレナーとし、アントレプレナーが行動すると「何」が起こるのか、「なぜ」アントレプレナーは行動するのか、「どのように」アントレプレナーは行動するのかに関して提言した。

Gedeon（2013, p.233-243）は、アントレプレナーシップ教育のフレームワークに「誰に、何を、なぜ、どのように」教授するのかとその「結果」

25

を提唱した。「誰に」は学習者を原点とし、認知的プロセスを得て「結果」となる。「誰に」には学習者の能力、態度、経験が含まれる。「何を」は授業の内容である。「なぜ」の部分には教育機関の役割が含まれる。「どのように」の部分には理論を用いた方法論が含まれる。アントレプレナーシッププログラムの目的としては、ミッション、戦略、マーケティングの要素や新しい知見や研究の成果を公表することである。全体的な枠組みに学習者と教育者に携わる環境やスタートアップのエコシステムが関連する。このフレームワークは、学習者に変化をもたらす人材育成に焦点を当てている。学習者がアントレプレナーシップを望み、実現可能であるという前向きな価値観や倫理を持ち、自己効力感の向上や自ら行動を起こすことが含まれている。それには、アントレプレナーシップの起業思考、熱意、行動を含む個人の成長や能力を強化することが求められている。各授業が学習成果に関連し、統合されたフレームワークとなる。

　Lackéus（2015, p.6, 7）は、アントレプレナーシップ教育のフレームワークに「誰に、何を、なぜ、どのように」を提唱した。学習者を「誰に」とし、学習者が起業することや学習者が人生において、より創造力を働かせ、機会を重視し、世界市民として他の人々の役に立つ価値を創造するために、積極的、革新的に活動することをアントレプレナーシップ教育の「何を」としている。アントレプレナーシップ教育の理由を問う「なぜ」に関しては2つあげる。1つ目は、アントレプレナーシップ教育が経済的な効果をもたらすことがあるからである。2つ目は、アントレプレナーシップ教育において学習者が修得した知識をもとに他の人のためになる価値を創造することで意欲や関心を高め、実践を含めた深い学びを得ることができるからである。アントレプレナーシップ教育の「どのように」に関して、教育者が、価値創造に関わる理論や「Learning by doing」を用いて多分野にまたがるチームを形成し、教育機関外の人々との交流を促進する経験学習を推奨する。

　アントレプレナーシップ教育のフレームワークには、Stevenson & Jarillo（1990, p.18）、Gedeon（2013, p.233-243）、Lackéus（2015, p.6, 7）が提唱するアントレプレナーシップ教育を「誰に、何を、どのように、なぜ」提供するのかという概念が含まれている。以上のようなアントレプレ

ナーシップ教育の概念を基盤としつつ、よりそれらの詳細を示した Jones & Matlay（2011, p.694）や Mwasalwiba（2010, p.23）のアントレプレナーシップ教育フレームワークの背景と概要を説明する。Jones & Matlay（2011, p.694）のフレームワークは、学習者を中心とした教育者、教育プロセス、教育機関、地域を用いた、広範囲の視点からのフレームワークである。Mwasalwiba（2010, p.23）のフレームワークは、アントレプレナーシップ教育の定義、目的、内容、教授法、教育効果であり、教育機関を軸に置いたものである。教育支援、産学官連携、起業教育のプロセスにも焦点を当て、その関連性を整理する。

第1項　フレームワーク

Jones & Matlay（2011, p.692, 693）はアントレプレナーシップ教育の需要は増加してきたが、アントレプレナーシップ教育は混沌としており、理解を深めるために時代に沿ったフレームワークが必要であると考えた。Gartner（1985, p.698）の個人、組織、環境、プロセスを用いたベンチャー創成の現象を示した概念的枠組みを進化させたものが Jones & Matlay（2011, p.694）のアントレプレナーシップ教育フレームワークである（図表3）。そのフレームワークは学習者、教育者、教育プロセス、教育機関、地域と5つの要素で構成される。各要素は融合し合い、切り離すことはできない。

Jones & Matlay（2011, p.694）によると、学習者がアントレプレナーシップ教育の主体であり、最も重要な要素であるため中心に位置している。学習者の学習目的や理由はさまざまである。学習者は、アントレプレナーシップ専攻や他学部などさまざまなバックグラウンドを持っており、学習者の目的に応じて進捗を確認する必要がある。学習者は自分自身の目的を振り返ることで学習成果の進歩を認識することができる。学習成果は、社会貢献、企業内外での新規事業の設立など多岐にわたる。

教育者は、起業経験や教育経験の有無、さまざまな年齢にわたり他学部の担当者であるなど多様化している。1人で教鞭を取る者もいれば、チームとして協働で教授する者もいる。教育者はアントレプレナーシップ教育

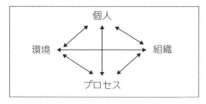

図表 3　アントレプレナーシップ教育フレームワーク 1

出所）Gartner（1985, p.698）．A framework for describing new venture creation を著者訳出
Jones & Matlay（2011, p.694）．Conceptual framework for describing entrepreneurship education を著者訳出

において異質性をもたらすため重要である。教育プロセスに関して、アントレプレナーシップ教育では経験学習が重要とされている。講義とワークショップを両方実施し、ビジネスプランやメンターやリフレクションに焦点を当てる教育者もいる。さまざまな教育方法があり、教育プロセスが構築されているが、教育者同士がそのノウハウを共有し、新たな試みに挑戦することでアントレプレナーシップ教育の異質性が示される。

　教育機関においては、教育市場の地域やグローバルでブランドを確立する必要がある。類似する教育機関ではなく、異質性のある学習者や教育者を採用し、教育プロセスを築くことで、より多様なプログラムを展開する地域で独立性を担保した魅力的な教育機関となる。そして、アントレプレナーシップ教育は地域に根差したスタートアップの育成につながる。学習者を中心に教育者、教育プロセス、教育機関、地域が連帯することで、アントレプレナーシップ教育において学習者は自己を研鑽する機会が与えられ、地域や国、国際的なコミュニティに貢献することができる。

　このように、Jones & Matlay（2011）は、学習者を中心とし、学習者と深く関わる教育者、教育プロセス、教育機関、地域との関係をフレームワークとして整理した。そして、学習者と教育者の異質性を重視しつつ、経験学習を用いて、地域に根差したアントレプレナーシップ教育が求められていることを示している。地域で異質性、独立性を担保することで、教育機関のブランドの確立になることを示唆する。

第2章 アントレプレナーシップ教育の理論

　続いて、Mwasalwiba（2010, p.23）のアントレプレナーシップ教育のフレームワークについて示す。Harvard Business School でアントレプレナーシップ教育が開始されて、アントレプレナーシップ教育は大きく進展し、文化を築き、経済に貢献してきた（McMullan & Long 1987; Kirby 2004; Matlay 2005a, b; McKeown, Millman, Sursani, Smith, & Martin 2006）が、アントレプレナーシップの定義に関する共通点の認識が欠如している（Sexton & Bowman 1985; Hebert & Link 1989; Gartner 1990; Cunningham & Lischeron 1991）。Mwasalwiba（2010）は、その懸念に対し、アントレプレナーシップ教育の主な構成要素が明らかになっていないことが原因だと考えた。そのため、ABI/INFORM、Emerald の査読付ジャーナルの全文、IntEnt 2004 & 2007 の学会の研究成果報告書と参考文献を主なデータベースとして使用し、文献調査を実施した。そこから 108 のアントレプレナーシップ教育に関する論文を抽出した結果、定義と目的に関しては 20 の論文があり、対象者は 19、科目内容は 21、実践活動は 10 の論文があった。教授法は 21、効果測定に関しては 7 の論文があった。ただし、同じ論文が 2 つ以上のカテゴリーに使用されていることもある。

　Mwasalwiba（2010, p.23）は、これらの結果から、アントレプレナーシップ教育を理解するには、アントレプレナーシップ教育のフレームワーク（図表 4）が必要であると提唱する。そのフレームワークには、1）定義、2）目的、3）プログラム（プログラムの種類、対象者、科目内容、実践活動）、4）教授法、5）効果測定が含まれている。

　1 つ目のアントレプレナーシップ教育の定義は、上記で示したように多義にわたる。

　2 つ目のアントレプレナーシップ教育の目的は、個人やコミュニティにおける起業の態度、精神、文化を創造し、向上させること（Gibb 1993; Bechard & Toulouse 1998; Hills 1988; Hytti & O'Gorman 2004; Kirby 2004; Galloway, Anderson, Brown, & Wilson-Edwardes 2005; Henry, Hill, & Leitch 2005a, b; Co & Mitchell 2006）、新規ベンチャーや雇用の増加、地域のアントレプレナーの育成や成長に貢献すること（McMullan & Long 1987; Vesper & Gartner 1997; Kirby 2004; Henry et al. 2005a, b; Matlay 2005a, b）、個人の起業スキルを与えること（Galloway et al. 2005; Henry et

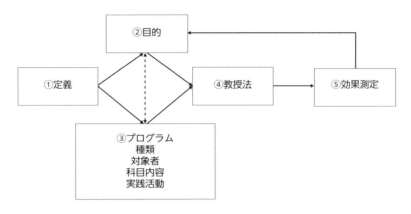

図表 4　アントレプレナーシップ教育フレームワーク 2
出所）Mwasalwiba (2010, p.23). Framework used to guide this review を著者訳出

al. 2005a, b）である。

　3つ目のアントレプレナーシップ教育プログラムに関しては、対象者、科目内容、実践活動によりプログラムの種類がある。対象者は、「大学機関に所属するビジネス専攻の学習者」が最も多く、「中小企業の経営者や社員、少数派グループ（女性、民族集団、障害者）、ビジネス専攻以外の学習者」が続く。アントレプレナーシップ教育において最も著名な9つの科目は、「ファイナンス・資金管理、マーケティング、アイデア形成・機会獲得、ビジネスプラン、成長戦略、組織構成・チームビルディング、ベンチャー創成、中小企業マネジメント、リスク・合理性」である（Mwasalwiba 2010, p.27-30）。

　実践活動に関しては、「アントレプレナーの育成やインターンシップ、コンサルティングプロジェクトへの参加、技術伝達、インキュベーションでの活動、地域で起業に関する夏期講習の開催、研究成果の普及」などが含まれる（Mwasalwiba 2010, p.32, 33）。このようなアントレプレナーシップの実践活動は、地域への知識や技術の伝達、コンサルティング、教育、研究の活性化（De Faoite, Henry, Johnston, & Van der Sijde 2003）、企業の成長を促進するため、社会的な取り組みの一部分として重要である（McMullan & Long 1987; Gorman, Hanlon, & King, 1997）。しかしながら、Mwasalwiba（2010, p.32）が指摘するように、ほとんどのアントレプレ

ナーシップ教育プログラムの実践活動に関しては、序章の段階であり、コミュニティの向上に対するアントレプレナーシップ教育の役割についての調査は非常に少ないことが示されている。

4つ目の教授法に関しては、「講義・理論、ケーススタディ、グループディスカッション」など古典的な教授法が多い。その他には、少数ではあるが、「ビジネスシミュレーション、映像、ロールモデルやゲストスピーカーの話、ビジネスプランの作成、プロジェクト、ワークショップ、ゲームシミュレーション＆コンペティション、ベンチャー設立体験、プレゼンテーション、研究訪問」が用いられることもある（Mwasalwiba 2010, p.30, 31）。

5つ目の教育の効果測定の指標に関しては、「卒業生の起業者数」が最も多い。次に、「テストの点数、学習者の行動や意思、社会貢献や技術普及、学習者／卒業生の満足度、イノベーションの結果、ビジネスパフォーマンス、興味関心の向上」である。アントレプレナーシップ教育の研究分野は新しく、有効的な効果測定の指標が示されていないため議論の余地があるものと考えられる（Mwasalwiba 2010, p.33-35）。

Mwasalwiba（2010, p.23）のアントレプレナーシップ教育のフレームワークには、1）定義、2）目的、3）プログラム（プログラムの種類、対象者、科目内容、実践活動）、4）教授法、5）効果測定の項目があり、アントレプレナーシップ教育の構造を明らかにしている。言い換えれば、アントレプレナーシップ教育を「誰に、何を、なぜ、どのように」提供するのかが明確に示されている。アントレプレナーシップ教育の定義を示し、アントレプレナーシップ教育を「なぜ」行う必要があるのかという目的を明らかにする必要性を示唆する。そして、対象者を「誰に」として、どのようなプログラム、科目内容、実践活動を「何を」とし、教授法を「どのように」として示している。さらに、効果測定の重要性を示し、これらの5つの項目を循環させ効果検証をすることで、アントレプレナーシップ教育のフレームワークが進展するということを示しているのが特徴である。一方、アントレプレナーシップ教育の内容、教授法、教育効果の項目には提示しているが、それらの詳細は提示していない。

第 2 項　プログラム

　Vesper & Gartner（1997, p.413）は、1994 年にアントレプレナーシップ教育プログラムの内容に関して調査を実施した。米国の大学の 941 校、加国の大学の 42 校、他国の 270 校の学長に対し調査票を送り、311 校（米国の大学の 233 校、加国の大学の 16 校、他国の 62 校）から回答があった。アントレプレナーシップ教育の授業に関して、アントレプレナーシップもしくは新規事業開発が 98 校と最も多く、中小企業マネジメントが 31 校、フィールドワークもしくはベンチャーコンサルティングが 31 校、ベンチャーファイナンスが 30 校、ビジネスプラン作成が 23 校、テクノロジーが 22 校、イノベーション評価が 21 校と続く。Vesper & Gartner（1997, p.413）の調査は、1,200 校以上の米国、加国の大学や海外大学に調査票を送付し、311 校から回答があったため大規模調査に値すると考えられる。最も回答が多かったアントレプレナーシップもしくは新規事業の開発は、アントレプレナーシップ教育の中心科目になっていると想定される。ビジネスプランの作成に伴って、ベンチャーファイナンスやテクノロジーなどが必要となってくるということで関連づけができる。また、フィールドワークもしくはベンチャーコンサルティングなど実践を伴う授業を取り入れている大学も多い。

　Joshi（2014, p.26）は、アントレプレナーシップ教育は、1 つの授業から形成され、アントレプレナーシップに特化した分野による授業が蓄積され、プログラムとして成立すると述べている。アントレプレナーシップ教育には、ビジネスプラン、ビジネスモデルキャンバス、デザインシンキング、リーン・スタートアップ、エフェクチュエーションなどの理論やフレームワークが含まれる（Lackéus 2015, p.29-32）。

　アントレプレナー育成のためのビジネスプラン作成の価値に関しては、長年にわたり議論が存在する。ビジネスプランは新規市場に参入するかしないかの意思決定の評価ツールになると考え、スタートアップの将来的な成功の基盤として重要である（Chwolka & Raith 2012）という意見がある。一方、ビジネスプランの作成は、起業の発展の価値を妨げる可能性があり、時間の無駄であるという見解もある（Delmar & Shane 2003; Lange,

Mollov, Pearlmutter, Singh, & Bygrave 2007; Jones & Penaluna 2013)。しかしながら、アントレプレナーシップ教育において、ビジネスプラン作成は、最も広く使用されているアプローチである（Honing 2004; Solomon 2007; Sirelkhatim & Gangi 2015）。

　ビジネスプランを作成するメリットは、3つある。第1に、アントレプレナーは資金獲得のために、実際の活動として、よくビジネスプランを作成する（Neck & Greene 2011）。第2に、学習者は、ビジネスアイデアの妥当性を確かめるために、マーケットデータを調査することを求められる（Vincett & Farlow 2008; Bliemel 2014）。第3に、ビジネスプランは、新規ビジネスを設立しない状況であっても、疑似体験としてアントレプレナーの活動ができる。なぜなら、調査活動やクリティカルシンキング、事業計画書、チームメンバーへの貢献をビジネスプランに反映させる能力が必要とされるからである。さらに、投資家に対してビジネスプランを発表する状況で求められるピッチ能力（Faherty 2015）やプレゼンテーションスキルも必要とされる（Macht & Ball 2016）。

　ビジネスモデルキャンバスには、9つの基本的な要素がある。「顧客セグメント、価値提案、チャンネル、顧客との関係、収益の流れ、リソース、主要活動、パートナー、コスト構造」である。顧客が誰であるのかを考え、顧客の抱えている問題を製品やサービスで解決する。具体的にどのように顧客とコミュニケーションし、物質・知的財産や人的リソースなどの資産やチャネルを利用し、顧客とどのような関係を築きあげるのか、誰をパートナーとして、どのような活動で、顧客に価値を提供するかを考える。ビジネスの運営上で必要なコストを計算し、収益の流れを明らかにする（Osterwaider & Pigneur 2010）。ビジネスモデルキャンバスは、顧客のニーズと自分たちの価値を関連させ、ビジネスを可視化することで、ディスカッションを活性させるコミュニケーションのツールとしてのメリットがある。

　デザインシンキングは、イノベーション・デザイン会社のIDEOが発案し、顧客やユーザーの行動や思いなど人間を中心に考えるアプローチである。観察やインタビューを通して、人はどのように考え、何が必要で、何を求めているのかを理解する。また、何が問題で、どこに事業機会があり、

何を変化させることができるのかを察知する。ブレインストーミングなどを通して、発想を創出し、素早くプロトタイプを作成し、検証する（Brown 2009）。IDEOの創業者であるDavid Kellyは、デザインシンキングは直線経路ではなく、プロセスの過程で、さまざまな箇所を行ったり来たりするものであると述べている（IDEO 2019）。

　リーン・スタートアップのリーンは、トヨタのリーン生産方式からきている。リーン・スタートアップとは、「Build–Measure–Learn（構築‒計測‒学習）」（Ries 2017, p.33）を駆使してフィードバックを得て、継続的に調整することである。アイデア構築し、素早く試作を用いて計測しデータを取得する。そこから学習し、アイデアを洗練させていく。このフィードバックループを継続的に行い、Pivot（方向転換）をいつすべきなのかを考える。仮説に基づいて複雑な計画を立て、分析に時間をかけて実効するのではない。リーン・スタートアップは、アントレプレナーにとって現実社会で、実験を通して行動できる幅広い観点を提供し、使用できる方法、ツールである（Ries 2017）。

　エフェクチュエーションは、起業の実践的なアプローチである。Sarasvathyは、米国の熟達したアントレプレナーの新規事業に直面する問題に関して意思決定のプロセスを調査し、同僚と一緒にエフェクチュエーションの理論を発展させた（Sarasvathy 2001; Sarasvathy & Dew 2005; Sarasvathy 2008; Sarasvathy & Venkataraman 2011）。

　エフェクチュエーションは5つの原理がある。1つ目は「手中の鳥（Bird in Hand）」である。自分が誰であるのか（Who I am）、何を知っているのか（What I know）、誰を知っているのか（Whom I know）を理解し、その3つの既存の手段で何か新しいものをつくる。2つ目は、「許容可能な損失（Affordable Loss）」である。損失がどの範囲まで可能かに基づいてコミットする。3つ目は、「クレイジーキルト（Crazy-Quilt）」である。自身と同様の意思を持つすべての関与者と交渉し、パートナーシップを築けるようにする。4つ目は、「レモネード（Lemonade）」である。予期せぬ事態を避けたりせず、不確実な状況を認め、適切に対応する。5つ目は、「飛行機のパイロット（Pilot-in-the-plane）」である。飛行機のパイロットは、不確実な状況の中で、臨機応変に調整し、成果を出す。社会経済の傾向な

どの外的要因ではなく、コントロール可能な活動に集中し、エージェンシーとして人間に働きかけ、事業創造の原動力とする（Sarasvathy 2008; サラスバシー 2015）。

エフェクチュエーションのプロセスは、自分が誰で、何を知り、誰を知っているのか既存の手段を評価することである。損失の許容範囲の中で、何ができるかを考える。そして、旧知や新たな人々と相互作用を起こし、パートナーとのコミットを獲得する。そこから新たな手段、新たな目的に辿り着き、新規企業、新規製品、新規市場を創り出す（Read, Sarasvathy, Dew, Wiltbank, & Ohlsson 2011）。

エフェクチュエーションとコーゼーションの違いについて、コーゼーションは、市場を定義し、年齢、収入などのセグメンテーション、利益などの評価に基づいたターゲティング、マーケティング戦略からのポジショニングを行う。一方、エフェクチュエーションは、可能な市場を定義し、セグメントとパートナーを追加し、関与者とのパートナーシップを強化する。自分自身のことや誰が自分の周囲にいるのかを理解し、関与者を特定する（Sarasvathy 2008; サラスバシー 2015）。

著者は、2018年10月26日に立命館大学で開催されたVirginia大学のSarasvathy教授によるエフェクチュエーションのWorkshopに参加した[1]。エフェクチュエーションの5つの原理の1つ目の「手中の鳥（Bird in Hand）」は、自分が誰であるのか（Who I am）、何を知っているのか（What I know）、誰を知っているのか（Whom I know）を理解し、その3つの既存の手段で何か新しいものをつくることであると、著者はWorkshopの前に理解していた。しかしながら、このWorkshopは「手中の鳥（Bird in Hand）」について、私達は誰であるのか（Who we are）、私達は何を知っているのか（What we know）、私達は誰を知っているのか（Whom we know）を理解し、私達は何ができるか（What can we do?）と、私から私達に変化していた。著者は、Sarasvathy教授にその変化に関して質問した。Sarasvathy教授は、エフェクチュエーションの理論は比較的新しく、議論を深めながら進化していると説明してくださった。エフェクチュエーションの理論はAcademy of Managementなどの学会でもインパクトがあり、アントレプレナーシップ教育に関しても影響が大きい。

以上のように、アントレプレナーシップ教育には、ビジネスプラン、ビジネスモデルキャンバス、デザインシンキング、リーン・スタートアップ、エフェクチュエーションなどが含まれる。Joshi（2014, p.26）が示唆するように、多くの理論やフレームワーク授業が組み込まれプログラムとして成立する。

　アントレプレナーシップ教育プログラムの内外について、QAA（2018, p.22）のアントレプレナーシップ教育プログラムとプログラム外の学習経路を示す（図表5）。アントレプレナーシップ教育プログラムでは、問題に対する起業や雇用、気づきを与える形式的な教育を行う。そして、問題解決のための機会を用いて、グループや個人で事業計画の立案や実習、自己を振り返る経験学習が含まれる。このような取り組みをすることで、自己内省から新たな知見を修得することができる。アントレプレナーシップ教育プログラム外では、キャリア、スタートアップ支援センター、起業クラブや学習者同士の交流、メディアなどとの積極的な関与、ビジネスモデル作成、コンテストなどのイベントや外部とのやり取りを通じて、活発なコミュニティの形成や、企業との連携、学習者のリーダーシップの役割を向上し、インキュベーションや事業計画の発展や積極的なコーチングや支援を受けることができる。

　QAA（2018, p.22）のアントレプレナーシップ教育プログラムとそのプログラム外の学びを通して、学習者は、起業とは自分自身にとってどのような意味があるのかを理解し「起業への気づき」が促される。そして、アクティブラーニングを通して「起業へのマインドセット」が起こり、経験や実践を通して、「起業の能力」が開発される。その後、学習者が自ら向上心を高め、リーダーシップを発揮する「起業の効果」につながると考えられる。マインドセットには、「学習者の人格、アイデンティティの認識、自分自身の夢や目標を達成するためのモチベーション、自己管理、柔軟性、逆境に立ち向かう力、好奇心、新規の人脈によって生じる問題の対処、限界の超越、不確実性やリスク、失敗への寛容性、個人的な価値」（QAA 2012, p.19）が関連する。そのため、学習者のマインドセットを支援するには、チームワーク能力が必要なグループワークや経験学習が奨励される。また、QAA（2018, p.24）は、学習者が考えていた解決策を客観的に振り

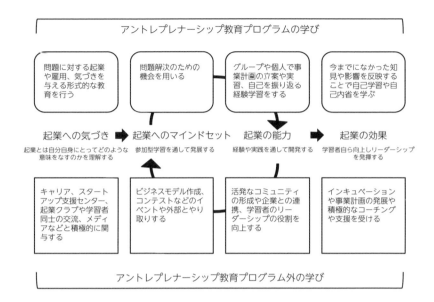

図表5　アントレプレナーシップ教育プログラムとプログラム外の学習経路

出所）QAA (2018, p.22). The curricular, co-curricular and extracurricular learning pipeline を著者訳出

返り、復習や評価すること、個人的な成長の認識や他の変化、知識や能力や態度の欠如の認識、今後の発展のための順序やメンターに関する必要性など実践とリフレクションが必要であると述べている。

　QAA（2018, p.22）のアントレプレナーシップ教育プログラムとプログラム外の学習経路が示唆するように、学習者の「起業への気づき、起業へのマインドセット、起業の能力、起業の効果」のプロセスには、アントレプレナーシップ教育プログラムで学習者の起業機会を促進し、事業計画の立案、内省、経験学習が必要である。そしてアントレプレナーシップ教育プログラム外で学習者がビジネスプランコンテストへの参加、支援センター、企業との連携による取り組みに関わることも必要である。

第 3 項　教育支援

　アントレプレナーシップ教育で大切な役割は、「異なる視点で物事を考える」(think different)（忽那 2013, p.13）ことや外との交流（Gibb 2008; Lackéus 2013）である。大学間、政府、企業と協働学習（Etzkowitz & Leydesdorff 2000）をすることで、経済を成長させ、起業思考を持った人材育成や大学で培った知識の実践的な利用を促すことが教育機関で可能になる（Philpott, Dooley, O'Reilly, & Lupton 2011）。

　Kourilsky（1995 p.12）は、アントレプレナーシップ教育には、起業活動の推進と支援体制ピラミッドが必要であると提唱する（図表6）。アントレプレナーは、事業機会を見つけ、その機会を獲得するためにスキルや情熱を費やすことができる能力を持っている。アントレプレナーはスタートアップのプロセスや事業拡大の中で、起業思考、態度を持ち合わせた支援者を雇う。支援者は、スタートアップの事業拡大には欠かせない人材である。理解者は、広範囲に存在し、アントレプレナー、起業の支援者の思考や行動の達成に敬意を示し、継続的な起業の成長活動、経済発展や自己成長をもたらす肯定的な効果を引き出す。つまり、Kourilsky（1995, p.12）は、アントレプレナーシップ教育は、アントレプレナー、起業の支援者や理解者を育成する必要があると述べている。Kourilsky（1995, p.12）は、アントレプレナーシップ教育において、アントレプレナーのみの育成に特化するのではなく、起業の支援者や理解者を含めた教育の必要性が求められていることを示唆する。アントレプレナー、支援者、理解者のネットワークも欠くことができないということである。

　二神（1997, p.434）は、「ネットワークとは、複数のノードとそれらを結ぶリンクからなるまとまりである。……社会的なネットワークにおいては、社会システムを構築する個人・集団・組織などの行為者が相互に態度・資源・情報などを交換する社会関係が表現される」と提唱する。Granovetter（1973, p.1371-1373）は、ネットワークの弱い結びつきは、情報がより獲得でき、知の組み合わせに効果的であると述べている。Neck et al.（2017, p.388）は、個人的な社会ネットワークを構築し、意図的に協力し、情報交換や信頼関係を築くことが有効であると提言する。このようなネットワー

第2章　アントレプレナーシップ教育の理論

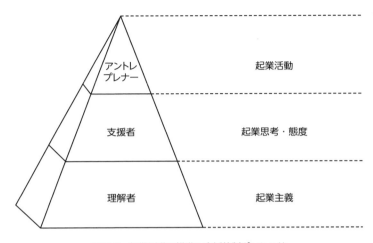

図表6　起業活動の推進と支援体制ピラミッド
出所）Kourilsky（1995, p.12）．Entrepreneurship implementation and support pyramid を著者訳出

クは、人間の信頼関係で成り立っているので、目には見えにくいが、重要なものであると述べている。

　Murphy & Kram（2014）は、ネットワークから得られるサポートとして、キャリア支援、心理的支援、ロールモデルをあげる。キャリア支援にはスポンサーシップ、コーチング、可視化、課題への挑戦、保護が含まれる。心理的支援には、激励、カウンセリング、友情、個人的なフィードバックが含まれる。ロールモデルには、模倣、倫理や価値観の取得、インスピレーションやモチベーションの支援が含まれる。関係構築のためのスキルとして、相手に興味を持ち、質問をすること、じっくり話を聞くこと、自主管理、説明責任、直感力が必要である。

　Neck et al.（2017, p.392）によると、ネットワーキングは、貢献、価値提供、意見交換、交流するという哲学のもとに成り立っている。ネットワーキングは、名刺交換だけではない。ネットワーキングから得られることとして、キャリアサポート、心理的サポート、ロールモデルがある。キャリアサポートには、スポンサーシップ、コーチング、人前に出ることや可視化、課題への挑戦、保護がある。心理的サポートには、感情面をサポートし、応援、承諾、コミット、カウンセリング、友情構築、個人的なフィー

ドバックが含まれる。ロールモデルには、行動の模倣、倫理や価値、インスピレーションやモチベーション向上が含まれる。Neck et al.(2017, p.32)は、ロールモデルが非常に重要であると述べている。ロールモデルを通して学ぶことで、自身の理想のアントレプレナーに対する共感が向上するからである。

　クリステンセン・ダイアー・グレガーセン（2012, viii, p.16）は、超一流のアントレプレナーは、「人と違う行動」を通して、「人と違う考え方」をする。つまり、彼らは、質問力、観察力、ネットワーク力、実験力など人と違う行動スキルと、まったく異なるアイデアや経験を関連づける認知的スキルが当たり前にある。それらを用いて、「例外的な状況を克服するための型破りな解決策」を導く。

　質問力は、現状に意義を唱え、挑戦的な質問をすることである。5W1H（When, Where, Who, What, Why, How）や可能性を示す「もし〜だったなら」などを用いて、なぜ物事が現状のようになり、その原因は何なのかを考察する（クリステンセン・ダイアー・グレガーセン 2012, p.81, 82, 93）。観察力は、周りの世界をうかがい、物事の仕組みを観察し、問題の本質に目を向けることである。新しい環境に身を置き、周囲の出来事を注意深く観察することも効果的である。観察力を高めるために、五感を活用して、何かを集中的に観察することを提唱する（クリステンセン・ダイアー・グレガーセン 2012, p.103-128）。

　ネットワーク力は、自分自身の知識の幅を拡張するため、多様なバックグラウンドや視点を持つ人達とのつながりを持つことである。TEDなどのアイデアとネットワーキングを利用し、私的なネットワークを構築することで、多様な洞察を得て、考えに磨きをかけ、新しいアイデアを創作する。実験力は、仮説検証を行う力である。新しい経験に挑戦し、試行錯誤を繰り返し、新しいアイデアを試し、有効な解決策を生み出すことである（クリステンセン・ダイアー・グレガーセン 2012, p.129-150）。3つの実験方法として、さまざまな試みを通じて、外国で暮らすことやさまざまな業界で働くなど新たな経験をすること、製品、プロセス、アイデアを分解すること、実証経験や試作品を通してアイデアを検証することである（クリステンセン・ダイアー・グレガーセン 2012, p.151-174）。

関連づける力には、まったく異なるアイデアや分野、産業、経験を関連づけ、意外な組み合わせをつくる。たとえば、世界経済フォーラムの年次総会であるダボス会議、TED（テクノロジー・エンターテイメント・アンド・デザイン）は多様なバックグラウンドや視点を持った人々がアイデアや意見を交換し、世界を変えるという共通の信念のもと新たなものを作り上げる（クリステンセン・ダイアー・グレガーセン 2012, p.139, 140）。

以上のように、Kourilsky（1995）が提唱する事業機会を見つけ、イニシアティブをとって事業を遂行するアントレプレナーと事業拡大に協力する支援者や継続的な起業の成長活動を支持する理解者のネットワークは、社会に価値を提供し、事業を持続的に運営していくことに欠かせない。アントレプレナー、起業の支援者や理解者の育成はアントレプレナーシップ教育にとって大切であり、それらの3者のネットワークは重要である。

また、アントレプレナーシップ教育の支援にはネットワークの構築が欠かせない。Neck et al.（2017, p.392）が指摘するように、ネットワーキングは、意見交換、交流から、キャリア支援、心理的なサポート、ロールモデルとの出会いや価値の提供をもたらす。クリステンセン・ダイアー・グレガーセン（2012, p.129-150）が指摘するように、ネットワーキングは、学習者の知識を拡張し、質問力、観察力の研鑽となり、新たなアイデア創出をもたらす関連づける力を向上させるため、アントレプレナーシップ教育の重要な要素となる。

図表7は、産学連携・協働の視点を示している。安岡ら（2018）は、教育機関と企業、団体等は実習・演習・インターンシップ・起業解決・卒業研究等、カリキュラム編成・開発、教職員研修・社員研修、就職・採用で連携する必要があると提唱する。企業、団体から教育機関へ学校運営・教育評価、講師派遣の連携が可能であることを示す。

Jones & Matlay（2011, p.694）のアントレプレナーシップ教育のフレームワークには地域という観点はあったが、企業や団体との産学連携の視点はみられなかった。また、Mwasalwiba（2010）のアントレプレナーシップ教育フレームワークからも企業や団体との産学連携の視点はみられなかった。企業や団体は、アントレプレナーシップ教育の実践には欠かせないステークホルダーであるため、教育機関と企業や団体等との取り組みは

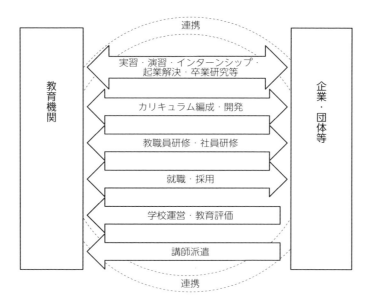

図表 7　産学連携・協働の視点
出所）安岡ら（2018, p.298）

欠かせない。特に授業で学習者に実習・演習・インターンシップ・問題解決・卒業研究等の実践の場を提供するには、企業・団体との提携によるプログラムが必須である。企業、団体においても教育機関は人材育成の専門であり、学習者の実践の場の提供によって、新たな知見を得る可能性や学習者の就職、採用の際に関連する。教育機関と企業や団体の双方に有益な進展をもたらすため、教育プログラムの開発や教職員研修・社員研修においても連携する必要がある。

第 4 項　教授法

アントレプレナーシップの教授法に関して、Lackéus（2015）は、講義、アクティブラーニング、Project Based Learning（以下、PBL）あるいは経験学習の 3 つを示す。伝統的な方法として受動的な講義形式と革新的な形式としてアクティブラーニングがある。アクティブラーニングについて

は、米国の教育哲学者 John Dewey が、シカゴに実験学校（Laboratory School）を作り、学習者達に観察や経験的な学びとその振り返りの重要性を示した（Dewey 1899, 1933, 1938）。アクティブラーニングは、「一方的な知識伝達型講義を聴くという（受動的）学習を乗り越える意味での、あらゆる能動的な学習のこと」である（溝上 2014, p.7）。アクティブラーニングの特徴として6点ある。1.学習者は講義を受け身で聴くというより、主体的に参加する。2.学習者は読む、議論する、書くなど具体的な活動を行う。3.情報の伝達よりも、学習者のスキル向上に力点が置かれる。4.学習者のモチベーションが向上する。5.指導者から直にフィードバックを得ることができる。6.学習者は、分析、総合、評価など思考を働かせる（Bonwell 2000）。アントレプレナーシップに関する授業は、講義形式で理論を教え、ケーススタディを行う場合が多い。また、ディスカッションやグループワーク、ビジネスシミュレーションやムービーを使用した学習、ロールモデルとなるゲストスピーカーを授業に招待して行われるケースもある（Mwasalwiba 2010）。

　アントレプレナーシップの教授法に、講義、アクティブラーニング、PBL がある。PBL は、Dewey（1938）の「Learning by doing」の経験から学び成長する経験主義がもとになった。PBL では、課題に対して、学習者が主体的に他の学習者と協働して取り組む。教育者はファシリテーターである（安岡ら 2018, p.164）。アクティブラーニングピラミッド（図表8）にあるように、学習定着率が高いのは、人に教える、体験、グループ討論、実演、演示、視聴覚、読む、講義の順である。つまり、アクティブラーニング、PBL を用いて人に教える、体験、グループ討論、実演、実践が重要であることを示唆している。

　Gibb（1993, p.24）の「講義中心モデルと起業育成モデルの対比」（図表9）に関して、講義中心モデルでは、学習者は教科書の学習を中心に行う。教育者による一方通行の講義を受け、教育者の専門的な枠組みや時間設定のある中で、ノートの書き取りで学習する。モチベーションの向上の考慮がなく、枠組みの中で実施しており、失敗を良いこととしない。一方、起業育成モデルは、学習者同士、人々との交流、ディスカッション、ディベート、実体験など課題解決型の協働学習を行う。多くの人々からの助言や反

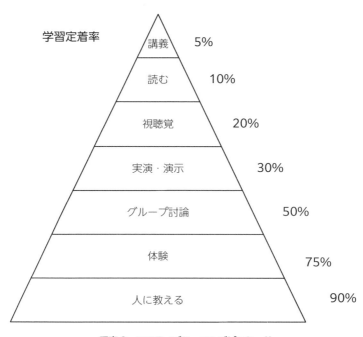

図表8　アクティブラーニングピラミッド

出所）安岡ら（2018, p.80）

図表9　講義中心モデルと起業育成モデルの対比

講義中心モデル	起業育成モデル
教育者による一方通行の講義を受ける	学習者同士の協働学習をする
聴講者として受動的な役割になる	実体験から学習する
教科書から学習する	人々の交流、ディスカッション、ディベートから学習する
教育者の専門的枠組みから学習する	助言を得ながら自己探求の学習をする
1人（教育者）からのフィードバックを受け、学習する	多くの人々の反応から学習する
組織、時間の設定内で学習する	柔軟に形式にこだわらない環境で学習する
目標に対するプレッシャーのなかで学習する	目標を達成するためのプレッシャーがあるなかで学習する
やる気を起こさせず、他人の真似をする	他人から取り入れたことから学習する
失敗を怖がらせる	失敗から学習する
ノートに書き取ることで学ぶ	課題解決から学習する

出所）Gibb (1993, p.24). Didactic and enterprising learning models を著者訳出

応から自己を探求し柔軟に学習する。不確実なことが生じて失敗したとしても失敗から学習する。アントレプレナーシップ教育の教授法は、講義、ケーススタディ、シミュレーション、ディスカッションなどさまざまであるが、講義が最も使用されるのは、教育者が簡単に達成でき、労力を使わないからだと指摘されている（Fiet 2000a, b）。

　Gibb（1993, p.24）の「講義中心モデルと起業育成モデルの対比」にあるように、アントレプレナーシップ教育において、協働学習や経験学習が推奨されている。Dewey（1938）の「Learning by doing」を基盤とした経験学習は「自分の体験から学ぶ方法を学ぶ学習法」である。学習者が自分の経験から学び、成長することが重要であるとされている（安岡ら 2018, p.165）。

　協働学習に関して、坂本（2008, p.55, 56）は、同質的な組織学習では得ることができない協働学習の重要性を指摘する。協働学習を［学習活動に「協働」を用いる学習形態］［「協働」するための能力や学習者間の「協働」関係の形成を志向する学習］であるとする。協働学習の利点は、異なる組織、地域、文化に属することや多様な能力を持った人々と接触し、対等なパートナーシップや相互の信頼関係の構築、学習目標や課題、価値観、成果の共有ができることである。組織、地域、文化が異なる多様な学習者が、相互の知識、能力を共有し、対等なパートナーシップや信頼関係の構築をする。学習目標や課題、価値観、成果の共有が可能になり、新たな「学びの共同体」と「学びの文化」が作られる。

　Glăveanu（2010）は、アントレプレナーシップ教育における協働学習は、「I（私）」から「we（私達）」に変化していることを示した。そのため、アントレプレナーシッププログラムには、チームのプロジェクトが含まれることが多い（Man & Farquharson 2015）。このようなチームのプロジェクトでは、マーケティング、ファイナンス、マネジメントなどのビジネス知識やスキルが必要とされ、チームメンバーとの協働が必要となる。

　Prahalad & Ramaswamy（2000, p.199, 201）は「協働」に関して、さまざま々な捉え方があるとしたうえで「協働には共創が必要である」ということを示している。また、「協働の密度が高まると、課題や手法はより複雑にはなるが、共創における価値創造が向上する」ことを明らかにした。

上田・黒田（2004, p.141）は、共創とは、「お互いが影響しあって新しい考えが出る」ことであると定義する。松尾（2017, p.59）は、価値創造における「協働」と「共創」の概念を整理し、それらを組織のマネジメントに反映することの重要性を示唆する。

　アントレプレナーシップ教育の教授法ではラーニングピラミッドを考慮した起業育成モデルが重要である。Bennett（2006）は、学習者自身での発見を促すために、教育者が授業をコントロールするのではなく、教育者は、ファシリテーターとなり、学習者主体の授業を心掛けることを提唱する。博報堂ブランドデザイン（2012）は、ビジネスで大切なことは、言語を用いて論理的に考えることと非言語で感情や感覚を得ることであり、ファシリテーターは場を総合的にみて、感じる力を持つことが求められていると示唆する。

　また、Wood, Bruner, & Ross（1976）は、教育者が学習者の課題の解決や目標の達成を支援する足場づくり（Scaffolding）を提唱する。足場づくり（Scaffolding）とは、「学習者が、当初、自分自身の能力を超えており独自で課題の解決や目標の達成ができなかったが、親など教育者の手助けにより、独自で課題の解決や目標の達成できること」である（Wood, et al. 1976, p.90）。

　以上のことから、学習者は、学習者同士、人々との交流、ディスカッション、ディベート、実体験など課題解決型の協働学習による自己探求、失敗からの学習、学習定着率の観点から、アントレプレナーシップ教育の教授法としてアクティブラーニングの有効性が示唆された。教育の内容をより学習者の学びとして反映させるには、教育者のファシリテーター力や学習者への支援能力が求められる。

　学習者の学びに関して、学習者の認知能力や内面の振り返りに注目することも大切である。自分自身を内省し、新たなものを実体化し行動する考え方としてU理論がある。U理論はシャーマー＆カウファー（2015）、シャーマー（2017）によって提唱された。

　図表10は、U理論の7つのステップの構造を示している。シャーマー（2017, p.101-124）は、スタート時点では、学習者は、習慣的な行為や思考の既存の概念に縛られているが、過去のパターンから解き放ち、新しい

第 2 章　アントレプレナーシップ教育の理論

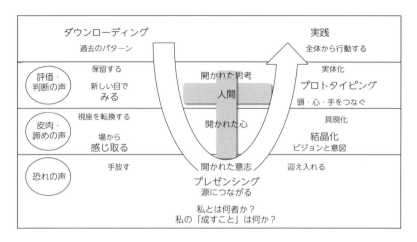

図表 10　最も重要な道具−「自己」（大きな S の自己）
出所）シャーマー（2017, p.119）を著者作成

目で見て、視座を転換することができると述べている。そして、学習者は、場から感じ取ることで手放すことを覚える。学習者は、一歩引いて自分自身とは何者で、自分自身の新たに取り組みたいことは何なのかを思考と心で内省する。そして、学習者は、新しいものを迎え入れ、ビジョンと意図を具体的な言葉として、プロトタイプで具現化し、実体化を目指し行動する。

シャーマー（2017, p.496-534）は、U プロセスの 5 つの動き（図表 11）を提唱している。学習者が他の人々とつながり、それを実現するには、主に U プロセスの 5 つの動きが必要である。1 つ目は、共始動「他者に耳を傾け、人生があなたに何をすべきかを呼びかける声に耳を傾ける」である。2 つ目は、共感知「最も可能性に満ちた場所へ行き、思考と心を大きく開いて耳を傾ける」である。3 つ目は、共プレゼンシング「一歩下がって内省し、内なる叡智を出現させる」である。4 つ目は、共創造「新しいもののマイクロズム（小宇宙）をプロトタイプし、実践しながら未来を探索する」である。5 つ目は、共進化「出現する全体性から見て行動し、イノベーションの生態系を育てる」である。

まず、「共始動」は無から始まる。学習者は自分自身の内面のスペース

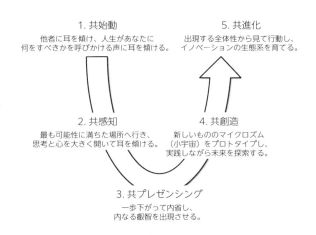

図表 11　U プロセスの 5 つの動き
出所）シャーマー（2017, p.497）を著者作成

を開けて、他者の言葉を傾聴し、共通の意図を持つ有志を集め、グループを作る。そして、次のステップである「共感知」で、学習者は、そのグループメンバーと何を生み出したいのか、なぜ実施するのか、どのように進めるのか、誰が責任や役割を担うのか、いつどこでそのプロジェクトを始めるのかを話し合う。思考と心を大きく開いてメンバーとつながる。そして、「共プレゼンシング」で、古い自己を手放し、未来を受け入れる。真の自己として自分自身の価値を見いだせるよう内省する。「共創造」で、コアメンバーと未来へのビジョンや意図を明確にし、プロトタイプを作成することでアイデアを具現化し、実践する。そして、プロトタイプのフィードバックを受けながら、改善していく。「共進化」でグループを組織化し、プロジェクトを進化させる。

　シャーマー＆カウファー（2015）、シャーマー（2017）は、U 理論から、学習者は、過去の経験や見地にとらわれず、他者を傾聴し、新たな視点と開かれた思考や心で過去の自分を解き放つことができると提唱する。学習者は、過去を手放し、内省していく中で自己をより深く理解し、自分自身の価値を探求する。そこから、学習者は、新たな自分、そして将来のビジョンや意図を描いて目標を実現させるために行動することの大切さを実感す

る。Uプロセスの5つの動きでは、個人だけでなく、チームとして、どのように振る舞い、グループメンバーの共感を得て、共通の目標を掲げ、グループメンバーのそれぞれの良さを引き出しながら共創することを示している。

Schon（1983, p.2）は、学習者の学びの効果を向上させるには、プログラム内でプログラムのReflection in action（継続的な体験の振り返り）が重要であると述べている。Kolb（1984, p.38）は、「学習とは、経験を変換し、知識を生成するプロセスである」と定義した。Kolb（1984, p.20-31）は、Dewey、Lewin、Piagetの経験学習フレームワークをもとに、「具体的経験、内省的観察、抽象的概念、能動的経験」を4つのステップとして構造化した。学習者は、具体的な経験を積んだ後、内省的観察をし、抽象的概念の生成を行い、能動的実験をするなどの4つのサイクルを循環させることになる。それらを基盤として、Kolb（1984, p.40-43）は、「経験学習のプロセスとその効果による基礎知識の形成に関するフレームワーク」を構築した。Kolb（1984, p.40-43）は、学習者が、具体的な経験を積んだ後、内省的観察をし、抽象的概念の生成を行い、能動的な実験をすることで、学習者の「認識」「理解」「拡張や内包による変換」が行われ、「適応思考、総合思考、発散的思考、収束的思考」を得ることができる。学習者の認識、理解、拡張や内包による変換のすべての条件が整うことで、それらの4つの思考を獲得できるとしている（図表12）。

村田（2018, p.9）は、体験学習の実施と振り返りの実践例をあげる（図表13）。村田（2018, p.9）は、プログラムの実施には、プログラムの事前研修、研修中、プログラムの事後研修に積極的振り返りと学びの可視化をすることが大切であると述べている。プログラムの実施中に学習者は、教育者や学習者同士のディスカッション、学習者の学習効果の蓄積や整理としてポートフォリオの作成、長期的につながり合う機会、最終報告書、発表会などで振り返りと学びの可視化を実践する。そのような取り組みから、学習者は、短期的、長期的な変化を見ること、つまり学習者の成長を認識することができる。村田（2018, p.9）は、学習者が自分自身の成長を認識することで、今後の目標の設定に役立つことを示唆している。

体験学習では、振り返りセッションで、教育者が学習者にファシリテー

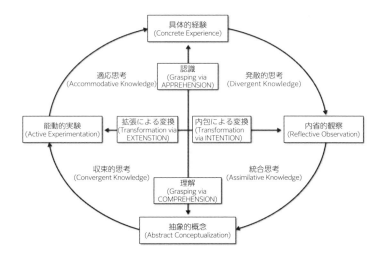

図表 12　経験学習のプロセスと基礎知識の形成に関するフレームワーク

出所）Kolb (1984, p.42). Structural dimensions underling the process of experiential learning and the resulting basic knowledge forms を著者訳出

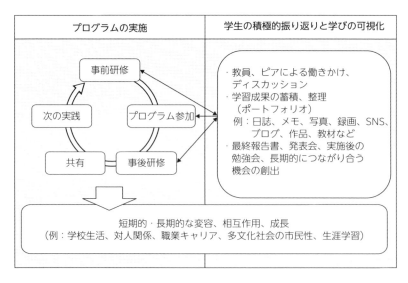

図表 13　体験学習の実践と振り返りの実践例

出所）村田 (2018, p.9)

ターとして問いかけ、気づきを促すことが重要である。村田（2018）は、Driscoll（1994, 2000）、Gibbs（1988）、Bain, Ballantyne, Packer, & Mils（1999）を参考にし、体験学習の振り返りとして、1.「何が起きたのか（What?）」という「描写」や「報告」、2.「だから何か（So what?）」という「考え・気持ち・価値判断・解釈・分析・結論」や「反応、関連づけ、原因分析」、3.「これからどうするのか？（Now what?）」という「行動目標」や「再構成」を提唱する（図表14）。

1.「何が起きたのか（What?）」に関しての問いかけとしては、「何がいつどこでありましたか」「どのような状況でしたか」「あなたは何をしましたか、見ましたか」「その時のあなたの役割は何でしたか」「他の人は何をしていましたか」がある。

2.「だから何か（So what?）」に関しては、「あなたはどのように感じましたか」「自分はなぜそのような反応をしたと思いますか」「今、気持ちや観察に変化がありましたか」「その状況のいい点と悪い点は何ですか」「あなたはその状況をどのように解釈しますか」「他の人はどう思いましたか。なぜそれがわかりますか」「結果はどのようにあなたや他の人に影響しましたか。なぜそれがわかりますか」「何かできたはずのことはありましたか」「どんな知識があればよかったですか」「文献にそのことが書かれているものがありますか」「あなた個人の経験としてどのような結論を出しましたか」という問いかけが含まれる。

3.「これからどうするのか（Now what?）」に関しては、「ここから学ぶことは何ですか」「似た状況が起きたらどうしますか」「学んだことをもとにどのような行動を起こしますか」という問いかけが含まれる。

体験の振り返りを行うことで、学習者は、自分自身の現状の把握や考えや気持ちの変化、状況の関連づけ、原因分析などを行い、そこから自身で何を学び、どのような行動をしていくのかなどを考えることができる。

Deardorff（2015）は、教育は学校だけではなく、学習者のキャリアを含めた長い人生で長期的な学習支援が必要となると提唱する。Schon（1983）、Kolb（1984）は、継続的な体験の振り返りを提唱し、シャーマー＆カウファー（2015）、シャーマー（2017）のU理論は、その振り返りから、学習者の存在価値や役割を見いだすことができる可能性を示唆した。村田

図表14　問いかけ例

Driscoll (1994)	Gibbs (1988)	Bain et al. (1999)	問いかけの例
What?	描写	報告	・何がいつどこでありましたか ・どのような状況でしたか ・あなたは何をしましたか、見ましたか ・その時のあなたの役割は何でしたか ・他の人は何をしていましたか
So what?	考え 気持ち 価値判断 解釈 分析 結論	反応 関連づけ 原因分析	・あなたはどのように感じましたか ・自分はなぜそのような反応をしたと思いますか ・今、気持ちや観察に変化がありましたか ・その状況のいい点と悪い点は何ですか ・あなたはその状況をどのように解釈しますか ・他の人はどう思いましたか。なぜそれがわかりますか ・結果はどのようにあなたや他の人に影響しましたか。なぜそれがわかりますか ・何かできたはずのことはありましたか ・どんな知識があればよかったですか ・文献にそのことが書かれているものがありますか ・あなた個人の経験としてどのような結論を出しましたか
Now what?	行動目標	再構成	・ここから学ぶことは何ですか ・似た状況が起きたらどうしますか ・学んだことをもとにどのような行動を起こしますか

出所）村田（2018, p.10）

（2018, p.9, 10）は、体験の振り返りとして、「描写」や「報告」、「考え・気持ち・価値判断・解釈・分析・結論」や「反応、関連づけ、原因分析」、「行動目標」や「再構成」の具体的な問いかけを提唱する。村田（2018）の問いかけは、教育者が授業で学習者に問いかける質問事項として活用できる。学習者は、体験の振り返りを習慣づけることで、学習者自身のことを知り、自分に何ができるのか、どのような価値を生み出すことができるか等を内省し、自己研鑽を促進できる可能性がある。そして、その振り返りは、長い人生に役立つ手法になることが考えられる。

近年、世界中で新型コロナウイルス感染症（COVID-19）の拡大により、国際的な高等教育において、学習者や教職員の移動に影響を与え、教育、

学習、研究はテクノロジーに依存するようになった（Obadire, Mashau, & Misumi 2020）。つまり、教員と学習者は、オンラインの遠隔教育で学習に適応するという課題に直面した。教員は、学習者同士の有意義な関わり合いや双方向の活動など、教育の質を確保することが求められた（Misha, Gupta, & Shree 2020; Neuwirth, Jović, & Mukherji 2020）。高等教育機関でオンラインを活用した双方向の国際協働学習であるCOILの導入が加速した。COILという用語は、2006年に大学のグローバルなエンゲージメントについて作られた（Rubin 2017）。COILは、国境を越えたコミュニケーションとグローバルネットワークで学習者の学術の知見や学習者のエンゲージメントをサポートしている（Guth 2013）。COILでは、教育方針、コースデザイン、教育スタイル、評価、授業日程、時間帯が異なる大学間の協力が必要であるが、大きな経済的コストや移動時間をかけずに留学することができる（Rubin 2017）。

21世紀の国際教育には、トランスナショナル教育、ボーダーレス教育、クロスボーダー教育などさまざまなタイプの教育がある（Knight 2003）。グローバリゼーションとテクノロジーによって、新規ビジネスの創造を希望する学習者にとって、異文化環境での協働学習は有効である（安岡ら 2018）。特にオンライン環境での学習（Dennen, Darrabi, & Smith 2007）の必要性が高まっている。オンライン学習には、非同期型と同期型の2種類がある（Bradshaw & Hinton 2004; Sher 2009）。Moore（2014）は、非同期型のオンライン学習環境では、学習者の自己規律と仲間とのコミュニケーションのための仮想コミュニティが必要であることを発見した。同期のオンライン学習環境は、学習者と教員が同時につながっているため、物理的な教室にいるのと似た感情を呼び起こす。Callahan, Umeda, & Matsubara（2021）は、学習者とのエンゲージメントを高めるため、あるいは非同期型を補完するために同期型を推奨している。

COILは、オンライン上で学習者が小グループやプロジェクトベースのチーム内で相互作用し、課題解決能力やコミュニケーション能力を向上させることができる（Yazici 2005）。Maier（1967）は、協働学習の過程でチーム内のほかのメンバーからフィードバックを受けると、チームメンバーは知識を得て、課題解決のためのインプットや解決策をより多く得られるこ

とを見いだした。さらに、チームメンバーは、より良い集団的受容と提案で意思決定プロセスについて学ぶことができる。協働学習とチームをまとめるスキルの重要性は、ビジネスと学問の両面で認識されている（Napier & Hasler-Waters 2002）。Rooney（2000）は、チームプロジェクトに参加する学習者は、不調和や対立によってフラストレーションを感じることがあっても、個人とチームのコミットメントを強化し、専門家になるために必要なコラボレーションスキルを高めることを発見した（Joinson, 1999）。Ko & Rossen（2001）は、プロジェクトに対する自己決定と抵抗、チームメンバーのプロジェクト関与の重要性について述べている。さらに、Napier & Hasler-Waters（2002）は、支援を受けること、知り合いになること、信頼すること、コミュニケーション、チームを組織することが、オンラインチームワーク環境におけるチームの満足度に関係することを明らかにしている。

Moore（1989）は、学習者と学習者、学習者と教育者、学習者と授業の内容の相互作用の重要性について論じている。学習者と教育者の個人学習と協働学習の両方が必要であることが判明している（Piccoli, Ahmad, & Ives 2001）。Benbunan-Fich, Hiltz & Harasim（2005）は、オンライン双方向型学習理論のダイナミックモデルを提案した（図表15）。このモデルでは、個人学習と協働学習の両方が重要であることを強調している。学習経験の質は、学習の３つの段階であるアイデア創出、アイデア連結、知的収束である。インプット要因としては、授業、学習者、教育者、テクノロジーがあり（Baron & Kenny 1986）、アウトプットは、アクセス、教職員の満足度、学習者の学習・満足度、費用対効果で測られる。COILを発展させるために、大学は学習者や教職員を技術、教育で支援する必要がある（Rubin 2017）。

第３節　アントレプレナーシップ教育の効果測定の　　　　　フレームワーク

Mwasalwiba（2010, p.23）のアントレプレナーシップ教育の効果測定をもとに、Lackéus（2015, p.13）の起業に関する適性（知識、能力、態度）

第 2 章　アントレプレナーシップ教育の理論

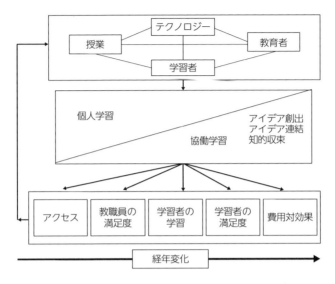

図表 15　オンライン双方向型学習理論のダイナミックモデル
出所）Benbunan-Fich, Hiltz, & Harasim (2010 p.34). Dynamic model for the online interaction learning theory を著者訳出

や Jack & Anderson（1998, p.10）の効果測定のフレームワークに焦点を当て整理する。また、Vesper & Gartner（1997, p.413）の研究から、アントレプレナーシップ教育のプログラムの質を評価する指標にはどのような項目が関連しているのかについて示す。

第 1 項　起業に関する適性（知識、能力、態度）

Lackéus（2015, p.12）は、アントレプレナーシップ教育の主な目的は、起業に関する適性レベルを向上させることであると主張する。その適性は、価値を創造するアントレプレナーの実務能力や意思に大きく影響する。OECD（経済協力開発機構）の協力を得て作成した起業に関する適性には、上位項目として知識・能力・態度がある。下位項目として、知識は 3 項目、能力は 6 項目、態度は 7 項目ある（図表 16）。

知識には、メンタルモデル、基礎知識、自己洞察（Kraiger, Ford, & Salas

1993）が含まれる。能力には、マーケティング能力、リソース能力、機会獲得能力、対人能力、学習能力、戦略的能力（Fisher, Graham, & Compeau 2008）が含まれる。態度には、起業への熱意と自己効力感（Fisher et al. 2008）、起業への主体性（Krueger 2005, 2007）、積極性と不確実性／あいまいさへの寛容（Murnieks 2007; Sánchez 2011）、革新性（Krueger 2005; Murnieks 2007）、忍耐性（Cotton 1991; Markman, Baron, & Balkin 2005）が含まれる。

　メンタルモデルは、リソース、リスク、確率モデルを使わずに物事を進める方法に関する知識である。基礎知識は、起業、価値創造、アイデアの創出、機会、会計、テクノロジー、マーケティング、リスクなどの基礎となる知識である。自己洞察は、アントレプレナーになること、もしくは、起業思考を持つことに自己が適合するという知識である（Kraiger et al. 1993）。

　マーケティング能力は、市場調査、市場評価、製品とサービスのマーケティング、説得、アイデアに賛同する人からの支持を獲得すること、顧客との対話、ビジョンを伝達する能力である。リソース能力は、ビジネスプランの作成、財務計画の作成、資金調達、リソースへのアクセスを確保する能力である。機会獲得能力は、機会獲得やその他の機会を認識し、実行する能力、製品／サービス／コンセプト開発能力である。対人能力は、リーダーシップ、他者の動機づけ、人材管理、傾聴、課題解決、社交的な能力である。学習能力は、能動的に学習、新たな状況に適応、不確実性を対処する能力である。戦略的能力は、優先順位の設定（目標設定）、目標への集中力、ビジョンの定義、戦略策定、戦略的パートナーを特定する能力である（Fisher et al. 2008）。

　起業への熱意は、「私は〜したい」のように達成の必要性を感じていることである。自己効力感は、「私は〜できる」のように、自分自身には、特定のタスクを正常に実行できる能力があると信じていることである（Fisher et al. 2008）。起業への主体性は、「私自身には／私は〜の価値がある」のように、深い信念、自分自身の果たす役割、価値観を持っていることである（Krueger 2005, 2007）。積極性は「私が〜する」のように、イニシアティブをとり積極的に行動できること、不確実性／あいまいさへの寛容は「私

第 2 章　アントレプレナーシップ教育の理論

図表 16　起業に関する適性（知識、能力、態度）

	上位項目	下位項目	説明
認知能力	知識	メンタルモデル (Kraiger et al.1993)	リソース、リスク、確率モデルを使わずに物事を進める方法に関する知識。
		基礎知識 (Kraiger et al.1993)	起業、価値創造、アイデアの創出、機会、会計、テクノロジー、マーケティング、リスクなどの基礎知識。
		自己洞察 (Kraiger et al.1993)	アントレプレナー（起業家）になること、もしくは、起業思考を持つことに自己が適合するという知識。
	能力	マーケティング能力 (Fisher et al. 2008)	市場調査、市場評価、製品とサービスのマーケティング、説得、アイデアに賛同する人からの支持を獲得すること、顧客との対話、ビジョンを伝達する能力。
		リソース能力 (Fisher et al. 2008)	ビジネスプランの作成、財務計画の作成、資金調達、リソースへのアクセスを確保する能力。
		機会獲得能力 (Fisher et al. 2008)	機会獲得やその他の機会を認識し、実行する能力。製品／サービス／コンセプト開発能力。
		対人能力 (Fisher et al. 2008)	リーダーシップ、他者の動機づけ、人材管理、傾聴、課題解決、社交的な能力。
		学習能力 (Fisher et al. 2008)	能動的に学習、新たな状況に適応、不確実性を対処する能力。
		戦略的能力 (Fisher et al. 2008)	優先順位の設定（目標設定）、目標への集中力、ビジョンの定義、戦略策定、戦略的パートナーを特定する能力。
	態度	起業への熱意 (Fisher et al. 2008)	「私は～したい」のように達成の必要性を感じている。
		自己効力感 (Fisher et al., 2008)	「私は～できる」のように、自分自身には、特定のタスクを正常に実行できる能力があると信じている。
		起業への主体性 (Krueger 2005; Krueger 2007)	「私自身には／私は～の価値がある」のように、深い信念、自分自身の果たす役割、価値観を持っている。
		積極性 (Sánchez 2011; Murnieks 2007)	「私が～する」のように、イニシアティブをとり積極的に行動できる。
		不確実性／あいまいさへの寛容 (Sánchez 2011; Murnieks 2007)	「私はあえて～する」のように、不確実性とあいまいさにおいて適応性があり、不意の出来事に寛容である。
		革新性 (Krueger 2005; Murnieks 2007)	「私は～を創造する」のように、新たな発想／行動力がある。予測不可能、急進的な変化においても革新性、先見性、創造性があり、既存のルールを破壊する。
非認知能力		忍耐性 (Markman et al. 2005; Cotton 1991)	「私は～を克服する」のように、悪影響を克服する技能を持ち合わせている。

出所）Lackéus (2015, p.13). Entrepreneurial competencies を著者訳出

はあえて〜する」のように、不確実性とあいまいさにおいて適応性があり、不意の出来事に寛容である（Murnieks 2007; Sánchez 2011）。革新性は、「私は〜を創造する」のように、新たな発想や行動力があることである。また、予測不可能、急進的な変化においても革新性、先見性、創造性があり、既存のルールを破壊することである（Krueger 2005; Murnieks 2007）。忍耐性は、「私は〜を克服する」のように、悪影響を克服する技能を持ち合わせていることである（Cotton 1991; Markman et al. 2005）。

　Lackéus（2015, p.13）は、学習者の知識、能力、態度で構成された起業に関する適性が、価値を創造するアントレプレナーの実務能力や意思に大きく影響すると考える。そのため、その適性を向上させることがアントレプレナーシップ教育の役割であると主張する。知識の「基礎知識」においては、「起業、価値創造、アイデアの創出、機会、会計、テクノロジー、マーケティング、リスクなどの基礎知識」が含まれる。Mwasalwiba（2010）が提唱するアントレプレナーシップ教育のフレームワークにおいて、アントレプレナーシップ教育の最も著名な9つの科目は、「ファイナンス・資金管理、マーケティング、アイデア形成・機会獲得、ビジネスプラン、成長戦略、組織構成・チームビルディング、ベンチャー創成、中小企業マネジメント、リスク・合理性」である。「テクノロジー」を除く、「起業、価値創造、アイデアの創出、機会、会計、マーケティング、リスクなどの基礎知識」とLackéus（2015）の「基礎知識」は親和性が高い。

　また、Lackéus（2015）は、「リソース、リスク、確率モデルを使わずに物事を進める方法に関する知識」としてのメンタルモデルや「アントレプレナー（起業家）になること、もしくは、起業思考を持つことに自己が適合するという知識」の自己洞察、態度の起業への主体性が必要であると考える。前者のメンタルモデルに関しては、Ries（2017）のリーン・スタートアップ、後者の自己洞察と起業への主体性に関しては、学習者が自分は何者であるのか、どのような価値を創造できるのかなどの知識が必要となり、シャーマー＆カウファー（2015）、シャーマー（2017）のU理論に通じるものがある。

　能力にあるマーケティング能力、リソース能力、機会獲得能力、対人能力、学習能力、戦略的能力には、経営に関する能力やクリティカルシンキング

などの分析力、リーダーシップやチームマネジメント力などのハードとソフトスキルの両方を必要とする場合が多い。態度に関しては、起業への熱意と自己効力感、起業への主体性、積極性と不確実性／あいまいさへの寛容、革新性、忍耐性があげられ、「私は〜」と学習者のリーダーシップや不確実な中での意思決定や自信、革新性、先見性、創造性が求められている。

　このように、アントレプレナーシップ教育における起業に関する適性（知識、能力、態度）は、学習者の基礎的な学習項目の土台であり、学習者が到達するべき指標として重要な位置づけになっている。さらなる大きな枠組みとして、OECD（2018, p.3-7）[2]は、複雑で不確かな社会において、2030年の学習フレームワークを掲げる。そのフレームワークでは、知識、能力、態度と価値を適性として捉え、学習者の識字、計算、デジタル、データ、健康面で必要な情報を利用する能力などの基本的な能力から価値の創造、責任、緊張やジレンマの調整能力の養成が必要であることを示唆する。知識には、専門、専門分野の垣根を越えた認知や手続き上の知識が含まれる。能力には、クリティカルシンキングやクリエイティブシンキング、学習、自己調整などの認知やメタ認知、共感や自己効力感、協働などの社会性や情緒、新しい情報やコミュニケーション情報機器の使用などの物理的や実践的な能力が含まれる。そして、個人や地域、社会やグローバルに展開できる態度や価値が含まれる。2030年の学習フレームワークは、それらの能力を行動、内省、予測で循環させ、学習者は仲間や教育者、両親やコミュニティとの関わりあいを大切にすることで、個人と社会のWell-beingが達成できることを掲げる。

第2項　効果指標

　アントレプレナーシップ教育の効果指標に関して、時系列を意識したのがJack & Anderson（1998, p.10）である。Jack & Anderson（1998, p.10）は、アントレプレナーシップ教育の体系的な効果を測定する指標がないことに注目した。Jack & Anderson（1998, p.10）のアントレプレナーシップ教育の効果測定のフレームワーク（図表17）は、アントレプレナーシップ（Kirkpatrick 1959）、アントレプレナーシップ教育効果（Block &

Stumpf 1992)の研究などに基づいたものである。学習者のプログラム開始から修了、その後の効果を継続的に測定できるためアントレプレナーシップ教育測定の研究において体系的な評価の基盤であると称されている(Nabi et al. 2017, p.278, 279)。

　このフレームワークは、時系列でレベル1から5まであり、学習者の向上を継続的に記録しておくのに有効活用できると考えられる。レベル1のプログラム期間内の現在・進行中については、学習者の参加、授業数や種類、アントレプレナーシップに対する興味、分野への関心が測定項目となる。レベル2のプログラム開始前と修了後の測定項目に関しては、行動する意識、知識獲得、学習や能力の自己認識である。レベル3のプログラム修了後0から5年の測定項目は、スタートアップ数や種類、事業の基礎の取得、起業の基礎の確立や模索である。レベル4のプログラム修了後3-10年は、新規企業やスタートアップの生存や評判、設立会社の評判やイノベーションレベルの変化が測定項目となる。レベル5のプログラム修了後10年以上になると、社会や経済への貢献、企業の業績、キャリアの満足度、自己実現や心理的成功が測定項目となる。

　図表17で示したJack & Anderson(1998, p.10)のアントレプレナーシップ教育の効果測定のフレームワークにあるレベル1からレベル5までの指標を用いて、研究調査を分類する。レベル1の現在・進行中については、Henry, Hill, & Leitch (2004)による愛蘭国における新規ビジネスコースを受講中である32名の学習者を対象に実施した質問紙調査(5件法)が該当する。この調査では、マーケティングやファイナンス、ビジネスプランの作成など学習者のビジネスの知識や能力が向上したことを明らかにした。また、90%以上の学習者が授業は学習者の期待に応えていると回答した。なぜなら、学習者が、アントレプレナーに出会え、ビジネスプランの作成ができたからである。Fayolle, Gailly, & Lassas-Clerc (2006) は、2004年に仏国のエンジニアリングにおけるアントレプレナーシップの授業を選択した学習者の20名に対して、質問紙調査を行った。その結果、起業に対する意識が向上したが、行動に関しては効果が少なかった。

　レベル2のプログラム開始前と修了後に関して、Souitaris, Zerbinati, & Al-Laham (2007)は、ロンドンとグルノーブルの2つの大学に所属する

第2章　アントレプレナーシップ教育の理論

図表17　効果測定のフレームワーク

期間	測定項目
レベル1 プログラム期間内の現在・進行中の測定	・学習者の参加 ・授業数や種類 ・アントレプレナーシップに対する興味 ・分野への関心
レベル2 プログラム受講前後の測定	・行動する意識 ・知識獲得 ・学習や能力の自己認識
レベル3 プログラム修了後0-5年	・スタートアップ数や種類 ・事業の基礎の取得 ・起業の基礎の確立 ・起業の基礎の模索
レベル4 プログラム修了後3-10年	・新規企業やスタートアップの生存や評判 ・設立会社の評判やイノベーションレベルの変化
レベル5 プログラム修了後10年以上	・社会や経済への貢献 ・企業の業績 ・キャリアの満足度 ・自己実現や心理的成功

出所）Jack & Anderson (1998, p.10). Impact indicators をもとに著者訳出

　250名の学習者に対して、アントレプレナーシップ教育の効果を測定した。124名はアントレプレナーシッププログラムを受講し、126名は統制グループとしてアントレプレナーシッププログラムを受講しなかった。結果、アントレプレナーシップ教育プログラムを受講した学習者は、起業の態度と意志が向上することが明らかとなった。Henry et al.（2004）のアイルランドの新規ビジネスコースにおいて、32名を対象とした調査では、プログラムの修了後に3名が起業し、15名が起業する意思を示している。調査対象者はビジネスの実現には、商品開発をすることや投資家を探すことが必要であると回答した。また、68％の学習者が実践的な授業やビジネスプランが完成したなどと、プログラムは学習者の期待レベルであったと回答している。

　COILに関する効果検証は、数件ある。Ramírez（2020）では、メキシコと米国のCOILで米国在住の学習者の半数が、協働学習に肯定的な影響を与えると述べた。一方で墨国（メキシコ）在住の学習者は、授業日程、議題、教育者がファシリテーターではなく、従来の教育を期待したため協

働学習に否定的な報告をした。Zhou, Jindal-Snape, Topping & Todman (2008) は、米国の学習者が学習者の自主性を尊重し、教育者にファシリテーターとしての役割を期待するのに対し、中国の学習者は教育者に教室での権威的な人物としての役割を期待することを明らかにした。Gray, Asojo, Lindgren, Nolan & Nowak (2021) は、COIL における教育学、技術、異文化トレーニングの重要性を強調した。COIL は、学習者の相互作用を可能にし、ポジティブな学習成果を向上させ (McInnerney & Roberts 2009)、高い効果を発揮する (Appiah-Kubi & Annan 2020; Kayumova & Sadykova 2016)。Fisher & Coleman (2001) は、COIL において学習者が自律性を高めることを明らかにした。協働学習は、文化や言語の壁、異なるタイムゾーンにもかかわらず、異なる視点から多様なアイデアの生産につながる (Appiah-Kubi & Annan 2020)。また、Kayumova & Sadykova (2016) は、学習者は仲間の文化的・教育的背景、コミュニケーションスタイル、学習戦略、相互作用について学び、COIL はその内容、活動、オンラインコミュニケーションツール、課題の締切を慎重に計画しなければならないことを示唆する。

　レベル3のプログラムの修了後から5年に関して、European Commission (2012a) の報告書によると、欧州の9つの教育機関に所属する卒業生の2,582名を対象にアントレプレナーシップ教育の効果検証が実施された。アントレプレナーシップ教育を受講した卒業生1,139名とアントレプレナーシップ教育を受講しなかった卒業生（統制グループ）1,443名に対して質問用紙を用いて、知識、能力、態度の3項目を比較した。調査の結果、知識、能力、態度の項目において、アントレプレナーシップ教育を受講した卒業生の平均の方が、アントレプレナーシップ教育を受講しなかった卒業生（統制グループ）の平均より高い結果であった。つまり、アントレプレナーシップ教育の効果があったということが明らかとなった。また、アントレプレナーシップの授業を受講した大学の卒業生はアントレプレナーになる可能性が向上する (Brown 1990)。さらに、ビジネスが成功する可能性は、MBAランキング上位のプログラムに参加することで上昇する (Callan & Warshaw 1995)。Henry et al. (2004) の調査において、32名の内8名 (25%) がプログラムの修了後から1、2年で自営業者になっ

たことが明らかとなった。

　レベル4のプログラムの修了後3年から10年には、Fletcher（1999）、European Commission（2012b）、Matlay（2008）の調査がある。Fletcher（1999）は、1983年から1991年の9年間に41の大学[4]から起業に関する授業を受講した245名の卒業生を対象に、卒業後の進路に関して質問紙調査をした。その結果、卒業後53名（22％）が起業した。その内38名は自営業者であり、15名は過去に起業したが廃業した。ただし、5名は2、3年後に再度起業したていた。

　European Commission（2018）は、政治的に独立した機関として、EU全体の利益を考慮し、平和、自由、繁栄の促進など、EUの目標を反映した法律、政策、プログラムを提案している。アントレプレナーシップ教育の分野においても定期的に調査結果を公表している。たとえば、EU加盟国の27か国にアイスランド、リヒテンシュタイン、ノルウェー、トルコの4か国を加えた合計31か国、2,899の大学・大学院などの教育機関を対象にアントレプレナーシップ教育の効果に関する調査を実施した（European Commission 2008b）。European Commission（2012b, p.3-6）によると欧州の教育機関は、2020年の戦略として創造性、革新性、アントレプレナーシップを教育に組み込む必要性を強調している。そして、欧州の理念や地域を考慮した起業に関する能力や革新的な能力を発揮できる多くの活動を提案している。また、教育機関におけるアントレプレナーシップ教育を受講しなかった卒業生は、卒業後3年から5年以内にアントレプレナーになる割合が3～5％であるのに対し、教育機関におけるアントレプレナーシップ教育を受講した卒業生は、その割合が15～20％に上昇すると報告している。European Commission（2015）は、アントレプレナーシップ教育の効果検証として個人、組織、経済、社会の4つのレベルを示唆している。

　Matlay（2008）は、8つの大学から64名のアントレプレナーシップ教育を受講し、起業に関心のあった卒業生に1997年から2006年の10年間に卒業後1年目、5年目、10年目の節目に電話でキャリア調査を実施した。卒業後1年目では29名が個人事業者として活動し、26名が中小企業を運営していた。5年目には7名が個人事業者、38名が中小企業の経営者であっ

た。10年目には8名が個人事業者、47名が中小企業の経営者であった。また、10年間で64名全員が大企業や中小企業の従業員や失業者になった経験はなかった。Matlay（2008）の調査結果からアントレプレナーシップ教育の効果があったことが明らかとなった。レベル5のプログラムの修了後10年以上に関する先行研究は該当がなかった。

その他の先行研究では、Addae, Singh, & Abbey（2014）は、ジョージア工科大学の技術・起業デザインの授業で技術系学習者とMBA学習者の協働学習において、アントレプレナーシップを促進していたことを明らかにした。Jones, Pickernell, Fisher, & Netana（2017）は、アントレプレナーシップ教育は、専門的な研究の中で大学院生が習得するべき起業の知識修得や起業することを可能にし、キャリア形成に関しても価値をもたらすことを明らかにした。一方、飯田（2006）は、アントレプレナーシップ教育の協働学習は、知識が増加しても実践力はあまり強化されず、社会人経験のある学習者とない学習者の協働学習の授業には意識のレベルに差があり、焦点が絞り難いことを指摘する。以上のように、アントレプレナーシップ教育の効果検証ではレベル1-4までは可能であったが、年月が経過し、レベル5のプログラム修了後10年以上となる長期調査になると研究が見当たらない。また、アントレプレナーシップ教育の効果検証に関しては、大抵は肯定的な結果を示すが、議論の余地が存在している。

最後に、Vesper & Gartner（1997, p.413）のアントレプレナーシップ教育のプログラムの質を評価する指標に関する研究がある。1994年に米国、加国の大学など130校から回答を得た。アントレプレナーシップ教育プログラムの評価指標に関しては18項目ある。評価が高いのは、授業、教育者の著書、地域への貢献（シンポジウム、学習者のコンサルティングプロジェクト、大学発ベンチャーなどを含む）、卒業生の活躍（起業、起業への投資や相談などを含む起業支援）、イノベーション（進化したプログラムや卒業生の成長を含む）、卒業生の起業数、教育者の活動（学会運営、学会誌、教材開発、他校への助成などを含む）である。そのほかには、受賞数、年次活動、MBAプログラムの規模、大学の評価、人材の活用、卒業生の言動、学部プログラムの規模、入学者の質、博士課程プログラムの規模、教育者の起業、場所がある。この調査結果から、アントレプレナー

シップ教育プログラムの評価指標で授業が最も高いことが明らかとなった。Joshi（2014, p.26）がアントレプレナーシップ教育は、多くの授業が蓄積され、プログラムとして成立すると述べている。また、地域との取り組みによって可能な事項や卒業生の活躍など、学習者との関わりが深い項目が上位を占める。そして、教育者などの研究に関することも欠かせない事項であることが特徴として示されている。また、Gedeon（2013, p.244）は、学習者の満足度を指標に入れることが大切であると述べている。

第4節　アントレプレナーシップ教育の研究動向

　アントレプレナーシップ教育に関する研究は欧米が先行している（Bruton, Ahlstrom, & Obloj 2008; Hägg & Kurczewska 2022）。2023年2月に著者はWeb of Science[5]を利用してアントレプレナーシップ教育の研究論文数に関して調査した。2011年には407件、2017年には2,223件、2022年には4,970件になり、アントレプレナーシップ教育に関する研究論文が徐々に増加している（図表18）。国別では、中国、米国、英国、西国、インドネシアが上位を占める。中国の論文数は、14,310件あり、全体の49％を占める。米国は2,966件で10％を占める。日本のアントレプレナーシップ教育の研究論文数は、559件で2％を占め、14位である（図表19）。日本は、アントレプレナーシップ教育に関する研究を推進することが必要である。

　Nabi et al.（2017, p.280, 281, 283）の中堅・上級の国際ジャーナル[6]と3つのデータベース（ABI ProQuest, Emerald, Science Direct）[7]を活用したアントレプレナーシップに関する文献調査では、2004年から2016年に刊行されたアントレプレナーシップ関連の論文は159件ある。

　その内86件（54％）がアントレプレナーシップ教育によるものである。調査対象者は、大学生が53％以上を占め、大学院生は12％のみであった。文献調査の結果、アントレプレナーシップ教育の知識と能力に関する論文は34件（21％）、態度に関する論文は32件（20％）であった。知識と能力に関する34件の論文の内、アントレプレナーシップ教育が肯定的であるという結果を示した論文は25件、間接的に肯定的である論文は3件、

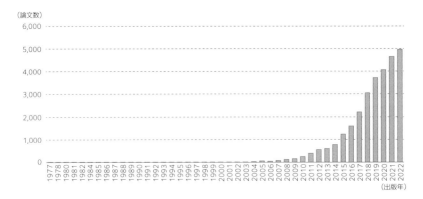

図表 18　アントレプレナーシップ教育の研究論文数

出所）Web of Science（データ取得日：2023年2月8日）

図表 19　国別アントレプレナーシップ教育の研究論文数

	国名	論文数	シェア
1	中国	14,310	49%
2	米国	2,966	10%
3	英国	1,309	4%
4	西国	1,078	4%
5	インドネシア	879	3%
6	ギリシャ	826	3%
7	独国	768	3%
8	ルーマニア	696	2%
9	オーストラリア	686	2%
9	ロシア	686	2%
.	.	.	.
14	日本	559	2%

出所）Web of Science（データ取得日：2023年2月8日）

肯定・否定の両方を含める結果を示す論文は3件、否定的な結果である論文は1件、不明確な論文もしくは、有意差が検証できなかった論文が2件である。態度に関する論文32件の内、アントレプレナーシップ教育が肯

定的な結果である論文は 26 件、肯定・否定の両方を含める結果を示す論文は 2 件、否定的な結果である論文は 1 件、不明確な論文もしくは、有意差が検証できなかった論文が 3 件である。アントレプレナーシップ教育の知識・能力・態度の効果測定の先行研究では、80％以上が肯定的な結果であることが明らかとなった。

Hägg & Kurczewska（2022）は、1980 年から 2018 年までの期間に焦点を当て、447 本の研究論文を対象とした体系的な文献レビューを実施し、アントレプレナーシップ教育を分析している。その結果から、研究論文、特に理論や実証研究、アントレプレナーシップ教育に関する学習、プログラムやコース設計、評価に焦点を当てた研究や単著や 3 人以上のグループでの共著が増加傾向にあることを明らかにしている。一方、アントレプレナーシップ教育は学術研究の分野ではまだ 40 年間の発展途上の分野である。Hägg & Kurczewska（2022）は、アントレプレナーシップ教育が将来的に発展していくためには、理論・方法論から得られた知見の蓄積や長期的な効果測定、新たな概念やフレームワーク、政策に関する多国間の国際共同研究の必要性を示唆している。

国別の大規模調査に関して、アントレプレナーシップに関する国際比較を 2、3 年ごとに実施している GUESSS（Global University Entrepreneurial Spirit Students' Survey）[8]がある。GUESSS は、2016 年に 50 か国、1,000 校以上の調査を実施している。調査対象者は 79.2％が大学生である。2013 年の調査では 76.1％が大学生であり、MBA 学習者もしくは社会人は 1.2％である。MBA 学習者の中に 2017 年 Financial Times の Global MBA Ranking[9]にある上位 Business School（INSEAD、Stanford、Wharton、Harvard、Cambridge、London、Colombia、IE、Chicago Booth、IESE）が含まれているかは定かではない。

日本のアントレプレナーシップ教育の効果検証に関して、著者が、2019 年に国内のアントレプレナーシップ教育に関する文献調査（CiNii[10]日本の博士論文の「起業家教育」、もしくは「アントレプレナーシップ教育」を検索）をした結果、日本のアントレプレナーシップ教育の博士論文は 6 件しかない。2023 年に同様に検索すると 8 件である。

多くの研究者は、アントレプレナーシップ教育の効果測定の必要性を認

識している（Clark, Davis, & Harnish 1984; Gibb 1987; Curran & Stanworth 1989; Block & Stumpf 1992; Young 1997; Storey 2000; Henry et al. 2005b; Matlay 2005b; Maritz & Brown 2013; European Commission 2015; Konig 2016）。特に縦断的研究（Wyckham 1989; Barrow & Brown 1996; Fleming 1996）が必要とされている。しかしながら、プログラムの効果測定のプロセスは挑戦的であり（McMullan & Gillin 2001; Cox, Mueller, & Moss 2002）、アントレプレナーシップ教育の効果を調査した研究はごく僅かであると指摘する（Hill & O'Cinnéide 1998; Pittaway & Cope 2007; European Commission 2012b, 2015）。

　Matlay（2006）は、量的研究、質的研究の両方を用いて効果測定を行う必要があると述べている。特に長期的な調査がアントレプレナーシップ教育の効果測定に有効であると考えるが、研究に時間や費用など手間がかかることが調査の少ない理由であると指摘する（Matlay 2005a, p.632, 633, 2006）。Lejk & Wyvill（2001）や Konig（2016）は、アントレプレナーシップ教育が学習者の起業活動にどのように貢献しているのか、そして効果的なアントレプレナーシップ教育は学習者のキャリアにどのように影響するのかについて理解を深める必要があると主張する。Finkle et al.（2009）は、1947年に Harvard 大学でアントレプレナーシップ教育が開始されて70年経過しているが、学術的にはまだ初期の段階で発展途上であると述べている。Fiet（2000a, b）、Brockhaus et al.（2001）、Solomon（2007）は、より効果的なアントレプレナーシップ教育の基礎的なフレームワークが欠如していると指摘する。

　これらの調査結果から、アントレプレナーシップ教育に関する研究論文数も少ないことが明らかとなった。さらに、調査対象者が MBA 学習者を含む大学院生であるアントレプレナーシップ教育の研究は非常に乏しく、アントレプレナーシップ教育が学習者に及ぼす効果を検証する研究が十分ではない。よって、効果的なアントレプレナーシップ教育のフレームワークが欠如していることが明らかになった。

第5節　リサーチクエスチョン

　本章では、アントレプレナーシップ教育の歴史、アントレプレナーシップ教育のフレームワーク、アントレプレナーシップ教育の効果測定のフレームワーク、アントレプレナーシップ教育の研究動向の説明をした。これらの先行研究では、アントレプレナーシップ教育の概要は明らかになったものの、アントレプレナーシップ教育のプログラム、教育効果、有効なアントレプレナーシップ教育のフレームワークに関する実態が解明されていない。

　第1に、アントレプレナーシップ教育は米国で始まり（Katz 2003）、欧州（European Commission 2000; Twaalfhoven & Wilson 2004; Wilson 2008）、日本（原田 2010；文部科学省 2017b）に普及しつつあることが明らかにされた。しかしながら、欧米・日本において事例を考慮した具体的なアントレプレナーシップ教育のプログラムを明示していない。

　第2に、Mwasalwiba（2010, p.23）のアントレプレナーシップ教育フレームワークでは、アントレプレナーシップ教育の定義、内容、プログラム、教授法、効果測定が重要であると示されている。Lackéus（2015, p.13）の起業に関する適性（知識、能力、態度）やJack & Anderson（1998, p.10）の効果指標は提示されているが、それらを用いて実証的なアントレプレナーシップ教育の効果を検証した研究は実施されていない。また、アントレプレナーシップ教育の効果の比較を実施している国際機関はあるが、学習者を対象とした研究は非常に少なく、かつ、日本のアントレプレナーシップ教育の研究も非常に少ない。

　第3に、Jones & Matlay（2011, p.694）、Mwasalwiba（2010）のアントレプレナーシップ教育フレームワーク、アントレプレナーシップ教育のプログラム内外の学び（QAA 2018）、教育支援（Kourilsky 1995；安岡ら 2018）は示されているが、アントレプレナーシップ教育は、学術的にまだ初期の段階で発展途上であり（Finkle et al. 2009）、より効果的なアントレプレナーシップ教育の基礎的なフレームワークがない（Fiet 2000a, b; Brockhaus et al. 2001; Solomon 2007）。授業・プログラムの効果測定に基

づいたアントレプレナーシップ教育のフレームワークに関する研究には限界がある。

本研究は、欧米日の大学におけるアントレプレナーシップ教育の実態調査を実施し、アントレプレナーシップ教育の授業、プログラムの実証的な効果を提示したうえで、教育支援、人材育成に着目しながら有効なアントレプレナーシップ教育のフレームワークの示唆を目指す。よって、リサーチクエスチョンは、次の3つである。

1) 欧米日の大学において、アントレプレナーシップ教育はどのように展開されているか。
2) アントレプレナーシップ教育の授業・プログラムは学習者にどのような影響を及ぼすのか。
3) 日本の大学において有効なアントレプレナーシップ教育のフレームワークとはどういうものか。

これらのリサーチクエスチョンに基づき、文献調査、質問紙調査、インタビュー調査を実施する。

第6節　まとめ

第2章では、アントレプレナーシップ教育の理論を示した。アントレプレナーシップ教育の歴史、フレームワーク、研究動向を示した。アントレプレナーシップ教育は、1947年にHarvard Business Schoolに開始され、全米の大学でアントレプレナーシップ教育を導入する教育機関が著しく増加した。その背景には、アントレプレナーシップ教育が経済成長、雇用創出、社会課題の解決、価値創造、個人の創造性や幸福の向上、公共への利益に寄与することがあげられる。その後、1994年から欧州、2000年代に日本でも高等教育機関を中心にアントレプレナーシップ教育の導入が推進された。文部科学省は、2014年からグローバルアントレプレナー育成促進事業、2017年から次世代アントレプレナー育成事業、2021年からスタートアップ・エコシステム形成支援を実施している。

アントレプレナーシップ教育のフレームワークには共通のフレームワークは存在しない。しかしながら、Stevenson & Jarillo(1990, p.18)、Lackéus(2015, p.6, 7)、Gedeon (2013, p.233-243)が提唱するアントレプレナーシップ教育の概念には、誰に、何を、どのように、なぜが含まれている。Jones & Matlay (2011, p.694)は学習者を中心とした教育者、教育プロセス、教育機関、地域を用いた、広範囲の視点からのフレームワークである。Mwasalwiba (2010)のフレームワークは、アントレプレナーシップ教育の定義、目的、内容、教授法、教育効果であり、教育機関を軸に置いたものである。最も著名なアントレプレナーシップ教育の9つの科目は、「ファイナンス・資金管理、マーケティング、アイデア形成・機会獲得、ビジネスプラン、成長戦略、組織構成・チームビルディング、ベンチャー創成、中小企業マネジメント、リスク・合理性」である。上記の科目を総合的に学ぶことができるビジネスプランの作成が広く使用されている。また、ビジネスモデルキャンバス、デザインシンキング、リーン・スタートアップ、エフェクチュエーション等がアントレプレナーシップ教育の中で教えられる。QAA (2018)が提唱するように、プログラム内だけでなくプログラム外の学びも必要である。教育支援に関しては、アントレプレナーだけでなく、支援者、理解者（Kourilsky 1995 p.12）が必要であり、産学連携や協働の視点（安岡ら 2018, p.296）も重要である。

　教授法に関しては、講義、アクティブラーニング、PBL、経験学習がある。知識の習得、学習者同士や人々との交流、ディスカッション、ディベート、実体験など課題解決型の協働学習により、アントレプレナーシップ教育の教授法としてアクティブラーニングの有効性が示唆された。個人の内省や行動に対する考え方としてU理論、Kolb (1984)の経験学習のプロセスと基礎知識、村田 (2018, p.9)の体験学習の実践と振り返り、COILによる双方向型学習がある。アントレプレナーシップ教育の効果測定に関しては、Lackéus (2015)の知識・態度・能力の効果指標やJack & Anderson (1998)の時系列に応じた効果指標がある。

　アントレプレナーシップ教育の研究に関しては、欧米が先行している。Hägg & Kurczewska (2022)は、理論や実証研究、アントレプレナーシップ教育に関する学習、プログラムやコース設計、評価に焦点を当てた研究

や単著や3人以上のグループでの共著が増加傾向にあるものの、アントレプレナーシップ教育の知見の蓄積や長期的な効果測定、新たな概念やフレームワーク、政策に関する多国間の国際共同研究の必要性を示唆している。2023年に著者がWeb of Scienceを利用し、研究論文数を調査した結果、研究論文数は上昇傾向にある。国別では、中国、米国、英国を中心に年々、論文数が上昇している。日本は、全体の2％を占め、14位に位置する。アントレプレナーシップ教育に関する研究を推進する必要がある。本研究のリサーチクエスチョンは、欧米日の大学ではどのようなアントレプレナーシップ教育が実施されているのか調査を実施し、アントレプレナーシップ教育の授業、プログラムの実証的な効果を提示したうえで、教育支援、人材育成に着目しながら、有効なアントレプレナーシップ教育のフレームワークはどのようなものであるのかを示唆する。

注

1. http://en.ritsumei.ac.jp/news/detail/?id=346（最終閲覧日：2019年1月20日）.
2. OECD (2018). The future of education and skills: Education 2030. *OECD Education Policy Perspectives, 98*, OECD Publishing. https://doi.org/10.1787/54ac7020-en.（最終閲覧日：2024年10月21日）.
3. 調査対象となった9つの教育機関である。教育機関名は、Chalmers University of Technology (Sweden), Dublin Institute of Technology (Ireland), Johannes Kepler University of Linz (Austria), J.J. Strossmayer University of Osijek (Croatia), Queen's University of Belfast (United Kingdom), University of Turku (Finland), University of Valencia (Spain), Unternehmer TUM (Germany), Utrecht School of the Arts (the Netherlands) である。
4. 6つの大学が半数の卒業生を占める。
5. http://webofknowledge.com（最終閲覧日：2023年2月8日）.
6. ABS (Association of Business Schools) は、アントレプレナーシップジャーナルのランク付けとジャーナルの品質を評価する機関である (Harvey, Kelly, Morris, & Rowlinson 2010)。

　　ABSが中堅・上級と査定する11のアントレプレナーシップジャーナルはJournal of Business Venturing, Entrepreneurship Theory and Practice, Journal of Small Business Management, International Small Business Journal, Small Business Economics, Entrepreneurship and Regional Development, Strategic Entrepreneurship Journal,

Family Business Review, Journal of Small Business and Enterprise Development, International Journal of Entrepreneurial Behaviour and Research, Venture Capital: An International Journal of Entrepreneurial Finance である。

7 　幅広いキーワードサーチを行った。最も検索でヒットした用語は「entrepreneurship education」「higher education」「pedagogy」「educational interventions」「graduate」「undergraduate」である。また、これらの用語のブール変数（二者択一条件を示すために使用されるプログラミングの基礎データ型（Weblio））などを使用した。

　　Weblio IT 用語辞書バイナリ。https://www.weblio.jp/content/％E3％83％96％E3％83％BC％E3％83％AA％E3％82％A2％E3％83％B3（最終閲覧：2017 年 11 月 20 日）。

8 　Sieger, P., Fueglistaller, U., & Zellweger, T.（2013）. *Student entrepreneurship across the globe: A look at intentions and activities*. GUESSS. Sieger, P., Fueglistaller, U., & Zellweger, T.（2016）. *Student entrepreneurship 2016: Insights from 50 countries*. GUESSS.

9 　Financial Times（2018）. Financial times global MBA ranking 2017. Retrieved April 25, 2017, from http://rankings.ft.com/businessschoolrankings/global-mba-ranking-2017.

10 　https://cir.nii.ac.jp（最終閲覧日：2023 年 5 月 7 日）。

第3章

欧米日における
アントレプレナーシップ教育の比較

理論と実践

　本章の目的は、欧米日の大学を比較し、日本の大学の現状と課題を把握することである。そして、大学の国際認証機関である AACSB（The Association to Advance Collegiate Schools of Business）、AMBA（Association of MBAs）、EQUIS（The European Quality Improvement System）の教育機関加盟数や認証取得済み教育機関数、目的や評価指標を示す。

　また、2017年 Financial Times Global MBA Ranking 上位の欧米10校と2017年文部科学省専門職大学院の日本の23校の大学を対象に、アントレプレナーシップ専攻・コースやアントレプレナーシップの科目内容、起業の実践、フィールドワーク、インターンシップ、海外研修などの実践活動、インキュベーション施設などの支援センターの比較調査を行い、各国のアントレプレナーシップ教育の現状や特徴を明らかにすることである。調査対象の欧米日の大学のホームページまたは学校案内、大学訪問した際に現地で入手したパンフレットの情報を用いた。

　調査項目は次の3つである。1つ目は、アントレプレナーシップ専攻・コースの有無である。2つ目は、アントレプレナーシップ教育プログラムを構成する代表的な9つの科目（ファイナンス・資金管理、マーケティング、アイデア形成・機会獲得、ビジネスプラン、成長戦略、組織構成・チームビルディング、ベンチャー創成、中小企業マネジメント、リスク管理）の有無と必須・選択の区分である。3つ目は、実践活動、それに準ずるアントレプレナーシップ支援の有無である。

　最後に、欧米日のアントレプレナーシップ専攻コース・プログラム、科

目、実践活動、支援センターの比較で特にアントレプレナーシップ教育に重点を置くHarvard、Stanford、MIT Sloan、Chicago Booth、IE、Kellogg、Babson Business School[1]、早稲田大学、九州大学、関西学院大学の10校の事例研究を示す[2]。事例研究の内容は、大学の設立年、場所、プログラムの年数（月単位）、学習者数、男女比、平均年齢、外国人学生の割合、国籍数、100％英語で行う授業比率、働きながら学ぶ学習者数の割合、卒業者数、卒業者の年収、卒業後の進路内定率の比較が含まれる。それらを明らかにしたうえで、アントレプレナーシップ教育のプログラムや授業内容の調査をする。

第1節　大学

　大学のプログラムは、人材を育成し、持続的な経済の発展に欠かせないものである。しかしながら、プログラムの内容に関しては、学習者自身でビジネスをデザインし、実践するなど新しいアプローチも必要である。米国のマネジメント教育は、学術や実践において世界のリーダーを養成する教育であり、大きな影響力がある。米国では、Luisiana大学、Wisconshin大学に続き、Harvard Business Schoolが1908年に設立された。当初は学習者に理論を教えており、組織内のコミュニケーション能力などのソフトスキル、リーダーシップ、倫理については注力していなかった。米国においては、大学の国際認証機関であるAACSBにより、マネジメント能力やグローバル社会に適合する能力が必要であることを提案され、改革してきた。また、米国の大学は、米国だけでなく、世界各国にキャンパスを持っている。Academy of Managementなどの学会や、学会誌に対しても学術研究に取り組み、MBAの地位を世界的な水準にした（Durand & Dameron, 2008）。

　欧州においては、経済成長とともに高等教育の専門職人材の養成を目的として、大学院の需要が高まった。欧州の大学院は、米国のモデルを受け入れ、調整しつつ、歴史や文化をより活用する欧州スタイルを築く傾向にある。具体的には、欧州の国々で提携し、交流を深めていることなどがあげられる。近年は、アジアの大学との提携にも積極的である。AACSB、

AMBA、EQUISの国際認証についても欧州で上位の大学を中心に積極的に取得している。欧州の大学の課題として、企業との産学官提携や資金調達に関して米国より低い水準であることがあげられる（Durand & Dameron 2008）。

IE Business Schoolの元学部長であるIñiguez（2011, p.139）は、米国と欧州の大学の違いを説明している。Iñiguez（2011, p.129-131）は、米国のカリキュラムを研究し、毎年、大学は、社会や市場の変化を反映して、約20％のカリキュラムを改良していると述べる。Kelloggはマーケティング、NYU Stern Business Schoolはファイナンスに特化していることやYaleやStanford大学は特にカリキュラムが改良されていることを指摘している。そして、Iñiguez（2011, p.90-92）は、海外のトップスクールは国際認証をする団体であるAACSB、AMBA、EQUISの助言を得て、プログラムを改革していくことの重要性を述べている。また、Iñiguez（2011, p.90-92）は、教育機関が、他の教育機関との比較などの情報を開示し、学習者、教育者、教育機関が、プログラムの特徴や評価を把握することとそれらの情報の普及が重要であると述べている。さらに、Iñiguez（2011, p.90-92, 139）は、米国の大学は卒業生とのネットワーク、特に資金獲得に成功しているが、欧州の大学は、より教育的な観点から卒業生とのネットワーク構築の実施にとどまっているため、豊富な資金を獲得し、研究や学習者の支援を拡大することが必要であると述べる。

アジアの大学においては、特に中国、インドの大学が欧米のマネジメントを積極的に取り入れている。中国、インドは、今後も経済発展が見込まれるため、大学院の需要があると考えられる。しかしながら、現地の教育者など人的資源が不足しており、Harvard、MIT Sloan、Wharton、Kellogg Business Schoolをはじめ、欧米からの指導を仰ぎ、アジアの大学院の新設、プログラム開発、教育者のトレーニングを行っている（Durand & Dameron 2008）。

大学の使命の1つにグローバルリーダーの育成があげられる。カリキュラムは3つの要素で構成される。1つ目は、会計、財務、マーケティング、オペレーション、マクロ・ミクロ経済など専門知識を「経営者の視点」から学習するハードスキルの養成である。2つ目は、リーダーシップ、コミュ

ニケーション、組織行動、自己分析などリーダーとしての人格の「思考」とロールプレイ演習、シミュレーション演習、プレゼンテーションやスピーチ演習などの「訓練」を繰り返し、リーダーとして人を導くために必要なソフトスキルを磨くことである。ソフトスキルには、リーダーシップ、コミュニケーション、組織行動、自己分析などが含まれる。3つ目は、Lab、Project、Field など「現場」から学ぶことである。たとえば、実際に学習者が、新興国や企業に駐在して、課題解決プロジェクトに取り組む実習である。授業は教育者が一方的に講義することはほとんどなく、教育者と学習者が、教育者の質問やクラスメイトの発言などにより一緒に授業をつくる。大学の授業はグローバル時代を生きるための「知」が詰まっており、学習者は、いかに「自分を変える」体験をすることができるかである。卒業生は、世界各国の政財界で活躍している（佐藤 2013, p.1-11）。

　金（2004, p.61-65）は、米国の大学は、長い歴史の中で、企業の要請やニーズに対応した実践的なプログラム改革や調査・研究を繰り返しながら、米国企業や社会との関係を継続的に強化・調整し、生き残りをかけて、世界における確固たる地位を築いてきたと述べている。米国企業の MBA に対する評価は高く、積極的に MBA 修了生を採用する。

　文部科学省（2019, p.1）は、専門職大学院を「科学技術の進展や社会・経済のグローバル化を伴う、社会的・国際的に活躍できる高度専門職業人養成へのニーズの高まりに対応するため、高度専門職業人の養成に目的を特化した過程」とし、2003 年に創設した。学校教育法上の目的は、学術の理論・応用の研究、職業に関する深い知識と能力を培うことである。社会で活躍する職業人に高度な専門性、最新の知識・技術の取得のため継続的な学習の機会を提供することも含む。標準修業年限は 2 年、修了要件は 30 単位以上である。一般の修士課程とは異なり、論文作成を必要としていない。授業の基本は、理論と実務を架橋した実践的な教育を実施すること、事例研究や現地調査を中心に双方向、多方向に討論や質疑応答がされることである。よって、フィールドワーク、ワークショップ、シミュレーション、ロールプレイングを用いる。洞口（2018, p.20-29, 173-175）は、大学院の授業は、集合知を引き出し、職場の課題を解決する理論づくりの能力を養うことができると述べている。学習者がなぜ（why）という問い

を考えるための訓練として、授業内で議論に積極的に参加し、意見を述べたり、質問をしたり、授業に貢献するクラスパーティシペーションが必要である。また、学習者が当事者となって意思決定をするケースメソッドやグループワーク、プレゼンテーションが求められる。

専門職大学院の教育者に関しては、実務家教員（専攻分野における実務の経験があり、高度の実務の能力がある者）は専任教員の3割以上が必要である。2018年には、ビジネス・MOTの分野で専門職大学院は29校ある。学習者の修了後の進路として経営企画・CEO候補者、独立・社内ベンチャー、アントレプレナー、先端技術戦略・政策立案者、幹部技術者等があげられている。入学者は、2018年は2,532名であり、2010年の1,929名と比較すると約1.3倍になる。社会人比率は、91.0%と非常に高く、社会人に配慮した入学者選抜、夜間や休日に授業を提供、都心にサテライトキャンパスを設置、短期コース、多様なメディアを利用して実施できる授業など社会人が継続して学修できるよう工夫されている（文部科学省 2019）。

中央教育審議会大学分科会大学院部会専門職大学院ワーキンググループ「専門職大学院を中核とした高度専門職業人養成機能の充実・強化方策について」（概要）[3]において、専門職大学院が創設以来、大学教育の実質化や社会人教育を担う役割があり、普及、定着の傾向にあるが、社会との連携や、多様化するニーズに的確に対応したプログラムの提供や学位の付加価値について企業や社会の理解を得ることができていないと明記する。同様に、齋藤（2012）の調査で企業と大学院の結束が弱いことを指摘し、強化が必要であると提唱する。また、高度専門職人養成という観点から、修士課程と専門職学位過程の役割分担が明確でないとの指摘がある（文部科学省 2019）。

文部科学省（2018, p.18）は、米国の上場企業の管理職等の約4割はMBA取得者であるが、日本の企業役員等は、大学院修了者が1割以下にとどまることを指摘する。また、文部科学省（2018, p.16, 17, 28）は、経営の課題は、海外事業展開のスピード、グローバルに活躍する経営人材の不足であることを指摘している。企業は、一方的な講義ではなく、学習者の能動的な学びを促す双方向の授業や、企業の経営幹部・実務者からグローバル・ビジネスの実態を学習できるカリキュラムを大学に要望してい

る傾向にある。また、日米の大学の比較において、日本では、留学生の比率が低く、優秀な学習者を確保できていない。

　日本経済新聞（2017, p.27）によると、日本の大学は、キャリアアップに直結しないなどの理由で日本人学習者の増加が見込みにくいため、英語のMBAプログラムで優秀な海外留学生の獲得に注力する傾向があることを示している。早稲田大学ではすでに英語のMBAプログラムは2種類あるが、国際競争を勝ち抜くために強化している。英語のMBAプログラムにより、日本人学習者にとっても留学生との交流が増え、異文化理解が進むと考える。このように、大学が留学生と日本人学習者が協働で学ぶ授業を積極的に取り入れる傾向がある。

　また、海外のトップ大学では、国際認証の取得は当然であるが、日本の大学は、国際的な評価機関（AACSB、EFMD、AMBA）から認証を受けているのは数校である（日本経済新聞 2017, p.27）。日本の大学の課題はそれらの認証機関からの国際認証を取得することである。また、日本の大学は、留学生の比率が低く、優秀な学習者を確保しているとは言い難い。つまり、日本の大学は、ランキング外になることが多く、国内外の優秀な学習者の確保が必要である。

　海外と日本の大学の比較に関して、金（2004, p.17）は、海外の大学のメリットは異文化体験、外国人との人脈、英語力である。デメリットは、授業料や生活費などの費用が高いこと、留学期間のキャリアが中断すること、高い英語力が必要であることなど多くの面でリスクが高いことをあげる。一方、日本の大学のメリットは、仕事との両立が可能であり、費用が安く、日本語で受講が可能であり、日本の経営に関する深い理解、アジア人との人脈づくりをあげる。デメリットとしては、教育におけるグローバルな視点が疑問であること、教育者の質にバラツキがあること、アカデミックに偏っていること、日本人との人脈が中心であること、高い英語能力の取得が困難であること、MBA学習者の採用に関して企業の反応に差があることをあげる。日経キャリアマガジン（2016, p.45）は、MBA取得に要した費用に関して、国内MBAでは200万円前後に対し、海外MBAは500万円以上、生活費を含むと1000万円以上であったことを示している。

　日本の大学は、歴史が浅く、その成果や実績が企業に十分理解されてい

ない。日本企業はMBAの活用度が低く、優遇、評価をしていない場合がある。一方、外資系企業は、MBA取得スキルとして英語力、国際感覚、専門知識、精神的タフネスなど企業で十分に活用することができると考え、年収や職務への優遇がある場合が多い。また、外資系企業は、MBA取得者の雇用数を増加させたいと考え、MBA学習者のインターンシップや採用枠を設けているところもある。米国の大学と比較して、日本の大学は、「知識」の修得には十分対応しているが、企業・政府・NPOなどの外部機関とのつながりが弱く、企業でのインターンシップ、海外企業や日本企業とのフィールドワーク、企業との合同プロジェクト、CEOによるレクチャー討議などが弱いため、閉ざされている（金 2004, p.44, 61-74, 82）。このように海外と日本の大学は、学習環境、プログラム内容、語学、費用、企業からの評価の面で大きな違いがある。

第2節　国際認証機関の評価指標

前節で、上位の海外大学では、AACSBやEQUISから教育の質を保証する国際認証の取得は当然であるが、日本の大学の課題は、それらの国際認証の取得であること（日本経済新聞 2017, p.27）を示した。国際認証機関として主に、AACSB、AMBA、EFMDの3つの機関があげられる。

図表20は、大学における国際認証機関の評価指標を示している。AACSB（2017, p.1）は、1916年に設立され米国のフロリダ、AMBAは1967年[4]に設立され英国のロンドン、EFMD[5]は1972年[6]に設立されベルギーのブリュッセルに本社を置く国際認証機関である。AACSBは、加盟団体数が100以上の国や地域において1,700以上の教育機関である。認証を取得したのは、50以上の国や地域において840以上の教育機関にのぼる[7]。AMBAは、認証団体数の上限を300に限定する[8]。認証を取得したのは、75以上の国や地域において260以上の教育機関である[9]。EFMDは、加盟団体数が88以上の国や地域にわたり、900以上の教育機関である[10]。認証を取得したのは、42以上の国や地域において170以上の教育機関である[11]。

AACSB（2017, p.1）は、グローバルの繁栄のためにビジネス教育を変

図表 20　国際認証機関の評価指標

	AACSB	AMBA	EQUIS
本社	米国フロリダ	英国ロンドン	白耳義（ベルギー王国）ブリュッセル
設立	1916 年	1967 年	1972 年
教育機関加盟数	100 以上の国や地域に 1700 以上	―	88 以上の国や地域に 900 以上
認証取得済み教育機関数	50 以上の国や地域に 840 以上	75 以上の国や地域に 260 以上（上限 300）	42 以上の国や地域に 170 以上
目的	ビジネス教育がビジネスの実践にかなうよう、エビジネス、教育者、機関、およびビジネス関連の関わりを継続的に改善するよう多くのエンゲージメントを促進し、インパクトを加え、その効果を拡大する。	入学希望者、卒業者、雇用者や社会に対して、グローバルに展開する大学やプログラムの価値の保証し、同上にさせる。	グローバルに展開するマネジメント教育とその開発において卓越性を強化するための触媒として活動する。
評価指標	1. マネジメントとイノベーション（ミッション、インパクト、イノベーション、知的貢献、財務戦略、人材配分） 2. 学習法、教職員（キャリア、支援） 3. 学習法、教授法（カリキュラムでマネジメント、学習者と人数の保証、教育者の交流、同僚、プログラムのレベル、構成、プログラムの効果 4. 教育者の活動（学術の専門性、エグゼクティブの教育、教育者の質と従事）	1. 市場の明確性と透明性を確保するための品質の認定を得たポートフォリオ 2. 教育機関の品質、持続性、差別化 3. 学習体験を教育者、研究者、コンサルタントとしての十分なバランスの取られた教育者の品質と学習者に人数 4. 市場の傾向と実践を考慮したプログラムのデザインとリーダーシップ 5. 適性、持続性、多様性を確保した大学者を採用し、卒業後もリーダーとなる者の学習仲間との経験 6. 授業と評価に基づいた能力、感性と学習効果 7. カリキュラムの幅と関連性 8. 評価の厳格さと関連性 9. マネジメントの知識、能力、価値観を促進するための自主的な研究、リフレクション、情報と資料管理、マーケティング、教育者と学習者の十分な相互作用 10. 学習者のキャリアの発展をもたらす学習効果や生涯学習である。	1. コンテクスト、ガバナンス、戦略（ミッション、ビジョン、戦略、国際化、バリュー、戦略、実践、etc.） 2. プログラム（デザイン、内容、学習者評価、プログラム評価、国際化、倫理、持続性、実践、etc.） 3. 学習者（授業準備、個人、専門性の成長、キャリア、卒業生、倫理、責任、持続性、国際化、実践） 4. 教育者（サイズ、質、構成、マネジメント、進度、倫理、責任、持続性、実践） 5. 研究と進度（研究、イノベーション、R&Dの国際化、倫理、責任、持続性、etc.） 6. エグゼクティブ教育（研究機関のポジション、製品ポートフォリオ、マーケティングと販売、人材マネジメント、プログラムの質と効果、教育者、研究、国際化、責任） 7. プログラムの種類と期間（学習環境、財務、リスクマネジメント、情報や資料管理、マーケティング、パブリックリレーションズ、総務、責任、持続性、実践） 8. 国際化 9. 倫理、責任、持続性 10. 実践

出所）AACSB (2017). *Eligibility procedures and accreditation standards for business accreditation*. Florida, US: AACSB International-The Association to Advance Collegiate Schools of Business.
AMBA (2016). *MBA accreditation criteria*. London, UK: Association of MBAs.
AMBA (2020). *About us*. https://www.associationofmbas.com/about-us/（最終閲覧日：2020 年 10 月 21 日）
EFMD (2020). *About us*. https://efmdglobal.org/wp-content/uploads/EFMD_Global-About_brochure.pdf（最終閲覧日：2020 年 10 月 21 日）
EQUIS (2019). *Equis standards & criteria*. Brussels, Belgium: EFMD. をもとに著者作成

革することをビジョンとする。AACSB（2017, p.1）は、ビジネスと大学は世界の経済と社会に貢献すると考え、大学、学習者、ビジネス、社会を取り巻くステークホルダーの向上のために重要な役割を果たしていると提唱する。AACSBのミッションは、AACSBの認定基準にあるように、ビジネス教育がビジネスの実践で活用できることである。そして、ビジネス、教育者、教育機関、および学習者とのエンゲージメントを促進し、イノベーションを加速しながら、その効果を高めることである。AACSBは、ビジョンとミッションを達成するために大学の品質、インクルージョンと多様性、グローバルな思考、倫理、社会的責任、コミュニティの価値を強化する。

　AMBA（2016, p.1）は、入学希望者、卒業者、雇用者や社会に対して、グローバルに展開する大学やプログラムの価値の保証と向上を目的とする。卒業者は、幅広いマネジメントの知識とスキルを修得するために専門的な実践と理論を持ち合わせていることが求められている。それらには、以下の能力が必須である。チームの環境を効果的に整え、組織の目標の達成において自分自身と他者を導けること、批判的に考え、複雑な情報に基づいて決定を下すことである。また、組織と社会の利益のためにリソースを最大限に活用すること、組織とその利害関係者を熟知すること、ビジネス環境の変化に対して知識を統合し、戦略的マネジメントスキルを適用することである。グローバリゼーションの性質を理解し、異文化の環境で効果的に業務を遂行すること、地球環境におけるビジネス倫理の複雑さを理解し、誠実に行動すること、複雑なデータを分析し、経営上の意思決定における財務的な推測ができること、自分自身のキャリアと生涯学習の深い関与を促進することである。

　EFMD（2020, p.3）[12]は、マネジメント教育への国際的なアプローチを形成するうえで中心的な役割を果たし、マネジメントの開発におけるイノベーションと実践に関する情報、研究、ネットワーキング、および討論のための組織である。EFMD（2020, p.4）[13]のミッションは、グローバルに展開するマネジメント教育とその開発において卓越性を強化するための触媒として活動することである。具体的には、大学と企業の間のリンクを構築し、マネジメント教育とその開発の実践や傾向に関する知識を活用し拡散

することである。また、ベンチマークツール、効果に対する評価システムや認定を提供し、セミナーを通じて世界中の国際プロジェクト、ネットワークを構築し、ロビー活動などを通じて国際的な政府組織と非政府組織を支援することである。EFMD が管轄する EQUIS（2019, p.5）は、世界中の文化と教育システムの多様性、地域内の特殊性を考慮したうえで評価を実施する国際的な認定システムとして設計されている。

　AACSB（2017, p.15-42）、AMBA（2016, p.2-11）、EFMD の EQUIS（2019, p.8-57）による評価指標を示す。AACSB（2017）の評価指標は、1. マネジメントとイノベーション（ミッション、インパクト、イノベーション、知的貢献、財務戦略、人材配分）、2. 学習者、教職員（キャリア、支援）、3. 学習法、教授法（カリキュラムマネジメント、内容、教育の保証、学習者と教育者の交流、プログラムのレベル、構成、同質、教育の効果）、4. 教育者の活動（学術の専門性、エグゼクティブ教育、教育者の質と従事）である。

　AMBA（2016, p.2-11）の評価指標は、1. 市場の明確性と透明性を確保するために品質の認定を得たポートフォリオ、2. 教育機関の品位、持続性、差別化、3. 教育、研究、コンサルティングの各分野において十分かつバランスのとれた専門性と学習経験の提供ができる教育者の質と人数、4. 市場の傾向と実践を考慮したプログラムのデザインとリーダーシップ、5. 適性、持続性、多様性を確保した入学者を採用し、卒業後にリーダーとなるための学習仲間との経験、6. 授業や評価に基づいた能力、態度と学習効果、7. カリキュラムの幅と深さ、8. 評価の厳格さと関連性、9. マネジメントの知識、能力、価値観を促進するための自主的な研究、リフレクション、教育者と学習者の十分な相互作用、10. 学習者のキャリアの発展をもたらす学習効果や生涯学習である。

　EFMD の EQUIS（2019, p.8-57）の評価指標は、1. コンテクスト、ガバナンス、戦略（ミッション、ビジョン、バリュー、戦略、方向性、教育の質の保証、国際化、倫理、責任、持続性、実践 etc.）、2. プログラム（デザイン、内容、学習者評価、プログラム評価、国際化、倫理、責任、持続性、実践 etc.）、3. 学習者（授業準備、個人・専門性の成長、キャリア、卒業生との関係構築、国際化、倫理、責任、持続性、実践 etc.）、4. 教育者（サイ

ズ、質、構成、マネジメント、進展、国際化、倫理、責任、持続性、実践)、5. 研究と進展 (研究、イノベーション、R&D の国際化、倫理、責任、持続性、R&D と実践 etc.)、6. エグゼクティブ教育 (研究機関のポジション、製品ポートフォリオ、マーケティングと販売、人材マネジメント、プログラムの質と効果、教育者、研究、国際化、倫理、責任、持続性、etc.)、7. プログラムの種類と期間 (学習環境、財務・リスクマネジメント、情報や資料管理、マーケティング、パブリックリレーションズ、総務、倫理、責任、持続性、実践)、8. 国際化、9. 倫理、責任、持続性、10. 実践である。

　AACSB、AMBA、EFMD に共通することは、グローバルに展開する大学において、大学に関わるステークホルダーの関与を促進し、教育の評価や助言を実施することで、教育の質の保証と向上を推進することである。AACSB は、加盟団体数が 100 以上の国や地域において 1,700 以上の教育機関である。AMBA は、認証団体数の上限を 300 に限定しており、その上限数を目指している。EFMD は、加盟団体数が 88 以上の国や地域に 900 以上の教育機関である。このように、教育機関の国際認証機関への加盟は標準化しつつある。認証の取得に関しては、AACSB は、50 以上の国や地域において 840 以上の教育機関にのぼる。AMBA は、75 以上の国や地域において 260 以上の教育機関である。EFMD は、42 以上の国や地域において 170 以上の教育機関である。世界各国の教育機関が国際認証機関から認証を取得していることを示している。

　評価指標として、教育機関としてのミッション、ビジョンなどを含めた戦略、国際性、実践的な授業とプログラムやそれらの評価、多様性のある学習者や教育者の質や交流、研究、倫理、責任、持続性等が重要であると考えられる。

第3節　アントレプレナーシップコース(専攻)・プログラム

　日本の大学の課題は、体系的なアントレプレナーシップ教育プログラムが実施されていることが少なく、アントレプレナーシップ教育の内容やその効果測定に基づいたフレームワークが構築されていないことである。アントレプレナーシップ教育の内容が不明確であるという課題に対して、著

者は、欧米日の大学においてアントレプレナーシップ教育がどのように展開されているかを調査した（稲田 2018b）。文献調査は、2017 年 Financial Times Global MBA Ranking に記載されている欧米の上位大学 10 校と文部科学省の 2017 年専門職大学院一覧に記載されている日本の大学 23 校のリストを用いた。調査対象の欧米と日本の大学のホームページまたは学校案内からの情報や書籍をもとに、アントレプレナーシップ教育プログラムの有無とプログラム内容（科目内容・実践活動）を調査した。調査期間は 2018 年 1 月から 5 月である。記録は、文書と電子ファイルである。調査項目は次の 3 つである。1 つ目は、アントレプレナーシップ専攻・コースの有無である。2 つ目は、アントレプレナーシップ教育プログラムを構成する代表的な 9 つの科目（ファイナンス・資金管理、マーケティング、アイデア形成・機会獲得、ビジネスプラン、成長戦略、組織構成・チームビルディング、ベンチャー創成、中小企業マネジメント、リスク管理）の有無と必須・選択の区分である。3 つ目は、実践活動、それに準ずるアントレプレナーシップ支援の有無である。事例研究に関しては、著者が、訪問をした Harvard、MIT Sloan、Chicago Booth、IE、Babson、Kellogg Business School で取得したパンフレットや各大学の HP、日経キャリアマガジン（2016）を使用して、情報を収集した。

　図表 21 は、2017 年 Financial Times Global MBA Ranking の上位 10 校の区分、大学名、研究科、場所、コース・プログラムの言語、アントレプレナーシップコース・プログラムの有無を示している。INSEAD、Stanford、Pennsylvania、Harvard、Cambridge、London、Columbia、IE、Chicago Booth、IESE Business School がランキングの上位である。そのなかで、米国、英国、西国が上位を占めている。授業はすべて英語で実施され、アントレプレナーシップコース・プログラムが存在する。

　図表 22 は、2017 年文部科学省専門職大学院を示している[14]。23 校の区分、大学名、研究科名、専攻名、場所、言語、アントレプレナーシップのコース・プログラムの有無を示している。2017 年文部科学省専門職大学院に記載されている 23 校の内、アントレプレナーシップ専攻・コースがあるのは 7 校（小樽商科大学大学院商学研究科アントレプレナーシップ専攻、九州大学大学院経済学府産業マネジメント専攻、早稲田大学大学院経営管理

図表 21　2017 年 Financial Times Global MBA Ranking 上位の欧米 10 校

〇は「有」を示す

No	区分	大学名	研究科	場所	言語	コース・プログラム
1	私立	INSEAD	MBA	米国	英語	〇
2	私立	Stanford Graduate School of Business	MBA	米国	英語	〇
3	私立	University of Pennsylvania: Wharton	MBA	米国	英語	〇
4	私立	Harvard Business School	MBA	米国	英語	〇
5	私立	University of Cambridge: Judge	MBA	英国	英語	〇
6	私立	London Business School	MBA	英国	英語	〇
7	私立	Columbia Business School	MBA	米国	英語	〇
8	私立	IE Business School	International MBA	西国	英語	〇
9	私立	University of Chicago: Booth	MBA	米国	英語	〇
10	私立	IESE Business School	MBA	西国	英語	〇

出所）Financial Times (2018). 2017 年 Financial times global MBA lanking をもとに著者作成

研究科経営管理専攻、SBI 大学院大学経営管理研究科アントレプレナー専攻、事業創造大学院大学事業創造研究科事業創造専攻、関西学院大学大学院経営戦略研究科経営戦略専攻、ビジネス・ブレークスルー大学大学院経営学研究科経営管理専攻）である。アントレプレナーシップコース・科目があり、かつ英語で開催されているのは早稲田大学と関西学院大学のみである。

図表 23 はアントレプレナーシップ教育プログラムを構成する科目を示している。Financial Times（2018）の 2017 年 Financial Times Global MBA Ranking に記載されている欧米の大学の上位 10 校においては、アントレプレナーシップ専攻・コースが全 10 校にある。文部科学省（2017b）の 2017 年専門職大学院一覧に記載されている日本の大学では 7 校である。

アントレプレナーシップ教育プログラムを構成する代表的な 9 つの科目（ファイナンス・資金管理、マーケティング、アイデア形成・機会獲得、ビジネスプラン、成長戦略、組織構成・チームビルディング、ベンチャー創成、中小企業マネジメント、リスク管理）の有無と必須・選択を調査した。

図表22　2017年文部科学省専門職大学院

○は「有」を示す

No	区分	大学名	研究科名	専攻名	場所	言語	コース・プログラム
1	国立	小樽商科大学大学院	商学	アントレプレナーシップ	北海道	日本語	○
2	国立	筑波大学大学院	ビジネス科学	国際経営プロフェッショナル	東京都	日本語	×
3	国立	一橋大学大学院	国際企業戦略	経営・金融	東京都	日本語/英語	×
4	国立	京都大学大学院	経営管理教育部	経営管理	京都府	日本語/英語	×
5	国立	神戸大学大学院	経営学	現代経営学	兵庫県	日本語	×
6	国立	香川大学大学院	地域マネジメント	地域マネジメント	香川県	日本語	×
7	国立	九州大学大学院	経済学府	産業マネジメント	福岡県	日本語	○
8	公立	兵庫県立大学大学院	経営	経営専門職	兵庫県	日本語	×
9	公立	県立広島大学大学院	経営管理	ビジネス・リーダーシップ	広島県	日本語	×
10	公立	北九州市立大学大学院	マネジメント	マネジメント	福岡県	日本語	×
11	私立	青山学院大学大学院	国際マネジメント	国際マネジメント	東京都	日本語	×
12	私立	グロービス経営大学院大学	経営	経営	東京都	日本語/英語	×
13	私立	事業構想大学院大学	事業構想	事業構想	東京都	日本語	×
14	私立	中央大学大学院	戦略経営	戦略経営	東京都	日本語	×
15	私立	法政大学大学院	イノベーション・マネジメント	イノベーション・マネジメント	東京都	日本語/英語	×
16	私立	明治大学大学院	グローバル・ビジネス	グローバル・ビジネス	東京都	日本語/英語	×
17	私立	早稲田大学大学院	経営管理	経営管理	東京都	日本語/英語	○
18	私立	SBI大学院大学	経営管理	アントレプレナー	東京都	日本語	○
19	私立	事業創造大学院大学	事業創造	事業創造	新潟県	日本語	×
20	私立	同志社大学大学院	ビジネス	ビジネス	京都府	日本語/英語	×
21	私立	立命館大学大学院	経営管理	経営管理	大阪府	日本語	×
22	私立	関西学院大学大学院	経営戦略	経営戦略	大阪府	日本語/英語	○
23	株立	ビジネス・ブレークスルー大学大学院	経営学	経営管理	東京都	日本語	○

出所）文部科学省（2017b）「専門職大学院一覧（平成29年度5月現在）」をもとに著者作成

第3章 欧米日におけるアントレプレナーシップ教育の比較

図表23 アントレプレナーシップ教育プログラムを構成する科目

◎必須科目 ○選択科目 ×科目なし —不明

コース	ファイナンス・資金管理	マーケティング	アイデア形成・機会獲得	ビジネスプラン	成長戦略	組織構成・チームビルディング	ベンチャー創成	中小企業マネジメント	リスク管理
INSEAD	◎	◎	○	○	◎	◎	○	○	◎
Stanford	◎	◎	○	○	◎	◎	○	×	◎
Wharton	◎	◎	○	○	◎	◎	○	○	◎
Harvard	◎	◎	○	○	◎	◎	○	○	○
Cambridge	◎	◎	○	○	◎	◎	○	—	◎
London	◎	◎	○	○	◎	◎	◎	○	◎
Colombia	◎	◎	◎	○	◎	◎	◎	—	◎
IE	◎	◎	◎	○	◎	◎	◎	○	◎
Chicago Booth	◎	◎	×	○	◎	◎	◎	×	○
IESE	◎	◎	—	○	◎	◎	◎	×	○
小樽商科	◎	◎	○	○	◎	◎	◎	×	○
九州	◎	◎	○	○	◎	◎	◎	○	○
早稲田	◎	◎	×	○	◎	◎	◎	×	◎
SBI	○	◎	○	○	◎	◎	◎	○	○
事業創造	○	○	○	○	◎	◎	◎	○	○
関西学院	◎	○	○	◎	◎	◎	◎	○	○
ビジネス・ブレークスルー									

出所）欧米日の大学のホームページまたは学校案内をもとに著者作成[15]

調査対象の国内外のアントレプレナーシップ専攻・コースが存在する大学の17校で7科目（ファイナンス・資金管理、マーケティング、ビジネスプラン、成長戦略、組織構成・チームビルディング、ベンチャー創成、リスク管理）はプログラムに設定されていた。ファイナンス・資金管理、マーケティング、成長戦略、組織構成・チームビルディング、リスク管理に関しては、必須科目として設定されている大学が大半を占めた。アイデア形成・機会獲得、ビジネスプラン、ベンチャー創成、中小企業マネジメントに関しては、選択科目である大学が多い。2科目（アイデア形成・機会獲得、中小企業マネジメント）に関しては、各大学で科目設定の有無があるが、アントレプレナーシップ教育プログラムを構成する科目に関しては欧米日の大学で大差がない。アントレプレナーシップ教育プログラムを構成する代表的な科目は、多少の差はあると考えられるが、ファイナンス・資金管理、マーケティング、アイデア形成・機会獲得、ビジネスプラン、成長戦略、組織構成・チームビルディング、ベンチャー創成、中小企業マネジメント、リスク管理の9つの科目であると考える。

第4節　アントレプレナーシップ科目、実践活動、支援センター

調査対象である欧米日のアントレプレナーシップ専攻・コースが存在する大学17校のアントレプレナーシップ科目、実践活動の科目、その活動に準ずるアントレプレナーシップ支援センターの有無を調査した（図表24）。アントレプレナーシップ科目はアントレプレナーシップに関連のある科目である。実践活動の科目は、フィールドスタディなど学外で活動する。支援センターは、起業を支援する機関である。

調査結果から、2017年 Financial Times Global MBA Ranking の上位10校のうち、全10校が実践活動を実施しており、アントレプレナーシップ支援センターがあることが明らかになった。一方、日本の大学に関しては、実践活動は3校（九州大学、早稲田大学、事業創造大学院大学）である。アントレプレナーシップ支援センターは2校（九州大学、早稲田大学）である。アントレプレナーシップ科目がある日本の大学においても、実践活動や支援センターが存在するところが極めて少ない。英語で開講されて

いるプログラムがあるのは、23校中7校（一橋大学、京都大学、グロービス経営大学院大学、法政大学、早稲田大学、同志社大学、関西学院大学）であった。文部科学省（2019, p.1）は、専門職大学院は、グローバル化に伴い、社会的・国際的に活躍できる高度専門職業人養成のため、授業の基本は、理論と実務を架橋した実践的な教育として、フィールドワーク、ワークショップ、シミュレーション、ロールプレイングを用いた事例研究や現地調査を中心に双方向、多方向に討論や質疑応答を行うこととしている。しかしながら、日本の大学は、英語で開講されているプログラムが少なく、実践活動や起業支援などに消極的である。

　本研究から、アントレプレナーシップ教育に関して、日本は理論を重視している傾向にあり、実践活動や支援センターを活用した実践が行われていない可能性が高いことが示唆された。学習者は理論の蓄積は可能であるが、大学で、それを具現化し、実践できる場所やメンターやチームを編成するためのネットワークの確立や資金援助が困難な可能性がある。

図表 24 アントレプレナーシップ科目、実践活動、支援センター

No	大学名	アントレプレナーシップ科目	実践活動	支援センター
1	INSEAD	Entrepreneurship in Action, Corporate Entrepreneurship, Elective Fundraising for Entrepreneurs, Entrepreneurial Strategies in Emerging Markets, Family Business Management, Leveraged Buy-outs, Managing Corporate Turnarounds, New Business Ventures, Technology Venturing Practicum, Realising Entrepreneurial Potential, Social Entrepreneurship & Innovation, Business Planning Workshop, Private Equity	Entrepreneurial Field Studies, Building Business (China, India, Silicon Valley, Brazil)	INSEAD Centre for Entrepreneurship
2	Stanford Graduate School of Business	Aligning Start-up with Their Market, Create a New Venture: From Idea to Launch, Entrepreneurship and Venture Capital, Entrepreneurship from the Perspectives of Woman, The Startup Garage: Testing and Launch, Social Entrepreneurship and Social Innovation	d. school, Stanford Venture Studio, Startup Garage, Global Study Trips (UK, Greece, Switzerland), Value Creation Resource Contained Economics (Hong Kong, Singapore, Macau) and Movement in the Global Value Chain (Ghana, Togo)	Center for Entrepreneurial Studies
3	University of Pennsylvania: Wharton	Entrepreneurship, Entrepreneurship through Acquisitions, Change, Innovation and Entrepreneurship, Legal and Transactional Aspects of Entrepreneurship, Venture Capital and the Finance of Innovation, Venture Capital and Entrepreneurial Management, Venture Implementation, Social Entrepreneurship, Building Human Assets in Entrepreneurial Ventures, Strategies and Practices of Family-Controlled Companies, Health Care Entrepreneurship, Creativity, Real Estate Entrepreneurship	Global Modular Courses (Brazil, China, India, Israel, South Africa, the United Kingdom)	Penn Wharton Entrepreneurship, The Sol C. Snider Entrepreneurial Research Center
4	Harvard Business School	The Coming of Managerial Capitalism: The United States, Entrepreneurial Finance, Entrepreneurship and Global Capitalism, Entrepreneurship in Healthcare IT and Services, Financial Management of Smaller Firms, Founders' Journey, Launching Technology Ventures, Law, Management and Entrepreneurship, Marketing Markets, Managing with Data Science, Managing the Future of Work, Personal Selling and Sales Force Management, Public Entrepreneurship, Scaling Technology Ventures, Twenty-First Century Energy, Venture Capital and Private Equity	Fired Course: Entrepreneurial Sales and Marketing, Field Course: Entrepreneurship through Acquisition, Field Course: Customer Discovery in Entrepreneurial Ventures, Field Course: Field X, Field Course: Product Management 101, Field Course: Product Management 102, Field Global Immersion	Arthur Rock Center for Entrepreneurship

第3章　欧米日におけるアントレプレナーシップ教育の比較

No	大学名	アントレプレナーシップ科目	実践活動	支援センター
5	University of Cambridge: Judge	Entrepreneurship, Design Thinking, Entrepreneurship: How to Start an Technology Company, Venture Capital and the Entrepreneurial World, Creative Workshop, Financial Management for Start-ups, Doing Good well: Leading Social Innovation for Local and Global Impact, Leading Effective Projects, Managing Innovation Strategically, New Venture Finance, Boot Camps	Team projects with companies (Cambridge Venture Project, Global Consulting Project, Concentration Board Impact Project)	The Entrepreneurship Center, Accelerate Cambridge
6	London Business School	Developing Entrepreneurial Opportunities, Entrepreneurship in Emerging Markets, Family Business: A Guide for Owners, Managers and Advisors, Financing the Entrepreneurial Business, Growing Social Enterprises, New Technology Ventures, New Venture Development, Pathways to Start Up Success	Entrepreneurship Summer School, Global Business Experience (Boston, New York City, Johannesburg, Hong Kong, Lima, Tel Aviv, Mumbai)	Institute of Innovation and Entrepreneurship
7	Columbia Business School	Entrepreneurship include 14 areas of study in 200 electives: Introduction to Venturing, Entrepreneurship in Incumbent Media Companies, Media Marketing and Entrepreneurship, Investing in Social Ventures, Entrepreneurship Through Acquisition, Entrepreneurial Selling, Real Estate Entrepreneurship, Fundamental Analysis for Investors, Managers and Entrepreneurs, Programming for Entrepreneurs, Healthcare Investment and Entrepreneurship-HCIT and Services, Digital Health Startups, Seeds Stage Investing, Launch your Startup, Lean Launch Pad, Launching Social ventures, Family Enterprise and Wealth, Family Business management, Entrepreneurial Law for start-Ups: Planning for Success, Food Entrepreneurship, Marketing and Entrepreneurship, Venture Capital Seminar	Social Venture Incubator, NYC Immersion Seminar: Entrepreneurship, Chazen Global Study Tours (Argentina, Australia, Bulgaria, Chile, Belgium, Brazil, China, Cuba, Czech Republic, Ecuador, Ethiopia, France, India, Ireland, Italy, Ivory Coast, Japan, Romania, Russia, Scandinavia, Singapore, South Africa, South Korea, Thailand)	The Eugene Lang Entrepreneurship Center
8	IE Business School	Entrepreneurial Mindset, Entrepreneurial Venturing, Start-up Mechanics & Entrepreneurial Readiness, From Zero to Product: Towards an MVP, Mastering the Entrepreneur's Toolkit, Growth Hacking & Generating Market Traction, From Bootstrapping to Series A Funding, Navigating the Start-up Ecosystem	Business Impact Lab, Startup Lab, Tech Lab, Social Impact Lab Venture Lab, Area 31, Challenging Consulting Projects Focused on Social Enterprises or Non-profits in Countries (South Africa, Brazil, Peru) , Field Course (Silicon Valley, Saudi Arabia, Chili etc.)	Entrepreneurship & Innovation Center

No	大学名	アントレプレナーシップ科目	実践活動	支援センター
9	University of Chicago: Booth	Entrepreneurial Finance and Private Equity, New Venture Strategy, Building the New venture, Special Topics in Entrepreneurship, Commercializing innovation	Entrepreneurial Discovery (Experimental lab) Healthcare Analytics Lab, Lab in New Product and Strategy Department, Marketing Lab Courses, New Venture and Small Enterprise Lab, Private Equity/Venture Capital Lab, Social Enterprise Lab, Global Social Impact Practicum (India) , Student-Led Groups (Africa) , Industry Treks (Hong Kong, London, India, Dubai, Shanghai, Latin America)	Rustandy Center, Polsky Center for Entrepreneurship
10	IESE Business School	Fundamentals of Entrepreneurial Management, Business Model Challenge, Corporate Entrepreneurship, Creativity and Laboratory of Ideas, Creativity for Managers, Entrepreneurship: New Ventures, Entrepreneurial Finance, Search Funds-Managing Creativity, Sports Business Management, Venture Capital: Terms and Deals	Working for Start-Up, Summer Entrepreneurship Experience, Overseas Modules (San Paulo, New York, Shanghai, Nairobi)	Entrepreneurship and Innovation Center
11	小樽商科大学大学院	ベンチャー経営I(企業家精神)、ベンチャー経営II(テクノロジービジネス創造)、ベンチャー経営III(アントレプレナーの起業戦略)、ビジネスプランニングI・II、ビジネスワークショップ	—	—
12	九州大学大学院	ベンチャー企業、起業機会探索、コーポレート・アントレプレナーシップ特論、アントレプレナーシップ入門、アントレプレナーシップ・組織論基礎、アントレプレナーシップ・応用、アントレプレナーシップ・戦略論基礎、マーケティング基礎、アントレプレナーシップ・会計、ファイナンス基礎、ニュービジネス・クリエイション、ソーシャル・アントレプレナーシップ、新興国アントレプレナーシップ、地域政策プロジェクトデザイン、戦略的デザイン思考、ビジネスにおける競争優位性、ラボI・II、デザイン思考演習、デジタルIT作入門、グローバルPBLプログラム、アントレプレナーシップ・セミナー、テクノロジー・マーケティング・ゲーム、産学連携PBLプログラム、ベンチャー・ファイナンス（特論）、イノベーション・マネジメント（特論、技術系アントレプレナーシップ（特論、企業価値評価（特論）、Global Seminar（英語））[1]	Entrepreneurship Boot Camp（アメリカ）、アジアビジネス教育国際コンソーシアム（中国）	ロバート・ファン アントレプレナーシップ・センター

第3章 欧米日におけるアントレプレナーシップ教育の比較

No	大学名	アントレプレナーシップ科目	実践活動	支援センター
13	早稲田大学大学院	アントレプレナールシップ（英語・日本語）、新規事業開発とビジネスモデルとマーケティング、ビジネスのためのクリエイティブ・プロセスと倫理、事例で学ぶベンチャー・新規事業の創造、経営システムと新規事業創造、企業×ビジネスモデル、スタートアップ、ファクトリー・ビジネスと国際化（英語・日本語）、ファミリービジネスの経営 A（英語・日本語）・B（日本語）、グローバル・ベンチャー企業の創出と経営、ベンチャーファイナンス、上場制度とリスク管理経営、科学技術とアントレプレナーシップ、イノベーションとアントレプレナーシップ演習 D（英語・日本語）、Science, Technology and Entrepreneurship Education D（英語）、起業家養成講座 I・II、Advanced Course on Entrepreneurship（英語）、イノベーション概論 α・β、イノベーションテクノロジー基礎 α・β、イノベーション創出思考法 1・2、イノベーションプラクティス、ビジネスモデル仮説検証 01・02、イノベーション人材になるためのコーチング研修（ベーシック）	Overseas Course and Study Tours（2017年サンフランシスコ、シンガポール）	インキュベーション推進室
14	SBI大学院大学	ビジネスモデル思考、事業戦略構築論、経営者に学ぶベンチャー企業経営、事業計画演習	—	—
15	事業創造大学院大学	ビジネスプラン作成法、アントレプレナーシップ論、中小企業成長論、コーポレートベンチャー論、ビジネスモデルイノベーション	地域フィールドスタディ（事業創造研究）	—
16	関西学院大学大学院	アントレプレナーシップ、ベンチャービジネス、ベンチャービジネス事例研究、企業論、中小企業経営、中小企業経営革新、ベンチャーファイナンス、研究開発型ベンチャー創成、新規事業計画、New Global Venture Creation（英語）	—	—
17	ビジネス・ブレークスルー大学大学院	起業論、起業家精神研究、ビジネスアイデア演習、リーン・スタートアップのビジネスモデル研究、スタートアップ企業の実務、卒業研究（起業プラン）	—	—

出所：欧米と日本の大学のホームページまたは学校案内をもとに著者作成

第 5 節　先端大学の事例

　分析対象校は、2017 年 Financial Times Global MBA Ranking 上位の欧米 10 校と 2017 年文部科学省専門職大学院の日本の大学 23 校である。Financial Times は経済界の情報誌として活用される場面が多い。Financial Times Global MBA Ranking には大学の質を保証する国際認証機関である AACSB もしくは EQUIS から認証を得た大学のみランキングに記載される[17]。文部科学省の専門職大学院はビジネスに特化した大学の一覧である。文部科学省が日本と海外の大学を比較する際、Financial Times のランキングを使用している[18]。よって、著者は、文献調査の専攻・コース、科目内容、実践活動、支援センターの比較に 2017 年 Financial Times Global MBA Ranking で上位の欧米 10 校と 2017 年文部科学省専門職大学院が適切であると考え、文献調査の対象として選定した。

　先述した欧米日のアントレプレナーシップコース・プログラム、科目、実践活動、支援センターの比較で特にアントレプレナーシップ教育に重点を置く Harvard、Stanford、MIT Sloan、Chicago Booth、IE、Kellogg、Babson[19]、早稲田大学[20]、九州大学、関西学院大学の 10 校の概要を示す[21]（図表 25）。その概要には、設立年、場所、プログラムの年数（月単位）、学習者数、男女比、平均年齢、外国人学生の割合、国籍数、100% 英語で行う授業比率、働きながら学ぶ学習者数の割合、卒業者数、卒業者の年収、卒業後の進路内定率が含まれる。なお、日本の大学に関しては、卒業者の年収や卒業後の進路内定率は未調査もしくは未公開であったため、それらの情報については示していない。

　設立年に関しては、Chicago 大学が最も古く 1898 年である。1908 年に設立の Harvard と Kellogg が続き、MIT Sloan は 1914 年、Babson は 1919 年、Stanford は 1925 年、IE は 1973 年である。日本の大学は早稲田大学が 1998 年、九州大学が 2003 年、関西学院大学が 2004 年である。欧米の大学は、IE の西国を除き、すべて米国である。

第3章 欧米日におけるアントレプレナーシップ教育の比較

図表25 10校の大学の概要[22][23][24]

	Harvard	Stanford	MIT Sloan	Chicago Booth	IE	Kellogg	Babson	早稲田	九州	経営戦略	国際経営
設立	1908	1925	1914	1898	1973	1908	1919	1998	2003	2004	2004
場所	米国	米国	米国	米国	西国	米国	米国	日本	日本	日本	日本
年数（月）	24	24	24	21	13	12/24	12-21	12/24	24	24	24
学習者数	934	417	409	591	543	137/479	—	233	102	132	49
男女比 (%)	57/43	56/44	58/42	58/42	70/30	61/39	67/33	79/21	72.5/27.5	80/20	55/45
平均年齢	27	—	—	28	29	28	—	34.9	35.6	41.7	27.3
外国人学生の割合 (%)	35	40	38	30	90	35	80	9	11.8	4	86
国籍数	68	62	49	52	70	—	—	—	—	—	—
100%英語で行う授業比率 (%)	100	100	100	100	100	100	100	27	20	4.2	100
働きながら学習者数の割合 (%)	—	—	—	—	—	—	—	76.4	89.2	約130	—
卒業者数	83,000	28,000	24,000	—	60,000	—	41,000	5,234	—	—	—
国際認証	AASCB	AASCB	AASCB	AASCB	AASCB EQUIS AMBA	AACSB	AACSB EQUIS	AACSB EQUIS	—	—	—

出所）各大学のHP、学校案内のパンフレット、[25]日経キャリアマガジン（2016）をもとに著者作成

プログラムの受講年数は IE の 13 か月、Chicago Booth の 21 か月、Kellogg、早稲田大学の 12 か月もしくは 24 か月、Babson の 12 か月から 21 か月を除き、他のビジネススクールは 24 か月である。

学習者数は、Harvard は 934 名、Chicago Booth は 591 名、IE は 543 名、Stanford は 417 名、MIT Sloan は 409 名、Kellogg は 616 名に対し、早稲田大学は 233 名、九州大学は 102 名、関西学院大学は 181 名である。Babson は公表していない。

男女比（男性％／女性％）は、Harvard は 57％／43％、Stanford は 56％／44％、MIT Sloan は 58％／42％、Chicago Booth は 58％／42％、IE は 70％／30％、Kellogg は 61％／39％、Babson は 67％／33％に対し、早稲田大学は 79％／21％、九州大学 73％／28％、関西学院大学は 80％／20％（経営戦略コース）、55％／45％（国際経営コース）である。

平均年齢は、Harvard は 27 歳、Chicago Booth は 28 歳、IE は 29 歳、Kellogg は 28 歳、早稲田大学は 35 歳、九州大学は 36 歳、関西学院大学（経営戦略コース）は 42 歳、関西学院大学（国際経営コース）は 28 歳である。

外国人学生の割合は、Harvard が 35％、Stanford が 40％、MIT Sloan は 38％、Chicago Booth は 30％、IE は 90％、Kellogg は 35％、Babson は 80％、早稲田大学は 9％、九州大学は 12％、関西学院大学（経営戦略コース）は 4％、関西学院大学（国際経営コース）は 86％である。国籍数は、Harvard が 68、Stanford が 62、MIT Sloan は 49、Chicago Booth は 52、IE は 70 である。

欧米の大学は 100％英語で授業を実施する。日本の大学で 100％英語で実施する割合は、早稲田大学は 27％、九州大学は 20％、関西学院大学は 4％（経営戦略コース）と 100％（国際経営コース）である。

働きながら学ぶ学習者率は欧米の大学は情報の公開をしていないが、早稲田大学 76％、九州大学は 89％、関西学院大学（経営戦略コース）は約 100％である。なお、関西学院大学の国際経営コースの情報は公開されていない。

卒業者数は、Harvard は 83,000 名、Stanford は 28,000 名、MIT Sloan は 24,000 名、IE は 60,000 名、Babson は 41,000 名、早稲田大学[26]は、5,234 名である。そのほかの大学は公開されていない。国際認証に関しては、8 校

（Harvard、Stanford、MIT Sloan、Chicago Booth、IE、Kellogg、Babson、早稲田大学）がAACSBを取得している。IEとBabsonと早稲田大学は、EQUISを取得している。IEはさらにAMBAを取得している。しかしながら、九州大学、関西学院大学は国際認証を取得していない。

　図表26は、欧米の大学の7校の卒業者の年収、卒業後の進路、起業率、内定率を示している。欧米の大学の7校では卒業者の年収、卒業後の進路、起業率、内定率を公開していることが多いが、日本の大学に関しては、公開していない。

　卒業者の年収は、Harvardは$140,000（中央値）、Stanfordは$145,559（平均値）、$142,000（中央値）、MIT Sloanは$111,578（平均値）、Chicago Boothは$130,000（中央値）、Kelloggは$125,561（中央値）、Babsonは$96,485（中央値）である。

　卒業後の進路は、Harvardは、金融29%、コンサルティング23%、テクノロジー16%、ヘルスケア7%、メーカー5%、NGO4%、消費材4%、サービス4%、小売・貿易3%、エンターテイメント・メディア3%である。Stanfordは、テクノロジー43%、金融28%、コンサルティング14%、ヘルスケア5%、NGO3%、消費材2%、エネルギー1%、不動産2%、小売1%、交通・ロジスティック1%、メディア・エンターテイメント1%である。MIT Sloanは、ソフトウェア・インターネット40%、コンサルティング28%、メーカー12%、ファイナンス8%、小売8%、その他4%である。Chicago Boothは金融35%、コンサルティング32%、マーケティング7%、テクノロジー7%、物流1%である。Kelloggはコンサルティング30%、テクノロジー28%、金融14%、消費材7%、メーカー4%、小売3%、不動産3%、エネルギー、Non-profit、運送、その他各1%である。Babsonはテクノロジー20%、金融26%、消費材・小売14%、メーカー11%、不動産10%である。

図表26 欧米の大学（7校）の卒業者の年収、卒業後の進路、起業率、内定率

大学名	Harvard	Stanford	MIT Sloan	Chicago Booth	IE	Kellogg	Babson
卒業者の年収	$140,000	$145,559 / $142,000	$111,578	$130,000	—	$125,561	$96,485
卒業後の進路	金融29%、コンサルティング23%、テクノロジー16%、ヘルスケア7%、メーカー5%、NGO4%、消費材4%、サービス4%、小売・貿易3%、エンターテイメント、メディア3%	テクノロジー43%、金融28%、コンサルティング14%、ヘルスケア5%、消費材2%、NGO3%、エネルギー2%、不動産2%、小売1%、交通1%、ロジスティクス1%、メディア・エンターテイメント1%	ソフトウェア・インターネット40%、コンサルティング28%、メーカー12%、ファイナンス8%、小売8%、その他4%	金融35%、コンサルティング32%、マーケティング7%、テクノロジー7%、物流1%	—	コンサルティング30%、テクノロジー28%、金融14%、消費材7%、メーカー4%、小売3%、不動産3%、エネルギー、Non-profit、運送、その他各1%	テクノロジー20%、金融26%、消費材14%、メーカー11%、不動産10%
起業率	8%	16%	—	3%	15%	—	—
内定率	95%	81%、95%	100%	98%	83%	84%、95%	83%

出所）各大学のHPや学校案内のパンフレットや日経キャリアマガジン（2016）をもとに著者作成

100

第 3 章　欧米日におけるアントレプレナーシップ教育の比較

　Harvard の卒業までの内定率は 95％である。スタートアップに所属したのは 9％（平均収入 $130,000、テクノロジー 50％、メーカー 13％、金融 12％）である。2017 年の卒業生の起業率は、Harvard は 8％である。Stanford の卒業までの内定率は 81％であり、卒業後 3 か月以内の内定率は 95％である。企業派遣は 7％であり、起業率は 16％である。Chicago Booth の卒業時の内定率は 98％、企業派遣が 10％であり、起業率は 3％である。IE の卒業後 3 か月以内の内定率は 83％であり、企業派遣は 9％であり、起業率は 15％である。Kellogg の卒業後 3 か月以内の内定率は 84％もしくは 95％であり、企業派遣は 14％である。Babson の卒業後 3 か月以内の内定率は 83％である。

　図表27は、欧米日の大学の違いを示している。Harvard、Stanford、MIT Sloan、Chicago Booth、Kellogg、Babson は、米国に位置する。IE は欧州の西国、早稲田大学、九州大学、関西学院大学は、日本に位置する。欧米の大学は、1898 年から 1973 年に設立されている。日本の大学は、1998 年から 2004 年に設立されている。欧米の大学は日本の大学と比較して、大学の設立が古い。第 2 章第 1 節のアントレプレナーシップ教育の歴史で示したように、米国がアントレプレナーシップ教育を牽引し、欧州、アジアへと続いていることがうかがえる。

　プログラムの年数は、欧米の大学は 1 年から 2 年であり、日本の大学は主に 2 年であるが、早稲田大学に 1 年のプログラムがある。プログラムの年数に関しては、欧米日の大学は、1 年から 2 年であり大きな違いはなかった。

　学習者数は、欧米の大学は 479 名から 934 名、日本の大学は、102 名から 233 名と規模が小さい。Harvard は、学習者数が 934 名であり最も多く、MIT Sloan、Chicago Booth、IE、Kellogg は、400 名から 600 名規模である。欧米の大学の学習者数は、日本の大学の 4 倍から 9 倍近くになる。欧米の大学は学習者数の規模が大きい。

　学習者の男女比に関しては、男性が 55％以上占める大学が 10 校すべてである。男性が 70％から 80％を占める大学も多い。Harvard、Stanford、MIT Sloan、Chicago Booth、Kellogg、関西学院大学（国際経営）にいたっては、学習者の約 60％が男性、約 40％が女性とバランスを保持しようとしているが、IE、早稲田大学、九州大学、関西学院大学（経営戦略）は、

学習者の70％以上を男性が占めている状況である。

　平均年齢に関して、欧米の大学は、27歳から29歳である。一方、日本の大学は、35歳から41歳である。欧米の大学の方が日本の大学と比較して、平均年齢が低い。欧米の大学では、学士を取得後、3年から6年くらい職務経験を積み、MBAを取得するというキャリアプランが想定される。欧米の大学では、35歳前後の学習者は、管理職等を対象としたExecutive MBAに相当すると考えられる。日本の大学の学習者の年齢層の平均は35歳から41歳であるため、管理職や定年が近いもしくは定年後にMBAを取得するというケースもあることが考えられる。学習者の年齢層に応じたプログラムが必要になる。

　外国人学習者の比率に関しては、欧米の大学は、35％から90％であり、日本の大学は、4％から12％である。Harvard、Stanford、MIT Sloan、Chicago Booth、Kelloggは、30％から40％であり、IEが90％、Babsonが80％となり、欧米の大学の中でも外国人学習者の比率は幅がある。IE、Babsonがより積極的に学習者の国際性の向上に重点を置いていることが考えられる。日本の大学に関しては、関西学院大学（国際経営）が86％であるが、早稲田大学の9％、九州大学の11.8％と非常に低い結果となっている。

　英語で実施する授業の比率に関して、欧米の大学は100％であるが、日本の大学は4％から27％にとどまる。日本の大学は、英語で実施する授業の比率が30％以下である。クラスの構成は、日本語話者のみの学習者になりがちな傾向であることがうかがえる。たとえ、英語で開講されている授業があったとしても留学生のみのクラスになる場合や、日本語で開講されている授業において学習者が英語を話せない場合、留学生との協働学習が困難になり、別々のクラス編成をするということになる。

　国籍数は、欧米の大学が49から70である。日本の大学は公開されていなかった。欧米の大学は、多様性を持ち合わせたクラスの編成や世界から優秀な人材の確保に注力している傾向がある。実際に、IEは、国籍数が70にものぼるため、より多様性を重視した学習者のリクルートを実施している。IEは、世界各国にオフィスがあり、日本にも専任のリクルーターがいる。

世界の多様な学習者と協働学習を行うには語学能力、特に英語の能力が求められる。第2章で欧州の大学はアントレプレナーシップ教育を開始した際、欧州のそれぞれの現地の言語と英語の両方で授業を実施したことを示した。日本において英語で教育が可能な人材の育成を図るとともに、他国の大学とのネットワークを構築し、他国からの教育者の支援を得て、英語で開講される授業の比率を上昇できると考えられる。また、学習者の英語力の強化や支援をすることで、言語の課題を克服することができると考えられる。

働きながら学ぶ学習者数の比率は、日本の大学は76％から100％であり、大半の学習者は働きながら大学に通っていることがわかる。日本の大学は、仕事と両立できるプログラム編成になっているということが求められている。欧米の大学に関しては、働きながら学ぶ学習者の割合は公表されていなかった。しかしながら、金（2004, p.17）が、海外の大学のデメリットとして、留学期間のキャリアが中断することをあげているように、働きながら学ぶ学習者は少数派であることが考えられる。

卒業者数は、欧米の大学の場合、24,000名から83,000名になるが、日本の大学（早稲田大学）の場合、5,324名である。日本の大学では卒業者数を公表していない場合が多いことが考えられる。卒業者数は、学習者が大学に入学後ネットワーキング等で築くことのできる可能な人数を示しており、重要な指標になると考えられる。

国際認証に関して、欧米の大学は、調査対象の全7校がAACSB認証を取得しているが、日本の大学においては、早稲田大学のみである。Babsonや早稲田大学に関しては、EQUISも取得している。IEに関しては、EQUISやAMBAからの認証を取得しており、積極的に国際認証機関からフィードバックを得て、MBAの教育の質の向上を図ろうという姿勢がうかがえる。

図表27の欧米の大学の7校の卒業者の年収、卒業後の進路、起業率、内定率にあるように、米国の大学の卒業者の年収は$96,485から$145,559であり、卒業後の進路は金融、コンサル、テクノロジー業界がトップを占める。金（2004, p.17）が、海外の大学で学習するデメリットとして、授業料や生活費などの費用が高いこと、留学期間のキャリアが中断することなど多くの面でリスクが伴うことをあげている。また、日経キャリアマガ

図表 27　欧米日の大学の違い[28]

― 不明

	欧米の大学	日本の大学
設立	1898-1973	1998-2004
年数	1-2 年	1-2 年
学習者数	479-934	102-233
男女比率(男性／女性)	57-70%／30-44%	55-80%／20-45%
平均年齢	27-29	35-41
外国人比率	35-90%	4-12%
国籍数	49-70	―
英語で実施する授業比率	100%	4-27%
働きながら学ぶ学習者比率	―	76-100%
卒業者数	24,000-83,000	5,324 (早稲田大学)
国際認証	AACSB あり	AACSB あり (早稲田大学)
卒業者の年収	$96,485-$145,559	―
卒業後の進路	金融、コンサル、テクノロジーなど	―
起業率	3-16%	―
内定率	81-100%	―

出所) 図表 25、26 をもとに著者作成

　ジン (2016, p.45) は、MBA 取得に要した費用に関して、国内 MBA では 200 万円前後に対し、海外 MBA は 500 万円以上、生活費を含むと 1000 万円以上であったことを示している。大学が卒業者の給与を示すことで、学習者は MBA という投資に対して、その費用対効果を試算することが可能となっている。

　欧米の大学の起業率は、3％から 16％、内定率は 81％から 100％であり、私費の学習者は 80％以上が卒業後 3 か月以内には就職先が決定している。日本の大学では、それらの情報を開示していない。起業率は、Stanford が 16％、IE が 15％であり、Harvard の 8％、Chicago Booth の 3％となる。Stanford や IE はアントレプレナーシップ教育に特に重点を置いており、強化科目となるため、その取り組みが起業率に反映している可能性がある。また、このデータは卒業してから数年後の起業率を反映していない可能性があるため、企業に就職してから起業を選択したケースは含んではいない。その点から、長期的な学習者の起業率を追跡する調査が必要ということに

なる。

　欧米の大学の内定率は、81％から100％と高い傾向にある。金（2004 p.61-65）は、米国の大学は、長い歴史の中で、企業の要請やニーズに対応した実践的なプログラム改革や調査・研究を繰り返しながら、米国企業や社会との関係を継続的に強化・調整している。そのため、金（2004, p.61-65）は、米国企業のMBAに対する評価は高く積極的にMBA取得者を採用すると指摘するように、学習者の就職に関しても産学官連携が好循環をもたらしていることがあげられる。また、大学と企業とが連携したフィールドワーク、インターンシップなどの取り組み、卒業生とのネットワークなどの努力もあることが想定される。

　次に、欧米日のアントレプレナーシップ教育に重点を置く10校の特徴を示す。

第1項　Harvard Business School

　Harvard Business Schoolは、1908年米国マサチューセッツ州ボストンに設立された。Harvard Business Schoolのミッションは「世界に変化をもたらすリーダーを育成」である。Harvard Business Schoolは、ジェネラルマネジメント教育で有名であり、実際の企業の事例をもとに教育者と学習者が議論する「ケースメソッド」を開発した。現在は、ケースメソッドとフィールドワークが用いられている（佐藤 2013, p.4, 22）。Harvard Business Schoolは、「研究」「教育」「実業家への啓蒙」において、世界の大学を牽引している（入江 2015, p.329）。2018年8月に著者は、Harvard Business Schoolを訪問し、MBA説明会に参加した。その説明会では、アントレプレナーシップに注力するという方針が紹介されていた。

　Harvard Business Schoolのアントレプレナーシップ教育に関する進展の過程を示す。Harvard Business Schoolは、1950年当時米国の大企業と企業戦士の象徴であり、就職支援室も大企業を推奨していた。Harvard Business Schoolは1947年に初めて起業に関する授業である「新規事業のマネジメント」を設置した。この授業は、起業した時に直面しうる問題点に焦点を当てたものである。Harvard Business Schoolの就職支援に関し

て大企業を推奨する傾向にあったため、1960年から1970年代に学習者のグループが資金を集めてベンチャー企業に採用面接を依頼する広告をWall Street Journalに出した。学界における起業関連の科目の地位は非常に低かった。しかしながら、起業関連の授業は履修者が多く、定員オーバーの状況であった。1980年代まで起業関連の科目自体が少なかった（マーフィー 2011, p.41-45）。

大きな転換期となったのが、民間企業出身の学長が本格的なプログラム変更をし、起業科目に注力してきたことである。1990年代から学習者によるビジネスプランコンテストが開催され、優秀なビジネスプランには、数百万ドルの投資が集まるような仕組みが構築された。また、Harvard Business Schoolは、2500万ドルを投資しアーサー・ロック起業センターを設立した（マーフィー 2011, p.41-45）。2010年にフィールドワークがプログラムに追加され、新興市場を対象とした少人数チームの活動的なワークショップが開催されるようになった。実用的な新規ビジネスが生まれ、起業が促進された（McDonald 2017, p.565）。2016年にHarvard Business Schoolは、25科目のアントレプレナーシップの授業を用意し、アントレプレナーの育成に力を入れている（マーフィー 2011, p.42, 43）。

Harvard Business Schoolの起業に関する基本的なスタンスは、アントレプレナーシップは教えることができ、学ぶことができることである（マーフィー 2011, p.41）。重要なのは、個人のスキルというよりは、どのようにして起業するかというプロセスや信念、目標に向けて全力投球するコミットメントである（マーフィー 2011, p.41）。アントレプレナーシップ教育によって、学習者はリスクをコントロールし、失敗の確率を大幅に下げることができる（岩瀬 2006, p.106）。

Harvard Business Schoolの授業で、学習者に将来の進路について尋ねると将来、起業を志す学習者は8割以上いる。大手コンサルティングへの就職は普通であると捉えられ、アントレプレナーシップの道に進む人に応援、賞賛の声が大きい。しかしながら、卒業後すぐにアントレプレナーシップの道に進む人は少ない。卒業後は大企業に就職し、トレーニングを受け、学生ローンなどの借金を返済したうえで、本当に自分がしたかったことを追求する人が多い傾向にある。卒業生の3分の1は自身で会社を経

営するという調査結果もある（岩瀬 2006, p.112,113）。

　Harvard Business School の 2013 年の卒業生、笹本康太朗氏によると、Harvard Business School では、学習者に、「失敗したとしてそこで終わりではない。そこから学んで人に伝えることには価値がある」と教える。「The Entrepreneurial Manager（起業家精神とリーダーシップ）」の授業では、起業を目指す学習者が、世の中にインパクトを与える事業機会、価値を創造する事業を考え、学習者自身にあった起業方法を模索することが目的である（佐藤 2013, p.28, 31）。

第 2 項　Stanford Business School

　Stanford Business School は、Stanford Graduate School of Business として 1925 年米国カリフォルニア州に設立された。「人々の生活を変え、組織を変え、世界を変える人材を育成すること」をミッションとする。学習者数は 1 学年約 400 名である。シリコンバレーと結びつきが強く、イノベーションを重視し、リスクをとって挑戦する校風である（佐藤 2013, p.40）。Stanford Business School は必修科目（ファイナンス、会計学、マーケティング、サプライチェーンマネジメント、リーダーシップ、組織行動）は最低限で、自由度の高い選択科目が用意されている。選択科目にはビッド（入札）方式が採用されており、学習者が選択したい授業の優先順位を決定し、得点をつける。その得点の高さにより、受講者が決定される。2 年間で授業を数百単位を取得する必要があるが、その内、十数単位は、他学部で取得しても卒業単位として認められる（清川 2013, p. 59-64）。実際に、Stanford Business School の 78％の学習者が、Stanford 大学の他学部の授業を取る。その 20％の学習者は、法科、教育、医科、公共政策、コンピュータサイエンス、工学、環境・資源のダブルディグリー（JD/MBA、MA Education/MBA、MD/MBA、MPP/MBA、MS Computer Science/MBA、MS Electrical Engineering/MBA、MS Environment & Resources/MBA）を取得する(Stanford Graduate School of Business, 2018)。

　Stanford 大学は Harvard Business School と異なり、より実践的なマネジメント経験や経済、ファイナンス、市場のオペレーションに関する長期

的な研究がされている。アントレプレナーシップ教育の理論、方法論、効果に関して定評がある（Zhang 2011, p.189）。Stanford 大学はグーグル、ヤフー、ネットフリックスの創業者など多数のアントレプレナーを輩出してきた。Stanford 大学では、学習者が、「自分を知る」「人間を知る」ことに焦点が置かれ、学習者のキャリアや人生に役立つ持続的に価値を生み出していくための理論、思考法、フレームワークを教授する。教育者の知識をそのまま学習者に植え付けるのではなく、リーダーとしての生き方、思考法、自分よりも大きなものに対して責任を負う方法を教える（佐藤 2017, p.18-23）。

　入学時に学習者の95％が起業したいと考え、卒業後の進路として金融やコンサルティング会社は尊敬されず、起業することが最大の価値であると考える。自分の人生を賭けて、世の中をどうしたいのか、世の中の問題を自身がイニシアティブをとり解決し「世界を変える」「イノベーションを起こす」、失敗も貴重な経験であり「失敗を恐れるな」という精神を叩き込まれる。自分と他人の違いを肯定するオープンな文化や一生懸命に挑戦する人を温かく見守り、応援する文化も根付いている（清川 2013, p.76, 79, 81, 107-113）。

　授業で学習者は、発言や質問の多さで評価される。パーティーなどでビジネスの話をするネットワークもある。学習者は、1年目と2年目の間の3か月の夏休みにインターンシップができる。Stanford 大学は学習者の海外経験を推奨しており、海外のインターンシップ情報をウェブサイトで公表する。Stanford 大学の卒業生は世界中で起業している。起業して数年しかたっていないベンチャー企業でも在学生のインターンを受け入れると、Stanford 大学のアントレプレナーセンターがその年収など補助金を出す仕組みがある。卒業生は在学中に Stanford 大学のコミュニティで何かしらの恩恵を享受しており、卒業後にそのコミュニティに恩返しをしたいという気持ちがあり、コミュニティと強く結ばれている（清川 2013, p.96-99, 109）。

　Stanford 大学の起業に関しては、大きなサポートはあるが、学習者が実際に在学中もしくは卒業後に起業するのは10％程度で、卒業後25年以内では25％程度である。多くの学習者は、企業のマネジメント職に付き、

高い年収を保証されて一生を過ごす。アントレプレナーはすぐに利益となって結果が出ず、不安定である（清川 2013, p.110）。しかしながら、2011 年に Stanford 大学を卒業した清川氏は、グロースペック教授の「何かした後悔というのは、時が経つにつれて薄れていく。だが、何かをしなかった後悔は、一生消えていくことはない」という言葉を旨に、外資系投資銀行、コンサルティング会社を経て、自分の価値観に従い起業した（清川 2013, p.147-152）。

2011 年 Stanford Business School に留学した石倉大樹氏は、Stanford 大学は起業した際に最も重要なことは、人のマネジメントであると考えているため、カリキュラムにロールプレイ演習が多く、コミュニケーションスキルに重点が置かれていると述べている。学習者は、「Leadership Lab（リーダーシップ演習）」では、急成長している組織の中で経験する修羅場をどのように乗り切るかをチームで学習する。演習はビデオ撮影され、チームで反省会を毎回行う。石倉氏は、Stanford 大学の入学目的として、リーダーシップなどのソフトスキルを身につけること、スタートアップを成功させるためのメンター、卒業生とのネットワークをあげる。石倉氏は、ロールプレイの演習や成功したアントレプレナーからの体験談はリーダーシップスキルの向上に役立ったと自覚する。また、石倉氏は、Stanford 大学の卒業生は全力で見返りなしに、起業を支援してくれていると認識する（佐藤 2013, p.42-50）。Harvard 大学は、すべての授業がケーススタディであるのに対して、Stanford 大学は、基礎理論や実務のノウハウも一定の授業時間に含まれていることが特徴である（清川 2013, p.51, 52）。

Stanford 大学は、世界からアントレプレナーシップ教育の教育者が集結しているため、世界各国のアントレプレナーシップ教育に関しての情報を収集し、教授法の開発や指導を行っている。デザインシンキングをもとに、学部、大学院合同で、多様な価値観、協働学習が実施されており、数多くのグローバルアントレプレナーや起業思考の人材を創出している。

Stanford 大学には、d.school という学位を発行しない独立機関がある。d.school は、各学部から起業に関心のある学習者が集結し、活動するハブ拠点である（清川 2013, p.154, 155）。Stanford d.school (2019) は「We believe everyone has the capacity to be creative. The Stanford.d.school is a place where people use design to develop their own creative potential.（私達は、誰もが創造的である能力を持っていると信じている。Stanford大学の d.school は、人々がデザインを使って独自の創造の可能性を開発する場所である）」を掲げる。d.school は、異質な者同士が集合し、イノベーションを起こすと考えており、学部間の交流を積極的に活用する（清川 2013, p. 156）。

　d.school では、デザインシンキングを中心に授業が展開される。デザインシンキングは、Empathize（共感）、Define（問題定義）、Ideate（アイデア創出）、Prototype（プロトタイプ）、Test（テスト）の５つのプロセス（図表28）で実施される。共感は、人間中心の設計プロセスの中心であり、人間（ユーザー）を観察することや関わることで人間の行動の仕方や行動理由、身体的および感情的なニーズを深く感じ取ることである。問題定義は、観察や交流で収集した広範囲の情報を理解し、実用的な問題のステートメントを作成することである。アイデア創出ではアイデアを生成する。問題の事項と人間（ユーザー）についての理解と想像力を組み合わせ解決策の概念を生み出す。アイデア創出は、ブレインストーミングなどを活用し、グループで相乗効果を発揮し、意識と無意識の心理や合理的な思考と想像力を組み合わせて考える。プロトタイプは、最終的な解決策を導くために人間（ユーザー）が体験できる試作品である。試作品を使用することで、人間（ユーザー）からより多くの感情や反応を引き出すことが

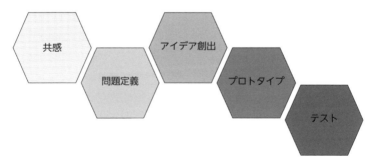

図表 28　Stanford d.school デザインシンキング（2016）

出所）d.school（2010）. *An introduction to design thinking process guide.* https://web.stanford.edu/~mshanks/MichaelShanks/files/509554.pdf をもとに著者訳出

第 3 章　欧米日におけるアントレプレナーシップ教育の比較

できる。テストは、人間（ユーザー）の実生活の中で試作品、つまり提供する商品やサービスを利用し、人間（ユーザー）をより理解し、解決策をさらに改善し、より良いものにするために実施される（Stanford d.school 2010）。

デザインシンキングは、2021 年からは図表 29（Liberatory design, 2021）[29]である。花びらは、6 つある。

- 共感する：あなたが一緒にデザインしている人やコミュニティの経験、感情、動機を理解するための機会をデザインする。愛、尊敬、好奇心のあるところから共感する。
- 定義する：コミュニティと一緒に課題やニーズについての見解を深める。そして、その課題に最も近い人々の深いニーズを明らかにするス

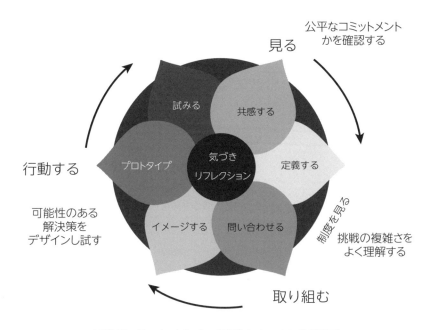

図表 29　Stanford d.school デザインシンキング (2021)

出所）Liberatory design (2021). Liberatory design for equity process.
https://www.nationalequityproject.org/frameworks/liberatory-design をもとに著者訳出

トーリーのパターンとインサイトを一緒に探す。
- 問い合わせる：進むべき道が明確でない場合、問い合わせてみる。課題をより深く理解し、定義する。プロトタイピングの方向性を明確にするために、問い合わせる。
- イメージする：ブレーンストーミングを行う。「What if（もしも〜なら）」を想像する時間を作ることで、創造的な勇気を解き放ちながら引き出す。公平に関する課題に対して革新的なアプローチと解決策を導く。
- プロトタイプ：主要なアイデアをテストするために、現在、取り組んでいる未完成なものを作成する。公平のためのデザインには、創造的な実験が必要である。
- 試みる：仮説と意図を確認するために、プロトタイプについて根拠のあるフィードバックを集める。フィードバックは、設計されているものを改善し、設計が公平の目標に適合していることを確認するために使用されるギフトである。

花の真ん中には、「気づき」と「リフレクション」がある。
- 気づき：自己認識の練習をすることで、気づくことができる。自分がデザインしている制度の背景を探り、その制度における抑圧の歴史を探求し、公平に基づいたアイデンティティを身につける。
- リフレクション：チームの状態、デザインの意図、デザインプロセスの効果に基づいた振り返りは、個人間や対人間、組織間、体系的に、継続的な成長と癒しを支援する。

「定義する」と「問い合わせる」の右側に「制度を見る」がある。
- 制度を見る：制度を見ることで、潜在的な公平の課題、制度の何がそれを生み出しているのか、そして共感活動に携わる中でもっと学ぶべきことは何かを特定することができる。

「制度を見る」の上には、「公平なコミットメントかを確認する」がある。「取り組む」の右上には、「挑戦の複雑さをよく理解する」がある。「行動する」の下には、「可能性のある解決策をデザインし試す」がある。

Liberatory design（2021）は、複雑な状況における公平の課題や変革に

取り組むためのアプローチである。Liberatory design（2021）は、人間を中心としたデザイン思考と複雑系理論、公平性の実践を融合させたものである。永続的で不公平な習慣からデザイナーを解放するために自己認識を深めること、デザインに影響力がある人々と影響を受ける人々との間の関係性に変化をもたせること、デザインに影響を受ける人々のための学習と主体性を育むこと、デザインに関わる学習者に学習の育成や主体性を育むこと、集団的な解放のための条件を作り出す過程や実践である。Liberatory design（2021）は、チームで対応できる柔軟なプロセスと、日々実践できる公平なリーダーシップの習慣である。イノベーションの取り組み、戦略的計画、コミュニティ主導のデザイン、協働チームなどさまざまな方法で、さまざまな参加者によって使用されることが可能である。これらの習慣は、長期にわたるプロセスのマクロレベルと、デザインプロセスの特定の部分のよりミクロなレベルの両方において活動となる。

　公平性リーダーシップの習慣に関しては、National Equity Project で実践されている。Liberatory design（2021）の原動力は、Leading for Equity Framework の See（見る）、Engage（取り組む）、Act（行動する）という一連の習慣である。見ることは、自分の進行している領域を見て理解することである。「取り組む」ということは、自分の現状に意味を見いだすために他者を巻き込む。「行動する」は、公平性に関する課題に取り組むために行動し、その行動から学ぶ。

　Liberatory design（2021）は、プロセスの精神をマインドセットして示し、プロセスを通してガイダンスを提供する。自由なデザインはデザイン思考プロセスに2つのステップ「気づく」ことと「リフレクション」を追加した。これらの2つは、不公平を助長する支配的な文化的習慣を一時停止し、中断させるのに役立つ。「気づき」と「リフレクション」は自由なデザインの核心であり、プロセス内のすべてのステップに不可欠なものである。自由なデザインは流動的で創発的である。デザインプロセスはどの項目からでも始まり、どのような方法でも組み合わせたり、並べたりして、さまざまな方向へ進むことができる。気づきとリフレクションは私たちの注意を再び集中させ、デザインプロセスにおける公平性へのコミットメントを維持するのに役立つ一連の可能な行動である。

Liberatory design（2021）は、公平なデザインのために、デザインの実践を基盤に置き、集中させるための姿勢や価値観を思い起こさせるマインドセットとデザインプロセスの中核となる構造とガイダンスを提供する方法である。そのマインドセットには12項目（信頼関係を構築すること、人間の価値を重視すること、パワーの変換に取り組むこと、自己認識の実践すること、自由なコラボレーションを追求すること、創造的な勇気を行使すること、抑圧を認識すること、恐怖や不快感と共に働くこと、学ぶために行動すること、複雑さを受け入れること、癒しに気を配ること、売り込まずに共有すること）が含まれる。

　Stanford大学は、d.schoolを中心に文系・理系、学部・大学院の垣根を越え、アントレプレナーの育成や起業思考の育成に躍進する。そして、学習者を中心とした授業の効果検証に関する研究を積極的に実施し、学会発表し、プログラムをより良いものに改善している。

　Stanford d.school（2019）には3つの授業がある（図表30）。コアクラスは、デザインの全体を集中訓練する単位認定の授業である。強化クラスは、デザインに使用するツールを学習する単位認定の授業である。実践クラスは、週末の短期活動やワークショップを行う単位認定なしの授業である。

　コアクラスには、「創造性のルール：未来への投資、対立する世界で実践・挑戦すべき会話、正義と貧困のイノベーション、小児患者向けのデザイン、デザイン思考スタジオD、リーダーシップ：革新的なイノベーション、刑務所でロック解除的イノベーション、現実的なデザイン」などの授業が用意されている。

　強化クラスには、「影響力のあるデザイン：パフォーマンス力、熟考デザインの実践、生活＆学習に応じたデザイン、ビジュアルデザインの基礎、抽象から具現化：デザイン能力スタジオ、デザイン思考のコーチング、社会のデザイナー、必要性の発見、デザイン交渉、交渉者のための応用デザイン思考、熟考デザイン実践」がある。

　実践クラスには、「回復機能を持ち合わせたデザイン、自由な発想教育デザイン、変化をもたらすデザイン、記憶とビジョンのマッピング、物語のアイデンティティとデザイン、ローカルメディアの再設計、あいまいさを伴うデザイン、私・私自身・私のデータ、仕事の含有：ストーリーテリ

図表30　Stanford d.school の科目

1. コアクラス

> 創造性のルール：未来への投資、対立する世界で実践・挑戦すべき会話、正義と貧困のイノベーション、小児患者向けのデザイン、デザイン思考スタジオD、リーダーシップ：革新的なイノベーション、刑務所でロック解除的イノベーション、現実的なデザイン

2. 強化クラス

> 影響力のあるデザイン：パフォーマンス力、熟考デザインの実践、生活＆学習に応じたデザイン、ビジュアルデザインの基礎、抽象から具現化：デザイン能力スタジオ、デザイン思考のコーチング、社会のデザイナー、必要性の発見、デザイン交渉、交渉者のための応用デザイン思考、熟考デザイン実践

3. 実践クラス

> 回復機能を持ち合わせたデザイン、自由な発想教育デザイン、変化をもたらすデザイン、記憶とビジョンのマッピング、物語のアイデンティティとデザイン、ローカルメディアの再設計、あいまいさを伴うデザイン、私・私自身・私のデータ、仕事の含有：ストーリーテリングの役割、D.Carbon、社会的影響を考慮したマルチステークホルダーのデザインシンキング、新技術を用いたプロトタイピング、デザイン研究：リサーチプロセスの再構築、創造戦略、スポーツファン経験による大規模テスト、未来への横断

出所）https://dschool.stanford.edu/programs をもとに著者作成

ングの役割、D.Carbon、社会的影響を考慮したマルチステークホルダーのデザインシンキング、新技術を用いたプロトタイピング、デザイン研究：リサーチプロセスの再構築、創造戦略、スポーツファン経験による大規模テスト、未来への横断」がある。教育者に対しては、K12Lab が用意され、初等、中等教育分野における創造の促進から、Design thinking booth camp、大学院生との顧客中心イノベーションのプログラム、学内・学外のためのデザインシンキングワークショップなど幅広くある。

　2014年には、初めて Stanford 大学を訪問し、Tina Seeling 教授のアントレプレナーシップ教育の基礎の授業を聴講する機会があった。また、2018年9月に著者は、米国ボストンで開催された Academy of Management の学会において、Stanford 大学が主催するアントレプレナーシップ教育に関する研究会に参加した。学習者を中心とした授業の効果検証に関する研究を積極的に実施し、プログラムを改善し、躍進していた。このように Stanford 大学では、d.school が学部、大学院、文系、理系の学習者、教育者を結びつけ、協働学習により、学習者一人一人の価値創造を引き出す大

きな役割を果たしている。

　また、d.schoolは、海外にd.schoolの講師を派遣している。日本においては、東京工業大学や関西大学で学生や企業の社員を対象にデザインシンキングのワークショップを開催している。2019年10月に開催されたワークショップに参加した著者は、デザインシンキングの5つのプロセスの説明を受け、ストーリーに共感する大切さやターゲットカスタマーに対する質問の仕方、プロトタイプの作り方を学習した。その後、著者は、実際に教室外に出て、グループでインタビュー調査を実施し、デザインシンキングの5つのプロセスを通して学習したことをプロトタイプと一緒に発表した。d.schoolは、世界中でこのようなワークショップを開催しており、アントレプレナーシップ教育に関して、世界に与える影響力が非常に強い。

第3項　MIT Sloan Business School

　MIT Sloan Business Schoolは、1914年米国マサチューセッツ州ボストンに設立された。ミッションは「確固たる信念を持ち、世界をよりよい方向へと導く革新的なリーダーを育成し、経営を進化させるアイデアを生み出すこと」である。IT系に強いカリキュラムで、工学部とジョイントプログラムもある。2013年卒業者の山本未生氏は、MIT Sloanのモットーである「Think Act Reflect（考えよ、行動せよ、内省せよ）」にあるように、教室外に飛び出し、現場で学ぶカリキュラムをMIT Sloanは推奨していると述べる。たとえば、プエルトリコの企業との持続的な経済開発の授業で、山本氏は、現地に滞在し、現地企業や非営利団体を顧客にコンサルティングを行っている。また別の授業で、山本氏は、自分と正反対の世界にいると思われる人（経済的に恵まれていない人）たちの声に耳を傾け、話を聞いた。恵まれないと思っていた人は、さらに恵まれないと思っていた人の手助けをしていたことに気がつき、自身が大切にしたいものを再認識した（佐藤2013, p.98-113）。

　MIT SloanのEdward Roberts教授によって1990年にMartin Trust Centerがアントレプレナーシップ支援センターとして設立された。これは、MIT Sloanの全学年が利用できるものである。支援センターのミッ

ションは、先端の知識やイノベーション・アントレプレナーシップ教育を次世代の学習者に提供することである。同センターの主な活動は6つある。1つ目は、学習者に高品質なアントレプレナーシップ教育や起業に関するアドバイス、実務経験を積ませることである。2つ目は、MIT Sloan の学部、研究科、ラボ、センターのメンバーを集約し、お互いにコラボレーションできる環境を設定し、ベストなアントレプレナーシッププログラムを提供することである。3つ目は、多様な人々とさまざまな意見交換ができることである。4つ目は、実験できる体制にすることである。なぜなら、イノベーションは、最初からすべてが上手くいくわけでなく、試行錯誤が必要だからである。5つ目は、信頼を築くことである。支援センターや教育者、スタッフは学習者の起業に関する利益を得ない。いつも学習者に選択肢を持たせ、学習者が選択でき、アントレプレナーシップ教育だけでなく、長期的な起業の成功を考える。6つ目は、MIT Sloan のモットーである「Mens et Manus」、手を動かし物事を進めていくことである（Martin Trust Center for MIT Entrepreneurship 2018, p.3）。

　MIT Sloan は、学習者を主体としたアカデミック、プログラム、イベント、インフラストラクチャー、社会地域貢献に取り組んでいる。アカデミックには、MBA Entrepreneurship & Innovation（E&I）Track、授業、教育者が含まれる。スキルセットとして、デザインマネジメント、アントレプレナーシップ関連、パテントなど、ヘルスケア、バイオテック、フィンテック、メディアなど産業に特化した授業や E-lab、G-lab、S-lab など企業内経験を積むことができる Lab などさまざまな授業が用意されている。プログラムには、MIT delta v、NYC Startup studio、Student clubs and initiatives、Sector practice leaders、Entrepreneurship internship、BU law clinics、MIT fuse、StartMIT、MENSI/MEFTI がある。作業スペース、資金、ストラクチャー、自信などをつける支援やビジネスコンテストやアクセラレーターに関することが用意されている。

　イベントには、Special activities、Silicon Valley study tour、Awards、Speaker series、T=0 がある。インフラストラクチャーは、Trust center operating system、Research、Professional advisors network、Promoworks、State-of-the-art multi-use facilities、Entrepreneurs in residence、Other MIT entrepreneurship resources である（Martin Trust Center for MIT Entrepreneurship 2018, p.2）。

MIT Sloan の Martin Trust Center の作業スペースは、毎週平均945名が訪問し、コーヒーが無料で提供され、学習者のミーティング場所にもなる。学習者がプロトタイプや商品を作成できるように、3Dプリンター、レーザーカッターなどの装置がある。支援センターのスタッフとして14名、卒業生の外部アドバイザー、世界各国の大学の専門家ネットワーク、ボランティアとしてのメンター支援者がいる。アントレプレナーの住居サービスもある。「Heart（Sprit）、Head（knowledge）、Hand（Capability）、Home（Community）」というアントレプレナーとしての気質、マインドセットや、頭脳（知識）と手を動かし、物事を進める力、コミュニティを大切にしている（Martin Trust Center for MIT Entrepreneurship 2018, p.42）。

社会地域貢献には、Disciplined entrepreneurship、Reap、Exec ed、MIT booth camps、Donors、Alumni relationships、Cross campus partnerships がある。MIT Sloan の Disciplined entrepreneurship: 24 steps to a successful startup は20か国で翻訳され、他の大学でも活用されている。このような支援の道として、1. Inspiration (idea, technology) → 2. Exploration (workshop, grants, EIRs) → 3. Fundamentals (classroom) → 4. Application (extra-curricular) → 5. Acceleration (fully immersive capstone) がある。起業に対する関心から本格的な起業まで幅広く、手厚く支援されている。この成果として、2018年108名（男性67%、女性33%）のアントレプレナーが誕生した。37%はエンジニア、34%はマネジメント／ビジネス、12%はサイエンス、8%は建築、5%はデザイン、4%はヒューマニティの学部・学科出身である。

MBAには3つのトラック（ファイナンス、アントレプレナーシップ＆イノベーション、企業マネジメント）がある。アントレプレナーシップ＆イノベーショントラックでは、必修科目で1. 一般の4つの科目、2. 企業・商品レベルで各1科目以上、3. スタートアップでエンゲージ、受諾、コンプリート、提供を受講する。そして、選択科目は、25科目（各6-12単位）あり、学習者は、18単位以上を取得する必要がある（図表31）。

1. 一般の4つの科目で、学習者は、Introduction to Technological

第3章　欧米日におけるアントレプレナーシップ教育の比較

図表 31　MIT Sloan の MBA 科目

【MBA 必須科目】

1. 一般

> テクノロジーアントレプレナーシップ紹介、新規企業、起業戦略、シリコンバレースタディーツアー

2. 企業・商品レベル（各 1 科目以上）

> 企業：グローバルアントレプレナーシップラボ、アントレプレナーシップラボ
> 商品：エネルギーベンチャー、ヘルスケアベンチャー、イノベーションチーム、ベンチャー発展、メディアベンチャー、ベンチャー設立、プロダクトデザイン & 発展

3. スタートアップ

> 1. エンゲージ（MIT Fuse, MIT delta, Design X、ベンチャー設立アドバンスツール・テクニック）
> ↓
> 2. 受諾（Legatum センター奨励金（シード付与）、Tata センター奨励金、Sandbox イノベーション奨励金（$10,000））
> ↓
> 3. コンプリート（MIT$100K アントレプレナーシップコンペティション、MIT クリーンエナジー賞）
> ↓
> 4. 提供（MIT $100K アントレプレナーシップコンペティション、MIT クリーンエナジー賞の運営）

【MBA 選択科目】

アントレプレナーシップ選択科目

> スタートアップの資金戦略、分析力、商品＆サービス、ソフトウェアとインターネットアントレプレナーシップ、ライフサイエンスにおける戦略的な意思決定、地域のアントレプレナーシップ強化ラボ、エネルギーベンチャー、ヘルスケアベンチャー、コーポレートアントレプレナーシップセミナー、イノベーションチーム、ベンチャー発展、メディアベンチャー、革新的なインパクト、広告管理、起業売却、グローバルアントレプレナーシップラボ、ベンチャーの規模、起業の資金調達とチーム、国境超えアントレプレナーシップ、アントレプレナーシップラボ、起業ファイナンスとベンチャーキャピタル、ビジネスの法律、アントレプレナーシップ・イノベーション・スタートアップ・法律、商品管理、イノベーション・アントレプレナーシップの戦略的マネジメント

出所）http://entrepreneurship.mit.edu/mba-entrepreneurship-innovation/
Martin Trust Center for MIT Entrepreneurship MBA E&I Track
MBA Entrepreneurship & Innovation Track をもとに著者作成

　Innovation でアイデアの創出の仕方や、起業のステップ、資金調達や法律など全般的な起業に関することを学習する。そして、MIT Sloan の起業エコシステムの組織やテクノロジー技術の説明を受け、助言をどこで、どの

ように受けることができるかについて知る。また、それぞれの学習者にとって適合するアントレプレナーやエンジェル、VC、メンターなどの個人的なネットワークの構築の仕方を学習する。シリコンバレースタディーツアーでは、4日間で創業者や企業の関係者やインベスターなどに会い、ネットワークや知識の拡大を試みる。

2. 学習者は、企業と商品レベルから各1科目以上の授業を選択する。企業レベルで、グローバルアントレプレナーシップラボかアントレプレナーシップラボを選択肢する。商品レベルで、学習者の興味に近いものを選択する。

3. スタートアップで、学習者は、エンゲージのハンズオンのスタートアップアクセラレータープログラムからスタートし、奨励金の獲得を目指して事業プランを練る。そして、学習者は、奨励金をもとに事業を展開させ、MIT$100Kビジネスプランコンテストでビジネスプランをピッチし、事業を促進し、起業する。その後、学習者は、イベント、ピッチ、資金調達などを活用し、事業拡大を行う。選択科目に関しては、スタートアップの資金戦略、分析力、商品＆サービス、ソフトウェアとインターネットアントレプレナーシップ、ライフサイエンスにおける戦略的な意思決定、地域のアントレプレナーシップ強化ラボ、エネルギーベンチャー、ヘルスケアベンチャー、コーポレートアントレプレナーシップセミナー、イノベーションチーム、ベンチャー発展、メディアベンチャー、革新的なインパクト、広告管理、起業売却、グローバルアントレプレナーシップラボ、ベンチャーの規模、起業の資金調達とチーム、越境アントレプレナーシップ、アントレプレナーシップラボ、起業ファイナンスとベンチャーキャピタル、ビジネスの法律、アントレプレナーシップ・イノベーション・スタートアップ・法律、商品管理、イノベーション・アントレプレナーシップの戦略的マネジメントなどさまざまな授業が用意されている。

第4項　Chicago Booth Business School

Chicago Booth Business Schoolは、1898年米国イリノイ州に設立される。Chicago Booth Business Schoolは、「永続的なインパクトを与える知

識を創造すること。現在・未来のリーダーに影響を与え、教育すること」をミッションとするアカデミックな校風を持つ教育機関である（佐藤 2013, p.116）。

　学習者は、1年目からカリキュラムを柔軟に組むことができる。2013年卒業者の森田博和氏は、「New Venture Challenge（新しいベンチャービジネスへの挑戦）」というクラスを受講した。この授業を受講するにはビジネスアイデアの予選があり、100チームから30チームに絞られる。授業で、学習者は、チームのビジネスプランのプレゼンテーションに対して鋭いフィードバックを受ける。具体的なストーリーや顧客の声、調査結果、チームメンバーの役割が聞き手に詳細に伝えられているかなどに焦点を当てる（佐藤 2013, p.117-125）。

　また、アントレプレナー育成の夏期集中プログラム「The Polskey Center Accelerator Program（ポリスキーセンターアクセラレータープログラム）」では、学習者は選抜されると作業場所やシカゴブースのOB・OGで形成されるメンター（投資家、弁護士、経営者など起業に関わる専門家）が提供される。このプログラムでは、会社設立のための法的なプロセスや契約、オフィス選び、資金調達法、営業、デジタルマーケティング、プレゼンテーションスキルなどのテーマに沿ってワークショップが行われ、最後に、学習者はビジネスプランを発表する。学習者はビジネスプランを発表することで、自分自身の能力で足りないことが具体的にみえ、試行錯誤することにつながり、スキルが向上する。森田氏は、卒業後のキャリアとして、そのビジネスプランとともに官僚からアントレプレナーに転職した（佐藤 2013, p.126-132）。

第5項　IE Business School

　IE Business Schoolは1973年にディエゴ・デル・アルカサルによって西国に設立された。IE Business Schoolのミッションは、テクノロジーを駆使しイノベーション文化やアントレプレナーシップマインドセットの構築、世界を理解する人間性の育成、多様な国籍、文化、アイデアの尊重を掲げている（IE Business School 2018）。IE Business Schoolは、アントレ

プレナーシップ教育を中心に International MBA、Exclusive MBA、Global（Online）MBA 教育を提供する。International MBA プログラム（英語もしくは西語）は 70 か国以上の多国籍で社会人経験が 3 年以上ある学習者が集結し、フルタイムで 13 か月の MBA 教育が実施される。

IE Business School の元学部長である Iñiguez（2011, p.94, 95, 98, 128-139）は、大学では研究や知識の融合、専門職領域の教育内容、知識の伝達が行われ、大学は教育者の養成、交換や共同プログラム、マーケティングやコミュニケーション、キャリアサポート、卒業生とのつながり、管理職の教育、産学官連携のバリューチェーンとなっていることを示している。また、Iñiguez（2011, p.94, 95, 98, 128-139）は、大学は、科目やカリキュラム、手法や構成、経験やネットワークが含まれており、学習のハブであることを提唱している。特に、Iñiguez（2011, p.94, 95, 98, 128-139）は、多様性のある学習者との協働学習、経験学習からの学びや卒業生、リクルーター、起業や他の教育機関とのネットワークの重要性を指摘する。

同校は、2017 年 Financial Times の Global MBA Ranking において 2015 年、2016 年の世界 12 位から 2017 年には世界 8 位へと躍進している。IE Business School のネットワークは拡大しており、世界 28 か国に IE オフィスを設置し、100 か国に 5 万人以上の卒業生がいる[30]。アントレプレナーシップ教育、Diversity に加え、テクノロジーの分野でダブルディグリーが取得できるプログラムなどを開発し、IE Business School の特徴を鮮明に打ち出す。

2013 年の International MBA プログラムは、5 学期（13 か月）で構成され、学習者全員に起業や起業思考を身につけることを奨励している。また、型にはまった考えではなく、クリティカルシンキングやコミュニケーション、コラボレーションに着目し、独創的で挑戦的な要素を取り入れたプログラムである。プログラム全体の 45％は学習者の興味や専門によって授業を選択できるように設計されている[31]。

図表 32 は、IE Business School MBA プログラム、図表 33 は、IE Business School MBA 科目を示している。前半 3 学期には MBA 必須科目が設けられている。IE Business School の特徴として、アントレプレナーシップの科目が 1・2 学期で必須となっており、アントレプレナーシップマ

第 3 章　欧米日におけるアントレプレナーシップ教育の比較

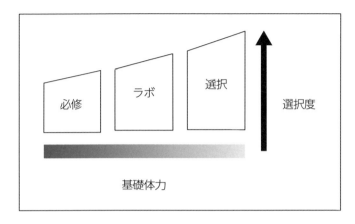

図表 32　IE Business School の MBA プログラム
出所）IE Business School (2016) をもとに著者作成

インド養成のため、前半最初の授業から導入されている。必修科目の基礎科目は、ジェネラルマネジメント養成のために欠かせない。学習者の経営における全般の基礎体力の強化が目的である。ラボの期間には各 1 週間程度のコンサルティングプロジェクト（2 回）が必須である。2013 年のコンサルティングプロジェクトには、IE Business School と瑞典国（スウェーデン）の家具メーカー IKEA や西国の大手メガバンク BBVA と連携し、課題解決のコンテンツが含められている。学習者は、プロジェクトグループで、デザインシンキングのフレームワークを活用し、オフィス、店舗を視察しながら、課題を発見し、解決策を考える。最終日に、各グループがビジネスコンテスト形式で、企業の取締役へ改善案を試作品と共に発表する。IE Business School では、教室学習だけでなく実際の現場に足を運び、課題解決への実践的なアプローチを重視している。

　選択科目[32]は、1 週間程度の短期留学（シリコンバレー、サウジアラビア、チリなど）や発展途上国への支援プロジェクトなど 150 以上ある。専門分野は、アントレプレナーシップ、デザイン＆マーケティング、ファイナンス、人材マネジメント、テクノロジー、ビジネスストラテジーなどの分野である。選択肢が極めて豊富であるため、学習者の目的によって、MBA プログラムをカスタマイズしやすいプログラム構成である。アント

図表 33　IE Business School の MBA 科目

【MBA 必須科目】

1. アントレプレナーシップ

> アントレプレナーシップ1・2（アントレプレナーマインドセット、アイデア形成、機会獲得、ビジネスモデルキャンバス、ビジネスプラン作成、ベンチャー創成・成長戦略、ベンチャーファイナンス）

2. 基礎科目

> 経営戦略1・2、マーケティング1・2、ジェネラルファイナンス、管理会計、経済学、ビジネス定量分析、投資分析、コーポレートファイナンス、クリティカルシンキング、リーダーシップ、倫理、企業理念と社会価値、プレゼンテーション、組織・人材管理、オペレーションマネジメント、イノベーション・テクノロジーマネジメント

3. コンサルティングプロジェクト1・2

【MBA 選択科目】

アントレプレナーシップ選択科目

> ベンチャーラボ（ビジネスプラン作成、新規ビジネス立ち上げ、事業運営、リーン・スタートアップ、メンター支援を含む）、シリコンバレー研修、ビジネスイノベーションラボ、起業のための効果的な速攻テクニック、ファミリーベンチャー、社内ベンチャー、企業ガバナンスの実践、新規ベンチャーの創設・ファイナンス、スタートアップの買収、アントレプレナーシップとベンチャーキャピタル、アントレプレナーシップとM&A、アントレプレナーと投資家からの起業視点、新興国での起業、イノベーション実践、インキュベーターの役割、M&Aブートキャンプ、スタートアップのためのM&A対策、アントレプレナーのマーケティング・販売、スタートアップリーダーシッププログラム、10億ドルチャレンジ

出所）IE Business School の 2013 年のカリキュラムをもとに著者作成

レプレナーシップの授業は20科目ある。選択科目の1つであるベンチャーラボは、学習者が、受講前に受講資格を得る必要がある。学習者が単独もしくはチームでビジネスアイデアに応募し、学内で審査され、合格しなければならない。ベンチャーラボの受講資格を取得後、学習者はビジネスプラン作成やビジネスプランを短時間で的確に説明するピッチ方法など、アントレプレナー育成の特別授業やビジネスアイデアの実現化に向けて定期的にサポートするメンターの指導を受けることができる。

　近年のプログラムは、前半と後半の間に Lab 期間として、4つのコース（コンサルティング、スタートアップ［ビジネスアイデアを具現化する］、テクノロジー［ビジネス戦略にテクノロジーを用いて企業に提案する］、

ソーシャルインパクト［新興国で企業もしくは、NGO でインターンを行う］）を選択する。学習者からの希望や要望、卒業生からのプログラムのフィードバックによりプログラムは進化しているため、プログラムの内容、順番などに変更はある。しかしながら、アントレプレナーシップ教育を重視した MBA プログラムは引き継がれている。

IE Business School における MBA プログラムの教授法に関しては、前半 3 学期は主にケーススタディを用いた講義やディスカッション、プロジェクトワークの割合が多く、学習者がシミュレーションシステムを活用し、各自で仮想企業の経営、商品開発・プロモーションを行う。学習者は、マーケティング戦略を考案しながら投資を体験することもある。また、IE Business School では、グループで環境への投資と仮想企業の運営の両立に挑戦する体験などにより、現実的な状況で学習者の判断能力を向上させる方法が導入されている。

コンサルティングプロジェクトに関しては、企業と連携しフィールドワークを中心にシミュレーションやプロジェクトワークを行う。後半の選択授業に関しては、実務家教員も多いため、前半の MBA 必須基礎科目をもとに、より実践的で実現可能な PBL が多い。よって、講義よりもディスカッションやプロジェクトワークの比率が高い。

IE Business School の学習者は、応募したビジネスアイデアが採択されると「AREA31」と呼ばれる大学構内に設置されているインキュベーターを利用できる。IE Business School の学習者だけでなく、学外のスタートアップもそのインキュベーターを利用することができる。インキュベーターには、作業室、メンターとの打ち合わせのための会議室、スタッフのオフィス、ピッチ練習場、交流の場、キッチンなどがある。IE Business School の学習者を中心に、毎週ピッチイベントやセミナーが自主的に実施され、アントレプレナーやスタートアップ、投資家、スポンサー企業との交流会が実施される。スポンサー企業から、ビールなどが振る舞われ、気さくな交流の場となっている。

また、IE Business School では、毎年 1 回、IE Business School 主催のビジネスコンテストが開催される。発表者は教授、投資家の審査により予選のビジネス発表を勝ち抜いた 10 チームほどが選ばれる。このコンテス

トには、IE Business School の学習者だけでなく、他大学、企業からも参加する。他大学と共催のビジネスコンテストもある。西国だけでなく、世界 10 か所以上で毎年 IE Business School が主催するビジネスコンテストが開催される。日本では 2016 年 11 月 26 日に IE Business School と慶應義塾大学大学院メディアデザイン研究科主催のビジネスコンテスト「IE KMD Venture Day Tokyo 2016」[33]が開催された。

そのほかの取り組みとして、米国の Yale、MIT Sloan、Fletcher、Brown Business School やアジアの Kaist（韓国）、Jiao Tong-Antai（中国）Business School とダブルディグリーを取得できるプログラムを強化する[34]。IE Business School は、IE Business School 学習者の 15％が起業すると公表している[35]。

第 6 項　Kellogg Business School

Kellogg Business School は、The Kellogg School of Management at Northwestern University として 1908 年米国イリノイ州に設立された。Kellogg Business School のミッションは、「持続可能な価値創造をするために、強い組織をつくり、市場の力を賢くレバレッジする勇敢なリーダーを育成すること」である（佐藤 2013, p.70）。Kellogg Business School は、グローバルなビジネスの実践を重視したカリキュラムが有名で、世界的な卒業生のネットワークがキャリアサービスに活用される（佐藤 2013, p.70）。

Kellogg Innovation Network の創設者である Walcotto は、Wolcott & Lippitz（2010, p.5）の調査で、世界中の企業で、企業内で起業するイントレプレナーの活躍が多大な利益を生み出していることを明らかにした。2013 年卒業生の井上加奈子氏は、「Corporate Innovation and New Ventures（イノベーションと社内起業）」の授業で、卒業生が大企業の組織の中で活躍する人が多いので、Kellogg Business School は、大企業の社内起業に注力していると感じたと述べる。井上氏は、自分に起業が適合するのか、既成概念や常識にとらわれていないかなどを学習した。また、リーダーシップの授業では、井上氏は、「セルフリフレクション（自分自身

の優先順位を理解し自省する力）、バランス（物事を多角的に見る力）、自分本来の自信（自分自身をありのまま受け入れ、日々改善する力）、真の謙虚さ（他人を尊敬する力）」を学習した。井上氏は、このサイクルを繰り返し、自身が進歩する努力をすることを修得した（佐藤 2013, p.71-81）。

Kellogg Business School では、アントレプレナーシップ教育の内容に関して、教室内外で受講可能な授業リストや支援リストが含まれる KIEI (Personal Guide) といわれる一覧表がある。Kellogg Business School の KIEI (Personals Guide) には、アントレプレナー（Lanchers）、ビルダー (Builders)、企業内イノベーター（Corporate Innovators）がある。

アントレプレナーは、ビジネスの立ち上げや初期のベンチャーの促進である。ビルダーはベンチャーに参加し、企業買収や企業を設立する。企業内イノベーターは、企業の中でイノベーションを促進する。プログラムは、教室内（初級、上級）と教室外（プログラム、インターンシップや資金調達、コンペティション、クラブ、Northwestern）で分かれている。

教室内の初級クラスで、アントレプレナー向けには、新規事業設立（新規ベンチャー発見、展開、設立）、NU ベンション、商業化がある。ビルダー向けには、スタートアップの設立と展開、企業買収がある。企業内のイノベーター向けには、新規事業の発見、企業内イノベーションと新規事業、商品化がある。以上の3つに共通の授業として、知的資本管理が含まれる。上級クラスには、アントレプレナーとビルダーの共通として、アントレプレナーシップビルディングブロックコースが含まれている。アントレプレナーには、新商品マネジメント、ビルダーには成長とスケール、PE/VC ラボ、企業内イノベーターには、新商品マネジメントと企業イノベーションが含まれる。

教室外のクラスには、アントレプレナーを対象に、住居での活動、ワークショップ、新規市場や成長市場、ヘルスケアに対しての活動がある。ビルダーは、成長企業に対する取り組み、買収や自営がある。企業内イノベーターはミニラボを使用することができる。アントレプレナーやビルダーを対象にゲストスピーカーのシリーズもある。

インターンシップや資金調達に関しては、アントレプレナーやビルダーを対象に Kellogg アントレプレナーシップインターンシッププログラム、

プロジェクトインパクトファンディングがある。アントレプレナーには、Kellogg ソーシャルアントレプレナーシップアワード、LEAP イノベーション夏の給付金、Pritzker グループのベンチャー会員、夏のスタートアップアワードがある。ビルダーには、事業成長やスケール拡大のための夏のインターンシッププログラム、企業内イノベーターには、企業イノベーションインターンシップがある。

コンペティションに関しては、アントレプレナーは、Kellogg ベンチャーチャレンジ、Kellogg 不動産関連ベンチャーコンペティション、ベンチャーキャットを活用することができる。ビルダーには、MBA インパクト投資ネットワーク・トレーニングやベンチャーキャピタル投資チャレンジがある。企業内イノベーターには、ビジネスチャレンジコンペティション、Kellogg デザインコンペティションがある。

クラブに関しては、アントレプレナーシップクラブとベンチャーキャピタルクラブがある。アントレプレナーにはKellogg アントレプレナー組織、ビルダーには PE クラブ、企業内イノベーターには IDEA がある。最後のNorthwestern は、ガレージとして一般的なプログラミング、INVO プログラミングがアントレプレナー、ビルダー、企業内イノベーターの全部に提供され、さらにアントレプレナーには、急速に拡大を狙うプログラムが用意されている。

第7項　Babson Business School

Babson Business School は、1919 年米国マサチューセッツ州にアントレプレナーである Roger Babson により、ビジネスの実践を念頭にアントレプレナーシップ教育に特化して設立された。Babson 大学のミッションは、「世界中で経済、社会価値を生み出す起業リーダーの育成」である[36]。Babson Business School は、アントレプレナーシップ教育に関して、世界的に高い評価を得ている。

MBA フルタイムの学習者は、1 年生、2 年生の合計で約 300 名である（高橋 2014）。Babson Business Schoolは、講義形式の授業の割合は少なく、学習者が、実務的な知識や経験を蓄積できることに重点を置いている。学

習者は、教室内だけではなく、企業や工場を訪問し、マネージャーに会い、直接ビジネスに関して討議することや生産工程の視察など課外活動を行っている。そのため、教育者は、学者ではなく実務家が大半を占めている。[37] 教育者のほとんどはアントレプレナーシップを専攻しており、大学・大学院にはアントレプレナーシップ関連科目が100近くある。Babson Business School は、創業プロセス段階に発生する課題を経営学の知識で解決することに応じたカリキュラムを実施している。

Babson Business School の学習者は、ダイナミックな組織における創造的経営に関する知識を蓄積し、次に事業機会の評価について学習する。そして、学習者は、事業機会の実行（デリバリーシステム）のための企業内部の設計と管理を学習する。最後に、変化する環境下における成長プロセスの管理を学習する構成となっている。Babson Business School の MBA の1年目で必修科目として、教育者は、学習者に、事業機会の認識や評価に関する知識、次にそれを実行する際に必要な知識、そして事業が成長する際の知識を教える。学習者は、それらをもとにビジネスプランとしてレポートや発表をする。教授法は、活用型・コンテクスト依存型の知識に焦点を当て、ケースの中で学習者に熟考させる手法である。また、リーン・スタートアップを用いて、学習者は、アントレプレナーが考えたアイデア、製品、サービスに需要があるかどうかを短時間で少ない費用で確認し、小規模で実際にスタートする（高橋 2014）。

Babson Business School のアントレプレナーシップ科目の基礎科目として「アントレプレナーシップと機会」がある。必修科目として、「新規ベンチャー開発、起業ファイナンス、成長ビジネスのマネジメント」がある。選択科目として4つのコースがあり、「社会的 EPS と持続可能性（社会的 EPS、公共政策のアントレプレナーシップ、将来の動向）、テクノロジー（テクノロジー EPS、創造破壊）、リーダーシップと家族経営（客観性の原則、女性の EPS とリーダーシップ、EPS と経済、家族経営ビジネスへの参加、家族経営が直面する重要な質問事項、家族経営から次の成長へ）、ベンチャーの成長と資金調達（ベンチャーと成長資本、ベンチャー成長戦略、クラウドファンディング、フランチャイズ、アントレプレナーのための M&A、中小企業の買収、起業ファイナンス、成長ビジネスマネジメント）」

である。

　Babson Business School は、1977 年に Academy of Distinguished Entrepreneurs を設立し、1978 年にアントレプレナーシップ研究（Entrepreneurship Studies）に関するセンターを設立した。さらに、Babson Business School は、1981 年に Babson 大学アントレプレナーシップ研究カンファレンス（Babson College Entrepreneurship Research Conference）を設立した。そして、1987 年に MBA 学習者によるビジネスプランコンテストが初めて開催された。1988 年に Babson Business Hatchery や Arthur M. Blank Center が開設された。1999 年に Babson Business School は、GEM を先導した。2010 年に Babson ベンチャーアクセラレータが設立された。

　Babson 大学は 127 のアントレプレナーシップの授業を開講している。教育者全員が実務経験を持っており、ベンチャーアクセラレーターで 318 のビジネスが創出された。学習者全員がアントレプレナーシップコースを受講する。学習者の約 50％は、ファミリービジネス出身である。卒業生の 45％は自身のビジネスを持つ。[38]

　Babson 大学のアントレプレナーリソースガイドとして、1 枚のリーフレットにアントレプレナーシップの施設情報、イベントなどの情報が集約されており、どこにどのようにアプローチしたらよいのかが一目でわかる。Blank センターは、アントレプレナーシッププログラムの運営を行い、実践型アントレプレナーシップの研究を推進する教育者をサポートする。主に、5 つの取り組みが実施されている。

　1 つ目は Bulter 起業施設である。毎週のイベントや作業スペース、メンター、ワークショップ、スピーカーやアントレプレナーのコミュニティを形成する施設である。その施設では、学習者や卒業生が、専門家の助言や援助を受けることができる。

　2 つ目はロケットピッチである。学習者、教育者、アントレプレナー、投資家が集まり、学習者や卒業生がビジネスアイデアをピッチできるイベントである。

　3 つ目の B.E.T.A. チャレンジでは、Babson の優秀な学習者と卒業生が設立したベンチャーがビジネスモデルや実践的活動を競い合う。賞金金額

は、200万円以上である。

4つ目のサマーベンチャープログラムは、10週間の間、学習者のベンチャーを促進させる集中講座である。住居、作業場、アドバイザーなど必要なものは準備されている。このプログラムを受講したいベンチャーは、資料を提出し、プログラムの受講者として選ばれる必要がある。

5つ目のファッション起業イニシアティブは、ハッカソン、ワークショップ、ファッションや小売の起業をサポートする。

また、Blank センター以外でも5つの活動がある。1つ目は、E タワーである。学習者のアントレプレナーのクリエイティビティやコラボレーション、ネットワークが活性化する居住スペースを提供する。2つ目の勝利ラボは、Babson の女性の起業リーダーシップセンターによって設立された。女性のイノベーションラボとして、女性のアントレプレナーに対して8か月間のユニークなプログラムを提供する。

3つ目のソーシャルイノベーションラボ、4つ目のフードソルは、Babson の Lewis 施設によって運用されている。ソーシャルイノベーションラボは、ソーシャルアントレプレナーに対して、イノベーションラボの使用やより良い社会にするためにどのようなビジネスを実施すればよいのかなどを支援する。フードソルは、Babson で食品に関連するベンチャーのサポートに特化している。地域と一緒に活動し、コミュニティテーブルを設置し、クイックサービスが可能なインキュベーターとして活動している。

5つ目の Babson アントレプレナーシップフォーラムは、1日のカンファレンスである。学習者や教育者は、アントレプレナーシップの学術的研究やツールやリーダーシップについて学習できる。また、このフォーラムは、学習者や教育者にとって、Babson のスタートアップのコミュニティとのネットワークづくりの機会にもなる。このように Babson 大学では、学習者もしくは卒業生が活用できる施設、資源、ネットワークなど見える化がされている。そして、ファッション、小売、食品、社会性、女性に特化された専門の支援施設が運用されている。

第 8 項　早稲田大学

　早稲田大学大学院経営管理戦略科は 1983 年に設立され、理論と実践の融合、世界各国からの留学生、多種多様な業種からの現役社会人との議論による国際競争力の高さ、多様なニーズに応える充実したプログラムを掲げる。

　早稲田大学のミッションは、「Actionable management knowledge」「Insightful and responsible leaders with global perspectives」「Learning community」である。つまり、不可欠な知識を育み、ラーニングコミュニティを形成し、多国籍の学習者・教育者との交流により、グローバルな視点と強い倫理観を持って社会的課題を見極め、解決していくリーダーを育成することである。

　早稲田大学大学院経営管理戦略科には 7 つのプログラムがある。全日制グローバルでは、日本語と英語の授業があり、2 年間でグローバルマインドを兼ね備えたビジネスリーダーを育成している。1 年生総合（全日制）は、1 年間で分析力、判断力、行動力、バランス感覚に優れたジェネラルマネジメントを育成している。日本語科目と英語科目、日英科目（日本語学習者と英語学習者が一緒に学ぶ科目）がある。

　夜間主総合は、学習者が 2 年間でジェネラルマネジメントについて幅広く学び、総合能力 +α を取得することができる。夜間主プロフェッショナルマネジメント専修は、2 年間でマネジメントの主要各分野に特化し、スペシャリストを育成する。夜間プロフェッショナルファイナンス専修は、2 年間で財務・金融のスペシャリストを育成する。いずれのコースも学習者が、就労しながら学習することができるカリキュラムとなっている。

　MSc in Finance（全日制）は、グローバルに活躍するファイナンスのプロを養成するため、すべての科目が英語で行われている。早稲田－ナンヤンダブル MBA では、学習者は、早稲田大学とシンガポールのナンヤン大学で学習し、両方の MBA 学位の取得が可能である。

　2018 年 4 月入学者のデータでは、全日制グローバル（男女比：52％：48％）は、25-29 歳が 44％と最も多い。1 年生総合（全日制）（男女比：85％：15％）は、35-39 歳が 40％を占める。夜間主総合（男女比：84％：

16％）は、30-34歳が36％、35-39歳が27％である。夜間主プロフェッショナル（男女比：74％：26％）は、30-34歳が25％、40-44歳が22％である。全日制グローバルの日本人・留学生の在学生人数比は、日本27.8％、中国20.5％、台湾9.8％、タイ、米国各7.9％、韓国4.0％、ベトナム、スリランカ各2.6％などアジアからの留学生が多い。

全日制グローバル、1年生総合、夜間主総合のプログラムは、必修コア、選択必修コア科目（アントレプレヌールシップを含む）、選択科目（総合経営、マーケティング、人材・組織、アントレプレヌールシップ、グローバルビジネス、アカウンティング、ファイナンス、技術経営、研究技法・思考法系、海外開講科目）が含まれる。全日制グローバル、1年生総合の選択科目（日英科目）も含まれる。

早稲田大学大学院経営管理戦略科は、海外のトップスクール32校とグローバルネットワークを確立する。学生交換協定を締結し、単位の交換留学や夏期休業期間等で実施される海外の大学の短期集中コースという選択肢を用意する。そのほかには、アントレプレヌール研究会、科学技術とアントレプレナーシップ研究部会での活動、早稲田会議（CEOラウンドテーブル）がある[39]。

2008年の日本ベンチャー学会で早稲田大学のインキュベーションセンター長として大江（2008, p.134）は、「教育を通じて、ビジネスアイデアからビジネスプランへ」を掲げ、早稲田大学のインキュベーションセンターの役割を紹介した。早稲田大学のインキュベーションは、教育、人材育成、研究の役割と地域貢献、国際貢献が含まれる。国内外の大学、地域のインキュベーションセンター、ベンチャーキャピタル、企業新規事業部門、研究所とのネットワーク確立を目指している。全学支援体制として理系と経営の協力体制、早稲田大学アントレプレヌール研究会との連携、早稲田大学の経営系既存講座の積極的活用、学部生・大学院生の実践演習場の提供やファシリテーターの採用を行っている。

インキュベーション事業では、5種類のベンチャー育成がある。教授ベンチャー、学生ベンチャー（教育の場の提供）、企業ベンチャー（産学官連携の場の提供）、協定校・地方自治体ベンチャー（学学連携の場の提供）、国際ベンチャー（国際連携の場の提供）である。教授ベンチャーは、ベン

チャーキャピタルや企業との提携・起業の売却が可能なレベルへの育成、インキュベーションセンターへの紹介、シードの探索が目的である。学生ベンチャーは、インキュベーションセンターへの紹介、アントレプレナーの育成である。企業ベンチャーは新事業を推進する。協定校・地方自治体ベンチャーは、九州大学、京都高度技術研究所、墨田区ベンチャーと連携している。国際ベンチャーは、早稲田大学の留学生が母国に帰国後に起業したベンチャーや早稲田大学と提携している大学のインキュベーションセンターのベンチャーが日本に進出したい場合に場所を提供している。

インキュベーション施設は、個室とコミュニティの形成の場として共同利用できる。利用料は1か月1万円で、住居、大学のインターネット環境、会議室、個別ブース等が使用可能である。ファシリテーターとしてMBA学習者や学部に所属する学習者などを10人程度採用し、ベンチャーの手伝いをする。事業開発型産学官連携では、企業が技術を提供し、早稲田大学の学習者、研究者、教育者が新規の知見を加える。

早稲田大学のインキュベーションは、事業の活性化を目的としてVenture Booth Campを開催し、ベンチャーに協力可能な教育者の研究室で、学習者や研究者、起業のエンジニアとビジネスアイデアの実現性を検証している。また、早稲田大学のインキュベーションは、Kauffman Foundationの提唱するGlobal Entrepreneurship Weekに参加し、女子学生起業家クラブの交流会、早稲田大学インキュベーションセンターの公式開所式、早稲田大学のベンチャーフォーラム（事業企画コンテスト）を運営している。

早稲田大学のインキュベーションは、アントレプレナーになりたいと考える学習者にアントレプレナー寮を用意し、一緒に過ごし、事業計画を作成、仲間と起業を促進する。大江（2008, p.134）は、この寮をインキュベーションより効果があると考える。

早稲田大学のインキュベーションでは、地域・国際貢献として、墨田区包括提携事業で、学習者は零細企業・中小企業のコンサルティングを実施する。また、学習者は、タイ、カンボジア、ラオス、マレーシア、インドネシア、ベトナム、フィリピン、ミャンマーでコンサルティングやアントレプレナーシッププログラムの普及活動を実施している。

早稲田大学のインキュベーションはベンチャーオフィスゾーンとオープ

ンゾーンに分かれている。ベンチャーオフィスゾーンは、テナントの個室である。オープンゾーンは、インキュベーションセンターオフィスやベンチャーラボ、ビジネスカフェ、ミーティングルーム等がある。

著者は、2018年12月に大江建教授（前・早稲田大学大学院教授、早稲田大学インキュベーションセンター所長、現・早稲田大学研究推進部参与）にインタビューをさせて頂いた。大江教授は、米国で物理学のPh.D.を取得された。その後、大江教授は、企業に勤務され、コンサルタントとして独立された。大江教授は早稲田大学でアントレプレナーシップ教育に長年携われ、インキュベーション施設を運営された。大江教授は、「アントレプレナーシップ教育で、学習者は、与えられたことをする人材や集められた資金を運用するのではなく、生活の中から、自分で感じて、課題を見つけ、そして仮説をもとに検証するプロセスを踏まえた『富の創造』をする人材が重要である」ことを述べられた。

また、大江教授は、「Harvardがケーススタディだけではなく、フィールドワークを重視している」こと、「米国には、インキュベーションとしての起業寮があり、4人1組で生活しながら、事業を育てていく」ことなど実践の重要性を述べられる。また、大学は、「大学の技術や仕組みは、オフェンスであって、ディフェンスではあってはならない」と閉塞的な環境ではなく、企業や大学間の連携を強化する必要性があることを述べられた。

大江教授は、東南アジアの大学とも交流があり、学習者と東南アジアで研修を行う。学習者は、現地で課題を見つけ、解決策を示し、その解決策で、より良い社会を形成することを修得する。また、カンボジアで起業育成の研究をされ、海外とのネットワークのみならず、日本の地域や企業とも連携した授業を実施されていた。学習者が地域や中小企業の課題を解決する取り組みでは、地域や中小企業が気づかなかった視点からの課題の改善となり、大変喜ばれた。大江教授は、「仮説をもとにまずやってみる、そして、そこからできなかったら助けてくれる人がいる」と挑戦と実践することの大切さを強調される。大江教授は、これらの継続的な取り組みにより、社会に大きな貢献を果たされている。

早稲田大学は、2014年から2016年まで文部科学省の「グローバルアントレプレナー育成促進事業」の事業の一環で「WASEDA-EDGE 人材育成

プログラム」を立ち上げた。早稲田大学は、全学部を対象に文理融合のデザイン工房「共創館」を設置し、起業思考の育成、持続的イノベーションやエコシステムのハブ形成を目標に運営している。そこでは、起業やビジネスの基礎知識、フレームワークを提供し、デザイン思考などを取り入れている。また、研究成果事業化タイプとアイデア創出タイプの学習者がノウハウの融合や相互で協力しながら、ビジネスモデルの作成、仮説検証、起業や新規事業に取り組んでいる。

　島岡（2022）によると、早稲田大学のアントレプレナーシップ教育は、主に大学院が実施していたが、理工学術院、商学学術院などの教員が集結して大学全体のWASEDA-EDGE人材育成プログラムを作成した。早稲田大学は、2014年に開始したグローバルアントレプレナー育成促進事業（EDGEプログラム）に採択されて始まった「WASEDA-EDGE人材育成プログラム」の成果を活用し、2017年に全学部生・大学院生を対象とした「ビジネス・クリエーションコース」を設置した。そのプログラムでは、「意識醸成、アイデア創造、仮説検証、実戦への橋渡し、起業」の5つのステップで、教育のための実践と実践のための教育が実施されている（図表34）。早稲田大学は、将来に起業することや新規事業の創出を担う人材育成を掲げている。そのプログラムでは、「起業家精神を有した人材」であるFuture-EDGE人材と「実際に起業・新規事業創出ができる人材」であるEDGE-NEXT人材の2つに分け、学習者の目的に応じたプログラムを展開している。WASEDA-EDGEは3年間で受講者数が2,222名に達し、8人のアントレプレナーが誕生した。このプログラムの発展として、滋賀医科大学、山形大学、多摩美術大学、東京理科大学と連携した「Skyward EDGEコンソーシアム」を設立した。国内外の29の企業、自治体、大学が協力機関として協力している。このコンソーシアムの目標は、「実践的」を超えた「実践」によるアントレプレナーシップ教育を実現し、世界トップレベルのアントレプレナーの育成拠点として、起業エコシステムに貢献することを掲げている。「Skyward EDGEコンソーシアム」が開始してから4年半で19,140名に達した。起業・新規事業の立ち上げ件数は37件になる。

　また、WASEDA-EDGEは、起業が盛んで、0から1の立ち上げが得意

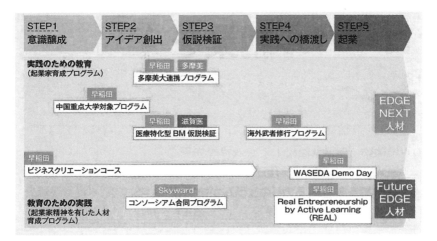

図表34　主要プログラムの全体像
出所）島岡（2022）「起業家を生み出す共創エコシステム、早稲田大学の実践的を越えた起業家教育」『月刊　先端教育』2022年2月号、p.65

なイスラエルへの「海外武者修行プログラム」や1年間で実際に資金を使用してチームで起業し、起業から解散までの一連の事業サイクルをインターンとして体験する「REAL」など独自のプログラムにも力を入れている。

長谷川（2015, p.177）は、アントレプレナーにとって重要な思考や行動メソッドよりもチャレンジや自ら行動し創造することで利益を享受するアントレプレナーシップが重要であると述べている。早稲田大学大学院経営管理研究科のパンフレット（早稲田大学ビジネススクール2019）によれば、浅羽茂教授は、MBA取得者の人事評価が十分でないため、今後その発展が必要であることを指摘する。そのため、日本の大学が優秀な卒業生を輩出し、日本の大学の社会的な価値を向上させることが重要であると提唱している。また、浅羽教授は、学習者の就職先は先進国の大企業ではなく、新興国やベンチャービジネスの比率が高まっており、アントレプレナーシップ、グローバルな視野における異文化コミュニケーション、倫理などが教育カリキュラムで重視されていると分析している。

第 9 項　九州大学

　1903 年京都帝国大学福岡医科大学が設置され、1911 年に九州帝国大学が創立された。2016 年時点で、12 学部 18 学府で学習者は、18,000 名である。学習者は、医学系、工学系の「理系」が全体の 70％を占めている。2003 年にビジネスに関する大学院が設立された（五十嵐 2018, p.8, 9）。九州大学は、世界に通用するビジネス・プロフェッショナルを九州で育成し、経営と産業技術の知見を活かし、特に、アジアで新たな事業価値を創造することを目指している（日経キャリアマガジン 2016）。

　九州大学では、2010 年にロバート・ファン／アントレプレナーシップセンター（以下、QREC）が設立された。QREC では、九州大学の全学部の学部生、大学院生を対象に体系的なアントレプレナーシップ教育を提供している（五十嵐 2018, p.8, 9）。QREC は、ミッションとして「先進的なアントレプレナーシップ関連教育を提供することにより、九州大学から自立心、向上心、グローバル意識を有し、積極的に新しい価値創造にチャレンジする、世界に羽ばたくリーダー人材を輩出」「ベンチャー起業に限らず、大企業、アカデミア等を含む社会のあらゆる分野で、新たな価値創造に挑戦する人材育成」「地域におけるアントレプレナーシップ醸成のハブを確立」を掲げている[40]。

　QREC が、育成すべき人材像として、「自ら機会を発見・創造して、目標と道筋を構想する能力ある人材」「個人としての自立意識を持つ人材」「社会や世界を幅広く俯瞰できる知識と能力を持つ人材（T 字型人材、グローバル人材）」「知識を社会で活かす意欲と具体的価値を創造する能力のある人材（MOT 人材）」をあげる。

　QREC の育成するアントレプレナー像は「ベンチャー起業家、社会起業家、大企業における新事業実施者、公的機関における新政策企画・実施者、イノベーティブな大学研究者」である[41]。アントレプレナーの育成だけではなく、大企業や公的機関での新規事業を興す人材育成、大学等でのイノベーティブな研究者の育成を含んでいる。

　QREC の主な活動として「1. 全学学生を対象とした先進的かつ体系的なアントレプレナーシップ関連教育の提供、2. アントレプレナーシップお

よび効果的な教育法の研究・実施、3. アントレプレナーシップに関する情報発信、国内外機関等との連携・交流実施、4. ベンチャービジネスに関連する研究開発の支援、5. インキュベーション施設の運営と管理」がある。また、QRECは、産学連携、海外大学との連携、留学生の参加などグローバルな視点でアントレプレナーシップ教育に取り組んでいる[42]。

九州大学のQRECカリキュラム体系（図表35）は、基礎、応用、実践の3段階である。Motivation（チャレンジする喜びや楽しさなどの気づき）、Knowledge & Tool（知識、方法論）、Integration（総合化）の3視点からIdea Generation（アイデア創出）、Organization/Group Dynamics（組織論）、Marketing/Strategy（マーケティング／戦略論）、Finance（ファイナンス）を学習する。約30科目以上の正規授業を段階的に受講することができる。基礎は、学部1、2年生、応用は、学部3、4年生、実践は、博士・専門職大学院生を対象としている。

QRECのカリキュラム体系は、デザイン思考に特に重点を置いている。なぜなら、デザイン思考はイノベーション創出の手法として優れているからである。デザイン思考は、大規模データを用いたマクロ的な調査だけでなく、学習者が人間の行動を観察する現場調査により、課題発見や課題の再定義が可能である。また、学習者が、デザイン思考のプロセスを体験することで、発想力、考える力、観察力の向上が期待できる。学習者が、発展途上国に行き、現地の人の観察やインタビューを行い、課題を抽出し、プロトタイプを用いて解決案を提案する授業も含まれる。教授方法は、1回180分のワークショップを原則とし、グループディスカッション、フィールドワーク等を積極的に取り入れている（谷川 2016, p.6-9）。

QRECのプログラム設計にあたっては、当時のセンター長である谷川徹教授と副センター長の五十嵐慎吾教授が、欧米の先端的なアントレプレナーシップ教育を実施している教育機関を訪問し、実態調査を実施した。そして、学習者がデザイン思考のプロセスを体験することで、発想力、考える力、想像力、観察力の向上をもたらすことが示された。デザイン思考で「アントレプレナーシップの涵養」「イノベーションの創出」が可能であるため、QRECにデザイン思考を採用した（谷川 2016, p.8）。QRECの課題として、デザイン思考で創出されたアイデアをビジネスに具現化する

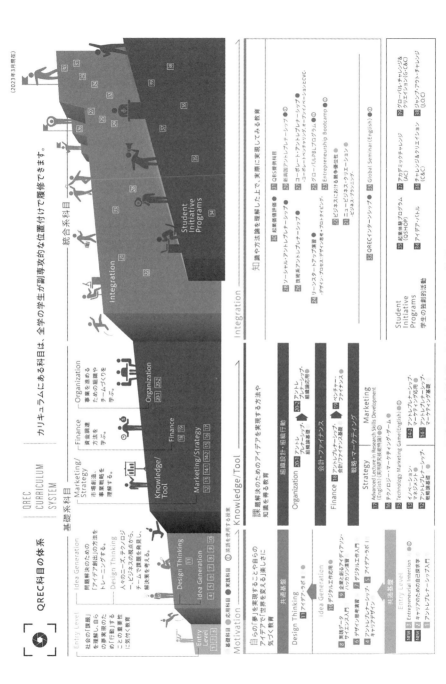

図表35　九州大学のQRECカリキュラム体系

出所）ロバート・ファン/アントレプレナーシップ・センター（QREC）(2023, p.7) Annual repot 2022–23. カリキュラム体系

ことやデザイン思考を指導できる教育者の不足などがある。それらを考慮し、QREC はさらなる発展に取り組んでいる（谷川 2016, p.9）。

　2018 年の 12 月に谷川徹教授（前：九州大学 QREC センター長、現：e. lab:Entrepreneurship Laboratory 代表、iU 情報経営イノベーション専門職大学超客員教授）、2019 年の 2 月に五十嵐慎吾教授（現：九州大学 QREC 副センター長）に QREC についてインタビューを行った。谷川教授は、日本開発銀行（現日本政策投資銀行）で 20 年間以上勤務し、ロサンゼルス駐在員など多岐にわたる業務を担当、2000 年には、Stanford 大学アジア太平洋研究センター客員研究員として地域産業のクラスター、産学連携等を研究しておられる。Netscape や Yahoo の誕生などシリコンバレーが注目された時期にロサンゼルスに滞在し、米国人の「個人の力で自分のキャリアをデザインしていく思想」に触発され、ある程度保証されたキャリアより、より人生がワクワクすることに注力していきたいという価値観の転換が起こったという。また、2 年間の Stanford 大学での研究員時代に、Strategic management for non-profit organizations という Social Entrepreneurship に関わる授業を受講し、社会的なアントレプレナーの役割が重要であることを認識された。谷川教授は、駐在員と Stanford 大学の経験から、QREC 設立には「学生にも視野を大きく持って、いろんな世界を知ってもらいたい」という想いが込められている。

　また、谷川教授は、QREC 設立以前から学習者に対してシリコンバレー研修を実施されており、10 年以上その研修に携われた。その研修に参加した学習者が、研修後、自主的に行動を起こし、キャリアの選択を含め、大きな変化があった。谷川教授は、「環境や機会を学習者に与えることで学習者の気づき」を育成することの大切さを実感された。また、谷川教授は、「QREC は、学習者の起業支援はもとより、アントレプレナーシップの育成が大切である」ことや、QREC の課題として、「専任教員の拡充であり、授業やプログラムの効果測定、単位認定（九州大学の MBA 学習者は単位が認められていなかった経緯がある）の拡大」をあげられている。QREC のアントレプレナーや起業思考の人材教育は成果を出し、学習者が卒業後も継続的に QREC に関わり支援している。その中で、谷川教授は、「学生からエネルギーと勇気をもらい、学生のサポートを通じて自分もワ

クワクする」と述べられている。

　五十嵐教授は、長年、金融機関で勤務され、その後、QREC の設立をし、継続的に海外のアントレプレナーシップ教育の研究や視察をされている。五十嵐教授は、Stanford、MIT Sloan などをベンチマークとして研究しながら、「地域のスタートアップの育成とテクノロジーの融合」「次世代の産業育成のために、テクノロジーとプレイヤーとしてのアントレプレナーの育成」や「アントレプレナーシップについて考え、行動する」ことができる起業思考を兼ね備えた人材育成などのビジョンを掲げ、九州大学の独自性のあるプログラムを設計されている。五十嵐教授は、Babson 大学の Timmons 教授と面会し、「教授が教えたいことを教えるな。学生が学びたいことを学べるのが、アントレプレナーの真髄である」という言葉に衝撃を受けられた。また、五十嵐教授は、独国（ドイツ）のハンブルク工科大学、ミュンヘンの工科大学、瑞典国（スウェーデン）のヨーテボリ大学に行かれ、教育者と友好的な関係を構築されている。そして、五十嵐教授は、QREC の土台づくりに 10 年以上費やされ、ヨーテボリ型のシードを取り入れて、技術系のスタートアップの育成に注力したいという想いがある。五十嵐教授は、QREC でより学習者が主体的に考え、行動する実践的な授業を作り上げられている。また、「失敗しても大丈夫、何ができなかったがわかる」と学習者に挑戦することを伝えている。

第 10 項　関西学院大学

　関西学院大学は、1932 年にキリスト教主義に基づく教育理念を掲げ設立された。スクールモットーは、「Mastery for service（奉仕のための練達）」、つまり「世の中で役立つために、そして将来を背負う責任を果たせるようになるために、自らの能力を精一杯高めよう」である。思いやりと高潔さを持って Mastery for service を体現する、創造かつ有能な世界市民の育成を使命としている。[43]

　2005 年に関西学院大学専門職大学院経営戦略研究科（経営戦略専攻）が設立された。ミッションは「グローバルな視点から経営を科学するビジネスパーソンの養成」「国際的な水準で、世界に通用するビジネスパーソ

ンの養成」「建学の精神に基づく高い職業倫理観を持ったビジネスパーソンの養成」となっている。[44]

経営戦略研究科には企業経営戦略コースと国際経営コースがある。企業経営戦略コースは、経営、マーケティング、ファイナンス、テクノロジー・マネジメント、アントレプレナーシップ、自治体・医療・大学経営の専攻プログラムがある。3年以上の勤務経験のある社会人を対象としている。平日夜間および週末に授業を実施し、主に日本語で実施されている。

国際経営コースは、マーケティング、ファイナンス、マネジメントの専攻プログラムがある。昼間を中心に授業を実施し、英語で実施されるため多国籍の学習者が在籍している。この2つのコースは通常は別々のコースである。しかしながら、国際経営コースと企業経営戦略コースの協働学習であるハイブリッド科目（言語：英語）が選択できる。ハイブリッド科目の狙いは、国際経営コースと企業経営戦略コースの学習者がさまざまな角度から英語で議論し、専門的な知識を用いてグローバルに課題を解決する能力を向上することである。2016年には5つのコース、「Special Topics in Marketing」「Special Topics in Finance」「Product Innovation」「Business Negotiation」「Asian Financial Market」があった。

2016-2018年の入学者統計では、企業経営戦略コースは、40代が39％、30代が37％、50代が14％、20代が5％、70代が1％を占める。国際経営コースは、20代が78％、30代が18％、40代が3％、50代が1％である。出身地は日本16％、東アジア（日本以外）44％、アフリカ15％、中近東13％、ミクロネシア6％、欧州4％、北米1％、南米1％である。[45]

関西学院大学のアントレプレナーシップ専攻プログラムは、新たなビジネスモデルの構築を目指し、アントレプレナー、事業継承者、企業内ベンチャーや新規プロジェクトの創成者の育成を行うことを目的としている。必修科目の8単位（ベンチャービジネス、課題研究基礎、課題研究）と選択必修科目の12単位が含まれている。

選択科目には、「アントレプレナーシップ、ベンチャービジネス事例研究、システムシンキング、システム・デザイン演習、新規事業計画、中小企業経営、中小企業経営革新、企業倫理事例研究、知的財産権法、研究開発型ベンチャー創成、New Global Venture Creation（以下、NGVC）、ベ

ンチャーファイナンス、企業家論、組織行動、事業システム戦略論、組織管理事例研究、地域振興、マーケティング戦略、マーケティング・リサーチ、イノベーション経営、製品開発、製品開発事例研究、標準化経営戦略、企業経営戦略特論 A～N」がある。[46]

図表 36 は、関西学院大学アントレプレナーシップ専攻プログラムの主な科目を示している。基礎科目として「ベンチャービジネス、アントレプレナーシップ」がある。そして、理論、専門性、事例研究のため、「企業家論、事業システム戦略論、新規事業計画、ベンチャービジネス事例研究、ベンチャーファイナンス」がある。また、「イノベーティブシンキング、システムシンキング、システム・デザイン演習、エフェクチュエーション」などの発想、ツール系の授業が含まれる。さらに、「知的財産戦略、知的財産法」は法律関係が含まれおり、これらの科目は、新規事業計画を作成するのに欠かせない知識である。

「研究開発型ベンチャー創成」は、MBA 学習者と理工学学習者の協働学習の授業である。また、2017 年 4 月に初めてアントレプレナーシップの科目として「NGVC」が新設された。NGVC の授業は、日本人学習者と留学生の協働学習の授業である。通常の授業が日本語である企業経営戦略コースの学習者にとって、これらのハイブリッド科目は、EMI（English as the medium of instruction）となり、英語で多国籍の学習者と学ぶことができる。一方で、国際経営コースの学習者にとっては、社会人経験が豊富な学習者と学ぶことができる。[47]「課題研究」（ゼミ）では、ビジネスプラン作成、個別研究、理論・事例研究がある。ビジネスプランを作成し、ベンチャーとして独立し、社内でアントレプレナーとして新規事業を実施することを想定した科目となっている。個別研究は、産学連携、知的クラスターの拡大を目指し、学習者のキャリアの発展のための科目である。理論・事例研究は、経営者、研究者の育成に用いられている。

これらの事例研究から、欧米日の大学の共通する項目として、「明確なミッション」「学習内容」「実践的な教育へのシフト」「段階的なプログラム設計」「学部・大学院を越えた支援センター」があることが明らかとなった。「明確なミッション」に関しては、各大学に特徴はあるが、どの大学も「世界で率先するリーダーを育成すること」を共通の目的とする。そし

第 3 章　欧米日におけるアントレプレナーシップ教育の比較

図表 36　関西学院大学のアントレプレナーシップ専攻プログラム
出所）関西学院大学専門職大学院アントレプレナーシップ専攻プログラムの資料（2018）

てそのリーダーには、経営の知識などのハードスキルと人を導くためのリーダーシップやコミュニケーションスキルなどのソフトスキルの両方が必要である。それらは、教育者が一方的に教授するのではなく、学習者と教育者が協働で授業を作りあげていく中で習得される。

「学習内容」に関して、Harvard Business School では、アントレプレナーシップを教えること、学ぶことができることとして捉えており（マーフィー 2011, p.41）、失敗から学ぶことに価値があることを学習者が認識している。Stanford Business School では、学習者は人や自分自身のことを知ることに重点を置いている。Stanford Business School では、学習者が、知識だけでなく、どう考えるのか、自分自身の価値等を理解すること、そしてそれを相手に伝え、共創していくことを重要視している。また、学習者は、授業を受講し、行動を起こさないことが後悔というリスクになるという認識を示していることから、Stanford Business School では、行動を重要視している。

MIT Sloan Business School に関しては、Stanford Business School と同様に、人との関わりあいを通じて、その人の考えを傾聴し、共感すること、実践と内省に重点を置いている。授業だけでなく、支援センターのネットワークにより、Kolb（1984, p.42）の具体的経験、内省的観察、抽象的概念、能動的実験の４つのステップやシャーマー＆カウファー（2015）、シャーマー（2017）のU理論にある自己の発見や価値を見いだすプロセス、共始動、共感から、共プレゼンシングの内省、共創造のプロセスを踏んでいる。
　Chicago Booth Business School に関しても Harvard Business School、Stanford Business School、MIT Sloan Business School と同様に、積極的にアントレプレナーシップ教育を推進しており、実際に学習者が起業することを想定とした詳細なビジネスプランを作成し、ビジネスプランコンテストでの学びを重視している傾向にある。
　IE Business School は、国籍や人種など多様な学習者が米国の大学より多い。多くの大学で取り入れられているグループワーク（Gatfield 1999; Sharp 2006）を含む協働学習が推奨され、学習者同士の学びが重要視されている。また、企業からの課題を与えられるのではなく、学習者自身が企業の商品やサービスを体感し、そこから課題を発見し、考え、手を動かしながら、ビジネスプランとして提案することを推奨している。同様に、支援センターなどを利用してビジネスプランを具現化できる実践的な授業が多いことから、学習者が、実践していく中での学びを大切にしている。また、欧州の大学だけでなく、米国やアジアの大学と提携しており、ダブルディグリーを取得できるなど、世界を教育の場とし、学習者の希望に応じたプログラムの構成であることから、学習者は世界を意識した専門分野の知識や経験を得ることができる。
　Kellogg Business School は、卒業生は大企業で活躍することが多いため、企業内で役立つ取り組みがされている。また、Stanford Business School、MIT Sloan Business School と同様に、傾聴や内省に関する概念や実践を授業に取り入れており、学習者の内面の育成にも注力していることがうかがえる。Kellogg Business School は、起業を支援する仕組みが整理されている。学習者は、授業やさまざまなプログラムの支援が受けやすい仕組みになっており、それらの総合的な学びを得ることができる。

第3章 欧米日におけるアントレプレナーシップ教育の比較

　Babson Business School においても MBA の 1 年目から起業に関連する科目があり、学習者は、小規模で事業を運営していく経験をすることから実践を重視していることがわかる。また、ファッションや食品などの専門市場、女性など対象者や社会性などに特化した支援があることから、学習者の要望に応じた柔軟な対応ができることがうかがえる。

　早稲田大学に関して、起業を支援する施設により、教育者、学習者、企業、協定校・地方自治、国際ベンチャーの 5 種類があり、積極的に事業を具現化していく傾向があることがわかる。学習者の知識を実践の場で活用し、そこから学習者の学びを深化させている。同様に、九州大学に関しては、QREC の体系的なカリキュラムが構築されており、Stanford Business School、MIT Sloan Business School のような実践にも注力したプログラム構成になっており、学習者は、約 30 科目以上の正規授業を受講することができる。また、Motivation、Knowledge & Tool、Integration の 3 つの視点を重視していることから、学習者の学びとして傾聴や共感を大切にしている。

　関西学院大学に関しては、ベンチャービジネスの基礎科目から始まり、アントレプレナーシップ、新規事業計画に進展する。研究開発型ベンチャー創成や NGVC など文系と理系の専門領域が異なる学習者や留学生との協働学習を推奨している。また、課題研究で学習者の専門性を構築し、論文もしくはビジネスプランを作成することを学習者の成果としている。しかしながら、早稲田大学や九州大学のような起業に関する支援センターがないため、学習者は、ビジネスを具現化することや起業に対して取り組むことが難しい状況にある。

　「実践的な教育へのシフト」に関して、1950 年代に Harvard Business School の学習者は米国の大企業に就職しており、1980 年代まで起業関連の科目が少なかった（マーフィー 2011, p.41-45）が、民間企業出身の学長のトップダウンの戦略により起業科目が増加し、ビジネスコンテストや起業センター、フィールドワークなど実践的な教育にシフトした。Stanford Business School は、理論、思考方、フレームワークを教授し、他学部での受講や海外経験、数々のインターンシップなどを提供する。MIT Sloan は、イノベーションには試行錯誤が大切であり、教室外に出て現場で学習すること、自分の手を動かし物事を進めることを強く推奨している。Chicago

Booth Business School は、インキュベーションセンターで会社設立のためのプログラムなどを用意している。IE Business School は、教室外で国内、海外の現場学習を推奨する。早稲田大学には、東南アジアで実践できるアントレプレナーシッププログラムがあり、九州大学の QREC には、グローバル PBL やインターンシップなどが含まれる。大学改革の前は、アントレプレナーシップ教育は理論が中心とされていた。しかしながら、世界を率先するリーダーの育成には、理論だけでなく実践が不可欠であることがうかがえる。

　「段階的なプログラム設計」に関して、Stanford、IE、Kellogg Business School、九州大学の QREC にはアントレプレナーシップ教育の基礎から応用まで段階的なプログラムがある。Stanford のコアクラス、強化クラス、実践クラスや IE の必修、基礎、選択、Kellogg Business School の教室内初級、上級、教室外、九州大学の基礎、応用、実践などである。表記の違いはあるが、3段階で構成されているプログラムが多く、基礎で理論を学習し、理論を用いて実践する構成になっている。起業に関する学習者の関心を得ることから、実際に起業することまで幅広い授業が展開されている。また、学習者の希望進路に応じて、実践には業界や専門など幅広い授業の選択肢が用意されている。

　起業については、学習者は、インキュベーターでビジネスアイデアを実体化するプロトタイプ（試作品）を作成し、試行錯誤ができる環境にある。また、学習者は、スタートアップでインターンシップを経験し、スタートアップの現状やビジネスの仕組みを学ぶ職務経験を積むことができる。学習者は、1つの教育機関だけでなく、専門や領域の拡大にあたり、他の教育機関においても学習することのできる選択肢がある。それは国内だけでなく海外も含まれ、たとえば発展途上国に行き、現地の課題を見つけ、その課題を現地の人や学習者のチームで解決することが含まれる。つまり、学習者が、手を動かしながら、考え、アイデアを具現化し、起業することができるプログラム構成になっている。

　「学部・大学院等を超えた支援センター」に関して、Stanford d.school、MIT Sloan Business School、早稲田大学、九州大学の QREC は文系、理系、学部、大学院の垣根を越えて実践する場などエコシステムが構築されてい

る。支援センターには専任の教員もしくはスタッフがいる。支援センターは、大学や大学院のハブとなっており、人、もの、資金、情報の発信や提供だけでなく、学習者の交流、信頼できる相談センターとしての役割を担っている。たとえば、MIT Sloan Business School では、教育者、スタッフは、学習者の起業に関する利益を得ないことを掲げている。MIT Sloan Business School は、学習者が支援者を信頼できる体制を整備し、事業に対して学習者が、意思決定できる環境や長期的な起業の成功をもたらす仕組みを構築している。MIT Sloan Business School の支援センターは、学習者同士の交流を深め、足場づくり（Scaffolding）をし、2018年に108名のアントレプレナーが誕生し、確実に成果を出している。

各大学の特徴としては、MIT Sloan Business School は学習者がアントレプレナーシップ教育の主体であることを明確に示している。そのプログラムでは、学習者が主体となり、授業、プログラム、イベント、地域貢献などが形成されている。卒業生とのネットワークに関して Stanford の卒業生がインターンシップの受け入れ先になることや Chicago Booth Business School は投資家、弁護士、経営者である卒業生がメンターとなり起業を支援する。

スタートアップではインターンシップの受け入れに関して、十分な資金が確保できないケースが多いが、Stanford 大学が卒業生のスタートアップのインターンの受け入れに関して資金援助を実施している。そのため、学習者がスタートアップを実践の場として活用することができ、スタートアップにとっても、学習者の現場での新たな知見や優秀な人材の確保として好循環を生み出している。清川（2013, p.98）が指摘するように、Stanford 大学の卒業生は在学中に Stanford 大学から何かしらの恩恵を受けており、卒業後に還元したいという想いも働いていると考えられる。Chicago Booth Business School の卒業生がメンターとなり、現役の学習者の起業を支援する仕組みも好循環を生み出している。学習者は、教育機関に所属する教育者だけでなく、さまざまな分野で活躍する専門家である卒業生と接点を持つことができ、現実的で有益な助言を得ることができる。

資金提供に関して、MIT Sloan、Kellogg、Babson Business School ではビジネスコンテストなどのイベントも多く、MIT Sloan Business School は

賞金が約1000万円、Babsonでは約200万円以上など資金提供もされている。非常に豊富な資金提供であり、学習者が実際に起業できる支援体制が継続的に整備されていること、教育機関が企業からの支援を持続的に得ていることが考えられる。

　幅広い選択肢を有する授業が展開されているのは、Stanford、Chicago Booth、IE Business Schoolである。Stanford大学は他学部の授業も受けることができる自由度の高いプログラム設計である。Chicago Booth Business Schoolは、カリキュラムが柔軟に組める。IE Business Schoolでは、70か国以上の学習者の多様な進路希望に対応するため、カスタマイズ可能な授業の選択肢が用意されている。図表27の欧米日の大学の比較において、欧米の大学の規模は非常に大きいところが多い。欧米の大学の学習者数は479名から934名である。日本の大学は、学習者数が102名から233名である。欧米の大学は学習者数が日本の大学の約2倍から9倍以上となる。大学の規模の違いはあるが、学習者の入学時の広範囲な専門性やキャリアの育成に関して、多様な選択肢を教育機関が準備することが必要である。1つの教育機関で不可能な場合は、相互単位交換など教育機関同士の提携を模索していく必要がある。

　アントレプレナーシップの教育内容や支援施設、イベント等にアプローチしやすいように、それらの情報が1枚に集約されている案内書を提供しているのは、Kellogg Business SchoolのKIEI（Personals Guide）やBabson大学のBabsonアントレプレナーリソースガイドである。授業のフレームワークやプログラムが起業の地図だとすると、その案内書は、起業の地図をサポートするツールのようなものである。そのツールは、学習者が起業に関心を持ち始めた際、教育機関にどのような授業、イベントがあり、教育機関のどこの部署が情報を発信し、責任を持って支援しているのかを示すものである。学習者が教育機関のリソースにアクセスしやすい役割を持っており、そのようなツールは重要である。

　また、MIT Sloan Business Schoolと九州大学は、1年間のアントレプレナーシップ教育の取り組みの成果を報告書としてまとめている。アントレプレナーシップ教育のミッションをはじめ、授業や起業の支援内容、学習者の授業の受講に関する記述や起業の体験記などが記載されている。ま

た、長期的なアントレプレナーシップ教育の取り組みや、昨年と比較して1年間の取り組みでどのような進展があったのかなど、アントレプレナーシップ教育の進展を知ることができる。

　卒業後のキャリアに関して、Harvard大学は卒業後に起業する学習者数は少ない。卒業後は大企業に就職し、学生ローンなどの借金を返済したうえで、自分自身の思い描くキャリアに進む傾向にある。Harvard大学では、起業が称賛されている文化がある。Stanford大学は在学中もしくは卒業後の起業は10％程度であり、卒業後25年以内で25％程度である。IEは学習者の15％が起業する。Babson大学は、卒業生の45％が自身のビジネスを持つ。

　学費が私費か社費かによって、学習者の授業料、渡航費の負担は異なるが、日経キャリアマガジン（2016、p.45）が示すように、MBA取得に要した費用に関して、国内MBAでは200万円前後かかるのに対し、海外MBAは500万円以上、生活費を含むと1000万円以上になる。MBA取得に要する費用を考慮すると、卒業後すぐの起業の難しさが浮かび上がる。

　早稲田大学に関しては大江教授が起業を支援する施設などを含め先導しており、九州大学に関しては、谷川教授、五十嵐教授が海外の動向を研究や視察を行いながら、アントレプレナーシップのプログラムの設計を行っている。このように、アントレプレナーシップ教育のフレームワークの開発には、教育者の知見や経験が活用されており、教育者の熱い想いが込められている。

第6節　まとめ

　本章では、欧米日の大学におけるアントレプレナーシップ教育の現状分析においてアントレプレナーシップコース（専攻）、プログラム、科目、実践活動、支援センターの詳細を明らかにした。その後、欧米日の大学の事例を研究した。

　本書から判明する諸点として、米国の大学は、学術や実践において世界のリーダーであり、大きな影響力があることがあげられる。米国だけでなく、世界各国にキャンパスを持つ。国際認証機関の指摘を受け、企業や地

域との関係を強化し、プログラムの改革の調査や研究を繰り返し実施している。

　欧州の大学は、米国の大学のフレームワークを受け入れ、学習者の国籍の幅広さ等の多様性における異文化体験や他国の大学との提携を積極的に行い、欧州の独自スタイルを築いている。また、欧州の大学は、国際的認証を積極的に取得し、プログラムの質の向上に注力し、改善を実施している。欧州の大学が特化する教育分野として、アントレプレナーシップやテクノロジーなどがある。欧州の大学の課題として、産学連携や資金調達を今後強化していく必要がある。

　アジアの大学は、欧米から指導を仰ぎ、大学の新設やプログラム開発、教育者のトレーニングを実施する段階である。文部科学省（2019, p.1）は、日本の大学は理論と実務を架橋した実践的な教育を実施することを掲げ、フィールドワーク、ワークショップ、シミュレーション、ロールプレイングなどを用いて事例研究や現地調査、多方向の討論、質疑応答をすることを明記する。

　また、金（2004）、日経キャリアマガジン（2016）、日本経済新聞（2017）の調査から、欧州と日本の大学では仕事との両立など学習環境、プログラム内容、国際性、語学、費用、企業からの評価の面で大きな違いが明らかになった。

　アントレプレナーシップ専攻・コース、科目内容、実践活動、その活動に準ずるアントレプレナーシップ支援センターの比較に関しては、Mwasalwiba（2010, p.23）のアントレプレナーシップ教育フレームワークにあるプログラムに注目し、2017年Financial Times Global MBA Rankingに記載されている欧米大学上位10校と文部科学省の2017年専門職大学院一覧（MBA）に記載されている日本の大学23校を対象とした。調査結果から以下の4つが明らかになった。

　1つ目は、欧米の大学では全10校、日本の大学では23校中7校でアントレプレナーシップ専攻・コースがあることである。日本の大学において、アントレプレナーシップ専攻・コースがあることは、教育機関においてもアントレプレナーシップ教育が注目されつつあると考えられる。2つ目は、Mwasalwiba（2010, p.29, 30）の提唱するアントレプレナーシップ教育プ

ログラムを構成する代表的な 9 つの科目のうち、欧米日の大学では、2 科目（アイデア形成・機会獲得、中小企業マネジメント）に科目設定の差があるが、大差はなかったことである。したがって、アントレプレナーシップ教育プログラムを構成する代表的な科目は、ファイナンス・資金管理、マーケティング、アイデア形成・機会獲得、ビジネスプラン、成長戦略、組織構成・チームビルディング、ベンチャー創成、中小企業マネジメント、リスク管理の 9 科目であると考えられる。

3 つ目は、実践活動に関して、欧米の大学では全 10 校、日本の大学では 3 校で実施していることである。4 つ目は、アントレプレナーシップ支援センターに関して、欧米の大学では全 10 校にあるのに対し、日本の大学では 2 校のみであることである。欧米の大学では、アントレプレナーシップ専攻・コース、実践活動、支援センターの環境は整備されている。一方、日本の大学はそれらが十分でない。アントレプレナーシップ教育の専攻・コースが少なく、アントレプレナーシップ科目の設置数も見劣りしている。実践活動とそれを支援するための施設も不十分である。日本の大学におけるアントレプレナーシップ教育の課題として、アントレプレナーシップ専攻・コース、実践活動、支援センターの環境整備があげられる。

また、事例研究から、欧米日の大学の共通点は、世界で率先するリーダーの育成をミッションとし、アントレプレナーシップ教育の段階的なプログラム設計、実践的な教育へシフトし、学部、大学院等を超えた支援センターが形成されている傾向にある。これらのことから、アントレプレナーシップ教育には、基礎から応用の授業があり、学習者の能力にそったプログラムの設計がされている。また、大学では、学部、大学院等の専門知識が相乗効果を発揮するように協働学習が推進され、理論だけではなく実践を行うことが推奨されている。

欧米日の大学の差異は、歴史、学習者数、学習者の平均年齢、卒業者、外国人比率、国際認証、卒業生の年収や進路、起業率や内定率などの開示の度合いである。欧米の大学は、卒業生の年収や進路、起業率や内定率などを明確に開示している。

欧米の大学は、1890 年代に設立されており、歴史もあり学習者数が 500 名以上と多い。平均年齢が 20 代後半で、外国人の割合も比較的多い。研究

対象のすべての大学が国際認証（AACSB）を取得している。卒業生の年収や進路、起業率や内定率などを開示し、教育の質、保証の観点からも学習者のキャリアに対して責任を持つ姿勢がうかがえる。入学を希望する学習者に対しても卒業生の年収や進路、起業率や内定率などは卒業後の進路をイメージできる材料になると考えられる。欧米の大学の場合、学習者は、キャリアを一時的に断念し、職場を長期間離れることを余儀なくされることが多い。多額の費用を伴うため、学習者は、時間や費用に対する大学で学習する対価を想定したキャリア形成が求められることが、その背景にあると想定する。

また、多様な学習者と理論を学習し、企業や団体、国内外の大学と提携し、デザインシンキングやリーン・スタートアップなど起業疑似体験、企業とのコラボレーションなど実践的な活動ができる選択科目の幅が広い。支援センターを活用し、事業を実現するための人・施設・資金が豊富である。つまり、大学でアイデアの創出から実現、豊富な資金でマーケットでの持続的な運営・展開できるシステムが存在している。

そして、すべての授業が英語で受講可能である。フルタイムで授業を受ける学習者が大半を占める。授業料は高いが、卒業者の給与、進路、起業率、内定率を公開している大学が多く、卒業者の年収は $96,485 から $145,559 であり、卒業後の進路は金融、コンサル、テクノロジー業界がトップを占める。起業率は3-16％、就職の内定率は81-100％であり、私費の学習者は80％以上が卒業後3か月以内には就職先が決定している。このように、欧米の大学は、企業からの評価が高い傾向がある。また、AASCBなど国際認証を取得しており、アカデミックな評価を得ている。

一方、日本の大学は、1990年代後半、2000年にかけて設立され、学習者数は、100名から200名規模である。平均年齢は30代後半が多く、働きながら学ぶ学習者数が75％以上と大半である。英語で受講できる科目が限定されており、留学生率も低い。大学の教育の質を認証している国際認証機関からMBAプログラムの認証を取得しているのは、早稲田大学のみであった。

日本の大学は、理論を学習できる機会はあるが、企業や団体と提携した実践的な活動や支援センターなどが少ない。学習者が働きながら学ぶ学習

第3章　欧米日におけるアントレプレナーシップ教育の比較

者数の割合が高いことを提示しているが、アントレプレナーの把握や卒業者の進路は不明であり、学習者の卒業後の進路はHP上などで公開されていない。日本の大学は、多様化、グローバル化、MBAプログラムの国際認証の対応も鈍く、世界から優秀な学習者を集客できるブランド力を兼ね備えているとは言い難い。大学に対する企業からの評価は高いとは言いがたい。ただし、早稲田大学、九州大学、関西学院大学は必修、選択科目を含め段階的なアントレプレナーシップ教育を試みており、実践活動に関しては、早稲田大学、九州大学はインキュベーションセンターの利用を促進している。

　以上のことから、日本の大学のアントレプレナーシップ教育に関して、科目内容を検討し、アントレプレナーシップ教育の専攻・コース、実践活動、アントレプレナーシップ支援センターを拡充する必要がある。そして、国際認証機関から教育の質の保証を得て、グローバル化、卒業生の活躍、企業、団体、地域との取り組みなどプログラムの改革をする必要がある。つまり、日本のアントレプレナーシップ教育プログラムは、質・量を強化する必要がある。

注

1　Babson Business Schoolに関しては、Vesper & Gartner（1997）が調査した1994年のアントレプレナーシップ教育プログラムのランキングにおいて、1位であったため事例として導入した。
2　文部科学省（2017b）「専門職大学院一覧　平成29年度5月現在）」。http://www.mext.go.jp/a_menu/koutou/senmonshoku/__icsFiles/afieldfile/2017/08/28/1388009_1.pdf（最終閲覧日：2018年3月2日）。
3　文部科学省（2016）中央教育審議会大学分科会大学院部会専門職大学院ワーキンググループ「専門職大学院を中核とした高度専門職業人養成機能の充実・強化方策について」（概要）p.1。https://www.mext.go.jp/b_menu/shingi/chukyo/chukyo4/038/houkoku/1377155.htm
4　AMBA（2020）. *About Us.* https://www.associationofmbas.com/about-us/（最終閲覧日：2020年10月21日）.
5　EFMDはThe European Foundation for Management Developmentである。EQUISを管轄する。

6 EFMD（2020）.*About Us*. https://efmdglobal.org/wp-content/uploads/EFMD_Global-About_brochure.pdf（最終閲覧日：2020 年 10 月 21 日）.
7 AACSB（2020）.*About Us*. https://www.aacsb.edu/about-us（最終閲覧日：2020 年 10 月 21 日）.
8 AMBA & BGA *Annual Reports*. https://www.amba-bga.com/annual-report（最終閲覧日：2024 年 11 月 20 日）.
9 AMBA（2020）.*Business Schools*. https://www.associationofmbas.com/business-schools/（最終閲覧日：2020 年 10 月 21 日）.
10 EFMD（2020）.*About Us*. https://efmdglobal.org/wp-content/uploads/EFMD_Global-About_brochure.pdf p.3（最終閲覧日：2020 年 10 月 21 日）.
11 EFMD（2020）.*About Us*. https://efmdglobal.org/wp-content/uploads/EFMD_Global-About_brochure.pdf p.6（最終閲覧日：2020 年 10 月 21 日）.
12 EFMD（2020）.*About Us*. https://efmdglobal.org/wp-content/uploads/EFMD_Global-About_brochure.pdf（最終閲覧日：2020 年 10 月 21 日）.
13 同上。
14 [1]平成 29 年度専門職大学院一覧では、研究科名はリストに記載されているが、表１では、研究科名は省略している。[2]2018 年 4 月から一橋大学大学院国際企業戦略研究科金融戦略・経営財務コースは、専門職学位課程から修士課程に変更している。一橋大学大学院国際企業戦略研究科国際経営戦略コースの授業は英語で実施されている。
15 INSEAD（2017）.*Academics-MBA program*. https://www.insead.edu/master-business-administration/curriculum（最終閲覧日：2024 年 11 月 20 日）.
　Stanford Graduate School of Business（2017）.*Personalized Curriculum*. https://www.gsb.stanford.edu/programs/mba/academic-experience/curriculum（最終閲覧日：2018 年 3 月 20 日）.
　Wharton School（2017）.*The Wharton MBA Curriculum*. https://mba.wharton.upenn.edu/mba-curriculum/（最終閲覧日：2018 年 3 月 20 日）.
　Harvard Business School（2017）.*Curriculum*. https://www.hbs.edu/mba/academic-experience/curriculum/Pages/default.aspx（最終閲覧日：2018 年 4 月 21 日）.
　Cambridge Judge Business School（2017）.*Overview*. https://www.jbs.cam.ac.uk/programmes/mba/curriculum/overview/（最終閲覧日：2018 年 3 月 20 日）.
　London Business School（2017）.*Brochure: The MBA*.（最終閲覧日：2018 年 3 月 21 日）.
　Colombia MBA program（2017）.*Programs*. https://www.academic.business.columbia.edu/mba（最終閲覧日：2024 年 11 月 20 日）.
　IE Business School（2017）.*Brochure: The Program*. https://landings.ie.edu/masterland-programs-in-business-management-cro?utm_source=google&utm_medium=cpc&utm_campaign=AO-MAS-BUS-BMNG-ALLP-REGLR-PW-TIER3-APAC-SEM-BRA-LEAD&utm_id=8301386129&ad_group_id=146282459712&ad_

第 3 章　欧米日におけるアントレプレナーシップ教育の比較

　id=646791828923&placement_id=&network=g&gclsrc=aw.ds&gad_source=1&gclid=CjwKCAiA9IC6BhA3EiwAsbltOBKrs_YVmtR89VdQhmHHvfZmLln5MO9HhKCZrQegIgpcWhs0bQfw8xoCNu4QAvD_BwE（最終閲覧日：2024 年 11 月 20 日）.
　The University of Chicago Booth School of Business（2017）. *Curriculum*. https://www.chicagobooth.edu/mba/academics/curriculum（最終閲覧日：2024 年 11 月 20 日閲覧）.
　IESE Business School（2017）. *Oriental Week*. https://mba.iese.edu/program/curriculum-content/orientation-week/（最終閲覧日：2018 年 4 月 21 日）.
　小樽商科大学大学院（2018）「授業科目・時間割」。http://www.obs.otaru-uc.ac.jp/course（最終閲覧日：2018 年 4 月 21 日）。
　九州大学大学院（2017）「Brochure：2017 年度時間割」。（最終閲覧日：2018 年 4 月 21 日）。
　九州大学大学院（2018）「九州大学ロバート・ファン アントレプレナーシップ・センター」。http://qrec.kyushu-u.ac.jp（最終閲覧日：2018 年 4 月 21 日）。
　早稲田大学大学院（2017）「Brochure：2017 年度科目紹介」。（最終閲覧日：2018 年 4 月 21 日）。
　早稲田大学大学院（2018）「早稲田アントレプレナーシップセンター」。https://www.waseda.jp/inst/entrepreneur（最終閲覧日：2018 年 4 月 21 日）。
　SBI 大学院大学（2018）「MBA コース科目一覧」。http://www.sbi-u.ac.jp/curriculum（最終閲覧日：2018 年 4 月 21 日）。
　事業創造大学院大学（2018）「カリキュラム」。http://www.jigyo.ac.jp/curriculum（最終閲覧日：2018 年 4 月 21 日）。
　関西学院大学大学院（2017）「Brochure: カリキュラム」。（最終閲覧日：2018 年 4 月 21 日）。
　ビジネス・ブレークスルー大学大学院（2018）「アントレプレナーコース」。https://www.ohmae.ac.jp/prgram/bbt-mba（最終閲覧日：2024 年 11 月 20 日）。

16　脚注 34 参照。
17　Financial Times Business Education.
　http://rankings.ft.com/businessschoolrankings/（最終閲覧日：2020 年 10 月 21 日）。
18　文部科学省（2016）中央教育審議会大学分科会大学院部会専門職大学院ワーキンググループ（第 10 回）資料 2「専門職大学院 WG 報告書」（参考資料）（案）p.26。https://www.mext.go.jp/b_menu/shingi/chukyo/chukyo4/038/siryo/__icsFiles/afieldfile/2016/08/23/1376231_02.pdf
19　Babson に関しては、Vesper & Gartner（1997）が調査した 1994 年のアントレプレナーシップ教育プログラムのランキングにおいて、1 位であったため事例として導入した。
20　早稲田大学大学院経営管理研究科は全日制グローバル、MSc in Finance、1 年生総合、Waseda-Nanyang Double MBA program、夜間主プロフェショナル・マネジメント専修、夜間主プロフェショナル・ファイナンス専修、夜間主総合を含む。
21　第 6 節に関しては Business School を省略する箇所がある。

22 卒業者の年収は、Harvard は中央値が $140,000 である。Stanford は平均値が $145,559 であり、中央値が $142,000 である。MIT Sloan は平均値が $111,578 である。

23 起業率

Harvard（2017）. *Entrepreneurship*. https://www.hbs.edu/recruiting/employment-data/entrepreneurship/Pages/default.aspx（最終閲覧日：2018 年 12 月 15 日）.

Stanford（2017）. *MBA Employment Report 2016-2017*.

Chicago Booth（2017）. *Employment Statistics: 2016-2017*. https://www.chicagobooth.edu/mba/full-time/career-impact/employment-report（最終閲覧日：2018 年 12 月 15 日）.

IE Business School（2016）. *An MBA out of the ordinary international MBA*.

24 内定率は、Harvard は卒業までの内定率 95％である。スタートアップ 9％（平均収入 $130,000)、テクノロジー 50％、メーカー 13％、金融 12％である。Stanford は卒業までの内定率は 81％である。卒業後 3 か月以内の内定率は 95％である。企業派遣は 7％あり、起業は 16％である。MIT Sloan は卒業までの内定率が 100％である。企業派遣は 10％あり、起業は 10％である。Chicago Booth は卒業後 3 か月以内に内定率は 98％である。企業派遣は 9％である。IE は卒業後 3 か月以内の内定率が 83％である。起業は 15％である。Kellogg は卒業までの内定率は 84％、卒業後 3 か月以内の内定率は 95％である。企業派遣は 14％である。Babson は卒業後 3 か月以内の内定率は 83％である。

25 Harvard Business School（2018）. *Academic Programs*. https://www.hbs.edu/mba/Pages/default.aspx（最終閲覧日：2019 年 7 月 1 日）.

Harvard Business School（2018）. *Entrepreneurship*. https://www.hbs.edu/mba/entrepreneurship/Pages/default.aspx（最終閲覧日：2019 年 7 月 1 日）.

Stanford Graduate School of Business（2018）. Employment report class of 2018 full time hires.

Stanford MBA Broacher（2019）. *Stanford MBA class of 2018*. https://www.gsb.stanford.edu/organizations/recruit/strategies-resources/employment-reports（最終閲覧日：2019 年 7 月 1 日）.

MIT Sloan（2018）. *MBA Employment report 2018-2019*. https://mitsloan.mit.edu/sites/default/files/2018-11/2018-2019%20MBA%20Employment%20Report.pdf（最終閲覧日：2019 年 7 月 1 日）.

MIT Sloan（2019）. *Meet the Class*. https://mitsloan.mit.edu/mba/meet-class

Chicago Booth（2019）. *Class profile*. https://www.chicagobooth.edu/mba/full-time/admissions/class profile（最終閲覧日：2019 年 7 月 1 日）.

Chicago Booth（2018）. *2017-2018 Employment statistics full time report*.

IE Business School（2017）. *An MBA out of the ordinary（International MBA)*.

IE Business School（2018）. *The Programs*. https://www.ie.edu/business-school/programs/mba/international-mba/（最終閲覧日：2019 年 7 月 1 日）.

Kellogg（2018）. *Kellogg MBA employment outcomes*. https://www.kellogg.

第 3 章　欧米日におけるアントレプレナーシップ教育の比較

northwestern.edu/the-experience/career/employer/employment-statistics.aspx（最終閲覧日：2019 年 7 月 1 日）.
　Babson（2018）. *Full time MBA*. https://www.babson.edu/academics/full-time-bisiness-programs/mba/（最終閲覧日：2019 年 7 月 1 日）.
　Find MBA（2019）. https://find-mba.com/mba-faq/mba-accreditation-why-is-it-important（最終閲覧日：2019 年 7 月 1 日）.
　AACSB（2019）. *AACSB-Accredited Business Schools*. https://find-mba.com/accreditations/AACSB（最終閲覧日：2019 年 7 月 1 日）.
　AMBA（2019）. *AMBA-Accredited Business Schools*. https://find-mba.com/accreditations/AMBA（最終閲覧日：2019 年 7 月 1 日）.
　EQUIS（2019）. *EQUIS-Accredited Business Schools*. https://find-mba.com/accreditations/EQUIS（最終閲覧日：2019 年 7 月 1 日）.
　早稲田大学ビジネススクール（2019）（早稲田大学大学院経営管理研究科）「Waseda business school 2019」パンフレット。
　日経キャリアマガジン（2016）『社会人の大学院 2017』日本経済新聞出版。

26　早稲田大学の卒業者数は、5,234 名である。その詳細は、商学研究科ビジネス専攻 3,388 名、ファイナンス研究科 1,603 名、経営管理研究科 243 名である。早稲田大学大学院商学研究科ビジネス専攻の 3,388 名の卒業者には、前身のアジア太平洋国際経営学専攻と商学研究科商学専攻夜間 MBA プログラムの修了者を含む。

27　同上。

28　欧米の大学の卒業者の年収と卒業後の進路に IE は含まれていない。

29　Liberatory design（2021）. Liberatory design for equity process. https://www.nationalequityproject.org/frameworks/liberatory-design（最終閲覧日：2024 年 4 月 10 日）.

30　IE Business School（2016）. *An MBA out of the ordinary international MBA*.

31　同上。

32　選択科目は、150 以上の授業が用意されているが、bit（入札）精度を導入しているため、学習者は、シラバス、教育者のビデオメッセージ、科目の人気度を確認し、付与されたポイント内で授業の受講資格を入札する。結果的に、需要の少ない授業は削除される。

33　IE KMD Venture Day. https://events.ie.edu/event/venture-day-tokyo（最終閲覧日 2018 年 11 月 1 日）.

34　IE Business School（2020）. https://www.ie.edu/business-school/why-ie-business-school/partners-strategic-alliance/（最終閲覧日：2020 年 9 月 6 日）.

35　IE Business School（2016）. *An MBA out of the ordinary international MBA*.

36　Babson. *Mission, Vision, & Values*. https://www.babson.edu/about/babson-at-a-glance/mission-vision-and-values/（最終閲覧日：2024 年 11 月 20 日）.

37　バブソン大学。https://ja.wikipedia.org/wiki/バブソン大学（最終閲覧日：2019 年 5 月 30 日）。

38　Babson Entrepreneurship at Babson College Curricular and Co-Curricular

159

programs, 2016, August.
著者がBabson大学で入手した資料である。
39 早稲田大学大学院（2017）「Brochure：2017年度科目紹介」。（最終閲覧日：2018年4月21日）。
40 九州大学ロバート・ファン／アントレプレナーシップ・センター（QREC）Annual repot 2017-18, p.3 QREC 概要。http://qrec.kyushu-u.ac.jp/kanri/wp-content/uploads/2019/02/QREC_AN2017-18.pdf（最終閲覧日：2018年4月21日）。
41 同上。
42 同上。
43 関西学院大学HP。https://www.kwansei.ac.jp/kwansei_m_000961.html（最終閲覧日：2019年7月1日）。
44 関西学院大学大学院（2020）「コンセプト」。https://kwansei-ac.jp/concept/ （最終閲覧日：2020年9月1日）。
45 関西学院大学大学院（2019）「Brochure：入学者統計」。（最終閲覧日：2019年7月21日）。
46 関西学院大学大学院（2017）「Brochure：カリキュラム」。（最終閲覧日：2018年4月21日）。
47 同上。

第4章

アントレプレナーシップ教育の効果検証

理論と実践の重要性

　本研究の課題に対する実証研究の手法、調査対象者、分析の着眼点と選択理由に関して検討し、データの収集、分析に関する指針を提示する。学習者のアントレプレナーシップ教育の授業に関して、どのような学習効果があるのかを調査するために、アントレプレナーシップ教育の授業前後（短期調査）もしくはプログラムの前後（長期調査）でアントレプレナーシップ教育の効果を測定することである。

第1節　実証研究のアプローチ

　本章は、欧米日の大学のプログラムの現状、および短期・長期的アントレプレナーシップ教育の効果を量的研究・質的研究を用いて解明し、有効的なアントレプレナーシップ教育プログラムを示唆することを目的とする。先述した3つのリサーチクエスチョンを踏まえ、量的研究・質的研究の利点と欠点、両方の研究方法や事例研究を用いる必要性、倫理の観点から研究のアプローチに関して検討する。

第1項　量的研究・質的研究

　図表37は、研究のアプローチを示している。量的研究は、「仮説検証型の演繹的アプローチ」である。質的研究は、「帰納と演繹の2つのアプローチの往復によって記述的・事実模索的な解明」を目指すものである（篠原

```
            量的研究                              質的研究
┌─────────────────────────────────┐  ┌─────────────────────────────────┐
│「仮説検証型の演繹的アプローチ」              │  │「帰納と演繹の往復 記述・事実模索的な解明」     │
│ 方法： 質問紙                          │  │ 方法： インタビュー、フィールドワーク          │
│ 目的： 因果関係の証明                     │  │ 目的： 社会的現象の要因分析               │
│       仮説検証、予測                   │  │       モデルや理論の生成                │
│ 分析： 統計                           │  │ 分析： グラウンデッド・セオリー              │
│ ＋ ・多くの研究対象者からデータを収集         │  │ ＋ ・調査対象を柔軟に選択                 │
│    ・大量の標本に対して同一の質問          │  │    ・自然な場で実施、データに忠実           │
│    ・質問順序、用語、回答形式の統一         │  │    ・主観性                         │
│    ・データ比較が容易                   │  │                                 │
│    ・匿名性(回答者は安心して正直に答えやすい)    │  │                                 │
│    ・客観性                         │  │                                 │
│ － ・個々の調査対象者に対応不可            │  │ － ・一部の研究対象者のみデータ収集          │
│    ・社会的な文脈の妥当性弱い            │  │    ・真実性、信憑性などの厳密さ            │
└─────────────────────────────────┘  └─────────────────────────────────┘
                          ┌─────────────────────────────┐
                          │         方法論的多元論            │
                          │  ・量的研究と質的研究の両方使用      │
                          │  ・弱い部分を補い合い、重複避ける     │
                          │  ・妥当性向上                   │
                          │  ・人間や社会の多様な観点、複数の方法で │
                          │    整合的なデータを得る            │
                          └─────────────────────────────┘
```

図表37　研究のアプローチ

出所）篠原・清水・榎本・大矢根 (2010, p.66)、Holloway & Galvin (2016, p.11)、グラハム (2017, p.13)、須田 (2019) をもとに著者作成

ら 2010, p.66)。量的研究、質的研究方法にはそれぞれ強みと弱みがあり、トレードオフの関係になる。

研究の評価指標として、内的・外的妥当性、信頼性がある。内的妥当性とは、「測定すると主張しているものが実際に測定できているか」(Ekman 1982; McCall 1984)、もしくは、原因と結果の因果関係である。「研究で特定した原因が実際に人々の行動（結果）に影響を与えていれば内的妥当性が高い」ことを示す（須田 2019, p.48）。

外的妥当性は、「研究から得られた結果が研究対象以外の状況や研究対象者以外の人々に対して、どの程度当てはまるか」である。つまり、母集団から一部の研究対象者を選択して研究を行い、その結果が研究の母集団に一般化できるかである（須田 2019, p.50）。また、社会文脈的妥当性も外的妥当性に含まれる（Gill & Johnson 2002）。実験室で実施された研究など人工的あるいは日常の一般的な社会でない研究環境で得られた研究結果が、一般的な日常という自然にどの程度一般化できるか、また、社会で実施された研究であってもどの程度その状況が把握されているのかが問わ

れる（須田 2019, p.51)。

　信頼性に関しては、研究の再現が可能であるかが問われる。同じ研究者がオリジナルと同じ研究課題について、同一あるいは類似の社会グループを対象に研究を実施し同じ結果が得られるか、また、別の研究者がオリジナルの研究と同じ研究課題について同一あるいは類似した社会グループを対象に研究を実施し、オリジナルと同じ研究ができ、同じ結果が得られるかが問われる（須田 2019, p.52, 53)。

　量的研究の1つに質問紙調査がある。質問紙調査は質問紙を用いた調査のことをいう。質問紙調査では、大量の標本に対して同一の質問をすることができる。質問文が単純、適切であり、回答者が協力的である場合、信頼できる結果が期待できる方法である。質問紙調査の特徴は、匿名性である。分析の段階で、基本的に誰がどのように回答したのかを重視しないため、回答者は安心して正直に答えやすい。また、多くの研究対象者からデータを収集することができ、質問の順序、用語の使い方、回答形式などが統一され、データを比較しやすい。一方、調査項目を事前に決定しているため、個々の調査対象者の状況に合わせて柔軟に対応できず（篠原ら 2010, p.66)、社会的妥当性は弱い（須田 2019, p.51)。

　質的研究では、当事者の視点に着目し、異なったさまざまな視点から分析される。質的アプローチは、行為主体が置かれている状況は何で、どのような意味があるのかという「主観的意味」、相互行為がいかに形成され社会的・文化的にどのように産出、維持されるのかという「相互行為とコミュニケーション」、現象や行為の背後にある意味は何であるのかという「実践に対する文化的社会的枠づけ」である（篠原ら 2010, p.170, 171)。質的データは、人間のコミュニケーションの鼓動、文章、聴覚、視覚、象徴的・文化的産物などあらゆる形態を含む。最も一般的な形態は、インタビューのトランスクリプトなどのテキストデータである（グラハム 2017, p.3)。質的分析の目的は、社会的現象の深い記述を用いて、要因を分析し、主な構成要素を取り出すことである。そして、それらの相互の影響などを考察し、モデルの生成や理論を開発することである（グラハム 2017, p.13)。

　質的研究の1つにインタビューがある。インタビューには構造化インタビュー、半構造化インタビューがある。構造化インタビューは、質問項目、

質問順を設定し、その項目、順番に従って回答者が答える。研究者が予定していない質問項目に関してはデータを得ることができない。一方、構造化インタビューは透明度が高く、インタビューが標準化しやすいため、研究者以外の他の人もインタビューの再現が可能である。半構造化インタビューは、あらかじめ質問事項が決められており、それに従って質問を行う。ただし、質問の順番や説明等は回答者の反応によって変化し、当初予定しなかった質問を行うため柔軟性が高い。研究者が当初予定していない内容に関してもインタビューから引き出すことができ、一人のインタビューから得るデータ量が多いのが強みである。ただし、インタビューをするにあたり、研究者の知識、経験、スキルなどが内容妥当性に大きな変化を与える（須田 2019, p.87-90）。

　量的研究、質的研究の両方が可能である事例研究[1]は、「研究テーマに関して1つあるいは複数の研究対象に対する集中的なデータ収集によって他のどんな研究方法よりも研究対象に関して詳細に、そして全体像をつかむことのできる方法」（Bryman 2016; Bryman & Bell 2007, 2015; Hakim 1992; Yin 1994, 2009; 須田 2019, p.195）である。事例研究の強みは、複数の研究方法を組み合わせることで、個々の研究方法が持つ弱みを補うことができる点である（須田 2019）。

　Holloway & Galvin（2016, p.11）は、量的研究と質的研究の差異をまとめた。量的研究の目的は、因果関係を証明するための調査であり、仮説検証、予測などを試みる。アプローチは、狭い焦点で、結果志向である。実験室など環境が固定されているときもある。データは、質問紙や文章など回答者から得る。回答者は無作為に抽出され、研究開始前に質問紙の選択方法が決定される。統計分析が行われ、測定可能な結果を得る。研究者との関わりは限定されており、内的・外的妥当性、信頼性、一般化が求められる。

　一方、質的研究の目的は、参加者の経験を理解し、データから理論を生成することである。アプローチは、幅広い観点からのプロセス志向であり、文脈に縛りがある。ほとんどの研究は自然な場で実施され、データに忠実である。データは研究の参加者で、調査対象を柔軟に選択することも可能である。データの収集方法は、インタビュー、参与観察、フィールドワー

ク、文書、写真、ビデオなどさまざまである。分析方法は、グラウンデッド・セオリーなどがある。理論や物語などが結果としてあげられる。研究者との関係性は、直接関わり、密接な研究関係になることもある。真実性、信憑性などの厳密さが求められる。

　量的研究と質的研究の両方を使用するなど多様な研究方法を組み合わせて研究の質を高める方法論的多元論が推奨されている。量的研究、質的研究のそれぞれの弱い部分を補い合い、弱い部分が重複しないようにできるからである。また、人間や社会に対する異なった見方があり、多様な現実をより深く理解し、複数の方法で整合的なデータを得ることができれば、その知見の妥当性も大きく高まるからである（Creswell & Creswell 2018; Gill & Johnson 2002; MaCall & Bobko 1990; McCall & Simmons 1969; McLennan 1995；小泉・清水 2007; 須田 2019）。Lackéus（2015, p.20）は、アントレプレナーシップの教育効果の測定には、量的研究・質的研究の両方を用いて計測することを提唱する。本研究においても、方法論的多元論を取り入れ、多角的な視点から分析する。

第2項　倫理

　Kidder（1981）は、知らないうちに、あるいは承諾なしに人々を研究に参加させること、研究に参加するように強制すること、研究の本質を研究参加者に知らせないでおくことなど、具体的に参加者に対する10の問題行為を提示している。ヒックス & 平賀（1998）の「人間科学研究法ハンドブック」にあるように、人権の保護および、法令等の遵守は非常に重要である。日本心理学会会員倫理綱領および行動規範には、人間の基本的人権を認め、それを侵害せず、人間の自由と幸福の追求の営みを尊重し、人間以外の動物にも配慮するよう記載されている。5つの行動規範は、1. 責任の自覚と自己研鑽、2. 法令の遵守と権利・福祉の尊重、3. 説明と同意、4. 守秘義務、5. 公表に伴う責任である。濱・竹内・石川（2005）は、社会調査に関して、研究者と調査対象者の友好関係が重要であることを指摘する。

　本書においては、著者は、常に、調査対象者の人権の保護や友好関係を念頭に置いた。質問紙、インタビュー調査に先立ち、著者は、調査対象者

に研究の目的、参加の任意性、個人情報の保護、成績と一切関係ないことを説明し、任意回答とした。質問紙調査に関して、著者は、調査対象者に回答データは数値化され、コンピューターで一括して処理するため、回答者が特定されることがないことを説明した。

第3項　分析の枠組み

本節では、本書の実証研究の枠組みを説明している（図表38）。先行研究やデータ収集後、国内外の大学を対象にアントレプレナーシップ教育の専攻・コース、科目内容、実践活動、支援センターの文献調査を実施する。そして、教育効果の検証に関して、授業前後の変化を測定した短期プログラム調査、プログラム前・後の変化を測定した長期プログラム調査を実施する。

短期プログラムの質問紙調査については、関西学院大学の8つの授業が対象である。ベンチャービジネス、アントレプレナーシップ、新規事業計画、研究開発型ベンチャー創成、NGVC、イノベーティブシンキング、システムシンキング、統計学である。インタビュー調査の対象は、関西学院大学のNGVCである。フィールドワークの調査対象は、関西学院大学である。

長期プログラムの質問紙調査は、IE Business Schoolが対象である。インタビュー調査の対象は、Harvard、MIT Sloan、Chicago Booth、IE、Babson、Kellogg Business School、早稲田大学、九州大学、関西学院大学である。

日本企業・日本文化に関するフィールドワーク調査は、関西学院大学の留学生を対象とした。箕浦（1999, p.3）は、フィールドワークについて、「現地に行ってなにがしかのデータを得てくること」と定義している。フィールドワークの中心は、「見ること」「聞くこと」である。現地を半日ほど視察してくる実地検分や自然と人々とのかかわり合いを聞き取り調査することも含まれる。佐藤（1992, p.13）は、フィールドワークは、「野外調査」である。フィールドワークの対極は、屋内での作業（デスクワーク、書斎や図書館での文献研究、実験室実験）（佐藤 1992, p.44）となる。フィー

第4章　アントレプレナーシップ教育の効果検証

図表38　実証研究の枠組み

出所）著者作成

ルドワークにはさまざまな種類がある。人文社会科学系のフィールドワークには、関与型フィールドワーク（参与観察、現場密着型聞き取り、現場での第1次資料収集）、非関与型フィールドワーク（非参加型現場観察、1回限りの聞き取り、質問表によるサーベイ、インタビューによるサーベイ、現地での資料収集）がある。また、フィールドワークというのは、異文化と接触し、カルチャーショックを通じて異文化を学ぶ作業である。

近年、多くの欧米のプログラムは、学習者が学習したことを実践する体験型学習を推進している。たとえば、実在する企業や組織でのフィールドワークである。教室外で行われるこの活動では、授業で学んだ知識や技能を用いて、支援企業や組織が直面する問題に対して解決策を提案する。このアプローチは、マネジメント教育の「知識」と「実行」の溝を埋める非常に効果的な方法であると認識されており（Datar, Garvin, & Cullen 2010）、ビジネス教育の重要な側面として長い間認識されている（Dunbar & Bird 1992; Fulmer & Keys 1998; Neal, Schor, & Sabiers 1998; Williams

167

1983)。

　Rarick & Erfani（2002）は、現代において、海外の文化の中で短期間過ごすフィールドワークは、異文化体験学習として多くの大学で採用されていることを明らかにした。異文化間のマネジメントにおける最も効果的な方法は、認知的かつ経験に基づいたアプローチであるという報告もある（Harrison 1992）。米国 MBA 教育の上位校はフィールドワークの授業を設置している。Cullen（2015）は、2015 年 U.S. News & World Report の米国 MBA Ranking（フルタイム）にある上位 20 校（Harvard、Stanford、Wharton、Chicago Booth、MIT Sloan、Kellogg、Haas、Columbia、Tuck、Stern、Ross、Darden、Yale、Fuqua、McCombs、Anderson、Johnson、Tepper、Kenan-Flagler、Goizueta）の MBA プログラムについて、フィールドワークに関する比較研究を実施した。全 20 校がフィールドワークをする機会を設けており、その内、10 校はフィールドワークが必須である。また、Cullen（2017）は、米国の教育における事例研究でフィールドワークは、学習者に実際のビジネスの現場で必要な情報を集約する機会を与え、多様なマネジメント能力を高めたことを明らかにした。これらの研究は、MBA 教育におけるフィールドワークの重要性を示している。

第 4 項　データの収集・分析

　本研究のデータの収集は、既存の文献や、大学の HP、大学訪問の際に取得したパンフレット等の 2 次データと質問紙調査、インタビュー調査の 1 次データにより実施した。分析方法に関しては、質問紙調査には、SPSS（version24）を活用し、対応のある t 検定と効果量を用いた。インタビュー調査に対しては、KH Coder、M-GTA（Modified-Grounded Theory Approach）、内容分析を用いた[2]。

　データについては、文献調査、質問紙調査、インタビュー調査から収集している。その詳細については、図表 39 に調査方法、調査期間、調査内容、調査対象（者）、情報源、記録を示している。

　質問紙調査は、短期調査として関西学院大学、長期調査として IE Business School で実施した。関西学院大学では、関西学院大学大学院経

営戦略研究科のベンチャービジネス、アントレプレナーシップ、新規事業計画、研究開発型ベンチャー創成、NGVC、イノベーティブシンキング、システムシンキング、統計学の学習者を対象に、授業の受講前と受講後に実施した。質問紙には、学習者の基本情報（年代、性別、社会人年数）の記述項目とLackéus（2015, p.6, 7）の「起業に関する適性（知識、能力、態度）」に関する項目を「非常に当てはまる」「当てはまる」「どちらでもない」「当てはまらない」「まったく当てはまらない」から選択する項目がある。1回目（授業の初日）と14回目（授業の最終日）に質問用紙を配布した。研究開発型ベンチャー創成の授業に関しては、14回目（授業の最終日）に自由記述の項目（学習事項、困難事項、挑戦事項、理工学学習者とMBA学習者の協働学習、研究や仕事への活用、起業の可能性、友人への授業の推薦度、授業の満足度）を設けた。該当する概念を抽出して、数量の多いものから上位にランクづけした。調査期間は2017年4月から2018年11月である。

　IE Business Schoolでは、13か月のMBAプログラムを受講したMBA学習者が対象である。質問事項は、学習者の基本情報（年代、性別、卒業年、社会人年数、大学に入学前のビジネスプラン作成やビジネスコンテストでの発表や起業経験、大学の選択理由（1. MBAランキング、2. Diversity（多様性）、3. 立地、4. MBAプログラム期間、5. 評判、6. アントレプレナーシッププログラム、7. 費用（奨学金など））、卒業後の進路、最後に現在（調査時）の起業の意思の有無である。短期調査と同様に、Lackéus（2015）の「起業に関する適性（知識、能力、態度）」を用いて、「非常に当てはまる」「当てはまる」「どちらでもない」「当てはまらない」「まったく当てはまらない」の5件法で測定した。調査対象者は、アントレプレナーシッププログラムの受講前および受講後の過去13か月の状況を振り返る回想法（Featherman, 1980）を用いた。調査期間は2017年7月から2017年11月である。

　フィールドワーク調査に関しては、関西学院大学経営戦略研究科のMBA学習者25名（全員留学生）が参加し、2017年12月から2019年3月に質問紙調査を実施した。調査対象者は、長崎県、愛知県・静岡県、広島県におけるフィールドワークに1回もしくは2回参加した。調査対象者は、

図表39 データ収集のまとめ

	調査方法	調査期間	調査内容	調査対象(者)	情報源	記録
1	文献調査	2018年1月-5月	海外のアントレプレナーシップ教育の現状	アントレプレナーシップ専攻・コース、科目内容、実践活動、支援センター	・2017年 Financial Times Global MBA Ranking ・ビジネススクールのホームページ、学校案内	文書、電子ファイル
2	文献調査	2018年1月-5月	日本のアントレプレナーシップ教育の現状	アントレプレナーシップ専攻・コース、科目内容、実践活動、支援センター	・2017年文部科学省専門職大学院一覧 ・ビジネススクールのホームページ、学校案内	文書、電子ファイル
3	質問紙調査	2017年4月-6月	日本のアントレプレナーシップ教育の効果	関西学院大学大学院経営戦略研究科「New Global Venture Creation」の授業を受講した学習者	・Lackéus (2015) 起業に関する適性(知識・能力・態度)を用いた質問紙 ・21名	質問紙
4	質問紙調査	2017年6月-7月	日本のアントレプレナーシップ教育の効果	関西学院大学大学院経営戦略研究科「アントレプレナーシップ」の授業を受講した学習者	・Lackéus (2015) 起業に関する適性(知識・能力・態度)を用いた質問紙 ・12名	質問紙
5	質問紙調査	2017年7月-8月	日本のアントレプレナーシップ教育の効果	関西学院大学大学院経営戦略研究科「研究開発型ベンチャー創成」の授業を受講した学習者	・Lackéus (2015) 起業に関する適性(知識・能力・態度)を用いた質問紙 ・30名	質問紙
6	質問紙調査	2017年7月-11月	海外のアントレプレナーシップ教育の効果	IE Business School のプログラムを受講した学習者	・Lackéus (2015) 起業に関する適性(知識・能力・態度)を用いた質問紙 ・26名	質問紙
7	質問紙調査	2018年4月-6月	日本のアントレプレナーシップ教育の効果	関西学院大学大学院経営戦略研究科「統計学」の授業を受講した学習者	・Lackéus (2015) 起業に関する適性(知識・能力・態度)を用いた質問紙 ・25名	質問紙
8	質問紙調査	2018年6月-7月	日本のアントレプレナーシップ教育の効果	関西学院大学大学院経営戦略研究科「システムシンキング」の授業を受講した学習者	・Lackéus (2015) 起業に関する適性(知識・能力・態度)を用いた質問紙 ・31名	質問紙

第4章 アントレプレナーシップ教育の効果検証

	調査方法	調査期間	調査内容	調査対象(者)	情報源	記録
9	質問紙調査	2018年9月-11月	日本のアントレプレナーシップ教育の効果	関西学院大学大学院経営戦略研究科[イノベーティブシンキング]の授業を受講した学習者	・Lackéus (2015) 起業に関する適性(知識・能力・態度)を用いた質問紙 ・26名	質問紙
10	質問紙調査	2018年9月-11月	日本のアントレプレナーシップ教育の効果	関西学院大学大学院経営戦略研究科[新規事業計画]の授業を受講した学習者	・Lackéus (2015) 起業に関する適性(知識・能力・態度)を用いた質問紙 ・12名	質問紙
11	質問紙調査	2019年4月-5月	日本のアントレプレナーシップ教育の効果	関西学院大学大学院経営戦略研究科[ベンチャービジネス]の授業を受講した学習者	・Lackéus (2015) 起業に関する適性(知識・能力・態度)を用いた質問紙 ・14名	質問紙
12	インタビュー調査	2017年6月-7月	日本のアントレプレナーシップ教育の効果	関西学院大学大学院経営戦略研究科[New Global Venture Creation]の授業を受講した学習者	・22名(留学生17名,日本人学習者5名)	レコーダー、フィールドノート
13	インタビュー調査	2018年11月-2019年7月	日本のアントレプレナーシップ教育の効果	国内の大学 早稲田大学、九州大学、関西学院大学の学習者	・9名(早稲田大学2名、九州大学3名、関西学院大学4名、全員日本人学習者)	レコーダー、フィールドノート
14	インタビュー調査	2017年12月-2018年8月	海外のアントレプレナーシップ教育の効果	海外大学 Harvard、MIT Sloan、IE、Chicago Booth、Babson、Kellogg の学習者	・10名(Harvard 1名、MIT Sloan 2名、IE 2名、Chicago Booth 2名、Babson 1名、Kellogg 2名、全員日本人学習者)	レコーダー、フィールドノート
15	インタビュー調査	2017年12月-2019年8月	海外のアントレプレナーシップ教育の効果	海外大学 IEの学習者	・6名(日本学習者3名、インド1名、ロシア1名、ブラジル1名)	レコーダー、フィールドノート
16	フィールドワーク調査(アンケート)	2017年12月-2019年3月	日本のアントレプレナーシップ教育の実践活動の可能性	関西学院大学大学院経営戦略研究科フィールドワークに参加した学習者	・25名(留学生)	質問紙
17	フィールドワーク調査(インタビュー)	2017年3月-2019年6月	日本のアントレプレナーシップ教育の実践活動の可能性	関西学院大学大学院経営戦略研究科フィールドワークに参加した学習者	・16名(留学生)	レコーダー、フィールドノート

出所) 著者作成

各フィールドワーク修了後にフィールドワークで最も興味のあった訪問場所、フィールドワークの学び、満足度、改善点などに関して回答した。

インタビュー調査に関しては、海外、日本のアントレプレナーシップの教育効果を明らかにするために、レコーダー、フィールドノートを用いて実施した。2014 年に IE、Stanford Business School、2018 年に Harvard、MIT Sloan、Chicago Booth、IE、Kellogg、Babson Business School、早稲田大学を訪問した。これらの大学を選択した理由は、2017 年 Financial Times Global MBA Ranking で上位の 10 位以内に位置するからである。Babson、Kellogg Business School を導入した理由については、Babson Business School はアントレプレナーシップ教育に特化し、起業で有名であり、米国の教育界で高い評価を得ており（Zhang 2011, p.187；入江 2015, p.322；高橋 2014, p.482）、Kellogg は、2019 年に著者が出席した Academy of Management のアントレプレナーシップ研究において、積極的にアントレプレナーシップ教育を導入し、その取り組みが評価されているからである。

日本の大学に関しては、早稲田大学、九州大学、関西学院大学を選定した。寺島（2013, p.60）は、大学のアントレプレナーシップ教育について、一部の教育者が個々に指導しているケースが多いが、早稲田大学や九州大学においては、学部や大学全体で取り組んでいると指摘する。両大学においては、アントレプレナーシップ専攻・コース、科目内容、実践活動、支援センターがあり、体系的なアントレプレナーシップコースが確立されている。関西学院大学に関しても MBA の専攻・コースにアントレプレナーシップ専攻があるため、分析対象として選定した。関西学院大学においては、短期、長期プログラム調査も行う環境が整っていたため実施することが可能であった。

九州大学に関しては、谷川教授（前・九州大学 QREC センター長、現・e.lab:Entrepreneurship Laboratory 代表、iU 情報経営イノベーション専門職大学 超客員教授）を通じて卒業生を紹介していただき、インタビュー調査を実施した。関西学院大学に関しては、著者が所属しているためその都度、インタビュー調査を実施した。関西学院大学の NGVC を対象とした調査の情報源は、22 名（留学生 17 名、日本人学習者 5 名）である。調

査期間は2017年6月から7月である。日本の大学のMBA学習者を対象とした調査の情報源は合計9名（早稲田大学2名、九州大学3名、関西学院大学4名）で全員日本人学習者である。調査期間は2018年11月から2019年7月である。

欧米の大学(Harvard、MIT Sloan、IE、Chicago Booth、Babson, Kellogg)の学習者を対象とした調査の情報源は合計10名(Harvard 1名、MIT Sloan 2名、IE 2名、Chicago Booth 2名、Babson 1名、Kellogg 2名) で全員日本人学習者である。調査期間は、2017年12月から2018年8月である。IE Business Schoolの学習者を対象とした調査は入学前、在学中、卒業後の3回実施した。調査対象者は合計6名（日本人学習者3名、インド1名、ロシア1名、ブラジル1名）である。調査期間は、2017年12月から2018年8月である。半構造化インタビューの質問事項に関しては、基礎情報（年代・性別・卒業年・社会人年数）、入学前のビジネスプラン作成やビジネスコンテストでの発表や起業の経験、入学選択理由、受講した授業内容、卒業後の進路、調査時の起業の意思の有無などである。欧米の学習者への質問事項は、日本の学習者への質問事項と同様の内容と支援センター、エコシステムについてである。

フィールドワーク調査に関しては、関西学院大学大学院経営戦略研究科のMBA学習者16名（全員留学生）が参加した。フィールドワークの場所は、長崎、愛知・静岡、広島である。調査対象者は、長崎3名、愛知・静岡4名、長崎と愛知・静岡の両方5名、広島2名、愛知・静岡と広島の両方2名である。著者は、2017年3月から2019年6月にインタビュー調査を実施した。フィールドワーク調査の質問事項は、調査対象者の基礎情報（年代・性別・卒業年・社会人年数）、フィールドワークの感想、訪問先で最も面白かった場所とその理由、フィールドワーク調査から学習したこと、フィールドワーク調査の活用である。

第5項　短期・長期プログラムの質問紙調査の内容

質問紙調査の関西学院大学大学院経営戦略研究科の各授業科目（ベンチャービジネス、アントレプレナーシップ、新規事業計画、研究開発型ベ

ンチャー創成、NGVC、イノベーティブシンキング、システムシンキング、統計学）とIE Business School、関西学院大学大学院経営戦略研究科のフィールドワーク調査に関する回答者数、年代、性別、社会人年数、調査期間については以下のとおりである。

ベンチャービジネスに関しては、2019年春学期「ベンチャービジネス」を受講した任意回答者14名を調査対象としている。回答者の属性については、年代（20代：3名、30代：6名、40代：4名、50代：1名）、性別（男性10名、女性4名）、社会人年数（6-10年：1名、10年以上：13名）となっている。調査期間は、2019年4月から5月である。

アントレプレナーシップに関しては、2017年春学期「アントレプレナーシップ」を受講した任意回答者12名を調査対象としている。回答者の属性については、年代（30代：2名、40代：4名、50代：4名、60代以上：2名）、性別（男性9名、女性3名）、社会人年数（6-10年：1名、10年以上：11名）となっている。調査期間は、2017年6月から7月である。

新規事業計画に関しては、2018年秋学期「新規事業計画」を受講した任意回答者は12名を調査対象としている。回答者の属性については、年代（30代：4名、40代：6名、50代：2名）、性別（男性11名、女性1名）、社会人年数（6-10年：1名、10年以上：11名）となっている。調査期間は、2018年9月から11月である。

研究開発型ベンチャー創成に関しては、2017年夏期集中講座「研究開発型ベンチャー創成」を受講した任意回答者30名（理工学研究科26名と経営戦略研究科4名）を調査対象としている。回答者の属性については、年代（20代：26名、40代：2名、50代：1名、60代以上：1名）、性別（男性16名、女性14名）、社会人年数（1年未満：26名、10年以上：4名）となっている。調査期間は2017年7月から8月である。

NGVCに関しては、2017年4月から5月春学期「NGVC」を受講した関西学院大学大学院経営戦略研究科の国際経営コース、企業経営戦略コースの大学院生（全受講者23名）の内、任意回答者21名を調査対象としている。国籍は、アジア66％（内日本人14％）、北南米14％、欧州10％、アフリカ10％である[3]。マーケティング専攻4名、マネジメント専攻6名、ファイナンス専攻7名、アントレプレナー専攻4名である。回答者の属性

第4章　アントレプレナーシップ教育の効果検証

については、年代（20代：17名、30代：1名、40代：3名）、性別（男性13名、女性8名）、社会人年数（1年未満：14名、1-5年：2名、6-10年：1名、10年以上：4名）となっている。NGVCの受講前にビジネスプランを作成したことのある者は11名で、ビジネスコンテストに参加したことがある者は2名である。調査期間は2017年4月から6月である。

　イノベーティブシンキングに関しては、2018年秋学期「イノベーティブシンキング」を受講した任意回答者26名を調査対象としている。回答者の属性については、年代（20代：1名、30代：9名、40代：13名、50代：3名）、性別（男性18名、女性8名）、社会人年数（6-10年：7名、10年以上：19名）となっている。調査期間は、2018年9月から11月である。

　システムシンキングに関しては、2018年春学期「システムシンキング」を受講した任意回答者31名を調査対象としている。回答者の属性については、年代（30代：8名、40代：17名、50代：5名、60代：1名）、性別（男性21名、女性10名）、社会人年数（6-10年：2名、10年以上：29名）となっている。調査期間は2018年6月から7月である。

　統計学に関しては、2018年春学期「統計学」を受講した任意回答者25名を調査対象としている。回答者の属性については、年代（20代：11名、30代：11名、40代：3名）、性別（男性18名、女性7名）、社会人年数（6-10年：2名、10年以上：23名）となっている。調査期間は2018年4月から6月である。

　IE Business Schoolに関しては、2017年6月からIE Business Schoolの西国オフィスおよび日本オフィスの担当者にMBAアントレプレナーシップ教育の効果検証に関して説明し、調査依頼を行った。IE Business Schoolには70か国以上からの学習者が集結し、卒業生は世界各地にいる。そのため、卒業生のネットワーク、掲示板を利用し、質問事項をオンライン質問紙（Google Forms）で提示した。任意回答者26名を調査対象としている。回答者の属性については、年代（20代：1名、30代：24名、40代：1名）、性別（男性22名、女性3名、無回答1名）、社会人年数（6-10年：10名、10年以上：15名、無回答1名）となっている。入学前にビジネスプランを作成した経験があるのは7名で、経験がないのは18名、欠損値は1名である。入学前にビジネスコンテストに参加した経験があるのは3名であり、

経験がないのは 23 名である。入学前に起業経験があるのは 4 名、起業経験がないのは 22 名である。調査期間は 2017 年 7 月から 11 月である。

　フィールドワーク調査の対象者は、関西学院大学大学院経営戦略研究科国際経営コースに所属する MBA 学習者である。国籍は、カメルーン、アルジェリア、リベリア、モロッコ、ナイジェリア、セネガル、ガンビア、南アフリカ、ギニアビサウ、エジプト、モロッコ、イラン、パラオである。イラン、パラオを除く学習者は、「ABE イニシアティブ」（Africa Business Education for Youth）からの派遣である。独立行政法人国際協力機構（JICA）[4]によると、「ABE イニシアティブ」は、アフリカの若者に日本の大学での修士号取得と日本企業でインターン実施の機会を提供するものである。派遣の目的は、アフリカの成長産業の鍵となる産業人材（民間・政府・教育人材）の育成と、日本企業のアフリカビジネスを現地でサポートする水先案内人の育成およびネットワーク構築である。このプログラムは、開始から 3 年半が経過し、派遣者数は 1,000 人以上である。調査対象者は、長崎県、愛知県・静岡県、広島県におけるフィールドワークに 1 回もしくは 2 回参加した。質問紙調査には、25 名全員の協力を得た。調査期間は 2017 年 12 月から 2019 年 3 月である。

　短期プログラム調査の関西学院大学 NGVC の調査内容の任意回答者は 22 名である。国籍はアジア 68％（内日本人 55％）、北南米 14％、欧州 9％、アフリカ 9％である。回答者の属性については、年代（20 代：16 名、30 代：4 名、40 代：2 名）、性別（男性：14 名、女性：8 名）、社会人年数（1 年未満：14 名、1-5 年：3 名、6-10 年：1 名、10 年以上：4 名）となっている。調査期間は 2017 年 6 月から 7 月である。インタビュー時間は合計 665 分（M 1、M 2）、1 人当たり平均約 30 分である。

　長期プログラム調査の欧米大学の調査対象者は、Harvard 1 名、MIT Sloan 2 名（M 1、M 2）、Chicago Booth 2 名、Kellogg 2 名（IE1、IE2）、Babson 1 名、IE 2 名（K1、K2）である。全員男性である。H と K2 は 20 代であり、その他の調査対象者は 30 代である。M2、IE1、2 は私費でその他の調査対象者は社費である。卒業年は、2014 年から 2020 年卒業予定である。調査期間は、2017 年 12 月から 2018 年 8 月である。インタビュー時間は合計 533 分であり、1 人当たり平均 53 分である。日本の大学は、

九州大学、早稲田大学、関西学院大学を 2014 年から 2018 年に卒業した 7 名を対象にインタビュー調査を実施した。調査期間は 2018 年 11 月から 2019 年 7 月である。九州大学（K1、2、3）の 3 名と早稲田大学（W1、2）の 2 名、関西学院大学（KG1、2）の 2 名である。調査対象者は全員男性であり、私費である。年代は、K3 は 30 代、KG2 は 70 代でその他は 40 代である。卒業年は、2014 年から 2018 年である。インタビュー時間は合計 526 分であり、1 人当たり平均 75 分である。

　フィールドワーク調査のインタビュー調査には 16 名が参加した。長崎 3 名、愛知・静岡 4 名、長崎と愛知・静岡の両方 5 名、広島 2 名、愛知・静岡、広島の両方の 2 名である。調査目的は、フィールドワークが学習者にどのような影響を与えたかについて明らかにすることである。調査期間は 2017 年 3 月から 2019 年 6 月である。インタビュー時間は、長崎、愛知・静岡、広島の合計 338 分、学習者 1 人当たり平均 21 分である。

　IE Business School の調査対象者は、6 名（P、C、F、H、T、K）である。P はインド、C はロシア、F はブラジル、H、T、K は日本出身である。性別は全員男性であり、T を除いて全員私費で IE Business School に関する費用を負担する。卒業年は K の 2019 年を除いて全員 2018 年である。インタビューは、入学前、在学中、卒業後の 3 回にわたって行われた。1 回目は 2017 年の 12 月から 2018 年 4 月である。2 回目は、2018 年 9 月である。3 回目は、2019 年 1 月から 8 月である。インタビューの合計時間は、P は 144 分、C は 124 分、F は 113 分、H は 83 分、T は 95 分、K は 150 分である。

第 6 項　分析方法

　前節で示したデータの収集を踏まえて、分析の方法を示す。質問紙調査に対して、本書では SPSS（Version 24）を使用して対応のある t 検定と効果量を用いる。t 検定は、対応のある t 検定と対応のない t 検定がある。同一対象の中で平均値の比較を行うことを対応のある t 検定という（林・石田 2017, p.94）。対応のある t 検定は、対応のない t 検定と比較して検定力（母集団に差があるときに、その差を正しく検出する力）がある（坂口・

森 2017, p.102)。授業、プログラムの前後の学習者の効果検証の研究として、江口（2016）の英語教育、河津・西・大林・堤・山岡・工藤・谷口・藤井・内島（2018）の数学教育の効果検証がある。

効果量とは、サンプルサイズによって変化せず、標準化された指標である（水本 2010, p.4）。効果量は、「効果の大きさ」を示し、実験的操作の効果や変数間の関係の強さを示す（Field & Hole 2003, p.152）。一般的基準は、0から1の範囲で0.1（効果量小）、0.3（効果量中）、0.5（効果量大）である（水本・竹内 2008, p.62）。効果量に関して、American Psychological Association（2001, p.25）は、有意な差があっても効果量が小さい場合、またその逆の場合もあるため、有意な差があってもなくても効果量の記入を推奨する。本研究はサンプルサイズが小さいため、効果量に注目することも重要である。

インタビュー調査に対して、本研究ではKH Coder、M-GTA、内容分析を用いた。NGVCのインタビューデータは、英語が34,685語、日本語が17,433語と大量のデータになった。よって大量のテキスト情報を分析するのに優れたテキストマイニング方法であるKH Coderを使用した。ただし、テキストマイニング方法では、インタビュー調査の内容分析に踏み込めていない点がある。よって、比較事項に対して共通点と相違点を示すことに適する分析方法である。M-GTAに関しては、研究する人間の視点を重視することを目的とした実践的な分析方法である。M-GTAは、研究対象者がプロセス的特性をもっており（木下 2003, p.181）、教育など社会的相互作用がある研究に適しているとされる。授業、プログラムの前後の学習者の視点や変化に注目し、社会的相互作用があるためM-GTAを使用した。

次に、各調査方法の詳細を示す。KH Coderは、コンテンツを質的研究で分析するために開発されたテキストマイニング方法である。KH Coderで共起ネットワークが作成できる。共起ネットワークとは、巨大なテキストデータを関連の深い語句を抽出し、結び、円形、線で可視化する。共起ネットワークで抽出された語句は、出現回数が多いほど大きな円で提示され、線が太いほど強い関連性を示す。円の色の濃淡は、それぞれの語がネットワークの構造の中でどの程度中心であるのかを示す。水色・白・ピ

ンクの順に中心性は高いことを示す。しかしながら、円同士の距離は意味を持たない（樋口 2014, p.155-158）。KH Coder の利点は、データ内の正確な単語構造を用いて分析するため、研究者が質的データを分析する際、自分自身のバイアスを回避できることである（樋口 2013）。KH Coder の研究として、鈴木・庄司・板垣・林・小野（2015）の看護学生の早期体験実習の教育の効果検証、吉川（2016）の日本人学習者の英語学習の動機づけの推移に関する研究がある。

　質的研究の分析方法の1つとして、グラウンデッド・セオリー・アプローチ（Grounded Theory Approach）がある。Glaser & Strauss（1999）は、調査から得られたデータから理論を産出する方法として、データに密着したグラウンデッド・セオリー・アプローチを開発した。インタビューや観察を行った後、インタビューデータを文字化する。そして、データを文節、語彙単位で詳細に切片化し、コード化、概念となるカテゴリーを見つけだし理論の構築を目指す。

　木下（2003, p.44）は、グラウンデッド・セオリー・アプローチのデータ分析の技法を具体的に提示し、研究する人間の視点を重視することを目的に実践的な方法として M-GTA を開発した。M-GTA では、「データの切片ではなくデータに表現されているコンテキストを理解しなくてはならない」（木下 2003, p.158）。データのコンテキストには、人間の認識、行動、感情やその関係要因が含まれているため、データの分析には切片化を用いない。M-GTA は、データは切片化せず、概念を分析の最小単位とし、図表40の概念を生成する分析ワークシート（概念名、その定義、具体例であるヴァリエーション、理論的メモ）を活用する。データの解釈から概念を生成する際、類似や対極を検討する。また、概念と概念の関係性を考え、カテゴリーの生成を行う。そして、生成した概念とカテゴリーとの関係で分析の全体像を確定し、モデル図を作成する。M-GTA の研究として、真野（2020）の海外への短期研修の教育効果の検証に関する研究がある。

　内容分析に関して、Berelson（1952, p.18）は、内容分析を「コミュニケーションの内容を客観的、体系的に分析する研究手法である」と述べる。内容分析は、テキストから文脈まで、複製可能で有効な推測をするための研究手法であり、社会的、個人的、およびその他の要因を調べることがで

図表 40　分析ワークシート

概念名	
定義	
具体例 （ヴァリエーション）	
理論的メモ	

出所）木下（2003, p.188）

きる（Krippendorff 2013, p.24）。Osgood（1974a, 1974b）と Osgood, Suci, & Tannenbaum（1957）は、文化的共通性と相違性の比較を行い、データをカテゴリーにコード化し、参加者間の共通点と相違点を洞察した。

　本研究は、学習者を対象としたアントレプレナーシップ教育の効果検証であるため、授業、プログラムの効果検証に適した t 検定、大量のテキスト情報を分析するのに優れた樋口（2013, 2014）の KH Coder、人間の視点を重視した木下（1999, 2003, 2007）の修正版グラウンデッド・セオリーである M-GTA、コミュニケーションの内容を客観的、体系的に記述する内容分析（Berelson, 1952）を用いる。教育の効果検証に関する分析方法に t 検定、KH Coder、M-GTA は用いられた事例はあるが、アントレプレナーシップ教育の効果測定に用いられた事例は発展の余地がある。

第 2 節　短期調査の概要

　アントレプレナーシップ教育の効果測定の短期調査に関しては、Jack & Anderson（1998, p.10）の教育の効果測定モデルを用いてアントレプレナーシップ教育の授業前・授業後で学習者の知識・能力・態度の変化を調査した。調査方法は Lackéus（2015, p.13）が提唱した起業に関する適性（知識・能力・態度）を活用し、質問紙を用いてアントレプレナーシップ教育の効果を検証した。調査対象者は、関西学院大学の 8 つの授業（1. ベン

チャービジネス、2. アントレプレナーシップ、3. 新規事業計画、4. 研究開発型ベンチャー創成、5. NGVC、6. イノベーティブシンキング、7. システムシンキング、8. 統計学）の学習者である。NGVC は、留学生と日本人学習者が受講した（Inada 2019）。NGVC に対する調査は、過去の状況を振り返り回答する回想法（Featherman 1980）を用いた。研究開発型ベンチャー創成については、理工学学習者と MBA 学習者に対して行った（稲田 2019b）。アントレプレナーシップ教育の授業前後に起業に関する適性を「非常に当てはまる」「当てはまる」「どちらでもない」「当てはまらない」「まったく当てはまらない」の5件法で測定した。データ解析にあたっては、SPSS（version 24）を用いた。NGVC の学習者には、インタビュー調査も行った。フィールドワーク調査の学習者には、別途、質問紙調査およびインタビュー調査を行った。

第1項　質問紙調査

大学における短期プログラムの教育効果を測定するために、関西学院大学の8つの授業（ベンチャービジネス、アントレプレナーシップ、新規事業計画、研究開発型ベンチャー創成、NGVC、イノベーティブシンキング、システムシンキング、統計学）を対象に質問紙を用いた調査を実施した。この調査では、まず、起業に関する適性の知識、能力、態度の上位尺度の信頼係数を明らかにし、尺度として十分な値であるのかを検証した。次に、各授業の質問紙の調査結果と考察を示している。研究開発型ベンチャー創成の授業に関しては、自由記述項目と記述例に関する結果と考察を示す。

関西学院大学の8つの授業を対象に、起業に関する適性の知識（3項目）、能力（6項目）、態度（7項目）の信頼係数（Cronbach's α）を示す。信頼係数に関して、村瀬・高田・廣瀬（2007, p.232）は、実用のための目安として0.8以上が望ましいが、個人を単位とした社会調査データではやや厳しすぎるため、0.7以上であれば十分よいとしている。本研究では、全科目の上位尺度の信頼係数は、0.70〜0.96 が得られた。よって、全科目において尺度として利用するに十分な値である。

図表41は、起業に関する適性（知識・能力・態度）の授業前後の変化を

示している。図表42は、各科目の起業に関する適性（知識・能力・態度）の有意な変化を示している。調査結果から、アントレプレナーシップは知識のみ、新規事業計画は能力と態度、NGVCは知識と態度が向上した。ベンチャービジネス、イノベーティブシンキング、システムシンキング、統計学に関しては、知識、能力、態度は向上しなかった。

　図表43は、各科目の起業に関する適性（知識・能力・態度）の効果量を示している。効果量を考慮すると、アントレプレナーシップは知識と態度、新規事業計画は、能力と態度、研究開発型ベンチャー創成は知識と能力、NGVCは知識と態度、システムシンキングは知識が向上した。ベンチャービジネス、イノベーティブシンキング、統計学に関しては、効果量も向上しなかった。

　図表44は、各授業前後の平均値、標準偏差、変化量、効果量を示している。関西学院大学の8つの授業についての調査結果から、アントレプレナーシップは知識のみ、新規事業計画は能力と態度、研究開発型ベンチャー創成は知識、能力、態度が向上した。NGVCは知識と態度が向上した。ベンチャービジネス、イノベーティブシンキング、システムシンキング、統計学に関しては、知識、能力、態度は向上しなかった。効果量を考慮すると、アントレプレナーシップは知識と態度、新規事業計画は能力と態度、研究開発型ベンチャー創成は知識と能力、NGVCは知識と態度、システムシンキングは知識が向上した。ベンチャービジネス、イノベーティブシンキング、統計学に関しては、効果量も向上しなかった。

　アントレプレナーシップの授業は、ベンチャービジネスの授業の次に受講が推奨されている。学習者は、アントレプレナーの定義、起業活動、ビジネスモデル、経営戦略、マーケティング、起業の事例を学習した後、学習者の興味のある起業研究について発表する。学習者は、起業に関する一般的な知識の向上を認識し、自身が起業することや起業思考を持つことに自己が適合するかを考える機会がある。起業への主体性や自己効力間の向上がみられたため、態度が向上した。

　新規事業計画の授業では、学習者は、ビジネスプランの作成が中心であり、実際の事業計画書を作成する。資金調達等のやり方、リソース能力や事業の目標設定、戦略パートナーとの提携などの戦略的能力、事業への悪

第4章　アントレプレナーシップ教育の効果検証

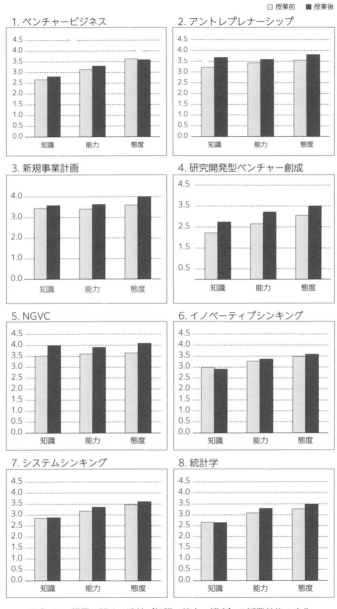

図表41　起業に関する適性（知識・能力・態度）の授業前後の変化
出所）著者作成

図表42　各科目の起業に関する適性（知識・能力・態度）の有意な変化

↑：変化あり（上昇）　―：変化なし

	ベンチャービジネス	アントレプレナーシップ	新規事業計画	研究開発型ベンチャー創成	NGVC	イノベーティブシンキング	システムシンキング	統計学
知識	―	↑	―	↑	↑	―	―	―
能力	―	―	↑	↑	―	―	―	―
態度	―	―	↑	↑	↑	―	―	―

出所）著者作成

図表43　各科目の起業に関する適性（知識・能力・態度）の効果量

○：0.5以上　―：0.5以下

	ベンチャービジネス	アントレプレナーシップ	新規事業計画	研究開発型ベンチャー創成	NGVC	イノベーティブシンキング	システムシンキング	統計学
知識	―	○	―	○	○	―	○	―
能力	―	―	○	○	―	―	―	―
態度	―	○	○	―	○	―	―	―

出所）著者作成

影響などを考慮する忍耐性である態度が向上した。

　研究開発型ベンチャー創成の授業は、知識（メンタルモデル、基礎知識、自己洞察）、能力（マーケティング、リソース能力、機会獲得能力）、態度（自己効力感、起業への主体性、不確実性／あいまいさへの寛容）は上昇する変化がみられた。理工学学習者は、授業を受講する前、ビジネスプランの作成についての知識、能力、態度が皆無に近かったため、大幅に向上したことが原因として考えられる。

　NGVCの授業では、学習者は、ビジネスプラン、試作品を作成し、ビジネスコンテストで発表する。アントレプレナーの確率などのモデルを使用せず物事を進めることができる知識や起業を身近に感じ、学習者の起業に対するモチベーションを向上させるためのワークショップが多く取り込まれている。よって起業や起業思考の自己の適応などの知識、起業への熱意、自己効力感、起業への主体性、不確実性／あいまいさへの寛容、忍耐性の態度が向上したと考えられる。

　ベンチャービジネスの授業は、アントレプレナーシップ教育プログラム

第 4 章　アントレプレナーシップ教育の効果検証

図表 44　各授業前後の平均値、標準偏差、変化量、効果量

1. ベンチャービジネス

(**p<.01) (*p<.05)

	授業前		授業後		事前－事後	効果量
	平均値	標準偏差	平均値	標準偏差	変化量	
知識	2.67	0.84	2.81	0.94	-0.14	0.2
メンタルモデル	2.36	1.22	2.29	1.07	0.07	0.1
基礎知識	2.57	0.94	2.93	1.14	-0.36	0.6
自己洞察	3.07	0.83	3.21	1.05	-0.14	0.7
能力	3.14	0.51	3.30	0.76	-0.16	0.4
マーケティング能力	3.07	0.73	3.14	1.03	-0.07	0.3
リソース能力	2.43	0.76	2.79	0.89	-0.36	0.2
機会獲得能力	2.93	0.92	2.93	0.92	0.00	0.1
対人能力	3.57	0.54	3.50	1.23	0.07	0.4
学習能力	3.57	0.51	3.57	1.16	0.00	0.0
戦略的能力	3.29	0.73	3.36	0.75	-0.07	0.2
態度	3.63	0.44	3.58	0.65	0.05	0.1
起業への熱意	3.50	0.76	3.50	1.16	0.00	0.0
自己効力感	3.71	0.61	3.64	0.84	0.07	0.1
起業への主体性	3.64	0.75	3.71	0.99	-0.07	0.1
積極性	3.64	0.75	3.71	0.61	-0.07	0.1
不確実性／あいまいさへの寛容	3.50	0.52	3.57	0.65	-0.07	0.1
革新性	3.64	0.63	3.29	0.83	0.35	0.4
忍耐性	3.79	0.70	3.64	1.01	0.15	0.2

出所）著者作成

2. アントレプレナーシップ

(**p<.01) (*p<.05)

	授業前		授業後		事前－事後	効果量
	平均値	標準偏差	平均値	標準偏差	変化量	
知識	3.22	0.52	3.67	0.43	-0.45*	0.7
メンタルモデル	3.17	0.58	3.58	0.51	-0.41*	0.6
基礎知識	3.42	0.67	3.83	0.39	-0.41*	0.6
自己洞察	3.08	0.67	3.58	0.67	-0.50*	0.7
能力	3.42	0.46	3.58	0.56	-0.16	0.3
マーケティング能力	3.17	0.67	3.25	0.67	-0.08	0.2
リソース能力	3.33	0.49	3.42	0.67	-0.09	0.1
機会獲得能力	3.42	0.62	3.25	0.65	-0.17	0.4
対人能力	3.50	0.67	3.75	0.75	-0.25	0.4
学習能力	3.67	0.65	3.67	0.79	0.00	0.0
戦略的能力	3.58	0.79	3.75	0.75	-0.17	0.2
態度	3.54	0.58	3.81	0.60	-0.27	0.5
起業への熱意	3.67	0.65	4.00	0.74	-0.33	0.4
自己効力感	3.58	0.79	3.92	0.67	-0.34	0.5
起業への主体性	3.42	0.79	3.83	0.72	-0.41	0.6
積極性	3.42	1.08	3.67	0.98	-0.25	0.3
不確実性／あいまいさへの寛容	3.67	0.65	3.83	0.94	-0.16	0.2
革新性	3.42	0.79	3.67	0.65	-0.25	0.4
忍耐性	3.42	1.08	3.75	0.62	-0.33	0.3

出所）著者作成

3. 新規事業計画

(**p<.01) (*p<.05)

	授業前		授業後		事前－事後	効果量
	平均値	標準偏差	平均値	標準偏差	変化量	
知識	3.44	0.96	3.58	0.73	-0.14	0.2
メンタルモデル	3.00	1.04	3.33	1.07	-0.33	0.3
基礎知識	3.58	1.00	3.75	0.75	-0.17	0.2
自己洞察	3.58	1.08	3.67	0.89	-0.09	0.2
能力	3.41	0.89	3.63	0.84	-0.22*	0.6
マーケティング能力	3.42	0.79	3.67	0.67	-0.25	0.4
リソース能力	2.83	1.12	3.33	0.99	-0.5*	0.6
機会獲得能力	3.25	1.22	3.42	0.90	-0.17	0.2
対人能力	3.58	0.79	3.83	0.94	-0.25	0.4
学習能力	3.67	1.07	3.67	0.99	0.00	0
戦略的能力	3.50	1.00	3.83	0.94	-0.33*	0.6
態度	3.60	0.75	4.00	0.60	-0.40*	0.6
起業への熱意	3.83	0.84	4.00	0.74	-0.17	0.2
自己効力感	3.92	0.67	4.17	0.67	-0.25	0.3
起業への主体性	3.58	1.08	3.92	0.90	-0.34	0.3
積極性	3.83	0.94	4.25	0.75	-0.42	0.5
不確実性／あいまいさへの寛容	3.42	0.79	3.67	0.99	-0.25	0.3
革新性	3.42	0.90	3.83	1.93	-0.41	0.4
忍耐性	3.58	0.90	4.17	0.84	-0.59*	0.6

出所）著者作成

4. 研究開発型ベンチャー創成

(**p<.01) (*p<.05)

	授業前		授業後		事前－事後	効果量
	平均値	標準偏差	平均値	標準偏差	変化量	
知識	2.23	1.07	2.74	0.74	-0.51**	0.5
メンタルモデル	2.17	1.15	2.70	0.88	-0.53*	0.4
基礎知識	2.37	1.22	2.87	0.94	-0.50*	0.4
自己洞察	2.17	1.05	2.67	0.96	-0.50*	0.4
能力	2.65	0.77	3.21	0.65	-0.56**	0.5
マーケティング能力	2.10	1.06	3.03	0.85	-0.93**	0.6
リソース能力	1.83	0.95	2.77	0.94	-0.94**	0.7
機会獲得能力	2.17	1.09	3.03	0.93	-0.86**	0.5
対人能力	3.23	1.01	3.43	0.90	-0.20	0.2
学習能力	3.43	0.86	3.63	0.77	-0.20	0.2
戦略的能力	3.13	1.11	3.33	0.88	-0.20	0.2
態度	3.05	0.85	3.50	0.60	-0.45*	0.4
起業への熱意	3.13	1.31	3.57	0.94	-0.44	0.3
自己効力感	3.03	1.13	3.63	0.85	-0.60**	0.5
起業への主体性	2.87	1.04	3.37	0.93	-0.50*	0.4
積極性	3.10	0.96	3.47	0.94	-0.37	0.3
不確実性／あいまいさへの寛容	2.80	1.00	3.57	0.73	-0.77**	0.5
革新性	2.97	1.03	3.33	0.96	-0.36	0.3
忍耐性	3.47	0.86	3.53	0.68	-0.06	0.1

出所）著者作成

5. NGVC

(**p<.01)(*p<.05)

	授業前 平均値	授業前 標準偏差	授業後 平均値	授業後 標準偏差	事前−事後 変化量	効果量
知識	3.51	0.95	3.98	0.56	−0.47*	0.5
メンタルモデル	3.52	1.08	3.90	0.77	−0.38	0.4
基礎知識	3.71	1.06	3.95	0.59	−0.24	0.2
自己洞察	3.29	1.31	4.10	0.63	−0.81*	0.6
能力	3.60	0.78	3.90	0.62	−0.30	0.4
マーケティング能力	3.67	1.11	3.86	0.96	−0.19	0.2
リソース能力	3.10	1.14	3.62	0.74	−0.52	0.5
機会獲得能力	3.33	1.20	3.95	0.81	−0.62*	0.5
対人能力	3.62	0.92	3.95	0.67	−0.33	0.4
学習能力	3.95	0.92	4.00	0.71	−0.05	0.1
戦略的能力	3.90	1.09	4.05	0.92	−0.15	0.1
態度	3.65	0.83	4.08	0.58	−0.43*	0.5
起業への熱意	3.81	1.08	4.24	0.70	−0.43*	0.4
自己効力感	3.62	1.02	4.10	0.83	−0.48*	0.5
起業への主体性	3.43	1.12	4.10	0.77	−0.67*	0.6
積極性	3.67	0.97	4.00	0.71	−0.33	0.3
不確実性／あいまいさへの寛容	3.67	0.86	4.05	0.87	−0.38	0.4
革新性	3.76	1.04	4.05	0.81	−0.29	0.3
忍耐性	3.62	1.07	4.05	0.74	−0.43	0.4

出所）著者作成

6. イノベーティブシンキング

(**p<.01)(*p<.05)

	授業前 平均値	授業前 標準偏差	授業後 平均値	授業後 標準偏差	事前−事後 変化量	効果量
知識	3.00	1.13	2.92	0.90	0.08	0.1
メンタルモデル	2.88	1.31	3.00	1.10	−0.12	0.1
基礎知識	3.08	1.01	3.04	1.04	0.04	0.0
自己洞察	3.04	1.34	2.73	1.12	0.31	0.3
能力	3.28	0.82	3.37	0.86	−0.09	0.1
マーケティング能力	3.19	1.10	3.50	0.95	−0.31	0.3
リソース能力	2.65	1.09	2.92	1.16	−0.27	0.3
機会獲得能力	2.85	1.12	3.27	1.00	−0.42	0.4
対人能力	3.58	1.14	3.62	0.90	−0.04	0.1
学習能力	3.77	0.65	3.54	0.95	0.23	0.2
戦略的能力	3.65	0.98	3.38	1.02	0.27	0.3
態度	3.49	0.82	3.59	0.73	−0.10	0.1
起業への熱意	3.23	1.18	3.35	1.16	−0.12	0.1
自己効力感	3.73	0.83	3.81	0.90	−0.08	0.1
起業への主体性	3.50	1.03	3.65	0.98	−0.15	0.1
積極性	3.54	0.95	3.77	0.82	−0.23	0.2
不確実性／あいまいさへの寛容	3.69	0.93	3.62	0.75	0.07	0.1
革新性	3.23	0.99	3.35	0.94	−0.12	0.1
忍耐性	3.54	0.95	3.58	0.86	−0.04	0.0

出所）著者作成

7. システムシンキング

(**p<.01) (*p<.05)

	授業前		授業後		事前−事後	効果量
	平均値	標準偏差	平均値	標準偏差	変化量	
知識	2.86	0.96	2.89	1.06	−0.03	0.5
メンタルモデル	2.61	1.05	2.84	1.07	−0.23	0.2
基礎知識	3.16	1.10	3.10	1.04	0.06	0.1
自己洞察	2.81	1.20	2.90	1.25	−0.09	0.1
能力	3.19	0.80	3.37	0.69	−0.18	0.3
マーケティング能力	3.03	0.91	3.16	0.90	−0.13	0.2
リソース能力	2.81	1.20	2.84	1.10	−0.03	0
機会獲得能力	3.00	0.87	3.13	1.11	−0.13	0.1
対人能力	3.55	1.00	3.65	0.92	−0.10	0.1
学習能力	3.55	0.96	3.68	0.79	−0.13	0.1
戦略的能力	3.26	1.09	3.77	0.76	−0.51*	0.5
態度	3.49	0.66	3.62	0.71	−0.13	0.2
起業への熱意	3.61	1.15	3.74	1.03	−0.13	0.1
自己効力感	3.71	0.86	3.87	0.96	−0.16	0.2
起業への主体性	3.52	0.89	3.68	1.10	−0.16	0.2
積極性	3.52	0.81	3.77	0.72	−0.25	0.3
不確実性／あいまいさへの寛容	3.45	0.93	3.58	0.72	−0.13	0.1
革新性	3.13	0.72	3.39	0.92	−0.26	0.3
忍耐性	3.55	0.81	3.68	0.87	−0.13	0.1

出所）著者作成

8. 統計学

(**p<.01) (*p<.05)

	授業前		授業後		事前−事後	効果量
	平均値	標準偏差	平均値	標準偏差	変化量	
知識	2.67	0.83	2.65	0.90	0.02	0.0
メンタルモデル	2.32	0.95	2.32	0.99	0.00	0.0
基礎知識	2.76	1.09	2.84	1.14	−0.08	0.1
自己洞察	2.92	1.12	2.80	1.16	0.12	0.1
能力	3.09	0.76	3.29	0.66	−0.20	0.4
マーケティング能力	2.96	1.24	3.28	1.10	−0.32	0.2
リソース能力	2.36	1.14	2.60	1.04	−0.24	0.4
機会獲得能力	2.80	0.91	2.92	1.04	−0.12	0.1
対人能力	3.64	0.91	3.52	0.77	0.12	0.1
学習能力	3.56	0.87	3.64	0.70	−0.08	0.1
戦略的能力	3.20	1.04	3.16	0.90	0.04	0.1
態度	3.27	0.63	3.48	0.70	−0.21	0.3
起業への熱意	3.48	0.82	3.48	0.92	0.00	0.1
自己効力感	3.56	1.08	3.72	1.02	−0.16	0.2
起業への主体性	3.12	0.93	3.56	1.08	−0.44*	0.4
積極性	3.44	0.96	3.48	0.82	−0.04	0.0
不確実性／あいまいさへの寛容	3.16	0.85	3.40	0.91	−0.24	0.3
革新性	3.00	1.00	3.28	0.98	−0.28	0.3
忍耐性	3.24	0.78	3.44	0.87	−0.20	0.2

出所）著者作成

の初級にあたり、講義、討議、ゲストスピーカーの講話と座学が中心である。学習者のアウトプットが少ないために、知識、能力、態度が向上しなかった可能がある。

　イノベーティブシンキングとシステムシンキングの授業において、学習者は、イノベーティブシンキングの「思考の発散と収束」「多視点からの可視化」「構造化と変化」のプロセスを修得する。そして、学習者は、システムデザインを用いて、社会に新しい価値や変化をもたらす商品やサービスなどを創出する。これらの授業は、システムデザインに重点が置かれており、アントレプレナーシップ教育の知識、能力、態度の質問事項に直接的に関与している項目が少ないため、知識、能力、態度が向上しなかった可能性がある。

　統計学は、アントレプレナーシップ教育とは直接関係ないため、著者は、知識、能力、態度は変化しないと想定をしていた。Mwasalwiba（2010, p.29, 30）が提唱するアントレプレナーシップ教育の最も著名な9つの科目である「ファイナンス・資金管理、マーケティング、アイデア形成・機会獲得、ビジネスプラン、成長戦略、組織構成・チームビルディング、ベンチャー創成、中小企業マネジメント、リスク・合理性」に含まれていない。調査結果から、知識、能力、態度に変化がなかったので、調査の妥当性が示されたと考えられる。

　以上の結果から、関西学院大学経営戦略研究科では理論と実践を掲げているが、理論重視の授業が多い傾向があることが明らかとなった。また、アントレプレナーシップ教育の授業にはさまざまなものがあるが、授業によって知識、能力、態度の向上で差があるため、知識、能力、態度の各項目を考慮したアントレプレナーシップの授業、プログラムの構築が重要である。Nabi et al.（2017, p.280, 281, 283）が、アントレプレナーシップ教育の知識・能力・態度の側面から効果を検証した研究では、66件の文献調査の内、80％以上が肯定的な結果であることが示された。本件も同様に、短期調査の起業に関する適性（知識・能力・態度）で向上する傾向がみられ、Nabi et al.（2017, p.280, 281, 283）を支持する結果となった。

　図表45は、研究開発型ベンチャー創成の自由記述項目と記述例を示している。起業に関してMBA学習者は4名中2名、理工学学習者は26名

中2名が「将来起業家になると想像できる」と回答した。MBA学習者は、「将来アントレプレナーになることを想像できる」が半数を占めており、「研究開発型ベンチャー創成」の授業の影響が考えられる。一方、「研究開発型ベンチャー創成」の受講のみでは、理工学学習者のアントレプレナーの育成は難しいと考えられる。なぜなら、記述例に「大学発ベンチャー企業を立ち上げる意義、流れ」とあるが、大多数の理工学学習者は、「起業するつもりがそもそもない」「リスクが大きすぎる」「起業家には向いていない」「知識、経験ともにまだまだ」など否定的な意見が多い。

困難事項で理工学学習者は、基礎研究からビジネスプラン作成の過程で苦労したようである。アントレプレナーを育成するには、起業に関する知識、意向、経験の積み重ねが必要である。本授業のみでは、アントレプレナー育成の即効性は弱い。Oosterbeek, Van Praag, & Ijsselstein（2010）が指摘するように、アントレプレナーシップ教育を受講したことで、学習者は起業には、より現実的な視点が必要であり、リスクがあると認識した可能性がある。

ただし、Konig（2016）やJones et al.（2017）は、アントレプレナーシップ教育が、大学院生に起業の知識や可能性、キャリア形成に価値をもたらすと提唱する。理工学学習者は、MBA学習者と協働学習をすることで、研究者以外の人に理解しやすい基礎研究についての説明の仕方や事業化、社会貢献の思考を修得し、キャリア形成にも役立つという示唆が得られた。たとえば、挑戦事項の「わかりやすく説明すること」、今後の研究／仕事へ活用の「自分のやっている研究がどのように進んだら、より早く社会に役立つのかイメージをつかめた」「ビジネスと研究は紙一重。自分の取り組みの社会（もしくは学会）への貢献や競合との比較の仕方は大いに参考になる」という意見である。

また、協働学習の成果として、理工学学習者とMBA学習者との協働学習では、理工学学習者は「経営戦略研究科のみなさんの知識量、自身の仕事との関連を考えてのビジネス構築能力」「自分の所属している学科とは異なる人達や社会人とのコミュニケーション」「社会人の方のプレゼンの上手さ」などの意見からMBA学習者から良い刺激を得たと推測される。MBA学習者も「まったく知識のない分野について一緒に学べる」「多様

性とイノベーション発生の過程を疑似体験した」など理工学学習者から新規の分野に関して学習の機会を得ている。

　Addae et al.（2014）の先行研究にみられるように、理工学学習者とMBA学習者との協働学習において、学習者は、異なった視点から物事を捉えていた。松田（2003, p.251）が提唱する技術を経営に結合する能力、変化への対応力、信念、リーダーシップ、コミュニケーション能力が培われたと考えられる。学習者の社会人経験の有無には知識量、経験など大きなギャップがあったが、理工学学習者は26名中24名、MBA学習者は4名全員が研究開発型ベンチャー創成の授業を友人に推薦すると回答した。同様に、授業の満足度も100点中、80点以上あり、理工学学習者とMBA学習者の双方にとって有意義な時間が過ごせたと考えられる。

図表 45　研究開発型ベンチャー創成　自由記述項目と記述例

項目	分類	理工	MBA	記述例
学習事項	起業に関する知識	7	1	「大学発ベンチャー企業を立ち上げる意義、流れ」「ビジネスを始めるにあたり、考慮しなければいけない点や分析ツールに関してさまざまな視点からビジネスの構築を学ぶことができた」
	ビジネスプラン	6		「ビジネスプラン作成」「ビジネスモデルや組織の構成、売上予想などビジネスを考える、新しく作るときにどういったことを考えれば良いのかを学ぶことができた」
	説明・プレゼンテーション	3		「プレゼンのやり方」「プレゼン能力」「どうやって人に説明するのか」
	チームワーク	3		「普段チームワークを実感することが少ないですが、みんなで1つのプランを立てることの難しさと大変さを学びました」
	理系基礎研究の社会的貢献	2		「自分の研究が社会にどのように貢献できるかについて考えることができた」「普段研究している技術を実際に社会に提供するときにビジネスとしてどのように考えて進めていく必要があるのかという大まかな流れ」
	発想力			「発想力」「目のつけどころ」
	実践能力		1	「創業計画をすることで、マーケティングやビジネスプラン等の構築を机上ではなく、実際に経験できることが貴重な学びになりました」
	若手のすごさ		1	「若い人の力もすごい」
困難事項	ビジネスプラン・ビジネスモデル	9		「ビジネスモデルをたてたことがないため、何を考えていいのかもわからなかった」「基礎研究ばかりの中でどうやってビジネスにつなげていくか」「慣れない作業（資金計画、ビジネスモデルのまとめ）」
	理系基礎研究の説明・プレゼンテーション	4		「自分の研究（技術シーズ）を文系の方に理解してもらえるように、かつ短時間で伝えること」「やはりプレゼンですね。悔しいことに緊張してしまいました。もっと練習すればよかったとすごく後悔しています」
	理系基礎研究技術の理解	3	3	「分野の違うメンバーが言うことを理解すること」「シーズの理解と選択」
	メンバーとの意思疎通	2		「全員の意思疎通」「所属が異なるメンバーの意見融合」
	情報収集	2		「人を納得させるための情報を集め、必要な情報を考えるのが大変だった」
	時間配分	1	1	「うまく時間配分しながら進行するのが難しかった」「期限内に完成させること」
挑戦事項	積極的に発言・質問	9	1	「わかりやすく説明すること」「疑問に思ったことを聞くようにしていました」「素人であることに臆することなく発言、提案してみること」
	アイデア創出・商品開発	6	1	「お客様の目線からアイデアをだすこと」「技術の事業化に向けたアイデア」「利益を上げられるような商品ラインナップのアイデア出し」
	メンバーとの意思疎通	3		「自分の意見の共有」「まんべんなく全員に話をするように努めた」
	情報収集	1		「情報収集」
	自己学習	1		「知識不足を補い予習」
	時間管理		1	「時間がなかった。夏休みなので、クラスとして時間確保があと3時間欲しいと思いました」
協働学習	経営戦略に関する知識	9		「経営戦略研究科の方々の知識量、自身の仕事と関連を考えてのビジネス構築能力」「知らないことに対する調べる量の多さ」「今まで考えたことのない本気の経営戦略を学んだ」
	コミュニケーション・プレゼンテーション能力	5		「自分の所属している学科とは異なる人達や社会人とのコミュニケーション」「社会人の方のプレゼンの上手さ」「研究の発表とビジネスモデルの発表の差異」

第 4 章　アントレプレナーシップ教育の効果検証

項目	分類	理工	MBA	記述例
協働学習	マーケティング力	4		「5フォーブスやマーケティングなどひな形を学びました」「社会の生きのこりのためのポジショニングの設定やSWOT・リスク解析はこれまで学ぶことがなく、非常にためになる体験になりました」「自分のマーケティングに関する知識の浅さを実感しました」
	リーダーシップ	2		「経営戦略の方にリーダーシップをとってもらい、事業がどのようにしたら成功するのかの軸みたいなものを教わりました」
	理系基礎研究に関する知識	1	2	「まったく知識のない分野について一緒に学べる」「新しい研究内容」
	理系基礎研究の起業疑似体験	1	1	「自分たちの研究（理工学研究科）の応用例を実際にビジネスに変えるときに必要なことを学んだ」「多様性とイノベーション発生の過程を疑似体験した」
研究/仕事での活用	理系基礎研究の事業化による社会貢献	13		「自分のやっている研究がどのように進んだら、より早く社会に役立つのかイメージをつかめた」「ビジネスと研究は紙一重。自分の取り組みの社会（もしくは学会）への貢献や競合との比較の仕方は大いに参考になる」「研究で調査（事前調査）をするときに社会ニーズに合わせた背景も考えようと思った」「自分の行っている分析が、今後どのようにして事業として成立するのかと考え、分析していくことも大切だと感じました」「今やっている技術シーズをどう利用したら経営に活かすことができるかの思考」
	研究内容の説明の仕方	5		「他の分野の人にもわかりやすい説明レベルの見直し→思いのほか簡単に作ってきたのも理解してもらえてなかったため」
	就活・就職後の取り組み	2		「就活や就職した後に活かせる」「就職した後、会社で新しい事業の展開の際に必要なものとその準備の仕方、現実性等」
	グループディスカッション	2		「ディスカッションのときに発言する能力」
	時間管理に関する意識	1		「期日に合わせて妥協する」
	ビジネスプラン作成（自社）		2	「マーケティング、4P、ビジネスプランを自社の現実に照らして考える」「ビジネスプラン作成」
起業	はい	2	2	理工学学習者「今回みたいに人に発表する場面を想像できました」「現在もアプリ製作をしているため、このままゲーム業界に参入することが考えられる」
	いいえ	24	2	理工学学習者「起業するつもりがそもそもない」「リスクが大きすぎる」「起業家には向いていないから」「知識、経験ともにまだまだ」MBA学習者「まだです」「そこまでは」
友人推薦	はい	24	4	理工学学習者「新しい道（未来の自分）を探す場所になりえると思った」「研究のみで経営についての知識のない友達ばかりなので」MBA学習者「今後ビジネスプランを作成する人には有効」「実践的な学びができて、ぜひ共有した方がよいと思う」
	いいえ	2		理工学学習者「授業の時期がお盆と重なる」
授業満足度	授業の満足度(100点中)平均値	80	85	理工学学習者「社会人、他学科の方からの意見、考え方を聞くことができたから」「ビジネスに詳しいクラスメイトなどを通じて新しい知識を得ることができた。たった2週間でビジネスに対する価値観が変わった」「自分自身の成長にこれからつながるきっかけを得たから」「面白かったから」「授業は難しかったが後半プロジェクトについては、楽しく考えることができた！」「授業時間外に使う時間が多い。明らかに授業時間内では足りてないと思います」MBA学習者「それなりの達成感はあった」「非常によかった」

出所）著者作成

第2項　インタビュー調査

　関西学院大学のNGVCを受講した17名の留学生（11か国）と5名の日本人学習者を対象としたインタビュー調査の結果と考察を示す（Inada, 2018, 2020b）。本研究は、留学生と日本人学習者の協働学習によるアントレプレナーシップ教育において授業や起業に対する認識に違いがあるのかどうかを知ることを目的とする。

　インタビュー調査は、2017年6月から7月に実施した。データは、英語が34,685語、日本語が17,433語である。調査対象者は、男性が61％、女性39％である。日本人学習者は5名全員10年以上の社会人経験がある。一方、留学生は、社会人経験がない、もしくは3年以内の社会人経験である。留学生は、20歳から29歳が68％、30歳から39歳が18％、40歳から49歳が14％である。留学生の68％がアジア、14％が北南米、9％が欧州、9％がアフリカ出身である。国籍に関しては、24％が日本、14％が中国とタイ、9％がインドネシアと米国、5％がフィリピン、ドミニカ、デンマーク、仏国、リベリア、カメルーンである。

　半構造化インタビューでは、1）教育とキャリアに関する個人的背景、2）NGVCの授業に参加した理由、3）NGVCの学習、4）協働学習の経験について質問した。

　KH Coderで分析した共起ネットワーク分析結果に関して、日本人学習者から抽出された専門用語は、9つの関連用語グループに分類することができた（図表46）。

　グループAには、「ビジネス」「プラン」「コンテスト」「キャンバス」、および「モデル」が含まれる。グループBには、「アントレ」「デザイン」「ウェブサイト」「印象」「残る」「話」「マシュマロ」「チャレンジ」「一番」「最後」「理由」「出る」が含まれる。グループCには、「インプット」「アウトプット」「考える」「感じ」「自分」「意見」「レクチャー」「発表」「理論」「実践」が含まれる。グループDには、「プレゼンテーション」「スキル」「変わる」「チーム」「交流」、および「面白い」が含まれる。グループEには、「日本人」「日本」「自体」「文化」「違う」「調べる」が含まれる。

　グループFは、「若い」「外国」、および「言語」で構成されている。グルー

第4章 アントレプレナーシップ教育の効果検証

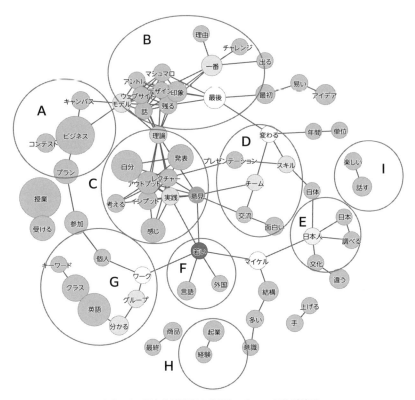

図表46 日本人学習者の共起ネットワーク分析結果
出所）著者作成

プGには、「英語」「クラス」「わかる」「キーワード」「グループ」「ワーク」「個人」、および「参加」が含まれる。グループHには、「起業」「経験」という言葉がある。最後のグループIには、「楽しい」と「話す」という用語がある。

　留学生から抽出された専門用語は、8つの関連用語グループに分類された（図表47）。

　グループAは、「Japan」「work」「company」「Japanese」「school」、および「come」を含む。グループBは、「entrepreneur」「maybe」「difficult」「say」「want」「really」である。グループCは、「think」「time」「know」「feel」「people」「good」「idea」「team」「work」「experience」「learn」「lot」

195

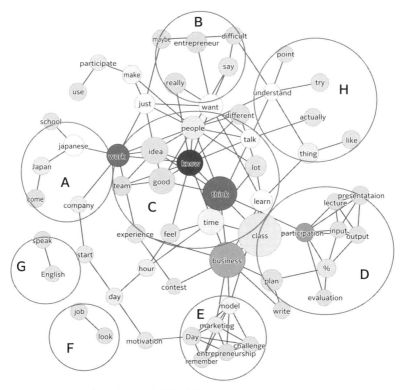

図表47　留学生の共起ネットワーク分析結果
出所）著者作成

「talk」「different」である。グループDは、「participation」「class」「input」「output」「lecture」「presentation」「participation」「plan」「write」「evaluation」を含む。グループEは、「entrepreneurship」「challenge」「remember」「Day」「marketing」「model」である。グループFは「job」と「look」である。グループGは、「English」と「speak」である。グループHは、「try」「understand」「point」「actually」「thing」「like」である。

　KH Coderで分析した共起ネットワーク分析結果に関して、日本人学習者から抽出された単語と留学生から抽出された単語から、図表48は、日本人学習者と留学生の授業やグループワークでの認識を示している。

　日本人学習者から抽出された単語から、以下の6つの事項を示唆する。

第4章　アントレプレナーシップ教育の効果検証

図表48　日本人学習者と留学生の授業やグループワークでの認識

日本人学習者	1	日本人学習者は、ビジネスモデルキャンバス、ビジネスプラン、ビジネスコンテスト、ウェブサイト、デザイン思考、アントレプレナー，およびマシュマロチャレンジの授業が印象に残る。
	2	日本人学習者は授業での意見や発表に対して意識的に考える。
	3	チームでの協働学習が興味深く、プレゼンテーションスキルの向上を考える。
	4	留学生は若く、異なる文化に遭遇する。日本の情報に関する知識が必要である。英語の使用は、グループワークや個々の授業への参加において重要である。
	5	起業は経験である。
	6	話すのは楽しい。
留学生	1	ビジネスモデル、起業の挑戦、マーケティングが授業での印象が深い。
	2	アントレプレナーになりたい思いはあるかもしれないが、それを実現するのは難しいと考える。
	3	人は異なるところがある。優れたチームワークには、アイデアを出し合い、ビジネスを考え、さまざまな人と話すことによって多くのことを学ぶことができると認識する。
	4	来日理由の1つは、日本の会社で働くことである。就職活動をする。
	5	授業の参加や発表は必要であり、成績に関係すると認識している。
	6	英語を話す必要がある。
	7	実際に事業を考え、理解し、挑戦したい。

出所）著者作成

(1)日本人学習者は、ビジネスモデルキャンバス、ビジネスプラン、ビジネスコンテスト、ウェブサイト、デザイン思考、アントレプレナー、およびマシュマロチャレンジの授業が印象に残る。(2)日本人学習者は授業での意見や発表に対して意識的に考える。(3)チームでの協働学習が興味深く、プレゼンテーションスキルの向上を考える。(4)留学生は若く、異なる文化に遭遇する。日本の情報に関する知識が必要である。英語の使用は、グループワークや個々の授業への参加において重要である。(5)起業は経験である。(6)話すのは楽しい。

留学生から抽出された単語から、以下の7つの事項を示唆する。(1)ビジネスモデル、起業の挑戦、マーケティングが授業での印象が深い。(2)アントレプレナーになりたい思いはあるかもしれないが、それを実現する

のは難しいと考える。(3) 人は異なるところがある。優れたチームワークには、アイデアを出し合い、ビジネスを考え、さまざまな人と話すことによって多くのことを学ぶことができると認識する。(4) 来日理由の1つは、日本の会社で働くことである。就職活動をする。(5) 授業の参加や発表は必要であり、成績に関係すると認識している。(6) 英語を話す必要がある。(7) 実際に事業を考え、理解し、挑戦したい。

　日本人学習者と留学生の類似点に関しては、図表46の「楽しい」「話す」「面白い」「変わる」「チャレンジ」「英語」「わかる」、図表47の「good team or idea（良いチームもしくはアイデア）」「I like（私は好き）」、および「talk a lot（よく話す）」から、協働学習によるアントレプレナーシップ教育は学習者に肯定的な認識があった。また、日本人学習者と留学生の両方が、授業への参加・発言とチームワークの重要性を認識している。日本人学習者は、チーム内での交流が面白いと感じていることがうかがえる。

　また、日本人学習者は、図表46のグループEの「日本」「日本人」「自体」「文化」「違う」「調べる」から協働学習の中で日本人としての認識が向上したことがうかがえる。日本人学習者が通常受講する日本人が大半を占める授業と比較すると、留学生は、年齢がより若く、職業経験が少なく、異文化という存在であった。日本人学習者は日本語で日本人メンバーとグループワークをすることには慣れているが、留学生とグループワークをする経験はないもしくは浅いため、留学生の観点などを取り入れた説明の仕方などを試みる必要があった。さらに、日本人学習者は、英語での説明能力とプレゼンテーションのスキルを必要とされた。

　留学生に関しては、グループワークのビジネスプランを作成する過程で社会人経験が豊富で自分とは異なる観点を持った日本人学習者と話すことで、ディスカッションが充実し、良いアイデアを得る効果があったと認識した。留学生は、ビジネスプランを実質的に深い洞察から作り上げることができた。

　Yazici（2005, p.225）は、協働学習は、学習者の参加、課題解決能力、コミュニケーションスキルを向上させると述べている。日本人学習者と留学生の類似点にあるように、日本人学習者と留学生の両方が、授業への参加・発言とチームワークの重要性を認識し、協働学習によるアントレプレナー

シップ教育には肯定的である。日本人学習者は、チーム内での交流が面白いと感じることができた。留学生に関しては、グループワークのビジネスプランを作成する過程で社会人経験が豊富な日本人学習者とのディスカッションが充実し、良いアイデアを得て、ビジネスプランを実質的に深い洞察から作り上げることができた。このように、NGVCの授業は特に学習者同士の関与と課題解決能力、コミュニケーション能力に影響を与えた。

相違点に関しては、3つの大きな違いがあった。第1に、日本人学習者と留学生で印象に残った授業が異なった。日本人学習者は、ビジネスモデルキャンバス、ビジネスプラン、ビジネスプランコンテスト、インターネット戦略、デザイン思考、アントレプレナーの起業ストーリー、そしてマシュマロチャレンジの授業が印象的であった。一方で、留学生はビジネスモデル、マーケティング、アントレプレナーシップの授業の印象が強く、授業やプレゼンテーションで積極的に発言することが成績に重要であるという認識が強かった。

第2に、アントレプレナーに関する意識が異なっていた。日本人学習者は、起業は1つの職業としての経験であるという認識を示し、否定的ではなかった。一方、留学生は、アントレプレナーシップは挑戦的で、アントレプレナーになるのは障壁が高く、難しいかもしれないと考えた。留学生は職業経験が少ないことに加え、NGVCの授業で、日本で起業したゲストスピーカーの欧州出身者が、日本の法的および財政的支援の面で起業に苦労した経験を伝えたため、留学生は、日本で起業することは難関であると感じた可能性がある。

第3に、日本人学習者と留学生の授業の目的が異なった。図表46のグループGで、「英語」「クラス」「わかる」「キーワード」「グループ」「ワーク」「個人」「参加」から、日本人学習者は、明らかに授業で英語力を向上させたいと考えていた。日本人学習者は、グループワークや授業への参加における重要な側面の1つとして、英語を話すことに重点を置いた。

図表47のグループGで、留学生に関しては、「English（英語）」と「speak（話す）」とある。ほとんどの留学生はネイティブスピーカーではないが、通常英語のMBAコースを受講しているため、授業の目的は英語の向上を含まない。抽出された単語の「job（仕事）」と「look（探す）」（グループF）、

および「Japanese（日本語）」「work（仕事）」「company（会社）」「school（学校）」「Japan（日本）」「come（来る）」（グループA）から、留学生は日本で働くことに興味を持っていたようである。

　以上の3つの相違点からいえることは、NGVCの授業において、10年以上の社会人経験を有する日本人学習者が自身の仕事の経験を共有することで、日本人学習者が英語発表や質疑応答の練習をすることができる。留学生にとっては、就職に関する知識を得て、職場、仕事内容などをイメージすることができる可能性がある。さらに、NGVCコースの学習者が、日本企業の課題に対して協働でビジネスプランを作成し解決策を提示することは、日本人学習者と留学生の双方にとって多様なチームメンバーと働くのに有益になるという推測が得られる。NGVCのアントレプレナーからの実体験を聞く授業では、今回は、2名のアントレプレナーだけであったが、もう少し人数を増やし、多角的な視点から起業について考える機会が必要である。

　Janz（1999）、Mikkelsen & Gronhaug（2000）、Vos, Celik, & Vries（2016）が言及するように、市場や顧客の多様化が急速に進んでいるため、職場で多様なメンバーと協働して事業を進行することは不可欠であり、大学でその分野を強化する必要がある。

　NGVCの授業のインタビュー調査の結果は、授業後、80％以上の学習者がアントレプレナーの意識を高め、86％以上の学習者がアントレプレナーになることを将来のキャリアオプションの1つとして考えている。多様なグループメンバーの中で、学習者は、それぞれの役割の重要性や異文化コミュニケーションスキル、言語（英語）能力が向上したと認識する。ビジネスプランコンテストで上位になったグループの特徴としては、学習者が平等な責任と自律的な行動を持ち、グループメンバーに感謝しながら協力して課題を遂行していた。そして、学習者は、国際的なメンバーとビジネスプランを作成する過程において自己効力感と自信を確立している。

　図表49は、授業前と授業後の日本人学習者および留学生の回答比率と人数が記載されている。すべての日本人学習者は実務経験があるが、留学生の場合、留学生の29％のみ3年以上の実務経験がある。言語能力は、日本人学習者の20％が英語で授業を理解できることが可能である。関西

図表49　授業前後の日本人学習者と留学生の変化

(　) 学習者の人数

時期	項目	日本人学習者	留学生
授業前	職務経験	100%（5）	29%（5）
	日本人学習者の英語もしくは留学生の日本語上級者	20%（1）	47%（8）
	ビジネスプラン作成	20%（1）	47%（8）
	ビジネスプランコンテスト参加経験	0%（0）	12%（2）
	起業経験	20%（1）	18%（3）
	NGVC授業の選択理由	80%（4）教授の推薦 20%（1）シラバス	53%（9）シラバス 35%（6）教授の推薦 12%（2）単位取得
	MBA修了後の希望キャリア	20%（1）起業 80%（4）変化なし	71%（12）日本で就職 29%（5）母国で日系企業に就職
授業後	ビジネスプラン作成	80%（4）	100%（17）
	起業への関心の向上	60%（3）	88%（15）
	起業をキャリア選択に考慮	40%（2）	100%（17）

出所）著者作成

学院大学大学院経営戦略研究科では、一般的に日本人学習者にMBAコースを日本語で提供しているため英語能力が必修ではないが、留学生との協働コースには英語が必要である。したがって、日本人学習者が英語のアントレプレナーシップの授業に参加することは大きな挑戦となる。一方、留学生はすべてのコースを英語で受講しているため、ほとんどの留学生はネイティブスピーカーではないが、十分な英語能力を持つ。さらに、留学生の約半数が日本語能力試験の上級レベルの資格を所持し、母国語、英語、日本語の3か国語を話すことができる。

　日本人学習者および留学生の約20％がアントレプレナーとしての経験がある。アントレプレナーとしての経験を持つ日本人学習者のうち、MBAの入学前にビジネスプランを作成したのは1名のみである。留学生の半数は、学部生としてビジネスプランを作成した経験がある。ただし、そのビジネスプランは、ビジネスアイデアに重点を置いており、マーケティング、財務、およびアントレプレナーの知識を深く掘り下げることは

含まれていない。MBAの入学の前にビジネスコンテストに参加した留学生はわずか12％である。よって、日本人学習者や留学生の大半は、ビジネスコンテストへの参加やビジネスプランの作成の経験はない。

　NGVCの授業は、授業のシラバスを確認後、授業に興味を示した学習者がいる（日本人学習者20％・留学生53％）。NGVCの授業は、関西学院大学大学院経営戦略研究科で最初の試みであったため、ほとんどの学習者（日本人学習者80％・留学生35％）は、教授の推薦が授業に参加したきっかけである。また、留学生の12％は、授業の単位取得を目的としてNGVCを受講している。MBA修了後、将来のキャリアについて、ほとんどの日本人学習者（80％）はキャリアの変更を考慮していない。起業の意欲を示したのは1人である。留学生に関しては、71％が日本で就職希望である。残りの29％の留学生は、母国に戻り、日本企業や日本に関連する仕事で働きたいと考えている。

　授業修了後、すべての留学生とほとんどの日本人学習者（80％）は、ビジネスプランを作成することに抵抗がないと感じている。さらに、ほとんどの留学生（88％）と一部の日本人学習者（60％）は、アントレプレナーシップに対する意識の向上を認識し、留学生と日本人学習者の80％以上が起業に関する意識が向上している。学習者の86％以上がアントレプレナーになることをキャリアの選択肢の1つとして回答している。しかしながら、すべての留学生がアントレプレナーになることを考慮すると回答しているが、日本人学習者は40％のみである。

　図表50は、日本人学習者と留学生の類似点と相違点を示している。類似点は、日本人学習者、留学生の両方ともディスカッションとグループワークが困難であることである。その原因は、日本人学習者と留学生は、協働学習の授業を体験し、プロジェクトが思うように進行せず、意思疎通が困難であったからである。ただし、授業を受講した後、日本人学習者と留学生の両方が異文化コミュニケーションの重要性を認識している。また、課題解決の発表を経て、起業に対しての可能性に気づき、自信、自己効力感が向上している。

　相違点に関して、日本人学習者は、英語での理解や交渉、プレゼンテーション、留学生との交流が困難である。日本人学習者の場合、通常の授業

第 4 章　アントレプレナーシップ教育の効果検証

図表 50　日本人学習者と留学生の類似点と相違点

類似点	対象者	日本人学習者／留学生	
	困難事項	・ディスカッション、グループワークの難しさ	
	学習事項	・異文化コミュニケーションの理解、多様性の重要さ	
	起業	・起業という気づき、自信や自己効力感の向上	
相違点	対象者	日本人学習者	留学生
	困難事項	・プレゼンテーション ・留学生との交流 ・英語での理解や交渉	・コミュニケーションの仕方の違い ・就業経験なしにビジネスの発言をすること ・自国の説明 ・メンバーの信頼
	学習事項	多様性、同類性	リーダーシップ、自己理解
	起業	興味	尊敬

出所）著者作成

は日本語で行われる。NGVC の授業はすべて英語で行われる。日本人学習者は実務経験が豊富であったが、限定された英語能力で留学生と交流し、意見を主張して交渉し、プレゼンテーションをすることは困難である。ただし、日本人学習者は、留学生が議論に積極的に取り組み、上手なプレゼンテーションに感銘する。留学生は、日本人学習者とコミュニケーションスタイルの違い、就業経験がなくビジネスの発言をすること、自国の説明、メンバーの信頼が困難である。コミュニケーションスタイルの違いに関して、欧米の学習者は最初に結論を説明する傾向があり、日本人学習者は最初に詳細を説明し、最後に結論に達する傾向にある。これらの考察から、グループワークのやり方を工夫する必要があることが推測される。

また、ほとんどの留学生は実務経験がないため、ビジネスプランを作成するときに、製品やサービスの提供を開始する方法の詳細を想像しながら、説明することが困難である。留学生は、時に自分のアイデアに対する自信を失うこともある。さらに、一部の留学生は、自国の代表者であるにもかかわらず、自国の文化や社会に関してグループメンバーに説明できず、自国の理解について十分でないという気づきがある。その結果、その留学生は、自国の文化と企業の研究を始める。また、留学生は、意見の違いや自身の主張を貫くため、グループメンバーの信頼を得ることが難しい場合がある。

学習事項に関して、日本人学習者は、協働学習において言葉の壁はある

が、より多様な意見に触れることにより、グローバルな感覚が生まれ、多様性の重要さを認識している。また、日本人学習者は、当初は留学生を遠い存在であると感じていたが、国際的な問題を一緒に解決していくことで同志であるということを認識していた。日本人学習者は、英語を学ぶ意欲が高まり、グループの構成と時間管理が課題を達成するための重要な要因であると認識している。日本人学習者は、起業に関しては興味を抱くが、強く起業を希望するものは少数である。留学生は、リーダーシップを発揮することは重要であるが、時間に制限がある中で、プロジェクトを遂行するには、自己と相手を相互理解し、お互いの意見を主張するだけでなく、妥協して物事を進めることも大切であることを自覚している。留学生は、起業に関しては、授業で欧州出身のゲストスピーカーが、日本で日本人パートナーと起業し、ゼロから事業を始め、いくつかの法的問題を克服したため、そのゲストスピーカーに敬意を示している。

　図表51は、5つのグループの成功と課題の要因を示している。グループ1は欧州とアジアの学習者で構成され、ビジネスプラン発表で1位になっている。グループ2には北南米とアジア（日本人を含む）の学習者が含まれ、ビジネスプラン発表で2位になっている。グループ1と2の成功要因は、グループ1と2の学習者が、プロジェクトを協力して行い、プロジェクトの方向性や進行を確認し合い共通の認識を持っていることである。各グループの学習者は、ビジネスプランを作成する過程で、役割は平等に与えられ、課題を一緒に議論するという点で全員が責任を負っている。また、各グループの学習者は、授業外でも最高のビジネスプランを作成するという目標を達成するために自律し、授業外で、特に週末に積極的にプロジェクトに関与し、多くの時間を費やしている。各グループのリーダーは、メンバーの意見をよく聞き、相手がどのように考えているのかを理解し、思いやりを持って接している。インタビュー調査では、各グループの学習者は、グループメンバーへの信頼と感謝の意を表明し、ほかの課題があったら、また同じグループで取り組みたいと述べている。

　グループ3は、北南米、およびアジアの学習者を含んでいる。メンバー全員が強いリーダーシップを発揮し、より優れたソリューションを求めて妥協したり、交渉したりするのではなく、各個人の意見を主張している。

第4章　アントレプレナーシップ教育の効果検証

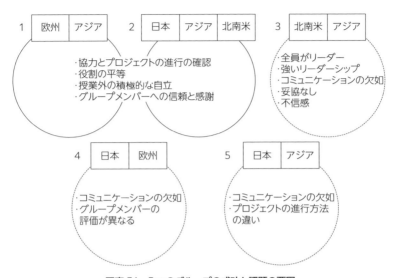

図表51　5つのグループの成功と課題の要因
出所）著者作成

時間が経つにつれて、彼らは課題について他のメンバーと話すのを止め、ほとんどのメンバーはお互いを信頼していない。しかしながら、最初にアイデアを提案した学習者が意見を強調し続け、財務経験のある別のメンバーとのビジネスプランを作成する。ビジネスプラン発表では、そのアイデアを提案した学習者が強力なプレゼンテーションスキルを発揮し3位になっている。

　グループ4（日本人学習者と欧州の学習者を含むグループ）とグループ5（日本人学習者を含むアジアのグループ）は、グループ内のコミュニケーションが欠如している。グループ4の日本人は英語で話すことを恐れており、ほとんどの場合、欧州の学習者がプロジェクト中に日本語で話をしている。しかしながら、欧州の学習者は自分の考えを押し進め、日本人学習者はその態度に不安を感じている。同時に、欧州の学習者は、日本人学習者から十分なフィードバックを受けていないと感じている。

　グループ5は非常に活発で、スケジュールを事前に計画し、早い段階でビジネスプランが完成している。しかしながら、最終段階で1人のメンバーから事業を変更したいという申し出があり、プロジェクトの進行方法

の違いから対立が生じている。このグループは、時間的な制約があり、直面する課題については話し合えていない。ビジネスプランは非常に高度な内容であったが、ビジネスプラン発表では良い結果を出せなかった。

図表52は、図表51で示した5つのグループのうち、ビジネスプランコンテストで成功したグループ（グループ1および2）の経緯を示している。アントレプレナーシップの授業では、事業創造を理解するために必要な事業機会の探索、研究、ビジネスアイデア、ビジネスプラン、ビジネスプランコンテストを行っている。

グループプロジェクトを成功させるための重要な要因は、3つある。1つ目は、目標達成に対する個人の情熱である。学習者は、起業、国際課題の解決や自国の発展、将来のキャリアのためとさまざまな目標を掲げているが、各個人の目標に対しての想いを持っている。つまり、学習者は、個人のスキルの向上のために課題に取り組んでいる。

2つ目は、円滑なコミュニケーション、チームプロジェクトへの参加、グループメンバーとの良好な関係である。すなわち、学習者は、メンバーのバックグラウンドを理解し、グループ内で自ら役割を選択し、メンバー同士がお互いを気にかけながら、助け合い、全員がプロジェクトの進捗に責任を持つことである。そして、学習者は、自主的に自身ができることを申し出て、課題に取り組み、メンバーに信頼や感謝を示している。

3つ目は、授業の参加の姿勢である。学習者同士が意見を傾聴し、アイデアや意見の共有をしている。学習者は、教育者、クラスメイト、ゲストスピーカーから刺激を受け、共感している。これらの重要な要因は、学習者は、英語で積極的に発言し、リーダーシップを発揮することで自己効力感を促進していることが考えられる。また、学習者は、英語で多様なメンバーとビジネスプラン作成のグループワークに取り組むことで、英語で起業に関する内容を理解することに自信を向上させている。これらのことが、関西学院大学のNGVCを受講した17名の留学生（11か国）と5名の日本人学習者を対象としたインタビュー調査から明らかとなっている。

第 4 章 アントレプレナーシップ教育の効果検証

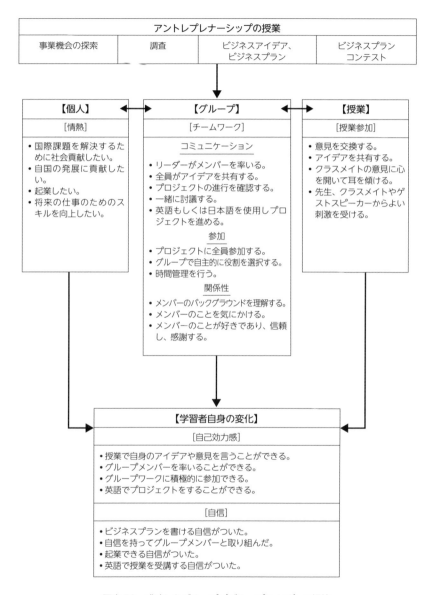

図表 52 成功したグループ（グループ 1 と 2）の経緯
出所）著者作成

第3項　フィールドワーク調査

　本書の目的は、留学生の視点から、フィールドワークによる日本文化・日本企業の学習効果を明らかにすることである。ABE Initiative & Pacific-Leads Special Program として、アフリカ・中近東を中心に数十名の留学生が関西学院大学大学院経営戦略研究科の国際経営コースで2年間学ぶ。日本の文化・経営を実践的に学ぶためにフィールドワークが実施される。学習者は、日本企業の起業からグローバル企業に至るまでの経緯、創業者の起業に関する思いなどを学ぶことができる。2017年長崎県、2018年愛知県・静岡県、2019年広島県の各地で3日間のフィールドワークを実施した（図表53）。長崎県は、古くから海外と交流があり、高度経済成長時代には、重工業が発展した都市である。また、長崎県には、長崎原爆資料館等があり平和学習を行うことができる。愛知県・静岡県では、日本を代表する自動車、バイク、楽器や食品などの産業があり重要な都市である。広島県は自動車産業や食品などの産業や広島平和記念資料館等で平和学習を行うことができるため、研修先として選定された。

　長崎県では、1日目に長崎の歴史などの基礎学習、江戸時代から高度経済成長時代までの歴史を踏まえ、ハウステンボス株式会社、2日目に長崎原爆資料館、長崎市平和会館ホール、長崎市平和公園、三菱重工業株式会社長崎造船所、3日目に端島（軍艦島）を訪問した。愛知県・静岡県では、1日目にヤマハ株式会社掛川工場、ヤマハ発動機株式会社企業ミュージアム、2日目にトヨタ自動車株式会社のトヨタ産業技術記念館、トヨタ工場、トヨタ会館、3日目に株式会社ミツカンのミツカンミュージアムを訪問した。広島県では、1日目にアヲハタ株式会社、2日目にマツダ株式会社、広島平和記念資料館、3日目に広島東洋カープを訪問した。

　長崎県のフィールドワークに関しての質問紙調査の結果（任意回答者：9名）では、78%（7/9名）の学習者が、長崎原爆資料館の訪問が最も興味深いと回答した。なぜなら学習者は、原爆の恐ろしさに衝撃を感じ、平和の尊さや各国での平和の連携を再認識し、原爆から復興した現代の長崎を見ることができたからである。学習者は、戦後の造船や客船の模型タービンの構造や造船の工程など長崎の経済発展や日本の経済成長には、資源

図表53　フィールドワークのスケジュール

年代	場所	1日目	2日目	3日目
2017	長崎	長崎の歴史、経済の講義、ハウステンボス	長崎原爆資料館、平和記念公園、三菱重工業長崎造船所資料館	軍艦島
2018	名古屋・静岡	ヤマハ　バイク・ピアノ工場、グローバル戦略に関する質疑応答	トヨタ産業技術記念館・工場見学、トヨタ会館	ミツカンミュージアム（日本の伝統文化・歴史・寿司、ラベルづくり体験）、グローバル戦略に関する議論
2019	広島	アヲハタジャム工場、ジャムづくり、質疑応答	マツダ工場、広島平和記念資料館	広島東洋カープ（市民球団）、ファン獲得マーケティングに関する議論

出所）著者作成

国ではない日本が、端島／軍艦島の炭坑事業に本格的に取り組み、三菱重工業株式会社が組織的に支えたことを体系的に学習した。また、学習者は、自国の産業発展、持続的なマネジメントや文化的遺産に従事していくことの重要性を認識した。フィールドワークの満足度に関しては、5点満点中、平均4.66点と高かった。

　愛知県・静岡県のフィールドワークに関しての質問紙結果（任意回答者：8名）では、88％（7/8名）の学習者が、トヨタ産業技術記念館とトヨタ工場への関心が非常に高かった。なぜなら、学習者は、豊田家の歴史、繊維機械から自動車への変革に、「かんばん方式」「自動化」の生産向上のための効率性やオペレーションの仕組みに大変驚いたことをあげている。学習者は、従業員や協力工場との関係、従業員の意見の取り入れ方、事業の継続的な発展には人材が大切であるということを認識した。ほかには、産業界をリードし、日本だけでなく世界に展開しているヤマハ株式会社と日本の伝統的な食文化を大切にしている株式会社ミツカンに感銘したとも記入している。フィールドワークの満足度に関しては、平均4.75点と高かった。

　広島県のフィールドワークに関しての質問紙調査の結果（任意回答者：8名）では、67％（6/9名）の学習者が、広島平和記念資料館の訪問が最も興味深いと回答した。なぜなら学習者は、被爆者の方から原爆について実際に聞くことができ、悲しみを共感しつつ、歴史を知る大切さを学んだ

からである。学習者は、アヲハタ株式会社でのジャム作り、マツダミュージアムの見学で工場でのオペレーションシステムを見ることができ、加工食品や自動車の生産、オペレーションに関して知識が深まったと認識した。また、学習者は、このフィールドワークで論文のための情報収集ができ、将来、ビジネスで戦略を立案する際にこの経験を活用したいと意欲を示した。マツダミュージアムの見学では、学習者は、顧客獲得（女性）のマーケティング、顧客を楽しませる工夫（球場内のBBQ施設、グッズ販売）、広島のコミュニティを大切にする市民球場の哲学に関してマネージャーから話を聞くことができたことも良かったと述べた。フィールドワークの満足度に関しては、5点満点中、平均4.63点と高かった。

図表54は、インタビュー調査におけるM-GTAの分析ワークシートの例を示している。学習者は、フィールドワークの訪問先で創業者の思いや

図表54　分析ワークシート

概念名	起業への意識
定義	・大企業でも小さいビジネスからスタートしていることを目の当たりにし、日本で学習したことを活かし、将来自国で起業し、自国の発展を実現させたい。
具体例	・「フィールドワークとアントレプレナーは関係がある。トヨタとミツカン博物館で、ビジネスが小さなところからスタートしているのを見ることができた。そして徐々に成長していく。自身のモチベーションの向上になった」 ・「トヨタもヤマハも同様のことだと思う。最初、事業展開は簡単ではなかった。アントレプレナーである創業者は、マネージャーとは異なる。アントレプレナーはリスクを犯すし、失敗しても勇敢に挑戦し続ける。すべての事業は、アントレプレナーから始まっている」 ・「母国では、ほとんどの学生が政府の援助を待っている。仕事を見つけるのも難しい。いくつかの企業は成長しているが、最も興味のある産業は農業だ。知識やスキルがあれば、農業分野は向上するし、自分で起業し試してみたい」 ・「三菱重工業長崎造船所は伝統的な会社でインスピレーションを受けた。彼にもできたのだから、私もできるという気持ちにさせてくれた。なぜなら、現在の三菱重工業はとても大きいが、彼がビジネスの機会を獲得してどのように事業が始まり、現在に至るのかを理解できるようになった。アントレプレナーが持つものを持っていた」 ・「企業の博物館をつくるというアイデア。モロッコにはない。とても興味深いし、企業も誇りに思う」
理論的メモ	・フィールドワークによって日本企業のアントレプレナー、アントレプレナーシップ、歴史に触れることができた。

出所）著者作成

苦労を目の当たりにした。大企業でも小さいビジネスからスタートしていることを目の当たりし、日本で学習したことを活かし、将来自国で起業し、自国の発展を実現させたいという意識が芽生えた。理論的メモは、フィールドワークによって日本企業のアントレプレナー、アントレプレナーシップ、歴史に触れることができた、とした。

　M-GTAの分析結果のカテゴリー、概念、定義を示す（図表55）。5つのカテゴリーが抽出された。カテゴリーを【　】、概念を［　］で表示する。概念［アフリカ・中近東における日本の認知度の低さ］［日本の印象］から【来日前の日本】が生成された。次に、［自国の発展への想い］［起業への意識］から【アントレプレナーシップマインド】が導かれた。また、概念［日本への愛着］［日本への敬意］から【気づき】、概念［フィールドワークの価値認識］［コミュニケーションの壁］から【葛藤】が生成された。最後に、［自身の努力］［今後の発展］から【決意や意欲】が示された。

　このように分析ワークシートを使用し、概念を抽出していった結果、フィールドワークの学習モデル（図表56）が構築された。図表56は、【来日前の日本】の印象を示し、フィールドワークの学習効果【アントレプレナーシップマインド】【気づき】【葛藤】と発展【決意や意欲】に至った経緯を提示している。

　学習者の日本のイメージは、「テクノロジーの国であり、発展している。自動車、電気、機械。それ以外のことについては、何も知らなかった」「外国といえば植民地の影響で仏国である」「アフリカで日本の情報を取るのは難しい」など、学習者はアフリカ大陸出身者が大半を占めるため、地理的に離れ、言葉の壁もある。しかしながら、フィールドワーク（見ること・聞くこと）で、学習者は、日本の歴史・繊維・楽器・食品などの軽工業産業やバイク・自動車などの産業・教育・言語と接触する機会を得た。学習者は、授業で事前に学習したケース内容の場所に実際に訪問し、企業ビジョン・課題・施策に対して議論した。その結果、3つのカテゴリー【アントレプレナーシップマインド】【気づき】【葛藤】に影響があった。

　第1に、アントレプレナーシップマインドに関して、学習者は、戦後日本の復興・発展を学習し、日本の技術・生産方法・人的マネジメント・サービスを学び、自国での起業へのアイデアや関心が向上した。学習者はトヨ

図表 55　カテゴリー、概念、定義

【カテゴリー】	[概念]	定義
来日前の日本	アフリカ・中近東における日本の認知度の低さ	アフリカ・中近東で日本はあまり知られていない。
	日本の印象	来日前に学習者は日本の技術や製品、文化、第二次世界大戦など限られた情報で日本をイメージする。
アントレプレナーシップマインド	自国の発展への想い	自国と日本を比較し、日本の科学技術、農業、組織など導入し、自国の産業や人材育成を発展させたい。
	起業への意識	大企業でも小さいビジネスからスタートしていることを目の当たりにし、日本で学習したことを活かし、起業について考える機会になった。
気づき	日本への愛着	フィールドワークで日本企業や団体、日本人との交流により日本へ愛着を持ち始める。
	日本への敬意	フィールドワークで日本企業や団体への訪問により、自国にはない概念、標準化や日本ブランドに興味を抱き、敬意を示す。
葛藤	フィールドワークの価値認識	現地の方々との交流を楽しみ、日本文化、歴史、ビジネスの現場を体験し、フィールドワークの価値を認識する。
	コミュニケーションの壁	母国語、英語、仏語などは使用できるが、日本語ができないためコミュニケーションの際に言葉の壁に打ち当たる。
決意や意欲	自身の努力	フィールドワークの学びを活かし、学習者自身が何をしたいかを明らかにし、努力する。
	今後の発展	各自の目標に向かってフィールドワークの学びを活用する。

出所）著者作成

タ産業技術記念館で綿花に着目し、自国で綿花を栽培し、軽工業の事業を考えている。重工業の工場見学を通して、学習者は、「三菱重工業長崎造船所は伝統的な会社でインスピレーションを受けた。彼（創設者）にもできたのだから、私にもできるという気持ちにさせてくれた」と述べた。来日前、日本のことに関してまったく知識がなかった学習者が多い。創業者のビジョン、アントレプレナーは小さな商いから始め、現代の大企業に至るということを学んでいる。

　また、学習者は、ある創業者が企業訪問をし、そこからアイデアを得て起業したことを念頭に、学習者自身もそのプロセスの中にいると認識して

第4章　アントレプレナーシップ教育の効果検証

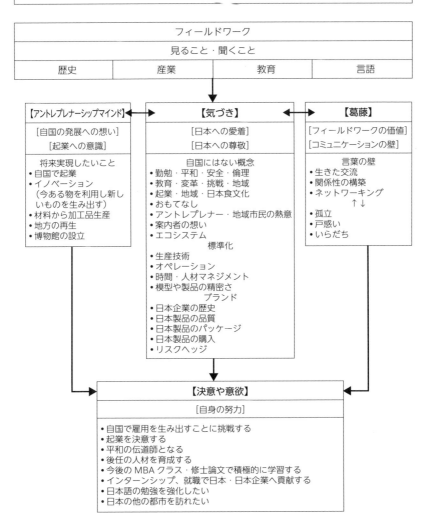

図表56　フィールドワークの学習モデル図
出所）著者作成

いる。その学習者は、株式会社ミツカンの酒を生産する際の残物（酒粕）を利用して、酢の生産にいたったプロセスを学び、自国にも廃棄処理されるものを利用できないか考えている。また、学習者は、アヲハタジャムに感動し、自国の豊富なフルーツを加工し、海外市場に挑むことを考えている。他の学習者は、ハウステンボスを訪問し、オランダ建築の再現、アスレチックなどのアクティビティ、パレード、佐世保バーガーなどの名産が地方の1か所に集約されているテーマパークを自国に建設するという発想を得ている。また、学習者は、多くの企業を訪問し、自国にも地場産業を紹介する施設が必要なのではないかと考えている。

　第2に、気づきに関して、企業のショールーム訪問や工場見学で、日本人の作業を見て、「日本人は、計画的であり、勤勉で複雑な構造を考える」など日本人の勤勉さや繊細さ、責任感を目の当たりにしている。さらに、学習者は、「日本のおもてなしを学んだ。長崎、名古屋でも案内する方はベストな状態で情報を提供しようと努力し、熱意が伝わってきた」など案内者の丁寧な説明や熱意に触れ、おもてなしの気持ちが伝わっている。

　異文化体験をすることで、学習者は、日本により愛着や敬意を持つ傾向にある。ある学習者は、自国と日本のバイク・自動車の貿易を嬉しく思っている。フィールドワークの訪問先のファンになり、その後、その食品やグッズを定期的に購入している。他の学習者は、広島原爆資料館、長崎市平和記念館では、戦争の悲惨さを学習している。たとえば、「長崎原爆資料館に実際に訪問する機会を得たことは、人生において本当に必要な経験であった。今まで日本の各地に行った中で、最も有意義だった。日本の歴史の今まで見たことのない他の部分を見る機会だった。残念ながら、悲惨なことだけれども、自分が実際に見るに値する」「被爆者の話は、一生忘れない。核兵器については想像することもできなかったが、実際に起きたことだと広島のことを家族に話した」「戦争は何ももたらさない。自国でも戦争があったので、平和への尊さがよくわかる」など学習者は、自国の内戦などの歴史を踏まえたうえで、平和の尊さ、人権の重要性を心に刻んでいる。また、学習者は、テクノロジーの発展の背景には、偉大な努力と人材の重要性を認識している。ある学習者は、「広島でビジネスの倫理を学んだ。単にお金を稼ぐだけでなく、地域の人のことを考え、地域のコミュニティを

考える」と述べている。学習者は、広島東洋カープを訪問し、市民球団への思いに触れたことで、地域・市民のことを考え、持続するビジネスや社会貢献する大切さを体得している。

　第3に、学習者の葛藤に関しては、言語（日本語）が大きく影響している。「日本に来て、教室に座っているだけでなく、現場に行って交流し、どのようにビジネスが進行しているのかわかった」「フィールドワークは、とても日本を理解するうえで確実に手助けになっている」「フィールドワークは、価値があるし必要だと思う。とても良い経験になった」などフィールドワークの経験において、学習者は、現地の方々と生きた交流を楽しみながら、日本文化、歴史、ビジネスの現場を体験することで、フィールドワークの価値を認識している。

　一方で、「日本では時々、難しい状況にさらされる。コミュニケーションが日本語でできない。もし誰かが尋ねてきても、私は会話することができない。日本語がフラストレーションになる」など学習者は、日本語の壁に何度もぶち当たった。学習者は、地域の人々にもっと質問したいが、日本語でのコミュニケーションができないというジレンマに陥ったことも多々あった。

　これらの経験から、学習者は、フィールドワークのあと、【決意や意欲】を示している。ある学習者は、「日本企業はアフリカ市場のことについて知らない。アフリカ市場の投資や参入に恐れている企業もある。日本企業のビジネス向上のために貢献したい。日本企業はアフリカへの進出のために必要な信頼性の高い、価値のある情報を取得しようと試みているため、その手助けをしたい」と述べ、日本企業へ貢献したいという想いを持っていることを示している。アフリカのある国は、政府の雇用政策に頼っているため、失業者が非常に多い傾向にある。その学習者は、それらの問題を解決するため、独自で雇用をサポートする仕組みを構築したいという決意に至っている。

　そのほかには、「戦争がこんなに悲惨なことになってしまうと人に伝える」など長崎県の原爆、平和の尊さを母国に伝え続けなければいけないとの責任感にかられていた学習者もいる。また、ある学習者は、長崎県の地方の雰囲気が特に気に入り、他の地方都市も訪問したいと意欲を見せてい

る。他の学習者は、フィールドワーク後、広島・長崎の町の復興に関して資料を取り寄せ、自己学習をする者や日本語の学習の向上に取り組んでいる者もいる。「修士論文でアフリカの自動車産業を研究する。自国の独自のブランドで持続可能なビジネスを模索する。実際の自動車工場を見ることができて役立った」「フィールドワークでビジョンを持つことができた。次の4年でそのビジョンを実際のものに確立したい」など農業、重工業の分野で自動化などを学習したことを論文に反映させ、インターンシップやグローバルな企業で働くことに力を入れていきたいという意思表示をした学習者もいた。

　本研究では、日本のビジネススクールに在籍する留学生を対象に、日本の企業・団体に関する長崎県、愛知県・静岡県、広島県のフィールドワークからの学びを検証した。質問紙調査から、学習者は、長崎原爆資料館、トヨタ産業技術記念館、トヨタ工場の関心が非常に高いことが明らかとなった。また、学習者は、各訪問場所で日本の歴史と産業の発展を踏まえ、体系的に学習したことが記述されていた。すべてのフィールドワークの満足度は5点満点中4.6点以上という結果であった。

　インタビュー調査から、学習者は、【アントレプレナーシップマインド】【気づき】【葛藤】があり、その結果、【決意や意欲】に至ったことが明らかとなった。本研究の分析結果からフィールドワークは、(1) 学習者のアントレプレナーシップマインドを形成するのに影響する、(2) 自国と日本の異文化接触により自国にない概念を認識し、日本へ愛着を抱き敬意を示す、(3) 学習者の今後のキャリア形成を向上させることが示唆された。

　第1に、フィールドワークには、アントレプレナーシップ教育の要素が含まれている。なぜなら、学習者は、実際に大企業の創業当初の発祥地で学ぶことで、アントレプレナーの思い、ビジョンに触れている。そして、学習者は、小さなアイデア、試行錯誤、努力の賜物からビジネスが発展してきた事実を認識し感銘したからである。また、学習者の半数以上が起業に興味を持ち、自身のビジネスアイデアを見つけ、自身のキャリアを考える機会になった。学習者は、自国や日本のために自分が何をしたらよいのかについて、生活向上のためのアイデアや見識を深め、具現化しようと試みている。Dewey（1899）が提唱する「Learning by doing」では、教育

機関、社会が連携し、学習者が主体となる学習方法がフィールドワークに含まれている。そして、学習者のアントレプレナーシップマインドの構築に影響している。

第2に、学習者は、フィールドワークで聞くこと、話すことを通じて、洞察力を向上させ、体験を積み、歴史的に形成された日本文化に携わることができた。箕浦（1999）は、人間の地理的・社会的移動が頻繁になり、文化の境界がぼやけて、ボーダレス状態となり、文化が歴史的に構築されるという考え方が薄れつつあると指摘する。しかしながら、学習者は、フィールドワークで日本企業・団体を訪問することにより、館内施設の説明者や工場で従事する労働者の熱意や思いを感じ取り、日本人の勤勉さ、仕事への誇り、テクノロジーの差別化、技術の向上、ノウハウなど日本人の肯定的な特性について言及している。

学習者は、平和の尊さを心に刻み、地域・市民と持続するビジネス、社会貢献する大切さを体得することでフィールドワークの価値を認識し、日本への親近感や愛着、敬意を示す。体験学習は、体験することや他者との交流からフィードバックを得て、経験に基づいた内省的な学習をもたらすことができる（Kolb, 1984; Jennings & Wargnier, 2010）。フィールドワークは、日本を自国と比較し、日本文化を多面的に捉える機会を与える。

第3に、フィールドワークの学習体験は、学習者のキャリア形成において影響を与えている。学習者は、大企業が最初は小さな商いから始めたことを知り、新規事業を設立することが自分でも可能であるという自己効力感が向上した。そして、学習者は、自身の目標を日々の学習に落とし込み、自身の努力が大切だと認識している。経験に基づくフィールドワークの学習は、プロジェクトを実践する際に役立つことが明らかになっている（Corey, 1990）。学習者は、フィールドワークにおいて、現地に行き、見聞きし、感じることで有意義な時間を過ごすことができた。そして、学習者は、今後の授業や修士論文への発展、インターンシップ、就職活動にフィールドワークの情報、経験を活用することが考えられる。

フィールドワークは、Datar, Garvin, & Cullen（2010）が提唱するように、マネジメント教育の「知識」と「実行」の溝を埋める非常に効果的な方法であり、ビジネス教育の重要な側面として長い間認識されている（Dunbar

& Bird 1992; Fulmer & Keys 1998; Neal et al. 1998; Williams 1983)。本研究においても、フィールドワークの重要性が示された。

第3節　長期調査の概要

　アントレプレナーシップ教育の効果測定の長期調査には、質問紙調査、インタビュー調査を用いている。質問紙調査には、Jack & Anderson(1998, p.10)の教育の効果測定フレームワークにあるプログラム受講前と受講後、プログラム修了後0-5年を参考にしている。長期間の測定として、アントレプレナーシップ教育プログラムの受講前・受講後で知識・能力・態度の変化を調査する方法である。

　調査方法はLackéus（2015, p.13）が提唱した起業に関する適性（知識・能力・態度）を活用し、質問紙を用いてアントレプレナーシップ教育の効果を検証した。調査対象者は、IE Business School の学習者である。過去の状況を振り返り回答する回想法（Featherman 1980）を用いた。アントレプレナーシップ教育プログラムの受講前と受講後の起業に関する適性を「非常に当てはまる」「当てはまる」「どちらでもない」「当てはまらない」「まったく当てはまらない」の5件法で測定した。データ解析にあたっては、SPSS（version 24）を用いた。また、IE Business School の卒業後のキャリアに関して質問し、プログラム受講前と受講後のキャリアの変化についても調査した。

　インタビュー調査に関しては、欧米の大学6校（Harvard Business School、MIT Sloan Business School、Chicago Booth Business School、IE Business School、Babson Business School、Kellogg Business School）と日本の大学3校（早稲田大学、九州大学、関西学院大学）を対象に実施した。

第1項　質問紙調査

　アントレプレナーシップ教育の効果の長期調査分析に関して、IE Business School を対象に質問紙調査を実施した（稲田 2018a）。図表57は、IE Business School（長期）の質問項目の回答結果を示している。質問事項

第 4 章　アントレプレナーシップ教育の効果検証

図表 57　IE Business School（長期）の質問項目の回答結果

ID	年代	性別	卒業年	職務経験	ビジネスプラン	ビジネスコンテスト	起業経験	入学理由	卒業後進路	起業意志
1	30	男性	2014	2	×	×	×	1, 4	起業	○
2	30	男性	2014	1	×	×	×	1, 4, 5	起業	○
3	30	女性	2014	1	○	×	×	1, 2, 3, 4, 5, 6	起業	○
4	30	男性	2014	1	×	×	×	1, 2, 3, 4, 6	起業	○
5	30	男性	2014	1	○	×	○	1, 4, 6	起業	×
6	30	男性	2017	1	×	×	×	1, 4	復職	×
7	30	女性	2013	—	×	×	×	1, 4	復職	○
8	30	男性	2013	2	×	×	×	1, 3, 4	復職	×
9	30	男性	2014	2	×	×	×	1, 2, 4, 5, 6	復職	×
10	30	男性	2014	1	×	×	×	1, 2, 3, 4, 5	復職	×
11	30	男性	2014	1	×	×	×	1, 2, 3, 4	復職	×
12	30	男性	2016	1	×	×	×	1, 2, 3	復職	○
13	20	男性	2017	1	×	×	×	1, 3, 4	復職	○
14	30	男性	2013	1	×	×	×	1, 2, 3, 5	転職	×
15	30	男性	2014	1	×	×	×	1, 2, 3, 4	転職	○
16	30	男性	2014	1	×	×	×	1, 2, 3, 4	転職	×
17	30	男性	2014	1	×	○	×	1, 2, 3, 4	転職	○
18	30	男性	2014	2	—	○	×	1, 4, 5	転職	○
19	30	男性	2014	2	○	×	×	1, 7	転職	○
20	30	女性	2014	1	×	×	×	3, 4, 5	転職	○
21	30	男性	2014	2	×	○	○	3, 4, 5, 6	転職	×
22	40	男性	2014	2	○	○	×	1, 2, 4, 5, 6	転職	○
23	30	男性	2014	2	○	×	×	1, 2, 4, 7	転職	○
24	30	男性	2014	2	×	×	×	1, 2, 6	転職	×
25	30	男性	2015	2	×	×	×	1	転職	○
26	30	男性	2017	1	○	×	○	1, 2, 4, 5, 6	転職	○

【職務経験】1. 6-10 年、2. 11-20 年
【入学理由】1. MBA ランキング、2. Diversity、3. 立地、4. MBA プログラム期間、5. 評判、6. アントレプレナーシッププログラム、7. 費用（奨学金など）
○ はい　× いいえ　— 無回答
出所）著者作成

の回答者（IE Business School の卒業生）の年代分布は、20代が1名（4％）、30代が24名（92％）、40代が1名（4％）である。性別は、男性23名（88％）、女性3名（12％）である。卒業年で分けると、2013年3名（12％）、2014年18名（69％）、2015年1名（4％）、2016年1名（4％）、2017年3名（12％）である。正社員での職務経験は、6-10年以上が15名（60％）、11-20年以上が10名（40％）であり、1名が非該当であった。

IE Business School 入学前のビジネスプランを作成した経験の有無に関しては、「経験がある」のは7名（28％）、「経験がない」は18名（72％）、1名が欠損値である。入学前にビジネスコンテストに「出場経験がある」は3名（12％）、「出場経験がない」は23名（88％）である。入学前に「起業経験がある」は4名（15％）、「起業経験がない」のは22名（85％）である。IE Business School の入学理由は、複数回答が可である。1. MBA ランキング24名、2. Diversity 14名、3. 立地13名、4. MBA プログラム期間21名、5. 評判10名、6. アントレプレナーシッププログラム8名、7. 費用（奨学金など）2名である。卒業後の進路は、起業6名（23％）、復職7名（27％）、転職13名（50％）である。調査時に「起業意欲がある」は16名（62％）、「起業意欲がない」は10名（38％）である。

IE Business School の信頼係数（Cronbach's α）でアントレプレナーシップ教育の授業前の知識（3項目）は0.60であった。基礎知識を除いたメンタルモデルと自己洞察の2項目の場合、0.73が得られたため、基礎知識を除外した。信頼係数に関して、村瀬ら（2007, p.232）は、実用のための目安として0.8以上が望ましいが、個人を単位とした社会調査データではやや厳しすぎるため、0.7以上で十分よいとしている。本研究では、0.73～0.93が得られたため、尺度として利用するに十分な値である。

図表58は、IE Business School（長期）の起業に関する適性（知識・能力・態度）の授業前・授業後の変化を示している。図表59は、IE Business School（長期）の起業に関する適性（知識・能力・態度）の有意な変化を示している。その結果からいえることは、知識は向上しなかったが、能力と態度が向上したということである。

図表60は、IE Business School（長期）のアントレプレナーシップ教育のプログラム前後の平均値、標準偏差、変化量、効果量を示している。上

第 4 章　アントレプレナーシップ教育の効果検証

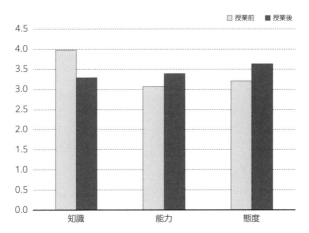

図表 58　IE Business School（長期）の授業前後の変化
出所）著者作成

**図表 59　IE Business School（長期）の
起業に関する適性（知識・能力・態度）の有意な変化**

↑変化あり（上昇）↓変化あり（下降）

	IE Business School（長期）
知識	↓
能力	↑
態度	↑

出所）著者作成

位項目は、知識（t(25)=3.22, p<.01）、能力（t(25)=-2.25, p<.05）、態度（t(25)=-2.62, p<.05）である。下位項目に関しては、メンタルモデル（t(25)=2.41, p<.05）、自己洞察（t(25)=3.98, p<.01）、マーケティング能力（t(25)=2.00, p<.05）、リソース能力（t(25)=1.44, p>.05）、機会獲得能力（t(25)=-2.68, p<.05）、対人能力（t(25)=-2.95, p<.01）、学習能力（t(25)=-2.05, p>.05）、戦略的能力（t(25)=-2.58, p<.05）、起業への熱意（t(25)=-3.10, p<.01）、自己効力感（t(25)=-2.86, p<.01）、起業への主体性（t(25)=-1.41, p>.05）、積極性（t(25)=-1.74, p>.05）、不確実性／あいまいさの寛容（t(25)=-1.43, p>.05）、革新性（t(25)=-1.60, p>.05）、忍耐性（t(25)=-1.41,

図表 60　IE Business School (長期) のプログラム前後の平均値、標準偏差、変化量、効果量

(**p<.01) (*p<.05)

	授業前		授業後		事前－事後	効果量
	平均値	標準偏差	平均値	標準偏差	変化量	
知識	3.98	0.74	3.29	0.95	0.69**	0.6
メンタルモデル	3.92	0.85	3.38	1.06	0.54*	0.4
自己洞察	4.04	0.82	3.19	1.06	0.85**	0.6
能力	3.07	0.90	3.39	0.97	-0.32*	0.4
マーケティング能力	3.31	1.12	2.92	1.16	0.39*	0.4
リソース能力	3.81	0.90	3.42	1.17	0.39	0.3
機会獲得能力	2.69	1.23	3.38	1.02	-0.69**	0.5
対人能力	2.73	1.40	3.58	1.14	-0.85**	0.5
学習能力	2.77	1.39	3.27	1.25	-0.50	0.4
戦略的能力	3.12	1.24	3.77	1.03	-0.65*	0.5
態度	3.21	0.92	3.63	0.70	-0.42*	0.5
起業への熱意	2.88	1.03	3.69	0.80	-0.81**	0.5
自己効力感	3.00	1.20	3.65	0.80	-0.65**	0.5
起業への主体性	3.42	1.03	3.62	0.80	-0.20	0.3
積極性	3.31	1.16	3.65	0.98	-0.34	0.3
不確実性／あいまいさへの寛容	3.38	1.20	3.65	0.75	-0.27	0.3
革新性	3.00	1.20	3.46	0.95	-0.46	0.3
忍耐性	3.46	1.14	3.65	0.85	-0.19	0.3

出所　著者作成

p>.05）である。

　効果量に関しては、上位項目の知識は 0.6、態度は 0.5、能力は 0.4 である。下位項目では、自己洞察、機会獲得能力、対人能力、戦略的能力、起業への熱意、自己効力感が 0.5 以上 0.7 以下である。メンタルモデル、マーケティング能力、学習能力は 0.3 以上 0.5 未満である。リソース能力、起業への主体性、積極性、不確実性／あいまいさへの寛容、革新性、忍耐性は 0.3 未満である。

　欧州にある教育機関では、アントレプレナーシップ教育の知識、能力、態度に関して、教育効果の調査を実施している（European Commission 2012a）。European Commission（2012a）の先行研究では、欧州にある教育機関の卒業生を対象に、アントレプレナーシップ教育の知識、能力、態度に関して効果がみられた。それらの調査結果と本研究を比較すると、本研究では、起業に関する適性の上位項目である知識、下位項目であるメンタルモデル、自己洞察に関しては、プログラムの前後では、有意に上昇した結果を得ることができなかった。多くの学習者は、6 年以上の豊富な社会人経験があり、起業に関する知識、メンタル面、アントレプレナーになること、もしくは、起業思考を持つことに自己が適合するのかなどの自己洞察が IE Business School の入学前にできていたことが考えられる。

　一方、アントレプレナーシップ教育のプログラム前後で、起業に関する適性の上位項目である能力、態度、下位項目である能力（機会獲得能力、対人能力、戦略的能力）、態度（起業への熱意、自己効力感）においては、有意に上昇した結果がみられた。学習者にとって、IE Business School のアントレプレナーシップ教育を受講することで、ビジネスの機会獲得を認識し、実行する能力が向上したと認識している。また、対人能力に関しては、学習者はチームメンバーとの協働学習などにより、チームとしてリーダーシップを発揮することの大切さ、チームメンバーとの協調性が強化できたと考える。戦略的能力において、学習者は、ビジョンの明確化、目標設定、優先順位の決定など戦略的な能力が向上したと認識している。下位項目の能力（マーケティング能力、リソース能力、学習能力）、態度（起業への主体性、積極性、不確実性／あいまいさへの寛容、革新性、忍耐性）では、有意な変化がみられなかった。学習者は、社会人経験からマーケ

ティング能力、資金調達などのリソースの確保、学習能力など IE Business School のアントレプレナーシップ教育のプログラムの受講前に習得していたと考えられる。

　本研究は大規模調査ではなく、サンプル数が少数であるため、効果量に注目することも重要である。効果量とは「効果の大きさ」を示し、実験的操作の効果や変数間の関係の強さを示す指標である（Field & Hole 2003, p.152）。また、サンプルサイズによって変化せず、標準化された指標である（水本 2010, p.4）。一般的基準は、0 から 1 の範囲で 0.1（効果量小）、0.3（効果量中）、0.5（効果量大）である（水本・竹内 2008, p.62）。American Psychological Association（2001, p.25）は、有意差があっても効果量が小さい、またその逆の場合もあるため、有意差があってもなくても効果量は記入するべきとしている。効果量に関して、知識（自己洞察）、能力（機会獲得能力、対人能力、戦略的能力）、態度（起業への熱意、自己効力感）は効果量が大きいため効果が高かった。

　本研究の目的は、IE Business School の卒業生を対象に、アントレプレナーシップ教育が、学習者の卒業後の進路にどのように影響するのかを明らかにすることである。IE Business School の卒業生は、卒業後のキャリア選択として 26 名中 6 名（23％）が起業を選択した。卒業生で、入学前に起業経験があるのは、2 名である。6 名中 4 名は、入学前に起業経験がない。つまり、26 名中 4 名（15％）は入学後アントレプレナーシップ教育を受講したことで起業への進路選択になったと考えられる。また、起業を選択した 6 名中 3 名は、入学理由にアントレプレナーシッププログラムに興味があって入学したのではないと回答している。在学中に起業に関心を持ち、アントレプレナーシップ教育を受講したことによって起業したと推測できる。2017 年の卒業生の調査時点で、起業意志がある卒業生は、26 名中 16 名であった。実際に起業した 6 名を除く 10 名には今後も期待できる。

　アントレプレナーシップは、機会獲得、事業開発、自己雇用、価値創造、成長などを伴いアントレプレナーになることである（Fayolle & Gailly 2008; Mahieu 2006; QAA 2012, p.7）。この先行研究の指標については、本書の IE Business School の卒業生に関する調査結果からも、アントレプレナーシップ教育が、アントレプレナー育成を推進することが明らかと

なった。IE Business School の元学部長である Iñiguez (2011, p.124) は、大学のミッションとして、「知識を生み出し、ビジネスを起こす場所であること」「ビジネスマネージャーやアントレプレナーの育成する教育拠点であること」「地域社会やグローバル社会に変革を促進すること」を掲げている。このミッションからわかるように、IE Business School では、ビジョンを明確にし、価値を創造する起業思考の育成、起業や新規ビジネスへの熱意、実践力に重点を置いている。

また、IE Business School は、学習者の15％が起業すると公表している[5]。本研究の調査結果では、IE Business School の卒業生で卒業後の進路に起業を選択した者は、15〜23％である。おおよそ IE Business School の公表結果と同じである。先行研究の European Commission (2012b, p.3-6) が、教育機関を卒業後、3年から5年以内にアントレプレナーになる卒業生の割合は3〜5％であるのに対し、教育機関におけるアントレプレナーシップ教育を受講した卒業生は、15〜20％に上昇するとした報告を本研究は支持する結果となった。

第2項　インタビュー調査

本研究では、アントレプレナーシップ教育のプログラム全体を通して、学習者にどのような学習効果があるのかについて、その変化を明らかにすることを目的とする。インタビュー調査に関しては、欧米大学6校 (Harvard、MIT Sloan、Chicago Booth、IE、Babson、Kellogg) と日本の大学3校（早稲田大学、九州大学、関西学院大学）を対象に実施した。インタビュー調査の結果と考察を示す（稲田 2019a）。

欧米大学6校（10名）のインタビュー調査において、H は Harvard Business School、M1、M2 は MIT Sloan Business School、C は Chicago Booth Business School、K1、K2 は Kellogg Business School、B は Babson Business School、IE1、IE2 は IE Business School である。MBA 入学前に8名は大手企業に勤務経験があり、IE2 は中小企業で勤務した。M2 と IE1、IE2 は私費でその他6名は社費である。ビジネススクールへ入学前は、全員が起業経験はない。在学中に全員がビジネスプランの作成を経験し、

M2、C はビジネスプランコンテストに参加した。M1、IE1、IE2 は、海外で研修もしくはインターンシップを行った。卒業後の進路は、IE1 はスタートアップに就職し、IE2 はフィリピンで起業した。M2 は卒業後まもなく就職活動中であるが、米国・ボストンでの就職希望である。その他は社費であるので、所属している企業に復帰する。

図表 61 は、M-GTA の分析ワークシートの例を示している。6 名（H、M1、C、K1、IE1、IE2）の具体例から概念［自己の適合を見極めるインターンシップ］を生成し、「インターンシップで実務を体験することで視野・人脈が広がる。自身の職務の適合を見極める」と定義した。具体例に関して、H は「インターンは日本のアマゾンの家電で 7 週間くらいして、インターン生が他のビジネススクールから 3 名いて楽しかったです。自由にやらせてもらって。すごく面白くって。IoT ストアのプランを提案した。調べ始めていると、Amazon Launch Pad は、自分のしたかったプロジェ

図表 61　分析ワークシート

概念名	自己の適合を見極めるインターンシップ
定義	インターンシップで実務を体験することで視野・人脈を広げる。自身の職務の適合を見極める。
具体例	H： ・インターンは日本のアマゾンの家電で 7 週間くらいして、インターン生が他のビジネススクールから 3 名いて楽しかったです。 ・自由にやらせてもらって。すごく面白くって。IoT ストアのプランを提案した。 ・調べ始めていると、Amazon Launch Pad は、自分のしたかったプロジェクトと似ていて、世界中でしていることがわかった。 M1： ・ボストン全体で、アクセラレイタープログラムもあって、Accelerator で受け入れてもらった会社で 1 か月インターンをした。 ・具体的な内容は、海外の投資家情報、エンジェル、VC のリスト作り、優先順位高い方から、どれくらいファンドレーザーするのかを決定する。ハードウェアの会社だったので、A/B テストを手伝ったり、インタビューしたりした。また、サンフランシスコで 1 か月インターンをした。日本人が経営する VC で、米国のスタートアップがどんなものかわかった。インターンシップは授業の単位をもらえた。 C： ・電池材料の Kellogg からスピンアウトしたスタートアップで、3 か月のインターンをしました。 ・シーズ A のファンドの手伝いをして、スタートアップってチームだけで進めていく訳ではない。 ・私が意外だったのは、エコシステムで企業とジョイントリサーチアグリーメント、共同研究の契約をして、大企業のリソースを活かしながら研究を進める。

具体例	・ガバメント、大手企業の自動車メーカーから補助金を得て、エンジンを作る。 ・どういう武器があるのかって認識しながら、上手く使い分けて、進めていくスキルって重要だと思いました。 ・Co-founder の人、元々官僚、オバマ政権、ホワイトハウスで働いていた人で貴重な機会だった。 ・インターンの目的は自分の専門を伸ばす、インターンからフルタイムのオファーを得るなど人それぞれです。Evening の授業も取れる。 ・昼間はインターンシップをして、夜に授業を受けた。いわゆる社会人みたいなMBA の過ごし方もできた。 ・私も前学期、スタートアップでインターンをしながら、夜、授業受けていたので、その辺の差配は自由です。 ・知っている人は、ボストンで Venture Capital でインターンをし、次にスタートアップでインターンをする。 ・日本だとコンサルとか銀行の方が多いが、Venture Capital リストもシリアルアントレプレナーがしている。 ・また、Polsky とか Labo 系の授業を中心にベンチャーキャピタルとかスタートアップに入ってビジネスプランを作ったり、評価したりってかなり豊富にあるので、参加ハードルは低いです。 K1： ・夏休み 3 か月はインターンをするためにある。授業とは競合しないっていうのは、ヨーロッパの 1 年の MBA とは違う。 ・インターンをすることで、習ったことの反省とリフレクションをする機会になる。就活する人にはその業界を試せる。 IE1： ・卒業後インターンを外資の大企業でした。日本に帰って、そこがカルチャー的に合わないとわかった。 IE2： ・Internship で米国に行った。1 か月くらいソーシャルアントレプレナーと一緒に働いた。 ・集客率が落ちている店にアートを活かして、集客し、法人向けに課金していく。 ・なかなか、売上が立たなかったけれど、パッションを持って課題に打ち込む姿に「これが起業家だ」と思った。 ・儲かる、儲からないだけでなく、パッション持って、好きなことをしていた。お金だけなら続かないと感じた。 ・もちろん売上、パッションを両方追求しないといけない。 ・また、色々な起業家と会って、起業のハードルが低くなった。それが一番良かった。
理論的メモ	・インターンシップは、自社と全然分野が違う環境で働くことができるメリットがある。働き方や自由な雰囲気などを感じることができる。 ・インターンシップでスタートアップに行き、起業のハードルが低くなっている。 ・インターンシップは、米国でのスタートアップがどういうものかを理解する機会である。 ・インターンシップは、ネットワークの構築になる。 ・インターンシップでスタートアップのスピード感を感じる。 ・インターンシップは、その業界の職務が自分に適合するかしないかを判断できる機会である。

出所）著者作成

クトと似ていて、世界中でしていることがわかった」と回答している。M1 は「ボストン全体で、アクセラレイタープログラムもあって、Accelerator で受け入れてもらった会社で 1 か月インターンをした。具体的な内容は、海外の投資家情報、エンジェル、VC のリスト作り、優先順位の高い方から、どれくらいファンドレーザーするのかを決定する。ハードウェアの会社だったので、A/B テストを手伝ったり、インタビューしたりした。また、サンフランシスコで 1 か月インターンをした。日本人が経営する VC で、米国のスタートアップがどんなものかわかった。インターンシップは授業の単位をもらえた」と回答している。

C は「電池材料の Kellogg からスピンアウトしたスタートアップで、3 か月のインターンをした。シーズ A のファンドの手伝いをして、スタートアップってチームだけで進めていく訳ではない。私が意外だったのは、エコシステムで企業とジョイントリサーチアグリーメント、共同研究の契約をして、大企業のリソースを活かしながら研究を進める。ガバメント、大手企業の自動車メーカーから補助金を得て、エンジンを作る。どういう武器があるのかって認識しながら、上手く使い分けて、進めていくスキルって重要だと思いました。Co-founder の人、元々官僚、オバマ政権、ホワイトハウスで働いていた人で貴重な機会だった。インターンの目的は自分の専門を伸ばす、インターンからフルタイムのオファーを得るなど人それぞれです。Evening の授業も取れる。昼間はインターンシップをして、夜に授業を受けた。いわゆる社会人みたいな MBA の過ごし方もできて、私も前学期、スタートアップでインターンをしながら、夜に授業を受けていたので、その辺の差配は自由です。知っている人は、ボストンで Venture Capital でインターンをし、次にスタートアップでインターンをする。日本だとコンサルとか銀行の方が多いが、Venture Capital リストもシリアルアントレプレナーがしている。また、Polsky とか Labo 系の授業を中心にベンチャーキャピタルとかスタートアップに入ってビジネスプラン作ったり、評価したりってかなり豊富にあるので、参加ハードルは低いです」と回答している。

K1 は「夏休み 3 か月はインターンをするためにある。授業とは競合しないっていうのは、ヨーロッパの 1 年の MBA とは違う。インターンをす

ることで、習ったことの反省とリフレクションをする機会になる。就活する人にはその業界を試せる」と回答している。IE1 は「卒業後インターンを外資の大企業でした。日本に帰って、そこがカルチャー的に合わないとわかった」と回答している。IE2 は「Internship で米国に行った。1か月くらいソーシャルアントレプレナーと一緒に働いて。集客率が落ちている店にアートを活かして、集客し、法人向けに課金していく。なかなか、売上が立たなかったけれど、パッションを持って課題に打ち込む姿に「これが起業家だ」と思った。儲かる、儲からないだけでなく、パッションを持って、好きなことをしていた。お金だけなら続かないと感じた。もちろん売上、パッションを両方追求しないといけない。また、色々な起業家と会って、起業のハードルが低くなった。それが一番良かった」と回答している。

理論的メモに関して、「インターシップは、自分と全然分野が違う環境で働くことができるメリットがある。働き方や自由な雰囲気などを感じることができる」「インターンシップでスタートアップに行き、起業のハードルが低くなっている」「インターンシップは、米国でのスタートアップがどういうものかを理解する機会である」「インターンシップは、ネットワークの構築になる」「インターンシップでスタートアップのスピード感を感じる」「インターンシップは、その業界の職務が自分に適合するかしないかを判断できる機会である」などを記載した。学習者は、インターンシップを実践し、そこから視野・人脈を広げており、自己の適合を見極めることができている。

図表 62 は、M-GTA の分析結果のカテゴリー、概念、定義を示している。その分析結果から、4つのカテゴリーが抽出された。カテゴリーを【 】、概念を［ ］で表示する。

3つの概念［MBA 科目の基礎と人間関係の構築］［ケースのディスカッションで知識、思考を育成］［多様な学習者との協働学習と共創］から【基礎知識や理論・多角的な視野・人脈の構築】が生成された。

次に、4つの概念［起業体験］［起業の育成支援、課題解決で地域、企業に貢献］［自己の適合を見極めるインターンシップ］［自由度の高い選択授業の制度］から【国内外で実践】が導かれた。

その次に、3つの概念［ハブとしての支援センター］［ビジネスプラン

図表 62 カテゴリー、概念、定義

【カテゴリー】	【概念】	定義
基礎知識や理論・多角的な視野・人脈の構築	MBA科目の基礎と人間関係の構築	授業ごとにアントレプレナーシップを含むMBA基礎科目を学び、少人数でのグループワークに取り組むため親密になる。
	ケースのディスカッションで知識、思考を育成	膨大なハーバードや自校のケースを用いて理論背景、事例を研究しディスカッションで学習者に知識、思考を育成する。
	多様な学習者との協働学習と共創	多角的な視点で刺激を得て、学習者の視野を広げ共に価値に価値を創造する。学習者の起業の意識の向上も含む。
国内外で実践	起業体験	インキュベーション施設などで学習しながら起業を体験する。
	起業の育成支援、課題解決で地域、企業に貢献	ビジネススクールで学習したアントレプレナーシップを国内外で試行錯誤で実施し、起業体験、起業の育成支援、企業の課題を発見し解決することで地域に価値を還元し貢献する。
	自己の適合を見極めるインターンシップ	インターンシップで実務を体験することでまだ広い視野、人脈が広がる。自身の職務の適合を見極める。
	自由度の高い選択授業の制度	大規模経営で学習者の需要に応じたさまざまな授業をBid制度で選択できる。
充実した起業サポート	ハブとしての支援センター	支援センターは、学習者に対して、人・施設・資金・情報の手厚い支援を行うため、学習者は事業を開始しやすい。
	ビジネスプランコンテストの開催	授業で作成したビジネスプランをビジネスプランコンテストでアントレプレナー、ベンチャーキャピタリストからフィードバックを受け、優秀者は多額の資金を獲得する。
	エコシステム	在校生、卒業生、教授、起業、地域を連結するシステムが整備されている。
学習者のマインドセット	学習者の問題意識	学習者は、日本の職務経験等で課題を発見し、自己成長、キャリア設計のためにビジネススクールに入学する。
	自主性を重んじ、自己探究、内省、研鑽し、自己の価値を模索	自ら学習し、自分を知り、内省し、努力する。自分の価値を発見できることを探求する。
	英語の劣等感の向上	入学条件で一定の高い英語能力はあるが、ディスカッションなどで英語能力の劣等感を感じ、コミュニケーション能力の向上に奮闘する。
	リスク、失敗を恐れず挑戦	学習者自身がとれるリスクを知り、失敗を恐れず挑戦する。
	ネットワーキング力の修得と共創	学内・学外の活動に参加し、自己を売り出し、情報網の広がり方、人脈の拡大方法を学習し、共に価値を創出することを実践する。
	自己効力感の向上	ロールモデルとなるアントレプレナーとの出会い、起業体験、起業支援をすることで起業のハードルが下がり、自分にも起業できることを認識する。
	高い満足度	学習者はMBAプログラムでさまざまな経験ができ、満足を示す。

出所：著者作成

コンテストの開催］［エコシステム］から【充実した起業サポート】が生成された。最後に、7つの概念［学習者の問題意識］［自主性を重んじ、自己を探求、内省、研鑽し、自己の価値を模索］［英語の劣等感と向上］［リスク、失敗を恐れず挑戦］［ネットワーキング力の修得と共創］［自己効力感の向上］［高い満足度］から【学習者のマインドセット】が導かれた。

　図表63は、欧米の大学の起業支援体制と学習者のマインドセットの全体図を示している。主に4つを示す。第1に、学習者は、基礎知識や理論・多角的な視野・ネットワーキングで人脈を構築し、ケースを用いて事例を研究しながらディスカッションで協働学習する。学習者は、ファイナンス、アカウンティング、マーケティング、統計、オペレーション、ストラテジー、アントレプレナーシップ、人事組織、倫理などの理論を中心に基礎科目を学習する。全大学で主にHarvardのケースと自校のケースが利用されており、企業の事例をもとに、多角的なディスカッションへの参加が求められ、思考、意見、行動することの育成を行う。

　米国の大学は取り扱うケースが米国企業の関連のものが多いことや、学習者が多国籍のメンバーでありながら、米国に在籍した年月が長い学習者が大半を占めるため、米国第一主義を感じることも多々ある。アントレプレナーシップ教育においては、基礎的なことや学内で提供できる施設の紹介などはあるが、自主的な活動は学習者に任されている。工学部などの他学部、他大学との交流も可能で、コラボレーション文化がある。

　第2に、学習者は、自身の需要に応じた自由度の高いさまざまな選択授業を受講することができ、国内外で起業体験、起業や地域支援、インターンシップが可能である。選択授業で実際に授業内や夏休み期間を利用し、起業を体験することが可能である。学習者が大学で学習した起業内容をアフリカの現地に行って、アフリカの大学生や企業に自身が学習したことを教授し、現地の課題に対する解決策を提示し価値を創造する。また、学習者が、地域の活性化に貢献し、起業の意義を感じ、起業に対する自分の考えを活性化することも可能である。学習者が、シリコンバレー、ボストン、シカゴの卒業生のスタートアップへの訪問や、エコシステムの活用の仕方を学ぶこともできる。学習者が、実際に卒業したアントレプレナーに出会うことで、アントレプレナーとしての理想像を描くことが可能になる。

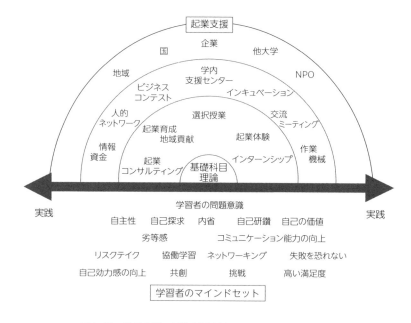

図表63　欧米大学の起業支援体制と学習者のマインドセット
出所）著者作成

　また、学習者が、選択授業で、他大学へ留学し、知見を広めることも可能である。Harvard Business School と MIT Sloan Business School の単位交換制度や IE Business School の短期・長期留学制度を利用し、他大学の授業を受講できる。ほかには、海外、日本の企業を訪問し、現場で課題を発見、解決策を導くことや数か月のインターンシップに参加し、実務経験を積むことも可能である。

　第3に、人、施設、資金、情報提供を手厚く支援するインキュベーターなど充実した企業サポートがあり、在校生、卒業生、教授、地域を連結するエコシステムがある。卒業生のアントレプレナーやスタートアップ、ベンチャーキャピタルが在学生を受け入れることも多々ある。地域に根付いた起業と大学が連携し、課題解決、人材提供などお互いの利益を獲得している。学習者は、スタートアップ、ベンチャーキャピタルの実務に関して、メンターの重要性を知る。また、学習者は、スタートアップが企業、政府

と共同研究するなど、さまざまな取り組みも可能であることを知る。

　本研究で、調査対象の全大学には支援センターがあることが明らかとなった。インキュベーション施設を運用し、交流、ミーティング、作業場や3Dプリンターなどの機械を提供する。起業メンバーやメンターなどの紹介やProfit、Non-profitの両方の事業に対して、事業推進のための資金を提供している。ビジネスコンテストを主催し、多額の資金、情報、人的ネットワークの構築を実施している。アントレプレナーやベンチャーキャピタリストとなった卒業生が、ビジネスコンテストの審査員になり起業支援を実施している。学外では、国、企業、地域、他大学、NPOと連携し学習者の起業をサポートしている。

　第4に、学習者の起業マインドセットが行われている。調査した9名の学習者のマインドセットの過程を示す。まず、学習者は、入学前に日本の職場で課題を発見し、自己成長、キャリア形成のために大学に入学している。MBAプログラムでは、自主性が重んじられ、学習者は問題意識を持ち、自主的に自己を探求、内省、研鑽し、自己を知ることで自身は何に対して価値を出せるか自己の価値を模索する。授業やグループワークなどのディスカッションで、学習者は、英語の劣等や屈辱を感じるが、コミュニケーション能力の向上に奮闘する。学習者は、学外の活動に参加し、自己を売り出し、情報網の広げ方、人脈の拡大方法を学習し、実践することで、苦手なネットワーキング力を修得している。

　さらに学習者は、多様な人々と協働学習を通して学習者自身がとれるリスクを自覚し、失敗を恐れず挑戦している。そして学習者は、ロールモデルとなるアントレプレナーとの出会い、起業体験、起業の育成支援を実施することで、共感し、起業のハードルが下がり、自分にも起業ができるという自己効力感が向上している。このように学習者は、入学以前に大企業や中小企業に勤務しているが、起業に関連する授業やプログラムにおいて、社会に価値を創造する起業に関して身近に感じている。学習者にとって、高額な授業料と滞在費の出費は必要であるが、学習者はプログラムでさまざまな共創の経験を通してプログラムの高い満足度を示している。以上のことから、図表63に欧米大学の起業支援体制と学習者のマインドセットに関しての説明を示した。

欧米の大学を対象とした調査結果の考察を示す。欧米の大学では、Harvardのケースを用いて理論背景、事例研究、ディスカッションで学習者の知識や思考を育成し、多様な視点から起業や起業思考の意識を向上させる。学習者には、自由度の高い選択科目の制度がある。また、欧米の大学では、充実した起業支援があり、インキュベーション、支援センターが大学のハブとして人・施設・資金・情報の手厚い支援を行い、事業の活性化を図っている。学習者は、国内外で、インキュベーション施設の利用などを通して、ビジネス課題に対して、実際に起業を体験できる。また、学習者は、アフリカなどに行き、学習者自身が修得したアントレプレナーシップの知識やスキルを教育者・支援者として実践することで自分自身の価値を見いだし、社会に価値創造もしくは還元する。インターンシップに関して、学習者は、スタートアップで実務を体験することで、職務の適合性を見極めることもできる。学習者は、ネットワーキングを活用し、学習者のロールモデルとなる人物との出会いや卒業生の活躍を目の当たりにすることで自己効力感を向上している。ビジネスコンテストの開催や資金提供、在校生、卒業生、教育者、起業、地域を連結するエコシステムが整備されている。学習者はこれらの実践活動を経験し、学習者のマインドセットが起こっていた。

　学習者は、大手企業で勤務していたが、スタートアップ関連や起業にキャリアチェンジを試みる。学習者は、自主的に自己を探求、内省、研鑽し、自己の価値や、リスクや失敗を恐れず挑戦する。また、学習者は、ネットワーキングを活用し、自分自身のロールモデルとなる人物と出会い、自己効力感を向上させるケースもある。海外大学の費用は数千万円になる。社費の場合、学習者は、卒業後に自社に戻るため、起業に関しての即効性は低いが、起業に対する知識、能力、実践力は大学で養われている。

　欧米の大学では、教授が学習者と対話するアクティブラーニングを積極的に取り入れている。また、人に教えること、体験、グループ討議やGibb(1993)の起業育成モデルの学習者同士の協働学習、柔軟な環境で失敗を恐れず、自己探求、実体験などを積極的に採用している。また、学習者は教授との対話から、ビジネス機会や課題に対する足場づくり(Scaffolding)を得て、ネットワークを構築するケースもみられた。教授との交流が学習者

の満足度を高めている。

　さらに、欧米の大学では、Kolb（1984）の経験学習のプロセスとその効果による基礎知識の形成に関するフレームワークにあるように、能動的実験から具体的経験をし、内省的観察、抽象的概念化を行う。欧米の大学では、シャーマー＆カウファー（2015）、シャーマー（2017）のＵ理論の自身とは何者で何ができるかなど自己への探求、内省、試行錯誤をしながら、具現化し実践することや村田（2018）のプログラムの事前・事後研修や共有、報告会など学習者の積極的な振り返りと学びの可視化が行われている。最後に、欧米の大学は、安岡ら（2018）の提唱する産学連携・協働学習の視点を重要視し、企業・団体の連携を強化している。QAA（2018）のアントレプレナーシップ教育プログラムとプログラム外の学習過程の両方を学内で行っている。

　IE Business Schoolを対象とした調査を示す。2017年のInternational MBAプログラムは、13か月で構成されている。Dual Degreeプログラムの場合は、学習者は、International MBAプログラムの必修基礎科目を修了後、専門科目に進む。Term1, 2の必修基礎科目に関しては、アントレプレナーシップ、経済、政府・社会、経営戦略、マーケティング、アカウンティング、ファイナンス、統計、オペレーション、テクノロジー、人材マネジメント、クリティカルシンキング、ビジネスプレゼンテーション、キャリアストラテジーなどである。Term1, 2に出身国や職種が異なったグループで課題に取り組む。Lab／インターンシップでは、学習者は、スタートアップラボ、コンサルティングラボ、テクノロジーラボ、ソーシャルインパクトラボもしくはインターンシップが選択できる。学習者は、実際の現場に足を運び、課題の解決のために実践する。選択授業は、学習者の要望に応じて120以上の授業が用意されている[6]。

　著者は、IE Business Schoolの調査対象者に対して、入学前、在学中、卒業後の３回、インタビュー調査を実施した（Inada 2020a）。長期インタビューの質問事項は国籍、年代、費用、IE選択理由、ビジネスプランやビジネスプランコンテストの参加の有無、起業経験の有無、入学前の職業、入学時と卒業後の希望進路である。調査対象者６名（P, C, F, H, T, K）の回答を示す。国籍は、インド、ロシア、ブラジル各１名、日本３名であ

る。年代は、20代はPとKの2名、30代が4名である。T以外は全員MBAに関する経費は私費である。

入学理由は、Diversityが6名全員、アントレプレナーシップは3名（C、T、K）、MBAランキングは3名（F、H、K）、プログラムの期間は3名（H、T、K）である。その他の理由として、Pは実践プログラムや選択授業が多いこともあげた。Kは、MBAとData & BusinessanalyticsのDual Degreeの取得をあげた。MBA入学前にビジネスプランを作成した経験者は1名（P）、起業経験者は1名（C）である。ただし、Cは会社に勤務しながら、数か月間、1人でコンタクトの自動販売機ビジネスの構想や試行をした経験がある。他の回答者は、ビジネスプランの作成や起業経験はない。また、全員MBA入学前にビジネスコンテストに参加したことはない。

入学前の職業は、Pは大手会計事務所で1年半勤務し、その後1年半はフリーランスで活動した。Cは銀行員、Fは建設、化学、石油・ガスのエンジニア、Hは自動車産業でサプライチェーンマネジメントに携わり、メキシコに3年駐在した。Tは商社でサウジアラビア、イランで市場開発の工場建設に携わり、米国に2年間の駐在経験がある。Kは、シンガポールで日系企業に対してソフトウェアの営業をした。入学時での希望進路は、PとFは大手コンサルティング企業であり、Hは現職と変更なく、Tは企業内で新規事業、Kは起業やアフリカでのビジネスに関心があった。卒業後の希望進路は、Pは大手コンサルティング企業に就職後、起業を目指す。Cは国際的な企業への就職と同時に起業を試みる。Fは就職の意欲はあるが、起業に大きく傾く。HとTは、入学前と同様の企業へ戻り、継続である。ただし、Tは卒業後の職務として、スタートアップ支援を希望したため新部署に移動し、ベンチャーキャピタルとしてスタートアップ先に投資をする事業を展開する。Kは帰国後、日本で食とテクノロジーを掲げ起業した。

学習者のグループの国籍や職業、Lab、Electiveの選択科目について示す。Pは、インド出身でファイナンスのスペシャリストである。Term1では、コロンビア、フィリピン、米国、ロシア、ペルー、日本からの学習者、Term2では、ベネズエラ（弁護士）、ポルトガル（アントレプレナー）、

南アフリカ（メーカー、オペレーション）、レバノン（政治）、伊国（コンサルティング）、コロンビア（マーケティング）からの学習者と共にグループワークを実施した。Lab はインターンシップを選択し、Elective では、香港の大学へ交換留学を選択し、ファイナンスを中心に学習した。

Cは、ロシア出身でファイナンスのスペシャリストである。Term1 では、コロンビア（銀行）、グアテマラ（マーケティング）、米国（IT）、イスラエル、英国（経済）、日本（アントレプレナー支援）、ロシア（銀行）、Term2 では、米国（コンサルティング）、アルゼンチン（ファイナンス）、インド（エンジニア）、レバノン（物流）、ペルー（ブランドマネージャー）からの学習者とグループワークを実施した。Lab では、Startup を選択し、Elective では、アントレプレナーシップ、ファイナンスを中心に選択した。

Fは、ブラジル出身でエネルギー関連のエンジニアである。Term1 では、クウェート（金融）、日本（メーカー）、スイス／仏国（小売）、ペルー（消費材）、米国（金融）、Term2 では、ペルー（営業、マーケティング）、インド（コンサルタント）、英国、メキシコ（サプライチェーン）、イスラエル（会計士）、伊国（弁護士）からの学習者とグループワークを実施した。Lab では、Startup を選択し、Elective では、アントレプレナーシップを中心に選択した。

Hは、日本出身で日系企業のオペレーションに携わる。Term1 では、クウェート（金融）、スイス／仏国（小売）、ペルー（消費材）、米国（金融）、ブラジル（エネルギー）、Term2 では、西国（金融）、タイ（メーカー）、ベネズエラ（石油）、ナイジェリア（金融）、米国（IT）、インド（消費材）とグループワークを実施した。Lab では、Tech を選択し、Elective では、オペレーションを中心に選択した。

Tは、日本出身で日系商社の勤務経験がある。Term1 では、コロンビア（アントレプレナー）、ブルガリア（保険）、西国（金融）、ブラジル（エンジニア）、インド（会計）、米国（人事）、Term2 では、米国（金融）、コロンビア（航空）、ドバイ（コンサル）、ギリシャ（金融）、ブラジル（経理）、レバノン（医療）からの学習者とグループワークを実施した。Lab では Tech を選択し、Elective では、アントレプレナーシップやテクノロジーを中心に選択した。

Kは、日本出身でソフトウェア関連のエンジニアである。Term1では、独国（コンサル）、伊国（コンサル）、米国（ヘルスケア）、インド（エンジニア、アントレプレナー）、スイス（オペレーション）、Term2では、インド（コンサル）、愛蘭国（金融、投資銀行）、ベネズエラ（消費材、化粧品ブランドマネージャー）、ブラジル（金融）、西国（メーカー）からの学習者とグループワークを実施した。LabやElectiveでは、Dual Degreeを選択しているため、テクノロジー関連の授業を受講した。
　図表64は、M-GTAの分析ワークシートの例を示している。6名（P、C、F、H、T、K）の具体例を示す。Pは「企業の中で成功したとしても、大きな組織のリーダーになれるだけ。一方、スタートアップの場合、MBAで学習した組織、ファイナンス、オペレーション、ストラテジー、マーケティングのすべてを活用することができ、満足度が高い」である。Cは「起業するのに、どのように問題を見つけるのか、アイデアを組み立てるのかも重要だけど、最も重要なのは、人と話すことだと思った。自分の知識と人の知識を活用する。なぜなら、自分の知識は限られているから。外に出て行って、アイデアを交換して、チームでコミュニケーションをとることが重要である」と述べている。
　Fは「アントレプレナーシップの授業を取ったあと、ビジネスアイデアについて考え出した。コンサルのキャリアは1つだけれど、スタートアップの経験は良いことだと思った。最も恐れているのは、スタートアップをして、お金が稼げなかったことだ。就職すれば、一定の年収が入り、安全だと思う。だが、スタートアップをしてもお金が最終的に入ればいい。1年間スタートアップをして、その経験は有益なものになるし、就職にも役立つと考えるようになった。スタートアップは、可能性がありすごく魅力的。私自身のキャリアをスタートアップに変えようと思っている。たとえ1、2年失敗したとしても、時間の無駄ではないと思えるようになった」である。
　Hは、「アントレ勉強にはなるが、自分でやりたいとは全然思わない。でも、知っているのは武器になると思います。アントレの人達と会う機会はないことはないし。実際、今朝、日本で起業した人と話していたんですけど、どういう状況に置かれているとか想像しやすくなってるし、考え方

第4章　アントレプレナーシップ教育の効果検証

図表 64　分析ワークシート

概念名	起業に対する考え方の変化
定義	入学当時、在学中、卒業後の起業に対する考え方が違うこと。
具体例	P： 企業の中で成功したとしても、大きな組織のリーダーになれるだけ。 一方、スタートアップの場合、MBAで学習した組織、ファイナンス、オペレーション、ストラテジー、マーケティングのすべてを活用することができ、満足度が高い。 C： 起業するのに、どのように問題を見つけるのか、アイデアを組み立てるのかも重要だけど、最も重要なのは、人と話すことだと思った。 自分の知識と人の知識を活用する。なぜなら、自分の知識は限られているから。 外に出て行って、アイデアを交換して、チームでコミュニケーションをとることが重要である。 F： アントレプレナーシップの授業を取ったあと、ビジネスアイデアについて考え出した。 コンサルのキャリアは1つだけれど、スタートアップの経験は良いことだと思った。 最も恐れているのは、スタートアップをして、お金が稼げなかったことだ。 就職すれば、一定の給料が入り、安全だと思う。だが、スタートアップをしてもお金が最終的に入ればいい。 1年間スタートアップをして、その経験は有益なものになるし、就職にも役立つと考えるようになった。 スタートアップは、可能性がありすごく魅力的。私自身のキャリアをスタートアップに変えようと思っている。 たとえ、1、2年失敗したとしても、時間の無駄ではないと思えるようになった。 H： アントレ勉強にはなるが、自分でやりたいとは全然思わない。でも、知っているのは武器になると思います。 アントレの人達と会う機会はないことはないし。 実際、今朝、日本で起業した人と話していたんですけど、どういう状況に置かれているとか想像しやすくなってるし、考え方だったり理解できるので、ずっと企業に勤めている人よりは理解できるのはとてもいい。 T： 改めて自分の人間性を見つめ直すと、僕が最終的になるのは、アントレプレナーじゃないって。アントレプレナーを応援する立場になりたいので。でもそれをするには、アントレプレナーのことを知らないといけないので。自分が将来したいアントレプレナーを日本で支援するっていう仕事につながるキャリアを2、3年で積みたいなって。 K： 自分が書くかは置いといて、プログラミングをやりたいなって。自分の製品を売る仕事をするとハッピー。メーカー的。　自分が作ったものを売っている方が面白い。
理論的メモ	・学習者自身の強みと弱みを把握する。 ・大企業とスタートアップを比較する。 ・アントレプレナーが自分にふさわしいか判断する。 ・起業しなくても、起業、起業支援について知ることは大切だと考える。

出所）著者作成

239

だったり理解できるので、ずっと企業に勤めている人よりは理解できるのはとても良い」である。Ｔは「改めて自分の人間性を見つめ直すと、僕が最終的になるのは、アントレプレナーじゃないって。アントレプレナーを応援する立場になりたいので。でもそれをするには、アントレプレナーのことを知らないといけないので。自分が将来したいアントレプレナーを日本で支援するっていう仕事につながるキャリアを２、３年で積みたい」である。

Ｋは「自分が書くかは置いといて、プログラミングをやりたいなって。自分の製品を売る仕事をするとハッピー。メーカー的。自分が作ったものを売っている方が面白い」である。これらの具体例から、［起業に対する考え方の変化］という概念を導き、「入学時、在学中、卒業後の起業に対する考え方が違うこと」という定義をつけた。また、理論的メモとして、「学習者自身の強みと弱みを把握する」「大企業とスタートアップを比較する」「アントレプレナーが自分にふさわしいか判断する」「起業しなくても、起業、起業支援について知ることは大切だと考える」と記載した。

図表65は、M-GTAの分析結果のカテゴリー、概念、定義を示している。４つのカテゴリーが抽出された。カテゴリーを【　】、概念を［　］で表示する。11の概念である［留学のきっかけ］［IE Business Schoolの選択］［多様性を重視した協働学習と共創］［協働学習による知識の蓄積］［実践的なプログラム］［世界が学習の場］［キャリア選択］［起業より大企業志向］［起業に対する考え方の変化］［価値の認識］［プログラムの満足度］とそれらの定義から、５つのカテゴリーが生成された。【自己の向上への探求、自己研鑽】【多様な学習者との協働学習と共創の重要性】【実践プログラムからのキャリア形成】【大企業志向から起業へのマインドセット】【自己成長の認識】である。

図表66は、カテゴリーの形成を示している。横軸に時間の経緯（入学前、Term1、2、Lab／インターンシップ、キャリア選択、卒業後）、縦軸に学習者の思考の推移を示す。上方に向かうほど学習者の思考が進化する。入学前に自己の向上への探求や自己研鑽から入学を考え、Term1、2で、多様な学習者との協働学習と共創の重要性を認識する。Lab、インターンシップ、選択授業など学習者の希望に応じた実践プログラムからキャリア

第4章　アントレプレナーシップ教育の効果検証

図表 65　カテゴリー、概念、定義

【カテゴリー】	[概念]	定義
自己の向上への探求、自己研鑽	留学のきっかけ	留学する理由は、学習者の勤務経験の中での葛藤があり、自己への向上欲求があったこと。
	IE Business School の選択	IE Business School を選択した理由には、アントレプレナーシップ教育、ランキング、プログラムの期間、テクノロジー、Dual Degree が含まれており、自己を向上できる可能性を秘めていること。
多様な学習者との協働学習と共創の重要性	多様性を重視した協働学習と共創	多国籍、バックグラウンドの異なるメンバーとの協働学習を通して共に価値を創造すること。
	協働学習による知識の蓄積	さまざまな科目において学習者が多様な学習者と共に学び知識を修得したこと。
実践プログラムからのキャリア形成	実践的なプログラム	実践的なプログラムで経験を積むことによって、起業や就職への可能性を高めること。
	世界が学習の場	学習者の要望に応じて世界の場で学習すること。
	キャリア選択	学習者の理想のキャリアと金銭問題でキャリアを選択すること。
大企業志向から起業へのマインドセット	起業より大企業志向	入学時の学習者は卒業後のキャリアとして大企業を希望する人が多いこと。
	起業に対する考え方の変化	入学時と在学中、卒業後の起業に対する考え方が違うこと。
自己成長の認識	価値の認識	学習が役に立ち、成長できたこと。
	プログラムの満足度	プログラム修了後、学習者は、プログラムに満足していること。

出所）著者作成

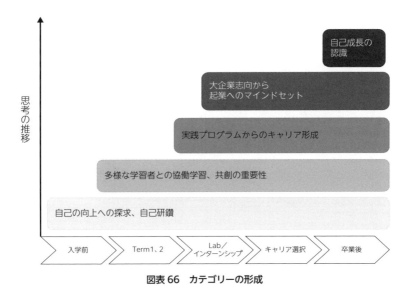

図表 66　カテゴリーの形成

出所）著者作成

を形成し、大企業志向から起業へのマインドセットが起こり、キャリアを選択する。そして、卒業後は自己成長を認識する。

図表67は、起業、就職に関するキャリアの動向を示している。縦軸に学習者の起業と就職の心理を示す。起業希望が高い場合は3になり、就職希望が高い場合は-3である。横軸に入学前、Term1、Term2、Lab、Elective、キャリア選択、卒業後である。Pの場合、入学前は大手コンサルティング会社へ就職希望なので-3である。Term2の時点で、スタートアップで働くことは、必修科目で学んだことが実践できるため、満足度が高いと認識し-2まで上昇する。キャリア選択では、起業したいという意志はさらに強くなったが、学生ローンの返済のために就職を選択したため-1であった。その後はスタートアップで働く意思を示し3である。

Cは入学前に10年間銀行員として勤務し-3であった。Term1、2の授業を受講し、徐々に起業の知識を得て、LabやElectiveで模擬起業を体験し3にまで上昇した。しかしながら、キャリア選択においては、学生ロー

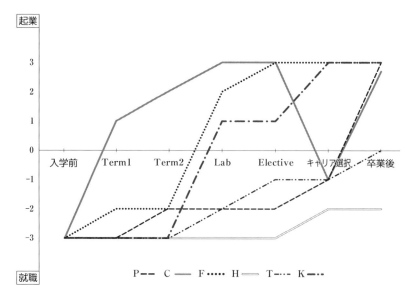

図表67 起業、就職に関するキャリアの動向
出所）著者作成

第4章　アントレプレナーシップ教育の効果検証

ン返済のため、すぐに起業できない状況にあり、就職先を探すため -1 となった。ただし、就職しながら、起業に向けて活動しており、将来的にはアントレプレナーという強い意志を示した。F の場合、入学前は大手エンジニアであり、大手コンサルティングに就職を希望したため -3 である。Term1、2でアントレプレナーシップの授業で起業に興味を抱き -2 となる。その後、Lab、Elective で実際にビジネスアイデアをプランにし、ビジネスコンテストに出場することで、起業の失敗の恐怖心より、起業の価値を見いだした。起業への意思が 3 になり、キャリア選択でも起業を試してみたいと意欲を示し、卒業後も起業に向けて活動する。

　H は大手企業に勤務し、入学当初から起業には興味はないので -3 である。その思いは授業や体験を通じても変化がなかった。しかしながら、起業についての知識は持っておいた方が武器になることを認識した。最終的には、企業に戻り資材や部品調達を極めていきたいという意思を示したため、卒業後も -2 である。T は元々起業に対して抵抗があったが、起業に興味がありに入学した。当初授業では、起業に関しての学びはみられず継続的に -3 であったが、多様なメンバーと Lab、Elective に取り組むうちに、アントレプレナーではなく、起業支援を行いたいという明確なビジョンが芽生えてきた。よって、キャリア選択で -1 になり、卒業後は 0 にまで上昇した。K は企業に勤め、起業も視野に入れて入学した。当初の授業では起業への変化はみられず -3 である。しかしながら、アフリカでアントレプレナーや新規事業、シリアルアントレプレナーに出会うことにより、自身でも起業できる可能性を感じ 1 まで上昇する。キャリア選択においては、迷いなく起業するため 3 である。

　IE Business School を対象とした調査結果の考察を示す。本研究は IE Business School の学習者を対象に、何を学び、どのように考え、キャリアを選択するのかというプロセスを分析し明らかにすることである。入学前、在学中、卒業後の3回の長期的なインタビュー調査を通じて、横断的な時間軸における学習者の思考の推移や起業、就職に対するキャリア動向がより明確になった。学習者は、留学に対して、企業で経験から課題を発見し、その解決策を導くことや自己向上、自己研鑽など明確な目的があり、その個人的な目的の達成に向けて努力している。学習者は、国籍、業界、

業種などさまざまなバックグラウンドを持った仲間と授業や実践プログラムを通して、協働学習し、知識の蓄積や活用を実践することで共に価値を創造している。起業経験、インターンシップ、フィールドワーク、留学など世界が学習の場であり、その経験がキャリア選択に影響している。入学当初は大企業を就職先に希望していたが、起業に対する考えが変化している。つまり、大企業から起業へのマインドセットが行われていた。学習者は、MBAの価値を認識し、自己成長を認識することでプログラムに満足を示している。学習者は、試行錯誤、葛藤しながらも、学習者自身は何が足りなくて、何を学習する必要があり、何を学習できたのか客観的に自己分析している。

　Kourilsky（1995）が提示する起業の推進と支援体制ピラミッドで、FとKはアントレプレナー、Tはアントレプレナーをサポートする支援者、Hは支援者もしくは理解者である。PとCは調査時では支援者であるが、将来はアントレプレナーに移行したいと考えている。社会で起業や起業思考の輪を広げるためには、アントレプレナーシップ教育におけるアントレプレナー、支援者、理解者の育成が必要である。

　Neck et al.（2017）が示したように、学習者は、個人的な社会ネットワークを構築し、意図的に協力し、情報交換や信頼関係を築いていた。Granovetter（1973, p.1371-1373）は、ネットワークは強い結びつきよりも、弱い結びつきの方がより多くの情報を得ることができると指摘する。また、Neck et al.（2017, p.32）が示すように、学習者は、ロールモデルを通して起業や起業思考を学ぶことで、アントレプレナーに対しての共感が向上していた。QAA（2018）のアントレプレナーシップ教育プログラムとプログラム外の学習過程のように、Term1, 2の授業を通して学習者は起業への気づき、Labもしくはインターンシップや選択授業で、起業へのマインドセットが起こった。その後、学習者は起業もしくは起業思考を実感する。同時に、アントレプレナーシップ教育プログラム外の学びで、スタートアップ支援センター、ビジネスプランコンテストや学習者同士で切磋琢磨し、起業、起業思考が育成された。IE Business Schoolの場合、アントレプレナーシップ教育プログラム内で、企業と提携し実践的な授業を提供し、海外の現地法人やNPO、交換留学、インターンシップの企業、イン

キュベーションセンターなどアントレプレナーシップ教育プログラム外の学びもプログラムの一環として提供しているのが特徴である。

　日本の大学を対象にした調査の結果を示す。早稲田大学、九州大学、関西学院大学の7名の卒業生を対象に、アントレプレナーシップ教育に関して、インタビュー調査を実施した。早稲田大学2名（W1、W2）、九州大学3名（K1、K2、K3）、関西学院大学2名（KG1、KG2）である。インタビュー調査の結果と考察を示す。

　MBA入学前に全員大手企業に勤務経験があり、K2とW1は起業し、経営者であった。卒業後の職業は、K2とK3とKG1は新規に起業し、W1は元々起業していたビジネスを拡大し、KG2は起業支援を継続した。K1は地域を良くしたいという思いが強く公務員を志望した。W2は起業に興味があったが、授業で起業の大変さを理解し、起業ではなく大企業を選択した。調査対象者の全員が在学中にビジネスプランを作成した。ビジネスプランコンテストに関しては、K1、K2、K3、W1、KG1は在学中に参加した。W2とKG2に関しては、授業でビジネスプランの発表を行ったが、学内外のビジネスプランコンテストは不参加である。

　図表68は、分析ワークシートを示している。分析には、M-GTAを用いた。調査対象者の具体例をもとに、理論的メモを活用し、概念と定義を導いた。7名（K1、K2、K3、W1、W2、KG1、KG2）の具体例を示す。K1は「大学の自主勉強会をオープンにして、みんなで勉強できる仕組みにした。QRECで勉強したことを町、熊本のみんなでやる。九大の起業部マネージャーもする」、K2は「起業部の学生をインターンで自社に招く」、K3は「QRECで色んな学部の人と交流。会社でインターンを受け入れる」、W1は「ゼミの仲間から仕事を受注し濃い時間を過ごす。起業部を支援する」、W2は「仲の良い友達と山中湖で新規ビジネス合宿をする」、KG1は「先生からビジネスパートナーやコンテストの紹介で事業資金を獲得した」、KG2は「中小企業の販路だけでなく、シーズの支援のため卒業生とシステムを変えた」である。

　7名の具体例から、「卒業後も大学の人的ネットワークを活用し、エコシステムを形成」という概念が導かれ、「卒業後も自身の会社に母校の学習者をインターンシップで採用し、スタートアップの育成をする。また、

図表 68　分析ワークシート

概念名	卒業後も大学の人的ネットワークを活用し、エコシステムを形成
定義	卒業後に自身の会社に母校の学習者をインターンシップで採用し、スタートアップの育成をする。また、起業に関する勉強会などを一緒に行い、地域に根付いた継続的なネットワークを確立し、エコシステムを形成する。
具体例	K1： 大学の自主勉強会をオープンにして、みんなで勉強できる仕組みにした。QRECで勉強したことを町、熊本のみんなでやる。九大の起業部マネージャーもする。 K2： 起業部の学生をインターンで自社に招く。 K3： QRECで色んな学部の人と交流。会社でインターンを受け入れる。 W1： ゼミの仲間から仕事を受注し濃い時間を過ごす。起業部を支援する。 W2： 仲の良い友達と山中湖で新規ビジネス合宿をする。 KG1：先生からビジネスパートナーやコンテストの紹介で事業資金を獲得した。 KG2：中小企業の販路だけでなく、シーズの支援のため卒業生とシステムを変えた。
理論的メモ	・卒業後に自身の会社に母校の学習者をインターンシップで採用し、育成する。 ・卒業後も母校の起業部でメンター、支援者となる。 ・卒業後も地域、大学のインフルエンサーとなり貢献する。

出所）著者作成

起業に関する勉強会などを一緒に行い、地域に根付いた継続的なネットワークを確立し、エコシステムを形成する」と定義した。理論的メモとして、「卒業後も自身の会社に母校の学習者をインターンシップで採用し、育成する。卒業後も母校の起業部でメンター、支援者となる。卒業後も地域、大学のインフルエンサーとなり貢献する」を記載した。

　M-GTAの分析結果のカテゴリー、概念、定義を示す（図表69）。4つのカテゴリーが抽出された。カテゴリーを【　】、概念を［　］で表示する。3つの概念［プログラム受講による意識の変化］［アントレプレナーもアントレプレナーシップ教育を活用］［修士論文の意義］からプログラムで【気づきと意識の変化】が生成された。次に、2つの概念［大学で人的ネットワークを形成］と［卒業後も大学の人的ネットワークを活用し、エコシステムを形成］から【ネットワークの構築と活用】が導かれた。また、「課題解決の1つとして起業、地域支援をキャリアとして選択」と「ビジネス機会発見、事業を具現化し価値を創造」から【価値創造で社会貢献】が抽

図表69　カテゴリー、概念、定義

【カテゴリー】	[概念]	定義
気づきと意識の変化	プログラム受講による意識の変化	学習者の入学動機や意識は変化もしくは強化される。
	アントレプレナーもアントレプレナーシップ教育を活用	大学入学前に起業した学習者もアントレプレナーシップ教育を卒業後に活用する。
	修士論文の意義	ゼミで修士論文を書くことで気づきを得て、理論を深め、今後の進路に役立てる。
ネットワークの構築と活用	大学で人的ネットワークを形成	在学中、教授、授業での学友、ゼミ生などのネットワークを活かし、情報交換、ビジネスチーム創成、仕事の受注を得る。
	卒業後も大学の人的ネットワークを活用し、エコシステムを形成	卒業後も学習者自身の会社に母校の学習者をインターンシップ生として採用し、スタートアップ生を育成、活用する。また、起業に関する勉強会などを一緒に行い、地域に根付いた、継続的なネットワークを確立し、エコシステムを形成する。
価値創造で社会貢献	課題解決の1つとして起業、地域支援をキャリアとして選択	授業、海外研修、修士論文の作成で、教授、学友仲間との学習が相互作用を起こす。そして、社会問題の課題解決として、起業、地域支援を職業として選択し、価値創造で社会貢献を実行する。
	ビジネス機会発見、事業を具現化し価値を創造	授業・ビジネスコンテストを活用し、ビジネスの機会を見いだし、事業を具現化する。
教育の有効性と課題	教育の有効性	学習者の大学の満足度は非常に高い。
	アントレプレナーシップ教育の課題	アントレプレナーシップ教育の単位、実践的な授業、学習者の経歴（大企業が大半）、インキュベーター施設、大学のVC、資金調達に関しての課題がある。

出所）著者作成

出された。最後に、「教育の有効性」と「アントレプレナーシップ教育の課題」から【教育の有効性と課題】が抽出された。アントレプレナーシップ教育の課題は、単位、実践的な授業、学習者の経歴（大企業が大半）、インキュベーター施設、大学のVC、資金調達である。

図表70は、学習者の学習プロセスの全体図を示している。学習者は、入学前に全員が大企業で社会人経験があり、内2名は卒業後に起業する。大学では、授業やゼミ、アントレプレナーシッププログラム、ビジネスコンテスト、海外研修、起業部などの取り組みで地域・海外貢献、起業、起

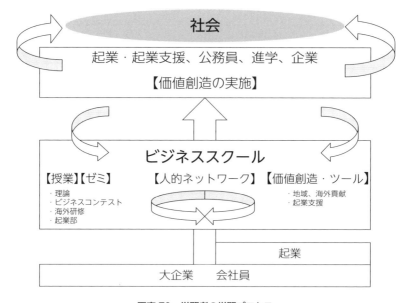

図表 70　学習者の学習プロセス
出所）著者作成

業支援の価値創造やその方法を学習する。そして、学習者同士、卒業生を中心に人的ネットワークを構築する。卒業後は、起業・起業支援、公務員、進学、企業での勤務とキャリア選択は異なるが、各自の価値を創造し、母校での起業支援や母校の学習者をインターンシップ等で受け入れるなどの行動することで社会に貢献している。

　Gibb（1993）の起業育成モデルにあるように、本研究では授業の課題や経験学習や学位論文の作成プロセスで教育者の問いかけ、学習者同士のディスカッション、ビジネスコンテスト、発表を通して学習者同士、人々との交流が深まった。Kourilsky（1995）はアントレプレナーシップ教育におけるアントレプレナーとその支援者や理解者の育成が必要であると示す。Kolb（1984）、村田（2018）、Schon（1983）は、学習者は内省的観察、抽象的概念化、自主活動、振り返りのサイクルを行い、協働学習で各学習者の課題に対する気づきや意識の変化を生み出し、ネットワークを構築しながら、価値を創造し実行することが重要であると示す。齋藤（2012）は、

専門職大学院で学位論文は修了要項には含まれていないが、学位論文を作成する過程に概念の思考能力の向上や多様なメンバーと協働学習を促進し、企業が求めるリーダーシップ能力の向上においても有効な方法であると提唱する。本研究においても、アントレプレナーとその支援者や理解者の育成、価値創造と実行、学位論文の作成は有効であると考えられる。

本研究では、日本の大学に焦点を当て、学習者のアントレプレナーシップ教育の学習効果について調査した。学習者は、授業、ビジネスプランコンテストを活用し、ビジネスの機会を見いだし、事業を具現化する。アントレプレナーシップ教育のプログラムの中で、課題に対する価値創造で社会に貢献するスキルを身につけ、人的ネットワークを構築する。課題の解決方法の1つとして、起業を選択するものもいる。そして、卒業後もそのネットワークを活用しながら、母校でのメンターやインターンシップの受け入れ先になるなど、大学に恩恵を還元している。また、大学に入学前に起業した学習者も、アントレプレナーシップ教育を活用できることが示された。一方、日本の大学では、アントレプレナーシップ教育の授業はあるが、学習者の多様性、海外での短期研修やインターンシップ、企業との連携、アントレプレナーシップ教育科目の単位認定、インキュベーション施設、資金調達、実践が弱いことが本研究から明らかとなった。

第4節　まとめ

本章では、欧米日のアントレプレナーシップ教育の現状分析のための文献調査研究やアントレプレナーシップ教育効果に関する実証研究のアプローチ（分析の枠組み、分析対象の選定、データの収集・分析）を提示した。量的研究・質的研究の利点と欠点を示したうえで、方法論的多元論を用いる必要性を明らかにした。また、研究の指標（内的・外的妥当性、信頼性）や倫理の観点の重要性を述べた。本研究は、学習者を対象としたアントレプレナーシップ教育の効果検証であるため、授業、プログラムの効果検証に適したt検定、大量のテキスト情報を分析するのに優れた樋口（2013, 2014）のKH Coder、人間の視点を重視した木下（1999, 2003, 2007）のM-GTA、コミュニケーションの内容を客観的、体系的に記述する内容分

析（Berelson 1952）を用いることを示した。アントレプレナーシップ教育の効果測定には、それらの分析方法は向上の余地がある。

　アントレプレナーシップの教育効果に関する短期調査に関して、質問紙調査を関西学院大学の 8 つの授業で実施した。また、インタビュー調査は、関西学院大学の NGVC の授業で実施した。そして、フィールドワーク調査は、関西学院大学の留学生を対象に日本企業・日本文化の理解のために実施した。

　日本の大学の課題を整理する。第 3 章では、欧米日の大学におけるアントレプレナーシップ教育比較を実施した。欧米の大学は国際認証機関からプログラムの評価を得て、改革を実施する。大学の共通するミッションは、世界で率先するリーダーの育成である。アントレプレナーシップ教育プログラムは、段階的なプログラムの設計になっており、学部、大学院等を超えた支援センターが形成され、実践的な教育が実施されていた。アントレプレナーシップ専攻・コース、プログラム、実践活動、支援センターの比較においては、欧米の大学には、全 10 校にアントレプレナーシップ専攻・コース、実践活動、支援センターがあり、企業や団体との提携が推進されており、在校生と卒業生の交流などエコシステムが整備されていた。

　一方、日本の大学においては、アントレプレナーシップの専攻・コースは 7 校、実践活動は 3 校、支援センターは 2 校のみであり、不十分な環境にあることが示された。また、卒業者の進路開示がなく、国際機関から教育の質の保証を得ている大学が少ない。アントレプレナーシップ教育の科目の内容に大差はなかった。欧米と日本の大学の学習環境、プログラム内容、学習者数、国際性、語学、費用を考慮し、質・量を強化する必要があること。つまり、日本のアントレプレナーシップ教育のミッションを明らかにし、アントレプレナーシップ専攻・コース、実践活動、支援センターを拡充する必要がある。グローバル化に対応し、卒業生の活躍、企業・地域との取り組みなどプログラムの改革をする必要がある。

　第 4 章の研究結果と考察を集約したものが図表 71 である。短期調査の 3 つ、長期調査の 4 つの効果検証の結果と考察である。短期調査に関しては、関西学院大学の 8 つの授業を対象とした授業、関西学院大学の日本人学習者と留学生を対象とした NGVC の授業、関西学院大学の留学生を対象にし

第4章　アントレプレナーシップ教育の効果検証

たフィールドワークである。長期調査は、IE Business School[7]をはじめ欧米の大学7校、日本の大学3校のプログラムを対象にしたものである。

　関西学院大学の8つの授業を対象とした短期調査の結果を示す。関西学院大学の8つの授業（ベンチャービジネス、アントレプレナーシップ、新規事業計画、研究開発型ベンチャー創成、NGVC、イノベーティブシンキング、システムシンキング、統計学）を対象とした授業に関する質問紙調査において、アントレプレナーシップ、新規事業計画、研究開発型ベンチャー創成、NGVCでは、授業の前後で学習者の知識、能力、もしくは態度の向上で有意な差があることが明らかとなった。アントレプレナーシップが知識のみ、新規事業計画は能力と態度、NGVCは知識と態度が向上した。ベンチャービジネス、イノベーティブシンキング、システムシンキング、統計学に関しては、知識、能力、態度は向上しなかった。効果量を考慮すると、アントレプレナーシップは知識と態度、新規事業計画は能力と態度、研究開発型ベンチャー創成は知識と能力、NGVCは知識と態度、システムシンキングは知識が向上した。ベンチャービジネス、統計学に関しては、効果量も向上しなかった。

　統計学は、Mwasalwiba（2010）の提示するアントレプレナーシップ教育の最も著名な9つの科目ではないため、著者は、学習者の知識、能力、態度が変化しない想定をしていた。調査結果から知識、能力、態度に変化がみられなかったため、調査の妥当性が示されたと考えられる。Nabi et al.（2017, p.280, 281, 283）のアントレプレナーシップ教育の効果検証に関する文献調査からは80％以上が肯定的な結果であり、本研究もその調査結果を支持する結果となった。

　以上の結果から、アントレプレナーシップの知識と態度、新規事業計画の能力と態度、研究開発型ベンチャー創成の知識、能力、態度、NGVCの知識と態度、システムシンキングの知識に関しては、アントレプレナーシップ教育は有効であった。また、アントレプレナーシップ教育のプログラムの構築には、知識、能力、態度の各項目を網羅するプログラムの編成が必要である。そして、授業やプログラムの効果測定を行い、それらの検証を行うことが重要である。

図表71 短期・長期調査の結果と考察

形態	対象者	調査	結果	考察
授業	関西学院大学の8つの授業	質問紙	授業によって知識、能力、態度の向上に差がある。	知識、能力、態度の各項目を網羅するアントレプレナーシップの授業、プログラムの構築や効果測定が重要である。
授業	関西学院大学のNGVCの授業（日本人学習者×留学生）	インタビュー	成功したグループの学習者は、自律性と協調性を保ちながら、積極的にプロジェクトの参加を促進し、メンバーの信頼性と感謝をする。その結果、学習者は自己効力感と起業への自信を獲得した。	多様なメンバーとの協働学習において、学習者が課題への価値を生み出す解決策を提案する過程で、異文化コミュニケーション、チームマネジメント、グローバルな視点での多文化理解、積極性、自己効力感、起業への自信を確立することに役立った。よって、多様性、協働学習、共創力は重要である。
フィールドワーク			来日前に日本への関心がない、もしくは、関心が少なかった学習者は、フィールドワークにおいて、日本語の言葉の壁はあったが、母国や日本への貢献を考え、アントレプレナーシップマインドを構築する気づきができた。訪問場所の多くの気づきを得た。学習者は、フィールドワークの経験を今後の授業、修士論文、インターンシップ、起業、就職活動のキャリア形成で活用することや、その経験を他者に伝えると良いインフルエンサーになる。	日本は、経済大国（GDP4位）であり、ものづくり産業（自動車、電機、半導体、ロボティクスなどの地域）が強い。また産業に隣した地域や歴史的価値が高いものも多い。企業の博物館や地域における発展など教材や経験学習の価値とすることができる。Ranck&Erfani (2002)が提唱するように、教室では体験できないビジネスの実践など豊かな経験をすることができる。授業で論じられたテキストに書かれていた内容をより強化することができる。フィールドワークは、経験学習として非常に重要である。
プログラム	関西学院大学の留学生	質問紙／インタビュー	起業に関する能力の適性や態度が有意に上昇した。卒業後のキャリアに関しては、26名中6名（23％）が起業を選択した。26名中4名（15％）は入学後アントレプレナーシップ教育を受講し起業した。	IE Business Schoolは、15％の卒業者が起業するとと公表する。本研究の調査結果とほぼ同じである。アントレプレナーシップ教育を推進する。プログラムの効果測定を実施し、アントレプレナー育成の卒業後のキャリアに関する影響を調査することは重要である。
プログラム	IE Business School	質問紙		
プログラム	欧米の大学6校	インタビュー	授業はハーバードのケースを用いて理論実践、事例研究、ディスカッションで学習者の知識や思考を育成し、多様な視点から起業の意識を向上させる。	学習者は理論を学び、実践活動を経験し学習者マインドから起業を経験する過程で共感、共創を体験し学習者マインドが起こる。大手・中小企業で勤務していたスタートアップ関連の起業にキャリアチェンジをする時みる。これらのマインドセットが瞬時に行われるのではなく、長期的なプログラムにおいて形成される。プログラムの構築において基礎、応用、実践のステップが重要である。

252

第4章　アントレプレナーシップ教育の効果検証

形態	対象者	調査	結果	考察
プログラム	欧米の大学6校	インタビュー	・自由度の高い選択科目の制度がある。充実した起業サポートがある。インキュベーション、支援センターが大学のハブとして入り、施設・資金・情報の手段ソフ事業の活性化となる。 ・起業体験は国内外で実施される。インキュベーション施設の利用などを通して、起業体験できる。学習者は、実際に起業などには行く、ビジネス課題に対して、アプリなどでは、アントレプレナーシップの知識やスキルを学習、支援者・支援者として実践する。 ・インターンシップにスタートアップで実務を体験することで、職務の適合性を見極める。 ・ネットワーキングを活用し、学習者のロールモデルとなる人物に出会い、自己効力感が向上した。 ・エコシステムが開催されている。ビジネスコンテストの開催や資金提供、在校生、卒業生、教員、起業、地域を連結するシステムが整備されている。	・協働学習の中で自主的に自己を探求し、内省を試みることで、自己対話、自己研鑽、自己の価値や自己の成長を認識する。リスクや失敗を恐れずに挑戦することで多様な仲間と共に価値を創造する。アントレプレナーシップ教育において協働学習が重要である。内省、目的化を落とし込むことが必要である。アクティブラーニングを用いて他人に教えること、体験、グループ討議をすることやGibb(1993)の起業育成モデルの学習者同士の協働学習、柔軟な環境で失敗を恐れず、自己探求、実体験などを積極的に取り入れることが望ましい。Kolb(1984)の振り返りの構造化にあるように、能動的概念化をするから具体的経験の自身は何を行なうかができるかを自己への探求、内省、試行錯誤をしながら、具現化し実践することが大切であろう。シャーマー&カウフナー(2015)の自身は何を行なうかができるかを自己への探求、内省、試行錯誤をしながら、具現化し実践することと村田(2018)のプログラムの事前・事後研修も共有、報告会などと学習者の積極的な振り返りと学びの可視化の観点が重要視し、企業・団体の連携の強化が必要である。 ・安岡ら(2018)の提唱する産学連携・協働学習の視点が重要視し、企業・団体の連携の強化が必要である。 ・QAA(2018)のアントレプレナーシップ教育プログラムとプログラムの外の学習過程の両方を学内で行っており、プログラム以外のものを取り入れることが望ましい。 ・海外の大学の費用は数十万円になり社費の場合、卒業後は自社に戻るため、起業に関しての即効性は低い。しかしながら、起業に対する知識、行動力は大学で費やされている。学習者の社費、私費を考慮した調査が必要である。
プログラム	日本の大学3校	インタビュー	・調査対象者は、入学前に全員大企業で社会人経験があり、内2名は卒業後に起業する。 ・大学では、授業やゼミ、アントレプレナーシップ教育プログラム、海外研修、ビジネスコンテスト、起業部など起業支援の価値創造ツールで学習の取り組みその地域、海外貢献、起業支援の価値創造ツールで学習する。そして、学習者同士、卒業生中心に人的ネットワークを構築する。	・学習者は、プログラムの中で価値創造で社会に貢献するスキルを身につけ、人的ネットワークを構築する。そして、卒業後もそのネットワークを活用しながら、母校でのメンターやインターンシップの受け入れとして大学に恩恵を還元する。よって、日本の大学ビジネススクールのネットワークが重要である。日本の大学は、地域の取り組み海外ビジネススクールのネットワークが重要である。日本の大学は、アントレプレナーシップ、企業との連携、海外での短期研修やインターンシップ、インキュベーション施設を含んだ実践が弱いための補強が必要である。

形態	対象者	調査	結果	考察
プログラム	日本の大学3校	インタビュー	・卒業後は、起業・起業支援、公務員、進学、企業での勤務とキャリア選択は異なるが、各自の価値を見いだし、母校での起業支援や母校の学生をインターンするなどの行動をすることで社会貢献を行う。	・卒業後は、起業・起業支援、公務員、進学、企業での勤務とキャリア選択は異なるが、各自の価値を見いだし、母校での起業支援や母校の学生をインターンするなどの行動をすることで社会貢献を行うさまざまなバックグラウンドを持った学習者が授業や実践プログラムを通じて、試行錯誤、葛藤しながらも、学習者自身は何が足りなくて、何を学習する必要があり、何を学習できたのか客観的に自己分析していくための学習をサポートするシステムが必要である。 ・Kourilsky (1995) が提示する起業の推進を支援する体制ピラミッドのように、社会で起業や起業思考の輪を広げるためには、アントレプレナー、支援者、理解者の育成が必要である。 ・Neck et al. (2017) が示したように、学習者は、個人的な社会ネットワークを構築し、情報交換や信頼関係を築いていた。学習者は、ロールモデルを通じて学ぶことでアントレプレナーへの共感性が向上するためロールモデルの提示は必要である。
プログラム	IE Business School	インタビュー	・学習者の入学前、起業思考や起業への関心を持ち、自己の向上への探究のためにMBAに関心を持ち、IE Business Schoolを選択した。 ・多国籍、バックグラウンドの異なるメンバーとの協働学習で知識を構築し、価値を創造し、世界を学習の場として認識し、豊富な選択肢が可能な実践的なプログラムで経験を積み、キャリア形成が行われていた。 ・入学前は、卒業後のキャリアとして大企業を希望していたが、在学中にビジネスプランの作成、起業の体験を何度も行い、卒業後に起業を選択する者への変化がみられた。 ・学習者は、自己の成長、MBAの価値を認識し、プログラムの満足度は高い。	・IE Business Schoolの場合、アントレプレナーシップ教育プログラム内で、企業と連携し実践的な授業を提供し、海外の現地法人やNPO、交換留学、インターンシップの企業、インキュベーションセンターなどアントレプレナーシップ教育プログラムの一環としても提供しているため、プログラム内だけの学びではなく、プログラム外との学びも必要とするQAA (2018) が提唱するように、プログラム外にもプログラム内外の両方ともプログラム内にすることが重要である。 ・よって、プログラムの構築の際にプログラム外内の両方ともプログラム内にすることが重要である。

出所 著者作成

第 4 章　アントレプレナーシップ教育の効果検証

　理工学学習者と MBA 学習者との協働学習では、理工学学習者に対してアントレプレナー育成の即効性は弱いが、理工学学習者は、基礎研究の説明や事業化の仕方、基礎研究がどのように社会に貢献できるかという思考を修得し、キャリア形成にも役立つという示唆が得られた。MBA 学習者においても、基礎研究の専門分野の事業化に関して知見を深めることができた。また、どのようにチームでリーダーシップを発揮するのか、経営者の視点から学習できたことが大きな成果となった。
　関西学院大学の日本人学習者と留学生を対象とした NGVC の授業の調査結果から、日本人学習者と留学生は、学習者の多様性を活かした協働学習を用いて共創することで、グローバルな視点における多文化理解や積極性、自己効力感の向上、起業への自信を確立している。授業で英語力の強化に重点を置く日本人学習者と国内外の日本企業での就職などのキャリアを視野に入れる留学生の授業の目的が異なることに配慮する必要はあるが、社会人経験が豊富な日本人学習者と積極的に授業に参加する留学生は、協働学習の授業を体験し、互いに刺激しあい、双方に学びがあった。日本人学習者と留学生は、英語でのディスカッションとグループワークにおいて、プロジェクトの進行や交渉、意思疎通が困難であった。しかしながら、それらの困難な状況からも、プロジェクトを進めるうえで、日本人学習者は、より多様な意見に触れることにより、グローバルな感覚が生まれ、英語を学ぶ意欲が高まり、多様性の重要さを認識した。また、日本人学習者は、留学生を身近に感じ、議論に積極的に参加することや上手なプレゼンテーションに感銘することもあった。留学生は、プロジェクトの運営に時間制限がある中で、意見の主張だけでなく、チームメンバーの意見を取り入れて進行することが大切であることを自覚した。
　プロジェクトを成功したグループの学習者は、目標達成に対する個人の情熱、自律性と協調性を保ちながら、積極的な授業やプロジェクトの参加や進行、学習者同士が意見を傾聴し、アイデアや意見の共有をしていく中で、メンバーへの信頼性と感謝、共感を示している。その結果、学習者は自己効力感と起業への自信を獲得している。
　日本の大学の多くは英語でアントレプレナーシップ教育プログラムを提供していない。多様なメンバーとの協働学習において、課題への価値を生

み出す解決策を提案する過程で、学習者はチームメンバーと意見やプロジェクトの進行の仕方、考え方の違いにおいて、対立、葛藤しながらも、異文化コミュニケーション、チームマネジメントの実践を経験している。それらは、学習者がグローバルな視点での多文化理解、積極性、自己効力感、起業への自信を確立することに役立っている。よって、学習者の多様性を活かした協働学習を用いて、共創することは重要であると考えられる。

　関西学院大学の留学生を対象にしたフィールドワークの調査結果から、来日前に日本への関心がない、もしくは、関心が少なかった学習者が、広島、長崎の歴史や原爆、日本の産業の発展、日本の食文化やサービスをフィールドワークで経験したことで、母国や日本への貢献を考え、アントレプレナーシップマインドを構築することができた。また、学習者は、日本語の言葉の壁はあったが、訪問場所での多くの気づきと共に、日本への愛着や敬意が芽生えている。さらに、学習者は、フィールドワークの経験を今後の授業、論文作成、インターンシップ、起業、就職活動のキャリア形成で活用することや、その経験を他者に伝える良いインフルエンサーとなる。日本は、GDPが世界第4位[8]の経済大国であり、自動車、電機、半導体、ロボテックスなどのものづくりやサービス、日本食、アニメーションが強い。また、それらの産業に追随した地域など歴史的価値が高いものも多い。本研究において、企業の博物館や地域における発展などを教材や経験学習とすることができることが示された。Gibb（2006, p.37）は、アントレプレナーシップや新規事業の立ち上げに関わるアントレプレナーは、達成意欲、自信や持続性、自主性、行動力、Learning by doing、勤勉、決定力、想像力が伴っているとする。自信（Gibb 2006, p.37）や自己効力感（Bandura 1994）は非常に重要な要素である。Rarick & Erfani（2002）が提唱するように本研究のフィールドワークは、教室では経験できないビジネスの実践や授業で議論した内容やテキストに書かれていた内容の把握をより強化することができるため、経験学習として非常に重要である。

　IE Business Schoolのプログラムの質問紙による長期調査の結果を示す。IE Business Schoolのプログラムに関する質問紙調査において、学習者の起業に関する適性の能力、態度が有意に上昇した。卒業後のキャリアに関しては、26名中6名（23％）が起業を選択した。26名中4名（15％）は入

学後アントレプレナーシップ教育を受講し起業した。IE Business School は15％の卒業者が起業すると公表している。本研究の調査結果とほぼ同じであるため、アントレプレナーシップ教育は、アントレプレナー育成を推進すると考えられる。このように、プログラムの効果測定を実施し起業に関する適性の変化や学習者の卒業後のキャリアに関する影響を調査することは重要である。

欧米の大学6校のプログラムを対象とした長期調査の結果を示す。その6校に対して、プログラムの効果測定を実施した結果、主に7つのことが明らかとなった。

1. 授業では、Harvardのケースを用いて理論背景、事例研究、ディスカッションを行いながら、学習者の知識や思考を育成し、多様な視点から学習者の起業の意識を向上させる。
2. 自由度の高い選択科目の制度がある。学習者の専門性や将来のキャリアに応じてカスタマイズしやすい選択肢がある。
3. 充実した起業サポートがある。インキュベーション、支援センターが大学のハブとして、人・施設・資金・情報の手厚い支援や事業の活性化を図っている。
4. 起業体験は、国内外で実施される。学習者は、インキュベーション施設の利用などを通して、実際に起業を体験できる。また、学習者は、アフリカなどの発展途上国に行き、学習者自身が修得したアントレプレナーシップの知識やスキルを教育者・支援者として実践している。
5. スタートアップでインターン生として実務を体験することで、スタートアップの現状や働き方を学び、職務の適合性を見極めている。
6. 学習者は、ネットワーキングを活用している。学習者は、ロールモデルとなる人物と出会い、卒業生の活躍を目の当たりにし、自己効力感を向上している。
7. エコシステムが確立されている。ビジネスコンテストの開催や資金提供、在校生、卒業生、教育者、起業、地域を連結するシステムが整備されている。

このような結果から、学習者は理論を学び、ネットワーキング力を高め、実践活動を経験する過程で共感し、共創を体験しながら積極的な振り返りと学びの可視化により、学習者のマインドセットが起こる。学習者は、大手企業で勤務していたが、スタートアップ関連や起業にキャリアチェンジを試みることが示された。これらのマインドセットは瞬時に起きるのではなく、長期的なプログラムにおいて形成される。プログラムの構築においては、基礎、応用、実践などの段階的なプログラムが重要である。

　また、学習者は、協働学習の中で自主的に自己を探求し、内省を試みることで、自己研鑽、自己の価値や自己の成長を認識する。そして、リスクや失敗を恐れず挑戦することで多様な仲間と共に価値を創造する。こうしたことからも、アントレプレナーシップ教育において協働学習は重要であり、内省、目的等の個人の落とし込みが必要であるといえる。そのため、アクティブラーニングを用いて人に教えること、経験すること、グループ討議をすることやGibb（1993）の起業育成モデルの学習者同士の協働学習、柔軟な環境で失敗を恐れず、自己探求、実体験などを積極的に取り入れることが望ましい。

　Kolb（1984）の経験学習のプロセスとその効果による基礎知識の形成に関するフレームワークの構築にあるように、学習者は、能動的実験から具体的経験をし、内省的観察、抽象的概念化を行う。シャーマー＆カウファー（2015）、シャーマー（2017）のU理論の自身とは何者で何ができるかなど自己への探求、内省、試行錯誤をしながら、具現化し実践することや村田（2018）のプログラムの事前・事後研修や共有、報告会など学習者の積極的な振り返りと学びの可視化が大切である。そして、安岡ら（2018）の提唱する産学連携・協働学習の視点を重要視し、企業・団体の連携を強化することが必要である。クリステンセン・ダイアー・グレガーセン（2012, viii, p.16）の提唱する質問力、観察力、ネットワーク力、実験力など人と違う行動スキルとまったく異なるアイデアや経験を関連づける認知的能力を高めるには、人・施設・資金・情報の手厚い支援やそれらの可視化が必要であることがあげられる。

　欧米の大学のプログラムは、QAA（2018, p.22）のアントレプレナーシップ教育プログラムとプログラム外の学習過程の両方を学内で行っており、大

学でプログラム内外のものを両方履修することが望ましい。なぜなら、学習者が、起業への気づき、起業へのマインドセット、起業の能力開発やその効果を発揮するには、プログラム内外の両方が必要となるからである。学内であれば授業の一環として参加可能であり、利便性も良い。また、欧米の大学の費用は、数千万円になり私費の場合、学生ローンの返済、社費の場合、卒業後は自社に戻るため、起業に関しての即効性は低い。しかしながら、社内新規事業開発などのスキルの形成に貢献するものである。今後も、学習者の大学の費用に関して、社費、私費を考慮した調査が必要である。

　日本の大学3校に対してプログラムの効果測定を実施した結果、主に、3つのことが明らかになった。1つ目は、学習者は、入学前に全員が大企業で社会人経験があり、内2名は卒業後に起業する。2つ目は、大学で、学習者は、授業やゼミ、アントレプレナーシッププログラム、ビジネスコンテスト、海外研修、起業部などの取り組みで、地域・海外貢献、起業、起業支援の価値創造やツールを学習する。そして、学習者は、学習者同士、卒業生を中心に人的ネットワークを構築する。3つ目は、学習者は、卒業後、起業・起業支援、公務員、進学、企業での勤務とキャリア選択は異なるが、各自の価値を見いだし、母校での起業支援や母校の学生をインターン生として受け入れるなどの行動することで社会貢献を行っている。

　これらの結果から、学習者は、プログラムの中で、課題に対する価値創造で社会に貢献するスキルを身につけ、人的ネットワークを構築する。学習者は、卒業後もそのネットワークを活用しながら、母校でのメンターやインターンシップの受け入れ先として大学に恩恵を還元する。日本の大学のネットワークはもとより、企業、団体、地域の取り組みや海外の大学とのネットワークが重要である。また、日本の大学では、アントレプレナーシップ教育の授業はあるが、海外での短期研修やインターンシップ、企業との連携、インキュベーション施設を含んだ実践が弱いため補強が必要である。

　IE Business School のプログラムのインタビューによる長期調査の結果を示す。この調査では、学習者の入学前、在学中、卒業後で起業思考の変化があることが明らかとなった。学習者は、自己の向上への探求のためにMBA に関心を持ち、IE Business School を選択した。そして、学習者は、国籍、業種、職種のバックグラウンドの異なるメンバーとの協働学習で知

識を構築、共に価値を創造し、Diversityの重要性を認識した。学習者は、世界を学習の場として、豊富な選択が可能な実践的なプログラムで経験を積み、キャリア形成が行われていた。学習者は、入学前は、卒業後のキャリアとして大企業を希望していたが、在学中にビジネスプランの作成、起業の体験を何度も行い、卒業後に起業を選択する考えの変化がみられた。また、学習者は、自己の成長、MBAの価値を認識し、プログラムの満足度は高いことが示された。

　これらの結果から、学習者が、入学前、在学中、卒業後の3回のインタビューを通じて、国籍、業種、職種などさまざまなバックグラウンドを持った学習者と授業や実践プログラムで試行錯誤、葛藤しながら、学習者自身は何が足りなくて、何を学習する必要があり、何を学習できたのか客観的に自己分析していることが明らかとなった。つまり、学習者の内省をサポートするシステムが必要である。そして、Kourilsky（1995）が提示する起業の推進と支援体制ピラミッドのように、社会で起業や起業思考の輪を広げるためには、アントレプレナーシップ教育におけるアントレプレナー、支援者、理解者の育成が必要である。また、Neck et al.（2017）が示したように、学習者は、個人的な社会ネットワークを構築し、意図的に協力し、情報交換や信頼関係を築いていた。学習者は、ロールモデルを通して学ぶことでアントレプレナーに対しての共感が向上するため、ロールモデルの提示は必要である。

　IE Business Schoolの場合、アントレプレナーシップ教育プログラム内で、企業と提携し実践的な授業を提供している。たとえば、海外の現地法人やNPO、交換留学、インターンシップの企業、インキュベーションセンターなどQAA（2018, p.22）の提唱するアントレプレナーシップ教育プログラム外の学びもプログラムの一環として提供している。よって、大学のプログラムの構築の際に、QAA（2018, p.22）のプログラム内外の両方とも考慮することが重要である。

　Cullen（2017）が指摘するように、プログラムにおけるフィールドワークの内容を提示し、その効果を検証した研究は少ない。さらに、日本の大学で留学生を対象とし、日本の企業・団体に関するフィールドワークの研究は非常に少ない。Rarick & Erfani（2002）は、フィールドワークは、

教室では体験できないビジネスの実践など豊かな経験をすることができると述べている。授業で議論した内容やテキストに書かれていた内容をより強化することができるからである。このように、フィールドワークは、経験学習として非常に重要である。

　IE Business Schoolの卒業生26名に対する、Lackéus（2015 p.6, 7）が提唱した起業に関する適性（知識・能力・態度）についての長期調査の結果は、アントレプレナーシップ教育のプログラムの前後で、能力、態度では有意な上昇結果みられたが、知識に関しては、上昇の効果がみられなかった。Nabi et al.（2017, p.280, 281, 283）のアントレプレナーシップ教育の知識・能力・態度の側面から測定した効果検証の66件の文献調査からは、80％以上が肯定的な結果であることが示された。本研究では、短期調査の起業に関する適性（知識・能力・態度）で向上する傾向がみられ、Nabi et al.（2017, p.280, 281, 283）を支持する結果となった。また、アントレプレナーシップ教育は、アントレプレナーを育成することに関して支持された。学習者はIE Business School入学前に起業経験がなく、アントレプレナーシップ教育に興味がなかったとしても、実際にアントレプレナーシップ教育を受講し、起業しているケースもある。

　第4章の調査結果からいえることは、協働学習の重要性である。欧米の大学では、協働学習に注力している。日本の大学は、日本人学習者が多く、留学生の比率が低い。Neck et al.（2017, p.405）は、Diversityは、多くの形態で成りたち、年齢、性別、人種、民族性だけでなく、個人のキャリア形成や目標、視点、教育のバックグラウンド、人生経験なども含むとしている。人種、民族、国籍が異なるグループによる活動は肯定的（Cox, Lobel, & McLeod 1991; Fiedler 1966; Ruhe & Eatman 1997; Watson, Kamalesh, & Larry 1993）、否定的（Fiedler, Meuwese, & Oonk 1961; Shaw 1983; Tsui, Egan, & O'Reilly 1992）な結果に至るとの研究がある。しかしながら、近年の研究であるHajro, Gibson, & Pudelko（2017）によると11の企業における48のグループを調査した結果、組織内のエンゲージメントに強化したグループは仕事に良い影響を与え、文化的な違いによる多様な知識、見解、洞察が向上したことが明らかとなっている。

　また、Allport（1954）の接触仮説では、共通目標の追求を伴う接触機会

が設けられて、初めて偏見や敵意が低下し、集団を超えた友人関係が促されると主張する。Wood et al. (1976, p.90) が提唱した足場づくり (Scaffolding) を用いて、教育者は、学習者を手助けすることにより、学習者が1人ではできなかった課題や目標に対して、1人で課題を解決し、目標の達成ができるようになる。グローバル社会ではさまざまな文化的背景を持ち合わせた顧客のニーズを満たすために、Diversity マネジメントが必要とされる (Leask & Bridge 2013; Killick 2006)。教育においても国際化、多様性が重要視され (Teichler 2004)、高等教育の分野においても学習者の多様性は拡大する (Banks 2007)。大学におけるアントレプレナーシップ教育や多様な学習者へのニーズは向上しており (Deuchar 2004; Keogh & Galloway 2004; Tan & Ng 2006; Vos et al. 2016)、多様性のある環境で文化的な関心を高めることは学習者にとって重要である (Avramenko 2012; Fournier & Ineson 2014; Nga & Mun 2013)。

注

1 事例研究は質的研究を中心に展開されているが、必ずしも質的研究のみではなく、量的研究を含む (Bryman 2016; Bryman & Bell 2007, 2015; De Vaus 2001; Gerring 2017; Hakim 1992; Yin 1994, 2009; 須田 2019; 野村 2017)。
2 質問紙調査 (t 検定と効果量) とインタビュー調査 (M-GTA) の分析方法に関しては、著者が代表研究者である独立行政法人日本学術振興会による科学研究費助成事業の若手研究「グローバルキャリア人材教育──日本人学習者とカナダ人学習者の協働学習」(20K13919) で用いているものである。
3 多重国籍の場合、滞在期間が長いほうに所属している。
4 独立行政法人国際協力機構 (JICA) (2018)「アフリカの若者のための産業人材育成イニシアティブ ABE イニシアティブ」。https://www.jica.go.jp/africahiroba/business/detail/business03.html (最終閲覧日:2018 年 4 月 21 日)。
5 IE Business School (2016). An MBA out of the ordinary international MBA.
6 IE Business School (2017). *The programs*. https://www.ie.edu/business-school/programs/mba/international-mba/the-program/#program-menu (最終閲覧日:2017 年 11 月 1 日)。
7 IE Business School の長期調査には、質問紙調査とインタビュー調査が含まれる。
8 World Bank (2024). *Gross domestic product 2023*. https://datacatalogfiles.worldbank.org/ddh-published/0038130/DR0046441/GDP.pdf?versionId=2024-07-01T12:42:23.8710032Z (最終閲覧日:2024 年 12 月 5 日)。

第5章 アントレプレナーシップ教育における起業エコシステムの形成

企業・団体・地域との持続的な協働と教職員の育成

　本章では、アントレプレナーシップ教育における起業エコシステムには誰が関わり、どのように形成されるのかについて示す。また、そのエコシステムを形成する一機関である高等教育において、アントレプレナーシップ教育の教職員の育成の内容やプロセスをBabson大学やStanford大学の取り組みを用いて紹介する。そして、持続的なアントレプレナーシップ教育のエコシステム形成に欠かせない企業・団体などの支援者が、大学に支援を提供する理由を示す。

第1節　起業エコシステムの形成

　Hägg & Kurczewska（2022）は、1990年代に大学、産業、政府からなる起業エコシステムが出現したと述べている。起業エコシステムは、大学、企業、地方自治体などの利害関係者間の連携により、知識移転と事業を促進するために非常に複雑である（Wright, Andy, Bart, & Binks 2006）。O'Brien, Cooney, & Blenker（2019）は、エコシステムに重要な要素として、アントレプレナーシップ教育、大学と地域のエンゲージメント、地域の包括的な取り組みという3つの研究分野を取り上げている。起業エコシステムには、6つの概念がある。それらは、教育と学習、学際的なアプローチ、文化、資源、利害関係者、インフラストラクチャーである。結果として、個人の成長、経済発展、社会的包摂が含まれる。大学はアントレプレナーシップ教育におけるエコシステムで重要な役割の1つである。Rideout

& Gray（2013）は、大学ベースの起業エコシステムの主要な構成要素として、アントレプレナーシップ教育、卒業生のアントレプレナーとのエンゲージメント、インキュベーター、シード資金、学術研究、その他の支援サービスをあげている。Brush（2014）は、起業エコシステムにおけるアントレプレナーシップ教育という概念が、起業エコシステムの中心的な構成要素であると提唱する。アントレプレナーシップ教育を支えるダイナミックなネットワークとアクターの相互作用を概説している。他の研究では、学習者の起業意図や起業行動の発達や起業エコシステムと肯定的に結びつけているが、起業エコシステム内の要素を学習者の学習ニーズに合わせて調整するよう助言している（Morris, Shirokova, & Tsukanova 2017; Ferrandiz, Fidel, & Conchado 2018）。Quillinan, McEvoy, MacPhai, & Dempsey（2018）は、大学と地域住民の交流は、社会に価値を生み出すため、大学とコミュニティの共創の重要性を提唱している。

　Moore（1993）は、企業がビジネス・パートナー、サプライヤー、金融業者、顧客と協力的なネットワークを構築するようなビジネス・エコシステムの存在に言及している。企業は競争市場で、ビジネスパートナーと協力しながら製品を生み出し、顧客を満足させることが重要であると示している。Isenberg（2010）は、エコシステムの6つの構成要素（金融、文化、政策、人的資本、支援、市場）を強調している。人的資本には、労働力と教育機関が含まれる。Mason & Ross（2014, p.5）は、起業エコシステムを「相互に結びついた潜在的もしくは既存のアントレプレナーである当事者、起業組織（企業、ベンチャーキャピタル、ビジネスエンジェル、銀行など）、専門機関（大学、公的機関、金融機関）、起業プロセス（例．起業の誕生率、成長数、画期的な起業レベル、シリアルアントレプレナーの数、企業内のやり抜く力、アントレプレナーとしての野心のレベル）であり、これらは公式にも非公式にも合体して、地域の起業環境のパフォーマンスを結合、媒介、実行していること」と述べている。Spigel & Stam（2017）は、アントレプレナーシップのエコシステムを特定の領域内で生産的な起業を可能にするには、相互依存的な当事者と要素を組み合わせたものとしている。Stam（2015）と Spigel（2017）は、起業エコシステムの要素には、社会的、文化的、物質的な属性が含まれ、相互作用や制度的環境とともに、

第5章　アントレプレナーシップ教育における起業エコシステムの形成

起業活動をもたらし、価値を創造することを示している（図表72）。

起業エコシステムには、スタートアップのコミュニティの複数のステークホルダーが含まれる（Mason & Ross 2013）。起業エコシステムは、競争と協力により、地域の起業活動（Levie & Autio 2008）やベンチャー創造にプラスの影響を与える（Romeo-Martinez & Montoro-Sanchez 2008）。Belitski & Heron（2017）は、アントレプレナーシップ教育のエコシステムは、ビジネスコミュニティと関わり、大学、企業、政策立案者の間で知識を伝達し、社会に価値を創造するうえで効率が良いことを示唆する。価値の創造は、ステークホルダーが協力して戦略的に共創された価値を通じて相互に有益な多面的目標を達成する組織間の協力によって高められる（Gummesson & Mele 2010; Nenonen & Storbacka 2010; Gide & Shams 2011; Grönroos 2012; Aarikka-Stenroos & Jaakkola 2012; Jaakkola & Hakanen 2013; Hsiao, Lee, & Chen 2015; Iyanna, Winklhofer, & Devlin 2015; Shams 2015, 2016）。

共創は、「対話的、創造的、社会的なプロセス」と定義することができる。それらのプロセスにおいて、共創の活動は「協働イノベーションの一

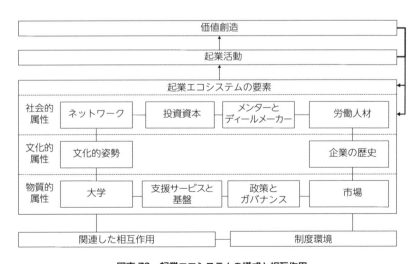

図表72　起業エコシステムの構成と相互作用

出所）Stam (2015) & Spigel (2017) Composition and interactions of entrepreneurial ecosystem を著者訳出

265

形態であり、社会的な相互作用を促進する」（Roser, Defilippi, & Samson 2013, p.23）。Nielsen & Stovang（2015）は、発散プロセス、変換プロセス、共創プロセスにおいて、学習者がそれぞれ創造性、分析能力、相乗効果を発揮することを示唆している。共創プロセスを通じて、学習者は発散的な創造力、分析力、収束力を身につけ、発散的思考と収束的思考を組み合わせ、さらに両方の相乗効果も発揮する。Gabora（2010, p.2, 4）は、発散的思考は洞察や不確かなつながりを特定するための連想的思考であると示している。収束的思考は創造的プロセスにおける原因と結果の関係を考える分析的思考であると示している。アントレプレナーが生き残り、繁栄するためには、ネットワークにおけるステークホルダーとの関係や相互作用、そのステークホルダー・ネットワークからの機会が重要になる（Shams & Kaufmann 2016）。Cohen（2006）は、フォーマルとインフォーマルなネットワークを構築し、アントレプレナーシップのエコシステムの成功には物理的なインフラストラクチャーと文化が重要であることを強調している。

　O'Brien et al.（2019）は、起業エコシステムのステークホルダーが起業活動に意欲的であることを示している。アントレプレナーの存在は、アントレプレナーシップのエコシステムにおいてとても重要である（Astebro & Bazzazian 2011; Roberts & Eesley 2011）。Hechavarria, Ingram, & Heacock（2016）は、起業エコシステムの持続的な発展には人的資本が不可欠であると主張している。よって、大学は、起業エコシステムにおいて重要な役割を果たす（Van de Ven 1993; Hsu, Edward, & Eesley 2007; Feld 2012; McKeon 2013; Siegel 2013; Hechavarria et al. 2016; O'Brien et al. 2019）。大学は、創造的な個人とネットワークを構築し、起業への共感を生み出し、起業の知識を提供することができる（Feld 2012; Siegel 2013）また、大学は、社会への価値を創造し（Honig 2004; Peterman & Kennedy 2003; Linán, Rodriguez-Cohard, & Rueda-Cantuche 2011）、起業エコシステムの循環（Isenberg 2013）を向上させることができる。

　アントレプレナーシップ教育のエコシステムの中心にあるアントレプレナーシップ教育は、教育、コーチング、コンサルティング、研究の融合であり、自治体、既存もしくは潜在的なアントレプレナー、学習者、研究者、企業の案内役でもある。アントレプレナーにとって、ネットワークはアイ

デア、知識、資金を獲得するために不可欠である。しかしながら、ほとんどの大学には同窓会クラブやネットワークがあるが、新製品やサービスの検証、資金調達、知識の伝達、就職の促進などに、こうした人的資源を効率的に活用ができていない大学が多い。

Jones et al.（2017）は、アントレプレナーシップ教育によって学習者が専門的な起業の知識を習得することは、キャリア形成に役立つと示している。教育における起業のエコシステムの重要性にもかかわらず、その役割、大学・産業・政府間のパートナーシップ（Clarysse & Moray 2004; Azagra-Caro, Archontakis, Gutierrez-Gracia, & Fernandez-de-Lucio 2006; Caiazza, Aileen, & Audretsch 2015）、大学がアントレプレナーシップ教育において起業活動を支援する方法（Pirnay, Surlemont, & Nlemvo 2003; Algieri, Aquino, & Succurro 2013; O'Brien et al. 2019）、価値共創（Madichie & Gbadamosi 2017）に関する研究は発展途上である。高等教育機関におけるアントレプレナーシップと共創の関係は明確になっていない（Madichie & Gbadamosi 2017）。Sheriff & Muffatto（2015）は、起業のエコシステムに関する国別の実証的な研究の重要性を強調している。

第1項　PBL

日本政府（2016, p.11）は、「第5期科学技術基本計画」[1]において、人類がこれまで経験してきた社会を、狩猟社会（Society 1.0）、農耕社会（Society 2.0）、工業社会（Society 3.0）、情報社会（Society 4.0）と呼んだ。それらの社会に続くような「新たな社会を生み出す変革を科学技術のイノベーションが先導していく」社会として、ICTを活用し、サイバー空間とフィジカル（現実世界）の融合により生活が豊かになることを目的に創造社会（Society 5.0）を定義した。創造社会は、「デジタル革新と多様な人々の想像・創造力の融合によって、社会の課題を解決し、価値を創造する社会」である（日本経済団体連合 2018, p.10）。Society 5.0は人間だけでなく、自然や技術を活用し、共生しながら持続可能な発展を遂げていくことが必要であることが提唱されている（日本経済団体連合 2018）。

Society5.0に求められる人材の資質・能力と求められる教育（図表73）

図表 73　Society 5.0 で求められる人材の資質・能力と求められる教育

出所）採用と大学教育の未来に関する産学協議会（2022, p.3）「産学協働による自律的なキャリア形成の推進」https://www.keidanren.or.jp/policy/2022/039_honbun.pdf（最終閲覧日：2022 年 8 月 3 日）。

には、「リテラシー（数理的推論・データ分析力、論理的文章表現力、外国語コミュニケーション力、IT スキル、プログラミング的思考、情報選択力・情報リテラシー、技術活用に関する倫理観など）、論理的思考力と規範的判断力、課題発見・解決力、未来社会の構想・設計力」などが求められる。これらの能力の習得には、基礎学力や資質が必要である。基礎学力には、「読解力を含めた読み書き能力、計算・計数能力、基礎的な英語力」などが含まれる。資質には、「リーダーシップ、失敗を恐れずに果敢に挑戦する姿勢、自己肯定感、忍耐力、他者と協働する力、新しいことを学び続ける力、変化を楽しむ力」などが含まれる。Society5.0 に求められる能力を育成するには、「大学において少人数、双方型のゼミや実験、PBL 型教育、海外留学体験などを拡充することが有効」であると提唱されている（採用と大学教育の未来に関する産学協議会 2022, p.3）。

　起業エコシステムのステークホルダーが起業活動に意欲的であることを示している。飯塚（2018）は、大学は「研究（知の蓄積）」や「教育（知の継承）」だけでなく、「地域貢献（知の還元）」が、社会的な役割として求められていることを指摘する。世界中でアントレプレナーシップ教育に

おけるPBL科目の学習が急速に拡大している（Mohamadi 2018; Ngereja, Hussein, & Andersen 2020; 松永・芹澤・渡邉2020）。文部科学省（2020）は、Society 5.0の時代に求められる人材と大学教育に関して、実践的な課題を解決する産学官連携型のPBL科目が必要であると示している。PBLでは学習者が主体となって他者と課題解決をする（Brassler & Dettmers 2017）。文部科学省は、高等教育機関で幅の広い視野や専門性、課題発見や課題解決の能力、事業創造に挑戦する人材育成を積極的に推進し、起業活動の向上を目指している（横井 2017）。その教育方法として、高等教育機関と企業・団体が連携し、学習者が企業・団体の課題に対する解決策を模索するPBL教育に注目している（横井 2017）。

　日本経済団体連合会（2015）は、産業界が卒業時に大学生に期待する素質、能力、知識として、「主体性」「コミュニケーション能力」「実行力」「チームワーク力・協調性」「課題発見・解決能力」を示す。社会人基礎力に関する研究会（2006, p.3）は、職場や地域社会で活躍するうえで必要となる能力について、「人」「課題」「自分」の3つの分野が必要であると考える。「人との関係を作る能力」にはコミュニケーション能力、協調性、働きかけ力などが含まれる。「課題を見つけ、取り組む能力」には、課題発見力、実行力、想像力、チャレンジ精神が含まれる。「自分をコントロールする能力」には、「責任感」「積極性」「柔軟性」が含まれる。職場等で活躍していくうえで、読み書き、算数、基礎ITスキル等の「基礎学力」や仕事に必要な知識や資格等の「専門知識」や思いやり、公共心、生活習慣、倫理観、基本的なマナー、身の回り等の「人間性、基本的な生活習慣」が含まれる（図表74）。社会人基礎能力は、このような能力と重複するものがあり、相互作用しながら、さまざまな体験を通して成長していく（社会人基礎力に関する研究会 2006, p.4）

　社会人基礎力に関する研究会（2006, p.14）は、「社会人基礎力」は、3つの能力と12の能力要素で構成されている。3つの能力とは、「前に踏み出す力（アクション）、考え抜く力（シンキング）、チームで働く力（チームワーク）」である。前に踏み出す力は、「一歩前に踏み出し、失敗しても粘り強く取り組む力」である。「物事に進んで取り組む主体性、他者への働きかけ巻き込む力、目的を設定し確実に行動する実行力」の3つが含ま

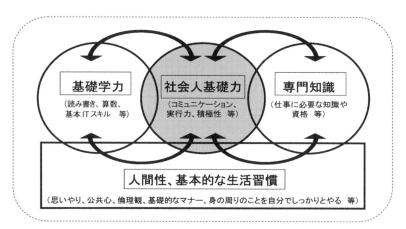

図表 74　職場や地域社会で活躍するうえで必要となる能力について
出所）社会人基礎力に関する研究会（2006, p.5）

れる。考え抜く力は、疑問を持ち、考え抜くことが求められる。考え抜く力には、「現状を分析し目的や課題を明らかにする課題発見力、課題の解決に向けたプロセスを明らかにし準備する計画力、新しい価値を生み出す創造力」の3つが含まれる。多様な人々とともに、目標に向けて協力する力は6つの項目が含まれる。その項目は、「自分の意見をわかりやすく伝える発信力、相手の意見を丁寧に聴く傾聴力、意見の違いや立場の違いを理解する柔軟性、自分と周囲の人々や物事との関係性を理解する情況把握力、社会のルールや人との約束を守る規律性、ストレスの発生源に対応するストレスコントロール力」である（図表75）。

　グローバル社会で活躍する人材には、主体性と他者と協働する力が重視されている。スーパーグローバル大学創設支援事業など留学やインターンシップ支援の需要は年々拡大する。グローバル人材育成推進会議（2011）は、グローバル化が加速する中、温暖化、医療、教育、戦争、難民、テクノロジーなど国際問題に対して、幅広い教養と深い専門性、課題発見・解決能力、チームワーク、リーダーシップ、公共性、倫理観、コミュニケーション能力（特に英語）、メディア・リテラシーを兼ね備え、積極的に事業創造にチャレンジする人材育成が不可欠であると提唱する。近年の高等学校でのPBL科目の学習は、高大連携やキャリア教育を踏まえ、積極的

図表75　社会人基礎力の能力要素

分類	能力要素	内容
前に踏み出す力 （アクション）	主体性	物事に進んで取り組む力 例）指示を待つのではなく、自らやるべきことを見つけて積極的に取り組む。
	働きかけ力	他人に働きかけ巻き込む力 例）「やろうじゃないか」と呼びかけ、目的に向かって周囲の人々を動かしていく。
	実行力	目的を設定し確実に行動する力 例）言われたことをやるだけでなく自ら目標を設定し、失敗を恐れず行動に移し、粘り強く取り組む。
考え抜く力 （シンキング）	課題発見力	現状を分析し目的や課題を明らかにする力 例）目標に向かって、自ら「ここに問題があり、解決が必要だ」と提案する。
	計画力	課題の解決に向けたプロセスを明らかにし準備する力 例）課題の解決に向けた複数のプロセスを明確にし、「その中で最善のものは何か」を検討し、それに向けた準備をする。
	創造力	新しい価値を生み出す力 例）既存の発想にとらわれず、課題に対して新しい解決方法を考える。
チームで働く力 （チームワーク）	発信力	自分の意見をわかりやすく伝える力 例）自分の意見をわかりやすく整理した上で、相手に理解してもらうように的確に伝える。
	傾聴力	相手の意見を丁寧に聴く力 例）相手の話しやすい環境をつくり、適切なタイミングで質問するなど相手の意見を引き出す。
	柔軟性	意見の違いや立場の違いを理解する力 例）自分のルールややり方に固執するのではなく、相手の意見や立場を尊重し理解する。
	情況把握力	自分と周囲の人々や物事との関係性を理解する力 例）チームで仕事をするとき、自分がどのような役割を果たすべきかを理解する。
	規律性	社会のルールや人との約束を守る力 例）状況に応じて、社会のルールに則って自らの発言や行動を適切に律する。
	ストレスコントロール力	ストレスの発生源に対応する力 例）ストレスを感じることがあっても、成長の機会だとポジティブに捉えて肩の力を抜いて対応する。

出所）社会人基礎力に関する研究会（2006, p.11）

に導入されており、より充実したPBLプログラムの開発が期待されている（産学協議会 2019）。

　積極的にアントレプレナーシップ、PBLを実施している大学がある。2013年に昭和女子大学グローバルビジネス学部ビジネスデザイン学科[2]、2019年に専修大学経営学部ビジネスデザイン学科[3]、2021年に桃山学院大学ビジネスデザイン学部[4]、2021年に武蔵野大学アントレプレナーシップ学部[5]が誕生している。これらの大学は、学習者が、世界や地域のさまざまなニーズを理解し、新規ビジネスを創造できる人材育成を目指している。

その1校の桃山学院大学ビジネスデザイン学部は、学習者がクリエイティブ力、他者との協働学習における高度なコミュニケーション能力、強い意志と責任感を持って実行するやり抜く力を身につけ、率先して事業創造に挑戦する人材育成を実施している。全体のカリキュラムの中心は、PBL科目であり、重要な位置づけとしている。アパレル・住居、IT、農業、飲食、まちづくり・観光、福祉・医療・教育、健康・スポーツ等の70社以上の企業や団体と連携し、PBL教育を実施している。産学連携プログラムのPBL入門・応用の2科目、ドメインは8科目あり、その科目に約200名の学生が参加する。2020年春PBL応用Iの審査基準として、革新性とクリエイティビティ、実現可能性、社会や経済インパクト、プレゼンテーションの伝え方とチームワークを掲げ、学習者の提案内容が審査された（日向野 2022）。

　持続的な起業活動の向上には、人材育成、産学連携の観点から高等教育機関の役割が非常に重要である（Van de Ven 1993; Hsu et al. 2007; McKeon 2013, O'Brien et al. 2019）。アントレプレナーシップ教育において学習者と教育者のカリスマ性や権限によらないリーダーシップ（日向野・松岡 2017, p.35）が重要である。日向野（2018）によると、リーダーシップは権限を持たなくても発揮できる。リーダーシップには、明確な成果目標を設定し共有する「目標共有」、その成果目標のために自ら行動する「率先垂範」、その成果目標を共有し、自分だけでなく他人にも動いてもらえるようにするための「相互支援」の3要素が必要である。Kouzes & Posner（1998）が提唱したリーダーシップ・チャレンジの5要素は、「模範となる」「共通のビジョンを呼び起こす」「プロセスに挑戦する」「人々を活動できるようにする」「心を励ます」である。基本的には、「リーダーシップとは誰にでも発揮できるもの」であり、「リードしたいと願うこと、リードできると信じること」から始まる。そして、継続や実践からリーダーシップを学習することが必要であると示されている。野田・金井（2007）はリーダーシップは各自が自分の生き方の中で発見するものであると示している。リーダーシップの旅で構成力、実現力、意志力、基軸力が身につくとしている。

　産学連携によるPBLにおいては、学内外の調整や準備時間を要する。

第 5 章　アントレプレナーシップ教育における起業エコシステムの形成

教職員が大学側の意図に適合する企業探しに時間と費用がかかる場合が多い。また、企業が決定した後も企業と学習者に提示する課題の打ち合わせや質疑応答、審査基準を決定する必要がある。一方で、産学連携によるPBL は、企業において自社の取り組みの紹介ができる機会、新規採用のプロモーション、社員研修の一環となり双方に有益となることが多い（日向野・松岡 2017, p.59, 60）。

　安岡ら（2018）は、産学連携・協働の視点において、実習、インターンシップなどの実践の場、カリキュラム編成・開発、教職員・社員研修、就職・採用、学校運営・教育評価・講師派遣において、教育機関と企業の連携は重要であることを示した。産学官連携型 PBL 科目の事例研究に関しては、たとえば、亀田・中村・駒谷・神沼・黒田（2007）の東京工科大学とNTT ソフトウェア株式会社、鞆（2018）の近畿大学と関西紙工株式会社や株式会社レオパレス21、木村・松尾・橋爪・中陳・張（2019）の湘南工科大学と東信電気株式会社、郭・杉本・森下・金塚（2021）の東京未来大学と足立区菓子業界団体、藤本（2021）の崇城大学と理科学系企業や食品、不動産等がある。日本における産学官連携PBL 科目の事例が少ないことは明らかである（亀田ら 2007; 木村ら 2019; 鞆 2018）。産学官連携型 PBL 科目の課題に関しては、授業内容や教授法（飯塚 2018）、成果物の制度や評価基準（鞆 2018）、企業と大学の連携ができる人材の育成（文部科学省 2021a, b）があげられる。

　PBL 科目の効果に関しては、アントレプレナーシップ教育において効果的な教育方法であると報告されている（Colin 2004; Okudan & Rzasa 2006; 松永ら 2020）。学習者の創造性、リーダーシップ、コミュニケーション、柔軟性、主体性、社会性、生産性、論理力等（Mohamadi 2018）、企業経営に関する関心やキャリア意識（森下 2019）、学習態度、高度な思考力・課題解決能力、学習者同士の共同作業・コミュニケーション、自立心（宮脇・小森・前田 2015）、技術商品化のスキル、市場や顧客理解、コミュニケーション能力（高田・松橋・中川・加藤・松行 2018）の向上が報告されている。海外の大学や企業と連携する国際産学官連携型の PBL 科目に関しては、藤掛（2022）と Inada（2022 a,b, 2023）の研究がある。藤掛（2022）の研究では、学習者は、授業の活動で他者とのコミュニケーションや自己

表現の機会で肯定的な感情になることができたため、授業に満足していたことが明らかとなった。

第2項　COIL

　Inada（2022 a,b, 2023）の研究には、2019年からのコロナ禍が大きく影響している。教員と学習者は、オンライン教育に適応するという課題に直面した。また、教員は、学習者と有意義な関わり合いや学習者同士の活動など、教育の質を確保することが求められた（Misha et al. 2020; Neuwirth et al. 2020）。コロナ禍以前は、大学間の協定に基づいた日本人の留学者数は、2010年に28,804名であり、2019年に66,450名と2.3倍の伸びを示している（日本学生支援機構 2022）。世界中で高等教育におけるEMIである英語による科目学習が急速に拡大しており（Coleman 2006; Macaro, Curle, Pun, An, & Dearden 2018）、日本も例外でない。Macaro et al.（2018, p.37）は、EMIを「国民の大多数が英語を母国語としない国や地域で英語以外の学問を教えるために英語を使用すること」と定義している。EMIを実施する高等教育機関は、2000年以降に顕著に増加した。留学生の増加やグローバル人材育成のために積極的に導入する高等教育機関が増加したためである（嶋内 2016）。EMIに関する研究で、学習者は英語による科目の授業が理解できていないことも報告されており（Hino 2017; Shimauchi 2018; Tsuneyoshi 2005）、教育効果を明らかにする必要がある（Macaro et al. 2018）。

　留学に関して、岩城（2014）、Hennings & Tanabe（2018）、水戸・森本・Hennings・田邉（2019）の研究がある。Hennings & Tanabe（2018）は日本の大学に在籍する留学生は、日本語やコミュニケーション能力の向上、自己成長を認識し、約90％が留学生活に満足していることを明らかにした。一方、留学を経験した日本人学習者は、授業の内容や課題の理解、ルームメイトや現地の方とのコミュニケーションに困難を感じ（岩城 2014; 水戸ら 2019）、北米への留学生は日本での授業のやり方や内容などについての改善要望がある（Tanabe & Hennings 2017）。このような状況であったが、新型コロナウイルス感染症（COVID-19）の影響で、2020年に日本人

第5章　アントレプレナーシップ教育における起業エコシステムの形成

の留学者数は532人と激減した（日本学生支援機構 2022）。一方で、オンライン教育やCOIL[6]の越境した遠隔学習を世界的に加速させた。COILは、「地理的に離れた場所にいる教員と異なる言語的背景を持つ学習者が、オンライン・コミュニケーション・ツールを使ってコミュニケーションをとり、協働学習を行う新しい教育であり学習方法」である（Guth 2013, p.2）。

　COILが誕生した背景には、米国のニューヨーク州立大学（SUNY）が大きく関連している。2006年にニューヨーク州立大学でCOILを推進していくためにSUNY COILセンター[7]が開設された。COILのミッションは、学習者が自己理解や自己の文化の認識を向上し、「他者」からどのように認識されているか、「他者」をどう認識しているのかについて理解を深めることである。そして、学習者が、異文化の視点を取り入れたより広い世界に感化されることや学術的な学習を強化することである。COILは、テクノロジーを活用し、留学、教育デザイン、チームティーチングを通じて教員の架け橋となり、カリキュラムの枠を超えて国際教育の経験を促進、統合、向上させることを目指している。

　SUNY COILセンターは、COILの授業を開始するにあたり、所属する大学の構成や人的資源を整理し、提携大学を選定し、協定を結ぶ必要があると示す。大学の構成や人的資源の情報に関しては、組織の教職員の情報リスト、学事暦、時差、使用言語、授業内容、評価、プラットフォーム等のテクノロジー、教育機関の文化や期待事項、運用管理や国際プログラム支援体制が含まれる。また、SUNY COILセンターでは、COILの授業設計に関して10項目（図表76）を推奨している。その内容には、双方の大学や教員間で授業設計をするにあたり、信頼関係を築くコミュニケーションのとり方や授業の内容に異文化間教育やアイスブレイクの活動と協働学習における課題の設定やリフレクション等を含有する。このように、COILでは、大学間で教育方針、コースデザイン、教育スタイル、評価、学事暦、タイムゾーンなどが異なるケースが多々あり、時間をかけて大学間の協力が必要である。COILのメリットとしては学習者や教職員が、経済的コストや移動時間をかけずに国際交流ができることである（Rubin 2017）。

　オンライン教育には、非同期型と同期型の2種類の技術がある（Bradshaw

図表 76　COIL 授業設計のための教職員ガイド

1	可能であれば、パートナー教員と直接面談する。
2	誠実さとオープンなコミュニケーションを育む。
3	パートナー教員と大学から確約事項を書面で交わす。
4	異文化間能力の促進の場として授業を構想する。
5	実際の授業や授業計画を立てる。
6	テクノロジーを試行する。
7	アイスブレイクの活動で学習者同士が交流できるようにする。
8	国境を超えた協働学習の環境でできる課題を学習者に少なくとも1つ課す。
9	学習者に批評的なリフレクションの機会を提供する。
10	柔軟性を持たせて予期せぬ事態を想定する。

出所）SUNY COIL center "Faculty guide for collaborative online international learning course development" version 1.4. Issues of process: COIL center suggestions. http://www.ufic.ufl.edu/uap/forms/coil_guide.pdf（最終閲覧日：2022 年 11 月 10 日）をもとに作成

& Hinton 2004; Sher 2009）。Moore（2014）は、非同期型のオンライン学習環境では、学習者の自己の規律と仲間とのコミュニケーションのために仮想コミュニティが必要であることを示した。同期型は、学習者と教員が同時につながっているため、物理的に教室にいるのと似た感情を呼び起こすことができる。池田（2016）は、同期と非同期の COIL は両方ともコミュニケーションの向上がみられることを明らかにしている。Callahan et al.（2021）は、学習者のエンゲージメントを向上するため、もしくは、非同期型を補完するために同期型の授業を推奨している。

　COIL における学習成果に関しては、肯定的と否定的な研究結果がある。COIL と対面のアプローチの比較に関しては、COIL に参加した学習者が COIL に参加しなかった学習者よりも肯定的な学習の成果（Appiah-Kubi & Annan 2020）や COIL が対面と同様の学習成果があった研究（Inada 2022b）がある。COIL において、学習者同士の協働学習を可能にし（McInnerney & Roberts 2009）、学習者の課題に対する興味関心をひき、学習者の知識の習得や異文化間能力が向上していた（Kayumova & Sadykova 2016）。また、協働学習は、文化や言語の壁、時差にもかかわらず、異なる視点から

多様なアイデアを得て（Appiah-Kubi & Annan 2020）、学習者が自律性を高めていた（Fisher & Coleman 2001）。

　日本と海外の大学で提携しているCOILの成果に関しては近年、研究結果が報告されつつある。小玉（2018）の米国のカリフォルニア州立大学サンノゼ校と鹿児島大学の日本文化の授業では、学習者の異文化間の理解や世界観の変化がみられた。永田（2019）の伯（ブラジル）と関西大学の授業において、学習者は、多角的な視点から、課題解決能力、コミュニケーション力、ディスカッション力、プレゼンテーション力の向上に気がついた。学習者はCOILでコミュニケーションをとることや英語での会話が困難であったことが報告された。一方で、学習者は、自ら発言することや共有することの大切さや英語を練習すれば英語で伝えることが向上することを認識していた。高山・サリッチ・服部（2022）の土（トルコ）、波（ポーランド）、日本の3大学間によるデザインワークショップに関しては、学習者の授業に対する満足度が高かった。齊藤・マーケン（2022）の米国のオールド・ドミニオン大学と北九州市立大学の日本語のクラスにおいても双方の学習者にとって語学の観点から刺激が多く、メディアリテラシーを促進するうえでも良い機会になった。畝田谷（2022）は、泰（タイ）と鹿児島大学の日本の文化を含む異文化理解の授業において、個人の認識、相互理解やコミュニケーションの積極性の向上、留学に関しての意識について肯定的な結果が報告されている。

　一方で、COILに否定的な結果があったことも報告されている。Ramírez（2020）の米国と墨国の学習者を対象とした授業がその例である。米国在住の学習者の半数が授業は肯定的な影響を与えたと述べたのに対し、墨国在住の学習者はスケジュールの衝突、馴染みのない議題、教員がファシリテーターとしてではなく、従来の教員主導の授業に対する期待から、否定的な経験であったと示している。同様に、Zhou et al.（2008）は、米国の学習者は、教員がファシリテーターとして活動し、学習者の自主性を尊重しているのに対し、中国の学習者は教員を教室の権威者としての振る舞いを期待していることを明らかにした。Gray et al.（2021）は、COILにおける教育、技術、異文化トレーニングの重要性を強調している。同様に、SUNY COILセンターの示唆にもあるようにCOILは慎重に計画され

た授業計画、課題の設定、活動、教授法、リフレクション、コミュニケーションツール、評価をする必要がある。このような国際産学官連携型 PBL 科目の授業内容や教育の効果を検証している研究は少ない。グローバルキャリア人材教育の観点から、高等教育機関で英語による科目学習の実施が強化され、異文化間教育の理解や国際ビジネスを学習する機会は増加傾向にあるが、課題も多い。COIL における学習成果に関する実証データは発展途上である（McInnerney & Roberts 2009; Villar-Onrubia & Rajpal 2016; Ramírez 2020）。つまり、COIL を用いた国際産学官連携型 PBL 科目の教育内容や学習効果の研究は近年開始され、その実態が明らかとなっていない（McInnerney & Roberts 2009）。

第 3 項　COIL における国際産学官連携型 PBL

2019 年の COVID-19 で、世界中で高等教育の教授法のパラダイムシフトが起こった。COIL は世界で拡大したが、そのオンライン教育の効果に関する評価は乏しい。Inada（2022 a,b）と稲田（2023）の国際産学官連携型 PBL 科目における COIL の効果検証の調査で、1) 対面と COIL の授業効果の比較、2) COIL の授業効果の比較、3) テキストマイニングを用いて学習者の学びを明らかにした。

関西学院大学は、2020 年に日加交流 110 周年、企業・団体の協力を得た日加学習者の協働学習グローバルキャリア人材育成プログラム Cross-Cultural College（CCC）プログラムは 10 周年を迎えた。関西学院大学は 2014 年にスーパーグローバル大学創設支援事業に採択され、世界トップレベルの大学と交流・提携を実現し、英語による科目学習の実施や留学・インターンシップ支援などグローバルキャリア人材育成を強化している。同プログラムのグローバルキャリアセミナーは、関西学院大学と加の大学（University of Toronto、Allison University、Queens University、King's University College at Western University Canada）、国際的なパートナー企業・団体が協働で実施する。この日加プログラムでは、日加学習者が、グローバル社会が直面している社会課題に対して文化的・社会的背景を含めて多角的な視点で把握し、多文化共生、異文化理解に関心を持ち、異な

る背景を持つ人々の価値観を理解、尊重しながら協働で解決策を提起することができるグローバル人材を育成している。そして、持続可能ができる社会に貢献できる世界市民、リーダーになることを目指している。

　日加で開催される4つの授業がある。グローバルキャリアの授業は、関西学院大学もしくは加の大学でトヨタ自動車株式会社、株式会社リコー、株式会社ファーストリテイリング、Ernst & Young（E&Y）などのグローバル企業や国際交流基金や在日カナダ大使館などの団体等から与えられた課題について日加学習者が、解決策を立案した。対面で実施の場合、学習者は、同じ宿舎に滞在し飲食を共にする。コロナ禍では、COILでグローバルキャリアの授業を実施した。

　2021年に開催されたCross-Cultural College（CCC）プログラムの1つであるオンラインのグローバルキャリアの授業には、マニュライフ生命保険株式会社、株式会社リコー、在日カナダ大使館にご協力いただいた。学習者は、この授業を受講するにあたり、願書と志望動機等のエッセイを提出した。日本の大学の学習者は、IELTSの5.5以上等の一定の英語力が必要であり、個人や集団のディスカッションの面接があった。したがって、その学習者は中級以上の英語力を有していたといえる。2021年の6月と11月の参加人数は、41名（加22名、日本19名）、45名（加22名、日本23名）である。6月は74％、11月は71％が女性であった。6月は約30％、11月は約27％がビジネス関連の学部（商学部、経済学部、経営学部）に所属していた。それ以外の学生は、法学部、政治学部、国際学部、人間福祉学部、総合政策学部などであった。

　授業の内容は、企業や組織が実際に直面している課題に対して、日加学習者が英語で議論し、その課題を解決するために新たな価値をビジネスプランとして提案することである。この授業で、学習者は、経営、マーケティング、ファイナンス、マネジメントなどのビジネスに関する知識やスキルが必要とされ、チームメンバーとの協働が必要となる。この授業を受講することで、学習者が異文化やグローバルビジネスを理解し、ビジネスの課題を分析し、国際的なチームビルディング力やオンラインコミュニケーション力を向上することを目的としている。

　遠隔ツールについては、Zoomを活用し、授業専用のHPで録画動画を

Vimeoで共有した。個人的なレポートの課題提出はGoogle Driveを使用した。協働学習のツールとしては、JamboardやCanvaを使用した。グループのチームのやり取りは、WhatsApp、Facebook、Line等の活用しやすいツールを選択して使用した。評価は、授業への参加や積極的な発言による貢献が10％、Inspiring Ideas、SWOT、ビジネスモデルキャンバス、ビジネスプランの個人の課題レポートが20％、個人のリフレクションレポートが10％、グループでのSWOT、ビジネスモデルキャンバスのプレゼンテーションが20％、企業や団体の課題解決策のビジネスプランの発表が40％である。個人の成果が40％、グループでの成果が60％を占める。

　授業は、2部制のCOILで実施された（図表77）。第1部は、2021年6月から7月にかけて非同期（オンデマンド）形式で講義を主とした個人学習である。授業は15回である。1回目は、授業の概要に関する説明や教員と学習者はお互いを知るために自己紹介をした。2回目は、企業や団体から産業や企業の内容の説明や課題の提示があった。課題に関しては、若者の留学促進、デジタルコミュニケーションを活用したブランド戦略や若い世代の働き方やコミュニケーションの活性化についてであった。3回目は、異文化交流やチームビルディング、チームでの意思決定を学ぶため「Inspiring Ideas」というワークショップを実施した。各自が最も感動した商品もしくはサービスを紹介し、チームで最も良い商品もしくはサービスを決定し、その後、クラス全員で1つに決定する活動が実施された。4回目で2回目の企業、団体からの課題の提示に対しての質問を学習者がチームで考え、5回目にその質問を学習者が、直接、企業や団体の担当者に聞いた。6回目から12回目は、学習者が個人でそれらを使用して実社会のビジネス課題を分析し、ビジネスをデザインして実践的な解決策を見いだし、個人課題を提出した。その後、13回目から15回目までは、学習者が、個人で作成したSWOT分析やビジネスモデルキャンバス、ビジネスプランをグループで共有し、チームとしてそれらをまとめた。1、3、5回目の授業は同期で実施し、それ以外は非同期で実施した。

　第2部は、2021年8月に同期形式での10日間の協働学習である。日加の14時間の時差で日本の大学の学習者は午前8時、加の学習者は午後7時から授業を開始し、90分もしくは120分の授業であった。学習者は、

第5章 アントレプレナーシップ教育における起業エコシステムの形成

図表 77 グローバルキャリアの授業のシラバス

Part1 個人学習シリーズ

授業	内容	形式
1	授業概要、自己紹介	同期
2	提携企業・団体の産業や企業説明と課題の提示	非同期
3	ワークショップ：異文化交流，チームビルディング	同期
4	グループワーク：提携企業・団体の課題に関する質問	非同期
5	提携企業・団体の課題に関する質疑応答	同期
6	ビジネスデザイン	非同期
7	価値提供	
8	ビジネスモデルキャンバス	
9	SWOT	
10	Web戦略	
11	ビジネスプラン1（コンセプト）	
12	ビジネスプラン2（プレゼンテーション）	
13	グループワーク：SWOT	非同期
14	グループワーク：ビジネスモデルキャンバス	
15	グループワーク：ビジネスプラン	

Part 2 協働学習シリーズ

授業	内容	形式
1	プレゼンテーション：SWOT	同期
2	プレゼンテーション：ビジネスモデルキャンバス	
3	プレゼンテーション：ビジネスプラン	
4	コーチング	
5	グループワーク：ビジネスプラン	
6	コーチング	
7	リハーサル	
8	グループワーク：ビジネスプラン	
9	ビジネスプランの発表	
10	総括、リフレクション	

出所）著者作成

第1部のグループで作成したSWOTやビジネスモデルキャンバス、ビジネスプランを1回目から3回目でクラス全体に発表し、教員やクラスメイトからフィードバックを受けた。4回目から6回目まで毎回、学習者は5、6名のグループで日加の食べ物やおすすめの訪問先、将来のキャリアなど

自由に題材を設定して話し合い、異文化交流をした。4回目から8回目で学習者は、教員のコーチングを受け、グループでビジネスプランをより良いものになるように試行錯誤を繰り返し、ビジネスプランの作成と発表の練習を実施した。9回目に学習者は、プロトタイプと共に企業・団体の代表者にビジネスプランを発表し、フィードバックを受けた。10回目で全体の総括をして、リフレクションを実施した。授業後に、学習者は、個人で3つの項目に関してリフレクションレポートを提出した。そのレポートの題目は、組織や業界、グループワークでの自分自身の認識や行動についての学習事項やキャリアについてである。

質問項目には、独立行政法人日本学生支援機構（JASSO: Japan Student Services Organization）が提供する5つの主要なカテゴリー（知識、課題解決能力、コミュニケーション能力、異文化理解・チームワーク能力、自信・意欲）に関連する28の項目（図表78）を用いた。質問紙調査の回答には、リッカート尺度の5件法を用いた。回答値は1（強く同意しない）から5（強く同意する）である。学習者は、授業の最初と授業の終了後に、質問紙調査に回答した。また、授業の終了後には、質問紙調査に含まれる5つのカテゴリーについてコメントした。著者は初回と最終回にアンケートの目的を説明し、参加は任意であること、個人情報は秘密であること、回答によって成績が左右されることはないことを伝えた。ヒックス・平賀（1998）の人間科学における研究倫理に基づき、学習者に調査の協力は任意であることを伝えた。また、著者は学習者に調査は教育や研究目的に使用することを説明し、同意を得ている。

1）対面とCOILの授業効果の比較

本研究の目的は、授業の前後における学習者の知識、能力、異文化理解、自信、意欲の変化、および物理的な教室とCOILアプローチの違いを明らかにすることである。Inada（2023）の国際産学官連携型PBL科目の授業において、2020年の対面と2021年のCOILを比較した。5項目（「知識」「課題解決能力」「コミュニケーション能力」「異文化理解・チームワーク能力」「自信・意欲」）において授業の効果測定を実施した。その結果、COILは、対面の授業で実施した飲食や居住を一緒にすることはできないが、その5

第5章 アントレプレナーシップ教育における起業エコシステムの形成

図表78 5つの主要なカテゴリーに関連する28の項目

項目		質問事項
知識	a	私は、日本文化や日本の社会習慣についての一般的な知識があります。
	b	私は、日本のビジネス文化についての一般的な知識があります。
	c	私は、加国の文化や社会習慣についての一般的な知識があります。
	d	私は、加国のビジネス文化について一般的な知識があります。
	e	私は、国際ビジネスに関する一般的な知識があります。
	f	私は、提携企業の知識があります。
	g	私は、提携企業に関連する業界・業種について知識があります。
	h	私は、提携企業から与えられた課題を理解しています。
課題解決能力	a	私は、課題を解決するために、いくつかのアイデア（方法論を含む）を考え、議論することができます。
	b	私は、自分のアイデア（方法論を含む）を批判的に分析し、改善することができます。
	c	私は、クラスメイト、企業、団体、教職員から提案された意見や手順を取り入れることができます。
	d	私は、想定外の問題に直面しても、適切な判断ができます。
コミュニケーション能力	a	私は、相手が自分の意見を言いやすいように、友好的な雰囲気を作り、積極的に相手の話を聞くようにしています。
	b	私は、相手の言いたいことを把握し、適切な質問や発言ができます。
	c	私は、相手の気持ちや言語能力を考慮し、適切な話し方（話すスピード、語彙、敬意を示すなど）を選択できます。
	d	私は、自分の意見を明確にし、相手に論理的に説明できます。
	e	私は、考え方の異なる相手に対して、積極的に自分の考えを述べることができます。
異文化理解・チームワーク能力	a	私は、異なる社会的背景を持つ人々の立場や役割を理解し、友好的な関係を築くことができます。
	b	私は、新しい文化に適応するためのストレスに対処できます。
	c	私は、異文化交流において適切な言葉遣い（アクセント、トーンなど）や非言語的な振る舞い（ジェスチャー）が必要な場合、それを用いることができます。
	d	私は、チームメンバーに新しいアイデアを提案し、与えられたプロジェクトに積極的に参加することができます。
	e	私は、チームメンバーを支援し、問題が発生した場合は共同で対処することができます。
	f	私は、社会的ルールやグループの決定を尊重することができます。
自信・意欲	a	私は、グローバルなプロジェクトでも十分な結果を出す自信があります。
	b	私は、まったく新しいプロジェクトであっても、十分な成果を出す自信があります。
	c	私は、具体的な目標を設定し、その達成に向けて努力することができます。
	d	私は、困難があっても着実に努力します。
	e	私は、困難な目標であればあるほど、達成したいという気持ちが強くなります。

出所）独立行政法人日本学生支援機構の5つの主要なカテゴリーをもとに著者作成

項目において対面と同様の学習効果があったことが明らかになった。

　2020年に学習者は、トロント大学で開催されたグローバルキャリアの授業に現地で参加した。2021年はCOILで開催した。2020年と2021年の両方の授業は、オンラインのオンデマンドと対面の協働学習の2部構成である。第1部では、学習者はオンライン講義を通じてビジネスのフレームワークに関する基礎知識を学んだ。この授業では、現代のビジネスフレームワークやトピックが紹介され、学習者は、具体的なビジネス課題を分析し、実践的な解決策を見いだす機会を提供された。この課題は、企業や団体の代表者が、実際の企業や団体内の課題を提示した。第2部では、学習者は1週間、仲間と一緒に過ごし、企業や団体の代表者に課題に対して質問し、チームのアイデアを考えた。最終プレゼンテーションでは、学習者は解決策を発表し、企業や団体の代表者からフィードバックを受けた。授業はすべて英語で行われた。

　2020年と2021年の授業の主な違いは、学習者の人数と内容だった。学習者は、2020年は5人から6人のグループ、2021年は7人から8人のグループである。2020年にオンデマンドの授業では、人的資源管理、ガバナンス、マーケティング、日加の文化やビジネス、アントレプレナーシップなどさまざまなトピックが取り上げられ、複数の教員が担当した。2021年の授業では、企業や団体が作成した課題に対してビジネスデザイン、アントレプレナーシップ、ビジネスプランの作成に焦点が当てられた。学習者が、企業や団体の分析、課題の把握、機会発見、課題解決のためのアイデア創出のためにSWOTやビジネスモデルキャンバス等のビジネスのフレームワークの基礎知識を学習した。授業は2020年に27回、2021年に24回行われ、11月から翌年の2月までである。2020年は、日加の3大学の学習者がトロント大学を訪問した。学習者は同世代の学習者と生活を共にし、パートナー企業や団体の代表者と一緒に課題に対する解決策を考えた。2021年は、学習者が同期および非同期の授業である。同期の授業では、Zoomを通じてグループワークを実施し、企業や団体の代表者に課題に対する解決策を発表した。関西学院大学の学習者と教職員は早朝に、加の学習者は夜間に授業を受講した。

　2020年は46名、2021年は45名の学習者が授業に参加した。教員は初

回と最終回にアンケートの目的を説明し、参加は任意であること、個人情報の秘密は守られること、参加者の回答が成績に影響することはないことを説明した。授業の開始前に学習者の全員から同意を得て、授業の開始前と終了後に学習者の全員がアンケートに回答した。2021年はアンケートで欠損値があったため、6名を除外した。調査参加者の総数は、2020年は、46名（加の大学から23名、関西学院大学から23名）、2021年は、39名（加の大学から18名、関西学院大学から21名）であった。女性参加者の割合は、2020年が70％、2021年が72％であった。また、全体の約35％、2021年では約20％の学習者がビジネス関連学科（商学、経済学、経営学）に所属していた。

　分析方法について示す。アントレプレナーシップ教育の効果を測定するために、Jack & Anderson（1998）は、授業前後の測定値の違いを比較することを提案した。本研究では、授業前後の測定として、調査票に対する学習者の回答を用いた。質問紙調査は、日本学生支援機構による5つの主要な知識（8項目）、課題解決能力（4項目）、コミュニケーション能力（5項目）、異文化理解・チームワーク能力（6項目）、自信・意欲（5項目）に関連する28の項目である。学習者は、1.（まったく同意しない）、2.（同意しない）、3.（どちらでもない）、4.（同意する）、5.（完全に同意する）の5段階のリッカート尺度を用いた。また、学習者は質問紙調査の5つの主要なカテゴリーについてコメントした。2020年と2021年ともに、それぞれ授業の前後に収集し、データ分析にはSPSS（バージョン27）を使用した。2020年、2021年のグローバルキャリアの授業前後におけるクロンバックαは0.7から1.0の範囲である。本研究は、許容範囲であった。村瀬ら（2007）は実用的な指標として0.8以上が望ましいとしているが、社会科学や個人調査データでは0.7以上で十分よいとしている。

　図表79に、知識、課題解決能力、コミュニケーション能力、異文化理解・チームワーク能力、自信・意欲の授業前後の変化を示している。学習者は、知識、課題解決能力、コミュニケーション能力、異文化理解・チームワーク能力、自信・意欲の5つのすべての項目で向上がみられた。

　2020年と2021年の統計結果を図表80に示す。2020年における授業前と授業後の結果の差は、知識（t(45)=-9.38, p<.01）、課題解決能力（t(45)

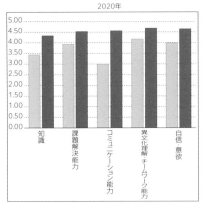
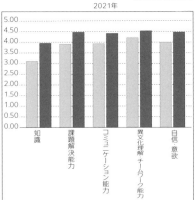

図表 79　知識、課題解決能力、コミュニケーション能力、異文化理解・チームワーク能力、自信・意欲の授業前後の変化

出所）著者作成

図表 80　2020 年と 2021 年の授業前後の平均値、標準偏差、効果量

($**p<.01$)

2020	授業前		授業後		事前－事後	効果量
	平均値	標準偏差	平均値	標準偏差	変化量	
知識	3.43	0.57	4.33	0.55	−0.90**	0.8
課題解決能力	3.92	0.61	4.52	0.55	−0.60**	0.7
コミュニケーション能力	2.99	0.70	4.56	0.56	−1.57**	0.7
異文化理解・チームワーク能力	4.16	0.71	4.68	0.39	−0.52**	0.6
自信・意欲	3.98	0.70	4.63	0.42	−0.65**	0.7

2021	授業前		授業後		事前－事後	効果量
	平均値	標準偏差	平均値	標準偏差	変化量	
知識	3.10	0.64	3.93	0.62	−0.83**	0.8
課題解決能力	3.89	0.68	4.44	0.58	−0.55**	0.6
コミュニケーション能力	3.91	0.65	4.39	0.69	−0.48**	0.6
異文化理解・チームワーク能力	4.19	0.64	4.51	0.66	−0.32**	0.5
自信・意欲	3.98	0.76	4.44	0.78	−0.46**	0.6

出所）著者作成

＝-6.63, p<.01）、コミュニケーション能力（t(45)＝-6.08, p<.01）、異文化理解・チームワーク能力（t(45)＝-5.32, p<.01）、自信・意欲（t(45)＝-6.41, p<.01）であった。

　2021年における授業前と授業事後の結果の差は、知識（t(38)＝-7.59, p<.01）、課題解決能力（t(38)＝-4.98, p<.01）、コミュニケーション能力（t(38)＝-4.65, p<.01）、異文化理解・チームワーク能力（t(38)＝-3.49, p<.01）、自信・意欲（t(38)＝-4.79, p<.01）であった。知識、課題解決能力、コミュニケーション能力、異文化理解・チームワーク能力、自信・意欲については、2020年と2021年の授業前後で肯定的な結果であった。2020年と2021年の5つのテーマの効果量は0.5以上であった。

　本研究の考察を示す。2020年と2021年において、学習者の知識、課題解決能力、コミュニケーション能力、異文化理解・チームワーク能力、自信・意欲に肯定的な影響を与えることが示された。さらに、すべての主要テーマにおいて、授業の前後で有意な差があり、0.5を超える大きな効果量があった。これは先行研究（Nabi et al. 2017; Inada 2018, 2019; Riebe, Roepen, Santarelli, & Marchioro 2010; Scott-Ladd & Chan 2008; Yazici 2005; McInnerney & Roberts 2009; Appiah-Kubi & Annan 2020; Kayumova & Sadykova 2016; 稲田 2018a, 2019b）の肯定的な結果と一致している。

　2020年と2021年で、5項目のうち知識が、効果量も含めて最も効果的であった。グローバルキャリアの授業の特徴は、企業や団体が参加し、その代表者から学習者は、課題を与えられ、解決策をチームで提示することである。ほとんどの学習者がビジネスを専攻していないにもかかわらず、知識のギャップを埋めることができた。知識に関して、学習者は、「リーダーシップ、アントレプレナーシップ、デジタルマーケティングに関する深い知識、人材スキルを学習することができた」「業界の慣習、企業の社会的責任、国際ビジネスについて詳しく知ることができた」「大学生が企業や社会にどのように貢献できるかを考える良い機会になった」と述べている。課題解決能力では、「日加学習者がアイデアを議論し、互いにフィードバックを受けながら改善していった。積極的なコミュニケーションが課題解決に活かされ、効果的に仕事ができた」「データや資料を用いてクラ

スメートを説得できた」といった学習者の声が聞かれた。ほとんどの学習者が肯定的な意見を持っており、ビジネスプランニングのスキルを向上させた。また、コミュニケーション能力を向上させるため、加の大学の学習者が、日本の学習者をサポートし、効果的なコミュニケーションを図り、全員が同じ方向を向いてプロジェクトに取り組めるよう配慮していた。加の学習者は、「より良いコミュニケーションスキルの練習や文章の言い換えに挑戦した」「日本人が自分の意見を話しやすい環境を作った」と述べている。また、日本の学習者も加の学習者との交流に努めた。たとえば、日本の学習者は、「加の学習者の努力に応えるために、自分の考えを英語で伝えようと努力した」とコメントした。

　異文化理解・チームワーク能力については、加の大学の学習者は、日本の学習者の内向的な性格に気づき、傾聴しながら共通点を見いだしていた。加の大学の学習者が「話を聞くことがとても大切だと学んだ」「日本人は敬語を使うので、恥ずかしがって発言できないことが多いということがわかった」「一緒に仕事をしてみて、自分たちの興味や考え方がとても似ていることに気づいた。文化は違っても、クリティカルシンキングのスタイルはとても似ていました」「新しい環境に適切に適応できるようになり、多くのタイムゾーンをまたいでオンラインで仕事をするなど、予期せぬチャレンジに立ち向かうことができるようになりました」と述べていることからわかる。日本の学習者もまた、注意深く話を聞き、自分の意見を積極的に伝え、信頼関係を築いていったようである。2020年では日加学習者が一緒に食事をする機会が多々あった。しかしながら、2021年ではCOILで開催しており、一緒に食事をする機会もなく、チーム形成に時間がかかった。COILではチームビルディングの活動が物理的な対面の授業よりも必要である。

　2021年では時差がある中で活動をマネジメントすることの重要性を学習者は認識している。2021年、日本の学習者は、「限られた時間、異なる時差の中で、分担されたタスクをどのようにまとめるかを学びました。決まった時間に自分のパートを終えて、加の仲間に引き継ぎました。プロジェクトを完成させるためには、信頼関係が大切だと実感しました」「正直な意見を言うことが大切です」と述べている。

第5章　アントレプレナーシップ教育における起業エコシステムの形成

　自信・意欲という点では、多くの加の学習者が、2020年にはパブリックスピーキングの向上と自信をつけること、2021年にはオンラインでのプレゼンテーションスキルの向上を強調していた。加の学習者は、「この授業は、人前で話すのが上手になり、自信を持ってプレゼンできるよう背中を押してくれました」「教授からの前向きなコメントは、今後のグループプロジェクトやプレゼンテーションでも自信と自己価値を高めてくれました」と述べている。協働学習を通して、英語の苦手意識を克服し、グローバルなキャリアへの自信を得た日本の学習者もいた。日本の学習者は、「英語でのディスカッションに不安があったが、自信を持って乗り越えられた」と述べている。また、日本の学習者は、「私は就職活動中であるが、授業中にビジネスや文化に関する知識を得ることができ、また、企業や団体の代表者が私たちのビジネスプランを褒めてくれたので、グローバルな会社で働くことに自信を持つことができた」と述べている。
　COILでは、より反転授業が採用され、学習者は個人学習でSWOT分析やビジネスプランの提案に関する知識を学んだ。学習者は企業を分析したうえでビジネスプランを提案した。協働学習が始まる前に、学習者は全員、個人学習で、受入企業や組織から与えられた課題に関する解決策のアイデアを考えた。協働学習で、学習者は、その準備したアイデアをグループメンバーに伝え、より広い視点から解決策をともに考えることができた。
　また、日加学習者はグローバルキャリアの授業のフェイスブックグループに参加した。学習者は、協働学習を始める前に自己紹介をし、クラスメイトと興味を共有した。授業中には、アイスブレイクで、お互いの文化の紹介からキャリアなど話し合いの場があった。協働学習において、お互いを知り、チームやクラスの構築にフェイスブックやアイスブレイクの交流が役立っていた。日加学習者は、文化や言語の壁、時差をどのようにやり過ごすかを考慮した結果、Google Drive、SNS、メールを使用し、日加でリレー式に課題に取り組んでいる。日加で時差があっても、同期の授業は物理的な教室の授業と同じように感じられることもある。もし、すべての協働学習が非同期であった場合、良い結果は得られないかもしれない。
　質問紙調査の結果、2020年と2021年の授業の前後では、5項目すべて統計的に有意な差がみられた。学習者は、物理的な教室とCOILの両方で、

5つのテーマすべてにおいて向上した。自己を振り返り、仲間や教職員、企業、組織との協働学習を通じて自己を成長させることが、共創を促進し、社会的価値を生み出すことにつながっていた。渡航費用と時間、オンラインアクセスのしやすさを考慮すると、COILでの学習にメリットがある。

学習者の学び方は、従来の一方的な知識伝達とは異なり（Harasim 1990）、学習者が小グループやプロジェクトベースのチームで相互に活動が取り入れられている。学習者が授業に参加し、課題解決、コミュニケーションを向上させることは、協働学習の大きな利点である（Yazici 2005）。Vygotsky（1978, p.86）は、学習者は、自力では難解なことも教員の指導またはより能力の高いクラスメートとの協働作業のもとでする領域があることを発達の最近接領域（ZPD: Zone of proximal development）として示した。Harland(2003)は、発達の最近接領域が課題解決の授業において、学習者の学びを強化したと述べている。学習者は、対等な環境において、自主性や信頼により、批判的な意見交換をすることができる。De León（2012）は、Vygotskyの「発達の最近接領域」とBrunerの「足場づくり（Scaffolding）」の間に強い相互関係があることを説明した。Bruner（1986）はVygotskyの理論の枠組みを概念化し、学習者を自立させるための指導法として足場づくりを提案した。学習者は、「学習方法を知り、変化する情報にアクセスし、学習したことを応用し、複雑な現実世界の課題に取り組む」ことを求められている（Larkin 2002, p.1, 2）。グループ学習は、安全な教育環境の中で自分の能力を試しながら、クラスメートの力を借りて成長することを可能にする（Hasler-Waters & Napier 2002）。学習者は、高等教育でチームワークを成功させるには、協力が必要である（Riebe et al. 2010）。しかしながら、学習者の個人のパフォーマンスが低かったり、グループにフリーライダーが多かったりすると、チームは成功しないかもしれない（Brooks & Ammons 2003; Siciliano 2001）。アントレプレナーシップ教育には、協働学習における実践的な要素も含まれる。Purbasari, Muhyi, & Sukoco（2020）や安岡ら（2018）は、産学官連携は学習者の学問的・実践的発展のために重要であると指摘している。グローバル化と技術の進歩により、国際的な連携は世界的に拡大しており、学習者、教職員、企業や団体の共創は重要である（図表81）。グローバルキャリアの授業で

第 5 章　アントレプレナーシップ教育における起業エコシステムの形成

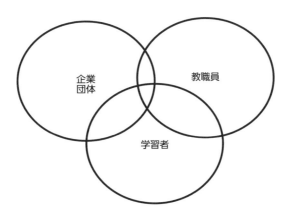

図表 81　学習者、教職員、企業と団体の共創
出所）著者作成

は、学習者は多様性、リーダーシップ、信頼、協力、積極的な傾聴、失敗、自己啓発に気づかされる。学習者が自己を振り返り、チームメンバーからのフィードバックを通して自己の成長を促進することは、協力者との共創につながる。学習者は、大学や企業、組織との協働学習による共創を通じて、自発的に挑戦していた。国際産学官の連携とともに、学習者の個人とチームの成長が社会に価値を生み出している。学習者は、アントレプレナーシップや異文化間のマネジメント能力を向上させ、将来グローバルビジネスで活躍する機会を拡大することができる。学習者の視野が広がれば、グローバル市民として、より良い社会の実現に貢献することができる。

　本研究の結論を述べる。本研究では、日加大学における学習者とパートナー企業や団体との取り組みが、2020 年の物理的な教室と 2021 年の COIL におけるグローバルキャリアの授業前後により、学習者の知識、課題解決能力、コミュニケーション能力、異文化理解・チームワーク能力、自信・意欲に与える影響を調査した。その調査の結果、5 つの主要テーマにおいて肯定的な変化がみられた。学習者の知識、特に企業や団体の国際ビジネスに関する知識、アイデアの創出と課題解決、困難なプロジェクトに取り組む自信が大幅に向上した。言葉や文化の壁や 2021 年の授業の場合、時差といったことがあっても、学習者はその違いに注意を払い、互いに足場を組みながら、徐々に信頼関係を作り上げていった。COIL が学習

者の学術的な発達に有意に肯定的な影響を与えることを示している。しかしながら、対面のアプローチの欠如という課題を回避するためには、クラスメイト、教職員、パートナー企業や団体の代表者からのフィードバックを含む友好的な雰囲気の中で授業が実施される必要がある。第1部のオンデマンドの個人学習と第2部の協働学習における混合的なプログラム設計が、個人とチームのパフォーマンスを向上していた。さらに、国際産学官連携の取り組みは、学習者の学術の専門性、キャリアや共創を促進し、グローバルな市民を育成する。

2）COILの授業効果の比較

本研究では、2021年にCOILで開催されたグローバルキャリアの授業に参加した学習者が対象者である。この授業は、加の3つの大学（University of Toronto、Kings University、Queen's University）と関西学院大学と国際的なパートナー企業・団体（マニュライフ生命保険株式会社、株式会社リコー、在日カナダ大使館）が協働で実施する。質問紙調査は、知識、課題解決能力、コミュニケーション能力、異文化理解・チームワーク能力、自信・意欲の5つの主要カテゴリーに基づいて行われた。調査の結果、授業の前後ですべてのカテゴリーにおいて統計的に有意な差がみられた。効果量を考慮すると、自信・意欲を除く4つのカテゴリーが授業終了後に向上しており、コースデザインにおける個人学習と協働学習の両方がCOILアプローチにおいてうまく機能したことを示している。また、受講生の多くはビジネス経験が不足していたが、非同期セッションでの自習を通じてビジネスプランニングの基本的なフレームワークを理解し、同期セッションで課題と解決策を検討することができた。

調査データは、2021年6月から8月にかけて、授業の前後で33名の参加者から収集した。合計34名の参加者がコースに参加した。授業の開始前に学習者の全員から同意を得た。欠損値のため1名が除外されたため、最終的な調査には33名（加の大学から14名、関西学院大学から19名）が参加した。参加者のほぼ4分の3（73％）は女性で、2年生が33％、3年生が49％、4年生が18％であった。約30％がビジネス関連学科（商学、経済学、経営学）に所属していた。残りの学習者は、法学、政治学、国際

第5章　アントレプレナーシップ教育における起業エコシステムの形成

学、人間福祉学、政策学の学生であった。

データ分析にはSPSS（バージョン27）を使用した。グローバルキャリアの授業の前後の5つの主な項目である知識（8項目）、課題解決能力（4項目）、コミュニケーション能力（5項目）、異文化理解・チームワーク能力（6項目）、自信・意欲（5項目）のクロンバックαの値は0.7から0.9の範囲であった。本研究では、関西学院大学の課題解決能力が0.6から0.9であった以外は、許容範囲であった。

グローバルキャリアの授業の前後で、5つの主な項目の測定値の平均値を比較するためにt検定を使用した。さらに、日加学習者を比較した。授業の前後の結果から、学習者の知識、課題解決能力、コミュニケーション能力、異文化理解・チームワーク能力、そして自信・意欲を向上させることが示された（図表82）。

図表83は、日加大学の学習者の5つの主な項目に関する結果を示している。授業の前後で有意差がみられたのは、知識（$t(32)=-16.50$、$p<.01$）、課題解決能力（$t(32)=-5.35$、$p<.01$）、コミュニケーション能力（$t(32)=-4.96$、$p<.01$）、異文化理解・チームワーク能力（$t(32)=-4.23$、$p<.01$）、

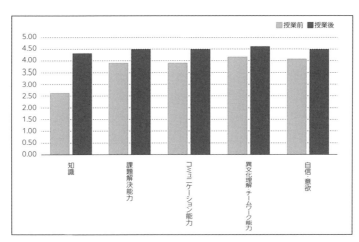

図表82　知識、課題解決能力、コミュニケーション能力、異文化理解・
チームワーク能力、自信・意欲の授業前後の変化

出所）著者作成

図表 83 日加大学の学習者の知識、課題解決能力、コミュニケーション能力、異文化理解・
チームワーク能力、自信・意欲の授業前後の変化

(**p<.01) (*p<.05)

	授業前		授業後		事前-事後	効果量
	平均値	標準偏差	平均値	標準偏差	変化量	
1. 知識 (K)	2.62	0.60	4.31	0.60	-1.69**	0.95
a	3.79	0.89	4.30	0.95	-0.51**	0.47
b	2.88	0.99	3.97	1.05	-1.09**	0.76
c	3.30	1.26	4.18	0.85	-0.88**	0.74
d	2.73	1.49	4.03	0.88	-1.30**	0.76
e	2.73	1.01	3.94	0.97	-1.21**	0.80
f	1.91	1.01	4.67	0.74	-2.76**	0.92
g	2.19	0.97	4.47	0.76	-2.28**	0.89
h	1.45	0.79	4.94	0.24	-3.49**	0.97
2. 課題解決能力 (P)	3.91	0.68	4.48	0.51	-0.57**	0.69
a	3.88	0.78	4.39	0.70	-0.51**	0.55
b	3.79	0.82	4.30	0.68	-0.51**	0.53
c	4.27	0.72	4.82	0.39	-0.55**	0.59
d	3.70	0.85	4.39	0.79	-0.69**	0.61
3. コミュニケーション能力 (C)	3.91	0.72	4.48	0.50	-0.57**	0.66
a	4.52	0.62	4.67	0.60	-0.15	0.23
b	3.73	0.98	4.48	0.76	-0.75**	0.62
c	4.00	1.00	4.52	0.57	-0.52**	0.49
d	3.58	0.90	4.36	0.70	-0.78**	0.63
e	3.73	0.88	4.39	0.70	-0.66**	0.66
4. 異文化理解・チームワーク能力 (CT)	4.16	0.71	4.60	0.44	-0.44**	0.60
a	4.36	0.90	4.67	0.54	-0.31	0.32
b	4.03	1.13	4.48	0.76	-0.45*	0.42
c	3.94	0.97	4.58	0.66	-0.64**	0.62
d	4.00	0.75	4.58	0.56	-0.58**	0.56
e	4.09	0.84	4.58	0.66	-0.49**	0.55
f	4.52	0.67	4.70	0.59	-0.18	0.28
5. 自信・意欲 (CM)	4.08	0.79	4.48	0.60	-0.40*	0.43
a	3.94	1.09	4.36	0.78	-0.42*	0.38
b	3.88	0.96	4.24	0.83	-0.36	0.33
c	4.27	0.94	4.73	0.52	-0.46*	0.39
d	4.24	0.75	4.58	0.66	-0.34*	0.34
e	4.09	0.81	4.48	0.71	-0.39*	0.42

出所）著者作成

自信・意欲（t(32)＝-2.67, p<.05）であった。サブカテゴリー別では、Ca、CTa、CTf、CMbを除くすべての指標で有意差がみられた。

図表84は、加の大学の学習者の結果である。知識（t(13)＝-13.73, p<.01）、課題解決能力（t(13)＝-3.45, p<.01）、コミュニケーション能力（t(13)＝-3.04, p<.01）、異文化理解・チームワーク能力（t(13)＝-2.84, p<.01）、自信・意欲（t(13)＝-2.65, p<.05）において、授業の前後の結果に有意差が認められた。サブカテゴリー別では、Ca、Cc、CTa、CTb、CTf、CMc、CMd、CMeを除くすべての指標で有意差がみられた。

図表85は、関西学院大学の学習者の結果である。授業の前後で有意差がみられたのは、知識（t(18)＝-11.02, p<.01）、課題解決能力（t(18)＝-4.09, p<.01）、コミュニケーション能力（t(18)＝-3.90, p<.01）、異文化理解・チームワーク能力（t(18)＝-3.20, p<.01）であったが、自信・意欲（t(18)＝-1.76, p>.05）にはみられなかった。サブカテゴリー別では、Ka、Ca、CTa、CTf、CMa、CMb、CMc、CMdを除くすべての指標で有意差があった。

効果量とは、変化の大きさのことで、実験操作の効果や変数間の関連性の強さの指標を表す（Field & Hole 2003）。芝・南風原（1990）によると、測定差の独立した指標です。したがって、効果量について言及することは重要である。詳細には、0.1は小効果、0.3は中効果、0.5は大効果とみなされる（水本・竹内 2008）。効果量を表83、84、85に示す。自信・意欲（CM）を除く4つの主要テーマの効果量は0.5以上であった。

本研究の考察を示す。学習者は、異文化理解・チームワーク能力を活かしてチームを支援した。自信・意欲を向上させた学習者もいた。しかしながら、オンライン作業中にグループ内の友好的な雰囲気を作ることは依然として課題である。4つのサブカテゴリー、すなわち、友好的な雰囲気を作り、積極的な態度で他の人の話を聞く（Ca）、友好的な関係を築く（CTa）、社会的ルールやグループの決定を尊重する（CTf）、まったく新しいプロジェクトで十分な成果を出す（CMb）は、授業後に有意な差はみられなかった。個人的な距離と心理的な距離の両方を克服するために、協働学習中にクラスメートと打ち解けることができるようにアイスブレイクが用いられた。また、3日目から6日目までのフリートークの時間には、好きな

図表84　加大学の学習者の知識、課題解決能力、コミュニケーション能力、異文化理解・
チームワーク能力、自信・意欲の授業前後の変化

(**p<.01)(*p<.05)

	授業前		授業後		事前－事後	効果量
	平均値	標準偏差	平均値	標準偏差	変化量	
1. 知識 (K)	2.96	0.47	4.60	0.51	-1.64**	0.97
a	3.43	0.94	4.29	1.20	-0.86**	0.63
b	2.57	0.94	4.00	1.18	-1.43**	0.87
c	4.50	0.52	4.79	0.43	-0.29*	0.54
d	4.14	0.95	4.64	0.63	-0.50*	0.56
e	3.36	0.74	4.43	0.76	-1.07**	0.80
f	2.14	1.17	4.86	0.36	-2.72**	0.94
g	2.36	0.93	4.64	0.43	-2.28**	0.94
h	1.21	0.59	5.00	—	-3.79**	0.99
2. 課題解決能力 (P)	4.25	0.52	4.73	0.49	-0.48**	0.69
a	4.36	0.50	4.79	0.58	-0.43*	0.57
b	4.14	0.66	4.64	0.63	-0.50**	0.63
c	4.36	0.50	4.86	0.36	-0.50**	0.71
d	4.14	0.66	4.64	0.63	-0.50**	0.62
3. コミュニケーション能力 (C)	4.27	0.55	4.74	0.37	-0.47**	0.65
a	4.71	0.47	4.93	0.27	-0.22	0.36
b	4.21	0.70	4.93	0.58	-0.72**	0.57
c	4.36	0.84	4.64	0.50	-0.28	0.34
d	3.93	0.73	4.64	0.50	-0.71**	0.67
e	4.14	0.77	4.71	0.47	-0.57**	0.68
4. 異文化理解・チームワーク能力 (CT)	4.40	0.57	4.76	0.39	-0.36**	0.62
a	4.64	0.50	4.71	0.61	-0.07	0.10
b	4.29	0.99	4.57	0.85	-0.28	0.38
c	4.07	1.07	4.64	0.63	-0.57**	0.62
d	4.43	0.51	4.86	0.36	-0.43*	0.57
e	4.36	0.63	4.93	0.27	-0.57**	0.68
f	4.64	0.63	4.86	0.36	-0.22	0.30
5. 自信・意欲 (CM)	4.24	0.66	4.60	0.70	-0.36*	0.59
a	4.14	1.10	4.57	0.85	-0.43*	0.51
b	4.07	0.73	4.50	0.85	-0.43*	0.57
c	4.50	0.52	4.79	0.58	-0.29	0.38
d	4.43	0.65	4.71	0.61	-0.28	0.44
e	4.07	0.92	4.43	0.94	-0.36	0.37

出所）著者作成

図表85　日本の大学の学習者の知識、課題解決能力、コミュニケーション能力、異文化理解・チームワーク能力、自信・意欲の授業前後の変化

(**p<.01)（*p<.05）

	授業前		授業後		事前－事後	効果量
	平均値	標準偏差	平均値	標準偏差	変化量	
1. 知識 (K)	2.37	0.58	4.10	0.58	-1.73**	0.93
a	4.05	0.78	4.32	0.97	-0.27	0.32
b	3.11	0.99	3.95	0.97	-0.84**	0.83
c	2.42	0.84	3.74	0.81	-1.32**	0.88
d	1.68	0.75	3.58	0.77	-1.90**	0.90
e	2.26	0.93	3.58	0.96	-1.32**	0.80
f	1.74	0.87	4.53	0.90	-2.79**	0.91
g	2.06	1.00	4.22	0.88	-2.16**	0.84
h	1.63	0.90	4.89	0.32	-3.26**	0.96
2. 課題解決能力 (P)	3.66	0.69	4.29	0.45	-0.63**	0.70
a	3.53	0.77	4.11	0.66	-0.58**	0.55
b	3.53	0.84	4.05	0.62	-0.52*	0.49
c	4.21	0.85	4.79	0.42	-0.58**	0.55
d	3.37	0.83	4.21	0.85	-0.84**	0.63
3. コミュニケーション能力 (C)	3.64	0.72	4.29	0.50	-0.65**	0.68
a	4.37	0.68	4.47	0.70	-0.10	0.15
b	3.37	1.01	4.26	0.81	-0.89**	0.66
c	3.74	1.05	4.42	0.61	-0.68**	0.57
d	3.32	0.95	4.16	0.76	-0.84**	0.61
e	3.42	0.84	4.16	0.76	-0.74**	0.66
4. 異文化理解・チームワーク能力 (CT)	3.97	0.76	4.47	0.45	-0.50**	0.60
a	4.16	1.07	4.63	0.50	-0.47	0.43
b	3.84	1.21	4.42	0.69	-0.58*	0.45
c	3.84	0.90	4.53	0.70	-0.69**	0.62
d	3.68	0.75	4.37	0.60	-0.69**	0.57
e	3.89	0.94	4.32	0.75	-0.43*	0.46
f	4.42	0.69	4.58	0.69	-0.16	0.26
5. 自信・意欲 (CM)	3.97	0.87	4.39	0.52	-0.42	0.38
a	3.79	1.08	4.21	0.71	-0.42	0.33
b	3.74	1.10	4.05	0.78	-0.31	0.24
c	4.11	1.15	4.68	0.48	-0.57	0.42
d	4.11	0.81	4.47	0.70	-0.36	0.32
e	4.11	0.74	4.53	0.51	-0.42*	0.46

出所）著者作成

食べ物や日加への訪問、将来のキャリアプランなどについて話し合った。

　質的調査の5項目（知識、課題解決能力、コミュニケーション能力、異文化理解・チームワーク能力、自信・意欲）の結果を示す。知識に関して、日加学習者は、「知識」が効果量を含め、最も肯定的な差を示した。授業に企業や団体が参加しているため、学習者は、特に日加における国際文化や社会習慣やビジネスについて学ぶ機会が多かった。加の学習者は、「SWOT分析やビジネスモデルキャンバスなど、学んだことを活かして新しいアイデアを考え、ビジネス提案書を作成する方法を学びました」と述べている。日本の学習者は、「ビジネスプラン作成の基本、英語でのディスカッションの進め方、日加の文化の違いについての理解など、充実した知識を得ることができました」と述べている。また、別の日本の学習者は、「基礎的なビジネス知識、企業分析、論理的思考は、就職活動や社会に出てからの業界研究に役立つと思います」と述べている。ビジネスを専攻している学習者は少なかったが、知識のギャップを埋めることができた。日本の学習者にとっての懸念事項の1つは自己認識である。日本の学習者は、他のサブカテゴリーの知識と比較して、日本文化や社会習慣に関する一般的な知識があるかどうか確信が持てなかった。

　課題解決能力に関して、日加学習者はアイデアを出し合い、仲間からのフィードバックで改善した。加の学習者は、「どのように状況に取り組むかについて、一人一人異なる視点を得ることができた。他の人の立場になって考えることは助けになる」「この授業では、自分の組織力、リーダーシップ、時間管理能力が大いに試された」と回答している。日本の学習者からも同様の感想が聞かれた。「課題を正しく分析し、優先順位をつけて解決策を考え、チームメンバーと共有することで、より最適な解決策を導き出すことができるようになった」「異なる意見がぶつかったときに、英語で論理的に情報を整理する能力が身についた」などである。ほとんどの学習者が、仲間との協働学習について肯定的な意見を寄せている。

　コミュニケーション能力の結果を示す。コミュニケーションを向上させるために、加の大学の学習者は、ネイティブでない日本の学習者を傾聴して、いかに効果的にコミュニケーションをとるかを考えていた。また、日本の学習者は、デジタルコミュニケーションや非言語コミュニケーション

を駆使して、加の学習者とのコミュニケーションに努め、感謝や共感を示した。加の学習者は、「この協働作業を通して、積極的に聞き手になる方法を学びました」と述べている。また、別の学習者は、「異文化コミュニケーションのスキルが身につき、スピードが変わり、ボキャブラリーが増えた」と付け加えた。日本の学習者は、「チャットやSNSを通してデジタルコミュニケーションを強化した」「非言語コミュニケーション能力を高めるために、リアクションや手の表現をたくさん試した」「カナダの学生の積極的な姿勢から学んだ」とコメントした。双方の学習者もグループ内のプロジェクトを達成するために、積極的にコミュニケーションを図り、コミュニケーションのアプローチを変えて挑戦していた。

　異文化理解・チームワーク能力の結果を示す。加の学習者は、チームメンバーに対して敬意を示し、仕事を平等に分担し、話すスピードをコントロールしていた。ある学習者は、「異文化の雰囲気の中で、相手への敬意を示すために、相手の文化について積極的に学んだり聞いたりしました。また、チームで仕事をするためには、メンバー全員が平等に貢献し、一緒に課題を解決する必要があります」と述べた。日本の学習者もまた、注意深く耳を傾け、積極的にプロジェクトに取り組み、チームの意見に共通点を見いだした。学習者は、「文化や教育の背景が異なるため、課題に対するアプローチもまったく異なっていた。しかし、ディスカッションで共有できる共通点もあった」と述べた。それゆえ、学習者たちは、相手の言語能力、状況、立場を考慮し、異なる視点を大切にしながら、包容力と一致点を見つけることを大切にしていた。

　最後の項目である自信・意欲について結果を示す。加のチームメンバーの多くは、異なる文化圏の仲間とともにプロジェクトを率いることで自信がついたことを強調した。学習者は、「既成概念にとらわれない考え方ができるようになった」と記載している。また、「日本の学生とのコミュニケーション能力とリーダーシップを学んだ」とも述べた。

　日本の学習者は、「英語があまり得意でなかったため自信を失い、私がアイデアを考えている間に、他の人が次のトピックに移ってしまうことが多かった」と述べている。しかしながら、他の日本の学習者はその困難をどのように克服したかを、「英語が下手だからといって、自分の意見や貢

献が重要でないわけではないという基本原則に気づいた。その後、少しずつではあるが、積極的にディスカッションに参加するようになった」「国際的な環境でリーダーシップを発揮した」「将来、外資系企業に入る自信がついた」として述べている。日本の学習者のコメントを見ると、当初は加の学習者とのコミュニケーションを恐れ、どのようにコミュニケーションをとって一緒に活動すればいいのかわからなかったようである。その後、自らのコミュニケーションへの意欲を示すこと、グループワークの事前準備をすること、英語で意見やアイデアを共有すること、自信をつけて学習意欲を維持することの重要性に気づいていった。さらに、国際的なフィールドでの将来のキャリアを考えるようになっていた。

　学習者、教職員、企業・団体との共創は、グローバルキャリアの授業におけるアントレプレナーシップや異文化間マネジメント、実践的な学習経験にとって重要である。この授業で、学習者は多様性、リーダーシップ、信頼、協力、積極的な傾聴、挑戦、自己研鑽といった価値観に気づきがあった。これまでの研究で、高等教育におけるチームワークの成功には、コラボレーションが含まれることがわかっている（Riebe et al. 2010; Scott-Ladd & Chan 2008; Yazici 2005）。自己学習、自己研鑽、チームメンバーからのフィードバックは、高い共創につながる。Fisher & Coleman (2001) が言及したように、COILコースにおける学習者の自律性は、個人学習と協働学習の両方において重要である。

3）テキストマイニングを用いた学習者の学びの可視化

　本研究の調査対象者は、2021年のCOILを用いた国際産学官連携型PBL科目のグローバルキャリアの授業を受講した学習者である。そのリフレクションレポートをテキストマイニングし、学習者の学習事項の効果を可視化した。そのレポートの題目は、組織や業界、グループワークでの自分自身の認識や行動についての学習事項やキャリアについてである。授業参加者は、34名である。その内、リフレクションレポートをもとにした調査対象者は30名である。加の大学は14名、日本の大学は16名である。調査対象者は女性が70％、2年生が33％、3年生が47％、4年生が20％であった。また、調査対象者の30％が商学、経済学、経営学等のビジネ

ス関連の学部に所属していた。その他の学習者は、法学、社会学、政治学、国際学、総合政策学部などであった。

　分析の手順は、KH Coder である。出現回数と共起ネットワークの分析を実施した。リフレクションレポートのデータは、加の学習者は 15,494 語、日本の学習者は 19,073 語である。日加学習者の総抽出語数、異なり語数、出現回数の平均、出現回数の標準偏差を示す。加の学習者に関しては、総抽出語数は 14,658 語、異なり語数は 1,773 語、出現回数の平均は 5.04、出現回数の標準偏差は 19.47 であった。日本の学習者に関しては、総抽出語数は 16,859 語、異なり語数は 1,494 語、出現回数の平均は 6.87、出現回数の標準偏差は 27.69 であった。[8] 共起ネットワーク分析では、描画する共起関係の選択 Jaccard を上位 100 に設定し、最小出現回数が 10 回以上の語を用いた。

　調査結果から次のようなことが示唆された。1.「we」「learn」「think」「company」「work」「experience」から、日本の学習者は企業や職場の経験を考える機会があった。2.「Canadian」「student」「abroad」「culture」「Canada」から、日本の学習者は加の文化や留学に関して興味関心を持っていた。3.「what」「when」「talk」「English」「ability」「communication」「include」「opinion」「speak」「discussion」「class」「question」「ask」「consider」「reason」「why」から、日本の学習者は英語能力やいつ何を話し、質問し、考え、根拠を示して意見を述べ、ディスカッションするなど、英語のコミュニケーションを意識している。4.「SWOT」「analysis」「come」「survey」から、日本の学習者は、分析方法の SWOT 分析や質問紙調査の印象が強かったようである。また、日本の学習者は、「however」「solution」から、解決策にも着目していた。5.「foreign」「country」「live」から、日本の学習者は外国に住むことを意識している。6.「future」「career」から、日本の学習者は将来のキャリアに関しても関心を示している。7.「first」「time」から、英語でビジネスの授業やグループディスカッション等を初めて実施した学習者が多かったようである。

　加の学習者と日本の学習者で共通点は 4 つある。1 つ目は、「SWOT」「analysis」とあるように、SWOT 分析が印象的であったようである。協働学習の授業前に学習者、各自で SWOT 分析やビジネスモデルキャンバス

を使用して企業や団体を分析する課題があった。また、グループワークでそれを各自で発表し、グループでSWOT分析やビジネスモデルキャンバスの作成に取り組んだ。日加学習者の70%はビジネス関連以外の学部に所属しており、SWOT分析やビジネスモデルキャンバスを使用して企業や団体を分析することや、他大学の学習者と英語でアイデアを出したり、整理したりする協働学習をする機会は初めてだった可能性が高い。

　2つ目は、「final」「presentation」「solution」とあるように、最終のプレゼンテーションの課題の解決策を考えることを学習者は意識していた。企業や団体の課題発表、質疑応答、グループワーク、最終プレゼンテーションの解決策を提示するまでの時間は限られていた。また、オンラインで開催しているため、時差もあり各チームで協働学習の時間や個人の作業等のスケジュールの管理を徹底していた状況にあったようだ。

　3つ目は、「study」「abroad」「country」「Canada」とあるように、日加学習者も留学を意識していた。オンラインで授業は開催されていたが、双方の文化紹介やキャリアなどの日常を話す機会やグループワークの時間があった。それらの協働学習をすることにより、日加学習者は留学を意識し、留学の雰囲気を味わえた可能性がある。

　4つ目は、「realize」「member」と「Canada」「member」とあるように、日加学習者とも課題をグループで一緒に取り組むときに、クラスメンバーもしくはグループメンバーを意識していた。従来の学習者への一方的な知識伝達（Harasim 1990）とは異なる協働学習の大きな利点は、学習者がグループ内で交流し、課題解決能力やコミュニケーション能力を向上させることである（Yazici 2005）。Maier（1967）は、協働学習の過程でチーム内の他のメンバーからフィードバックを受けると、チームメンバーは知識を得て、課題解決のためのインプットや解決策をより多く得られ、意思決定プロセスを学習することを示している。協働学習とチームスキルは、学術的な取り組みだけでなく、ビジネスでも重要であると認識されている（Napier & Hasler-Waters 2002）ため、学習者がグループワークの取り組みを意識することは有意義である。

　相違点は3つある。1つ目は、加の学習者は、企業や団体や大学を明確にし、その特徴を示しているが、日本の学習者は、企業と示しているだけ

であった。加の大学は企業や団体の課題やその取り組み、日本の大学が運用するCCCプログラムにより関心を持ち、授業に取り組んでいた可能性がある。また、授業設計や運用が所属する大学と異なるため、注意を払っていた可能性がある。

　2つ目は、日本の学習者は、授業やグループワークで英語能力やいつ何を話すかのタイミングや質疑応答を考え、根拠を示して意見を述べ、ディスカッションなど英語のコミュニケーションの方法を模索している。授業で第二言語を使用する日本の学習者は、COILで実施されるビジネスの新しい知識やフレームワークを活用して、短期間で加の学習者と一緒に課題に対する解決策を導く授業内容の理解やグループワークで、より多くの挑戦事項があったことが推察される。日本の学習者は、IELTS 5.5以上で一定の英語の語学力があり、第1部のオンデマンドの個人学習セッションで、授業内容を理解し、個人で課題の準備をしていた。永田（2019）の研究で、学習者はCOILでコミュニケーションをとることや、英語での会話が困難であったことが報告された。本件においても学習者は、第2部の協働学習でその準備をもとにグループで英語を使用して質問や議論をすることが初めての経験であり、挑戦的であった可能性がある。

　3つ目は、日本の学習者は授業で将来のキャリアを意識している。学習者は、国際的な企業や団体の取り組みに刺激を受け、加の学習者と一緒に協働学習における解決策を発表したことによって、将来グローバルに働くことに対して興味を示した可能性がある。COILは、実践学習を重視したインタラクティブなグループワークを促進し、学習者が協働学習においてお互いを知る機会を与えながら課題を一緒に取り組む。この取り組みにより、授業の内容の理解を広げ、グローバルなクラスメイトの視点に学術的かつ個人的に関わることで、異文化コミュニケーション能力を身につけることができる（Guth 2013）。Napier & Hasler-Waters（2002）は、支援を受けること、知り合いになること、信頼すること、コミュニケーションをとり、チームを組織することが、オンラインチームワーク環境におけるチームの満足度に関係することを明らかにしている。グループでの学習は、学習者が安全な教育環境の中で自分自身の能力を試しながら、クラスメイトの助けを借りて成長することを可能にする（Napier & Hasler-Waters

2002）。高等教育でチームワークを成功させるには、協働学習が必要である（Riebe et al. 2010; Scott-Ladd & Chan 2008; Yazici 2005）。

　本研究の授業では、SUNY COIL センターが推奨する COIL の授業設計に関する 10 項目は、ほぼすべて実施していた。学習者は企業や団体から課題を得た後、質疑応答の時間があり、最終の課題解決の発表後にフィードバックを得た。また、学習者はリフレクションレポートで実施し、授業でチームでのリフレクションの意見交換の時間があった。しかしながら、学習者が企業や団体とよりリラックスしながら話す時間は限られており、リフレクションに関する口頭による発表には時間の制限があった。今後は、一人一人の授業における成長を発表し、その情報を企業や団体を含めたクラス全体でシェアするなどのリフレクションや将来のキャリアに対して話す時間をもう少し確保できると、学習者の学びがより深くなり、将来のビジョンについて異なる視点を得て、異文化間や国際ビジネスの理解の促進になるかもしれないと考えられる。PBL、COIL、EMI を融合した授業内容やその効果に関する研究は非常に少ない。安岡ら（2018）は、産学連携・協働の視点において、実習やインターンシップなどの実践の場が必要であると示唆している。大学や国内外の企業と連携し、グローバル人材育成の発展のために PBL、COIL、EMI を融合した授業内容を理解し、学習者に対する授業の効果検証をすることが重要である。また、Rubin（2017）が示唆するように、COIL を発展させるために、大学は教職員や学習者を技術的・教育的に支援する必要がある。

　新型コロナウイルス感染症（COVID-19）は、世界的に遠隔教育を加速させた。高等教育においても異文化間教育や協働学習を用いた COIL による産学官連携型 PBL 科目が実施されている。しかしながら、授業に関する効果検証の研究は少ない。本研究では、日加大学の学習者 30 名を対象としたグローバルキャリアの授業において、学習事項を KH Coder を使用してテキストマイニングを実施した。その結果、日加学習者の学習事項の共通点は、スケジュールの管理をしながらグループメンバーとビジネスフレームワークを使用して課題の解決策を考えることや留学を意識していたことが明らかとなった。相違点に関しては、加の学習者は、企業や団体、大学やその特徴を明確に示していた。日本の学習者は、EMI の授業によるグ

ループワークのビジネスに関するディスカッションで、英語のコミュニケーション方法や将来のキャリアをより意識している傾向にあった。日加学習者の学習事項に相違点はあるが、日加学習者は、異文化間教育や国際ビジネスを理解し、ビジネスフレームワークを使用しながら課題解決を提案することが可能であったと考えられる。また、日本の学習者は、英語によるコミュニケーションの向上意識やグローバルなキャリアに関して考える機会があったと考えられる。本研究の授業では、SUNY COIL センターが推奨する COIL の授業設計に関する 10 項目は、ほぼすべて実施していた。しかしながら、リフレクションの口頭発表の機会、将来のキャリアに対して話す時間を増やすことで、学習者の学びがより深くなり、異文化間教育や国際ビジネスの理解を促進できるかもしれない。今後も授業内容を試行錯誤しながら継続的な授業の効果検証が必要である。

本研究の限界や課題を述べる。本研究は 1 つの授業を対象にしているため、協働学習に関する縦断的な研究が必要である。また、今後の課題として、異文化間教育とビジネスに関連する活動の場を拡大するために、COIL における国際産学官連携型 PBL 科目の内容やその効果を反映した大学におけるグローバルキャリア人材教育プログラムを発展させることである。さらに、それらの知見が蓄積されることで、国内外の教育機関、企業や団体とが連携して、中等・高等学校、大学院、生涯教育にまで幅広く COIL における国際産学官連携型 PBL 科目を実施することが可能になると考えられる。

第 2 節　教育支援

第 3 章の欧米日のアントレプレナーシップ教育の比較で欧米の高等教育機関では、教育支援を企業や団体と連携することが多いが、日本の高等教育機関は少ないことが明らかとなっている。安岡ら（2018）は、産学連携における協働学習の重要性を示唆する。産学連携の協働には、起業、実習などの実践の場、カリキュラム編成、教職員・社員研修、就職・採用、学校運営・教育評価・講師派遣において教育機関と企業の連携が必要であり、特に教育機関の役割が非常に重要である（Van de Ven 1993; Hsu et al.

2007; McKeon 2013, O'Brien et al. 2019)。日本の大学が抱えるアントレプレナーシップ教育の主な課題は、アントレプレナーシップ教育の学習者数が少ないこと、教職員のリソース不足によりアントレプレナーシップ教育のプログラムの開発や運営、効果測定等の実施体制が整備されていないこと、産学連携を取り入れた実践的なアントレプレナーシップ教育の仕組みが構築されていないことである。よって、学習者の認知や関心の向上や学習者数の拡大、教職員の育成のために、地域・企業団体と連携し、アントレプレナーシップ教育において成果が見込める仕組みの構築が求められている。その仕組みの1つとして、地域や企業・団体と持続的な学びの場を対面やオンラインで創出することを掲げている（文部科学省 2021b）。著者は、日本のアントレプレナーシップ教育の支援に関しての実態を知るために、2022年に CIC Tokyo 内にある Venture Café Tokyo、大阪産業局、東京都産業労働局を訪問し活動内容をお聞きし、イベントや成果報告会等に参加した。これらの企業・団体のアントレプレナーシップ教育における支援を示す。

第1項　企業・団体

国際的産学官連携型の PBL に関して企業・団体からの観点を示す。2021年度コースのパートナー機関には、在日カナダ大使館、E&Y（Ernst & Young）、マニュライフ生命保険株式会社が含まれる。在日カナダ大使館とマニュライフ生命保険株式会社は2021年6月に、E&Y は2021年11月に参加した。授業が終了後、在日カナダ大使館、E&Y、マニュライフ生命保険会社の代表者4名を対象に半構造化インタビューを実施した。調査期間は2022年4月から5月である。半構造化インタビューは3時間行われた。参加者の全員からインフォームド・コンセントを得た。代表者は、授業の支援を実施する理由、質疑応答、学習者の提案、授業の経験、COIL と対面の授業の比較について述べた。Gartner & Birley（2002）は、より多様なケースを包含するアントレプレナーシップの研究をより深く理解するために、質的方法論を提案した。分析は、木下（1999, 2003, 2007）が提唱した M-GTA を用いた。

図表86に調査結果の分析ワークシートの例を示す。調査の具体例から、理論的なメモを伴う概念と定義が作成されている。概念名は「課題の解決策の質に満足」である。定義は、「企業や組織は、学習者の課題解決のアイデア、分析、プレゼンテーションに非常に満足していた」である。具体例では、在日カナダ大使館は、学習者は多くの興味深い情報を取り上げ、発表内容が面白く、興味深い視点があり、多くの分析や考察があり、良い結果が含まれており、満足している。E&Yは、学習者の洞察力、積極性、発表の内容が良いため、感銘を受けている。マニュライフ生命保険会社は、質疑応答とプレゼンテーションのレベルが非常に高かったと評価した。理論的メモは、企業や団体は、学習者の提案の内容に驚いており、学習者の授業への参加や分析、プレゼンテーションの成果に肯定的であり、学習者の課題解決策に満足しているであった。

図表86　分析ワークシート

概念名	課題の解決策の質に満足
定義	企業・団体は、学習者の課題解決のアイデア、分析、プレゼンテーションに非常に満足していた。
具体例	在日カナダ大使館 ・良い結果を得ることができた。 ・どちらのチームの提案も多くの興味深い情報がたくさんあった。この取り組みに参加して良かった。 ・発表内容が面白い。両方のチームは興味深い視点があり、とても感銘した。 ・両チームとも多くの分析や考察をしていたので、私達はとても満足している。 E&Y ・チームのアウトプットは非常に素晴らしかった。 ・とても素晴らしい発表であった。学習者の洞察力には驚かされた。 ・学習者は課題に積極的に取り組む。学習者の発表は、内容が面白く質が高いためいつも感銘を受ける。 ・常にプレゼンテーションの準備をよくしており、発表内容の質がいつも高い。全員で高い質を生み出している。 マニュライフ生命 ・質疑応答とプレゼンテーションのレベルが非常に高かった。
理論的メモ	・企業や団体は学習者の提案の内容に驚いている。 ・企業や団体は、学習者の授業への参加や分析、プレゼンテーションの成果に肯定的である。 ・企業や団体が学習者の課題解決に満足している。

出所）著者作成

M-GTAの分析から導き出されたカテゴリー、概念、定義を図表87に示す。6つのカテゴリーが抽出された。第1のカテゴリー【企業・団体の支援で大学と価値を創造する】は、4つの概念［日加の協力関係の重要性］［社会における教育支援の意義］［学習者との関わりの重要性］［積極的な参加］から構成された。第2のカテゴリー【企業・団体が直面する課題を学習者に提案する】は、3つの概念［課題の内容］［課題の意図］［課題提示の仕方や学習者からの質問への対応に配慮］から構成されている。第3のカテゴリー【課題解決に取り組む学習者の姿勢や解決策を高く評価する】は、3つの概念［学習者の積極性を評価］［新しい発想と多様性への見方］［課題に対する解決策の質に満足］から導き出された。第4のカテゴリー【学習者の観点から課題に対する気づきや学び】は、4つの概念［COILの成功］［気づきと学び］［学習者の視点を課題解決に活用］［学習者の提案を上司やチームと共有］から抽出された。第5のカテゴリー【学習者と交流し、人間的な成長と楽しみを得る】は、2つの概念［個人の成長］［学習者との交流に喜びと幸せ］から抽出された。第6のカテゴリー【卒業後、企業・団体、大学、学習者が強い絆で結ばれ、グローバルに活躍する】は、4つの概念［学習者の将来の成長］［学習者の深い学び］［学習者の学習効果を検証］［グローバル・エンゲージメントの仕組み］から導き出された。

　図表88は、起業エコシステムの構成と相互作用を示している。企業や組織の代表者は、授業を支援することにより、組織的な関与と発展をもたらし、個人的な成長や学習者の成長の喜びを感じていた。企業や団体は、社会的価値としての教育を支援するために時間を割いている。3つの機関は日加を拠点とし、両国の架け橋となっている。3つの機関は、両国の協力、特に日加学習者の若い世代の協力の重要性を認識している。各機関は今後も関係を維持し、両国のために発展していきたいと考えている。このような認識のもと、企業や団体は、積極的に授業の支援を実施し、学習者が課題に直面するよう、十分に準備された課題を提供している。企業や団体は、学習者の質疑応答に応じ、学習者の提案内容を聞き、気づきや多角的な視点を評価している。さらに、学習者の気づきを上司やチームメンバーへの提案として共有している。また、企業や団体は、学習者の説明力、プレゼンテーション力、コーチング力など人間的な成長も見て、個人的に

第5章 アントレプレナーシップ教育における起業エコシステムの形成

図表87 カテゴリー、概念、定義

[カテゴリー]	[概念]	定義
企業・団体の支援で大学と価値を創造する	日加の協力関係の重要性	企業・団体は、日加の文化的協力が重要だと考えている。
	社会における教育支援の意義	企業・団体は、教育支援は社会的価値であると考えている。
	学習者との関わりの重要性	企業・団体は、学習者との接点が少ないため、積極的に学習者と関わることが重要である。
	積極的な参加	企業・団体は、長年、授業に積極的に参加している。
企業や団体が直面する課題を学習者に提案する	課題の内容	企業・団体は、実際に抱える課題を授業の課題として設定している。
	課題の意図	企業・団体は、課題提示の意図が明確である。
	課題提示の仕方や学習者からの質問への対応に配慮	企業・団体は、学習者への課題の提示の仕方や学習者からの質問や回答に対する課題の説明に配慮している。
課題解決に取り組む学習者の姿勢や解決策を高く評価する	学習者の積極性を評価	企業・団体は、学習者の積極的な姿勢を高く評価している。
	新しい発想と多様性への見方	企業・団体は、学習者から日加の多様性に関する新しいアイデアや見解を得たと認識している。
	課題に対する解決策の質に満足	企業・団体は、学習者の課題に対するアイデア、分析、解決策の提示に非常に満足している。
	COILの成功	課題発表、質疑応答、問題解決などを説明する最終プレゼンテーションは、オンラインであったが達成できたと企業・団体は認識している。
学習者の観点から課題に対する気づきや学び	気づきと学び	企業・団体は、受講を通じてやすびに気づきがあったと認識している。
	学習者の視点を課題解決に活用	企業・団体は、学習者が抱える課題に対して、学習者の視点を大切にし、活用している。
	学習者の提案を上司やチームと共有	企業・団体は、学習者の提示した課題の解決策を上司やチームと共有した。
学習者と交流し、人間的な成長と楽しみを得る	個人の成長	企業・団体の担当者は、授業に参加することで、学習者とのコミュニケーションの取り方、質問への答え方、問題解決のための気づきの与え方など、自分自身の成長につながる。
	学習者との交流に喜びと幸せ	企業・団体の担当者は学習者との交流の成長を楽しんでいる。
	学習者の将来の成長	企業・団体は、学習者の将来の成長を考慮する。
卒業後、企業、団体、大学、学習者が強い絆で結ばれ、グローバルに活躍する	学習者の深い学び	企業・団体は、学習者の深い学びを奨励している。
	学習者の学習効果を検証	企業・団体は、学習者の学びを知るために、授業の効果を検証することの重要性を示している。
	グローバル・エンゲージメントの仕組み	卒業後、大学での活動を支援するため、長期的な視野に立った大学としてのグローバル・エンゲージメントの方針を策定している。

出所：著者作成

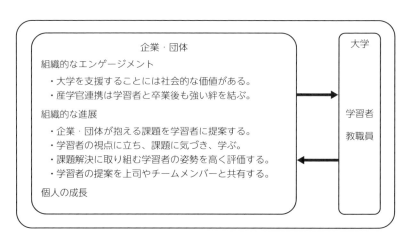

図表 88　起業エコシステムの構成と相互作用
出所）著者作成

も学習者との交流を楽しんでいる。COILによる遠隔地での活動にもかかわらず、企業と団体は、協力的に支援し、価値を創造すると同時に、日加の企業、組織、大学において起業エコシステムを形成し、次世代のリーダー育成に貢献している。

　大学を基盤とした起業エコシステムは経済界とのエンゲージメントを効率的に行ってきた。しかし、学外からの支援者による実証研究は乏しい。本研究では、大学がアントレプレナー・エコシステムを育成することに貢献するような教育を、なぜ企業や組織が積極的に提供するのかを検討した。3つの機関のインタビューを分析した結果、起業エコシステムにおける産学官連携の中でも、組織の関与と発展、個人の成長を認識していることが明らかとなった。この研究は、Belitski & Heron（2017）が提唱する、社会で価値を創造するために、ビジネスコミュニティと関わり、大学、企業、政策立案者の間で知識を伝達することの重要性を支持するものである。

　在日カナダ大使館は、長期的な視野に立った協力的な異文化交流プログラムを強く支持しており、その支援は学習者、教育機関、そして社会全体にとって価値があると考えている。在日カナダ大使館の担当者は、日加協力の象徴として、グローバルキャリアの授業の支援を位置づけており、学

第 5 章　アントレプレナーシップ教育における起業エコシステムの形成

習者の意見や協力を通じた異文化交流として大学との提携は重要であると考えている。在日カナダ大使館の課題の意図は的確であった。在日カナダ大使館の直面している課題に対して、学習者は、価値のある提案をすることを目指した。一方で、在日カナダ大使館は、公的機関として、また学生である日加学習者に対して回答を慎重に考えている。なぜなら、学習者は、楽観的で素晴らしいアイデアを持っていると認識しているので、自分たちの回答の仕方で、学習者が落ち込んだり不幸になったりする可能性があるため、学習者の提案を直接拒否することはしなかった。また、公的機関として両国の意見に配慮しながら、質疑応答や発表に対するコメントをしていた。

　在日カナダ大使館の代表者は、学習者の多様な視点からの新鮮なインプットを受け、日加学習者が異なる文化的側面や学習方法からどのように協力し合っているのかという視点を楽しんでいた。学習者の発表を聞いた後、グローバルキャリアの授業が有意義であったことを認識し、授業の内容に満足していた。さらに、学習者全員が、積極的に課題に取り組み、興味深い情報を含むプレゼンテーションの質に感銘を受けていた。今後の改善点は、SWOT 分析の活用法やより構造的な形式での提案、グローバルキャリアの授業の参加者による同窓会を示唆している。

　E&Y は CCC プログラムに長期的に参加している。グローバル企業として大学を支援することが社会に価値を生み出すと強く信じている。企業としての主な目標の 1 つが教育を支援することであると述べている。このプログラムは、教育を支援するという同社の目標に合致しており、E&Y の目標と価値観を共有するものでもある。E&Y は、このプログラムは自社だけでは成し得ないものであり、若い世代と接して、学習者にとって何が重要で関連性があるのか、国を超えた協力と文化理解の本質を理解する良い機会を提供するものであると認識している。

　E&Y の代表者は、学習者に興味深いと思ってもらえる課題を丁寧に説明し、提供している。多くの質問に耳を傾け、それに答え、学習者とのつながり、洞察力と多様性の視点、日加の協働学習を観察することを楽しんでいた。学習者はビジネスの世界にとても興味を持ち、質問やそのフィードバックをもとに課題に熱心に取り組んでいた。学習者が真剣に発表する

姿や、その洞察に満ちた発表の質の高さに驚かされていた。E&Yの代表者は、学習者の実践的な提案を上司と共有し、どのように実行するかを検討していた。今回の授業だけでなく、長期的に学習者のパフォーマンスに満足していた。

　マニュライフ生命保険会社は加で非常に有名な保険会社である。マニュライフ生命保険会社は、日加の協力関係や学習者との関わりの重要性を認識している。また、コミュニケーションを通じて信頼関係を構築することを目的に、社内テーマに基づいたコース課題を設定している。今回の課題は、日本市場でデジタルを活用しながらマニュライフ生命保険会社の認知度を高めるという会社が考える課題と同様のビジネステーマである。加の学習者はマニュライフ生命保険会社についてよく知っていたが、日本の学習者は知らなかった。よって、日加学習者が共に課題に取り組む価値があると考えていた。マニュライフ生命保険会社の代表者は、「コミュニケーションとは考え方の学問である。コミュニケーションは非常に汎用性の高いスキルであり、能力である。企業として、個人としてブランディングし、顧客とのコミュニケーションを通じて、人の気持ちや思いに寄り添ったビジネスをすることでファンをつくることは、とても大切なことである。顧客は企業や個人を知り、信頼されないとモノを買わないし、人に認められることはあらゆる面で重要である。ビジネスとは認知と信頼を得ることである」と述べている。

　マニュライフ生命保険会社の代表者は、日加学習者の積極的な姿勢や新しい発想、多様性に対する考え方を評価し、質疑応答や最終的な提案のレベルの高さに満足している。授業のプロセスから、日加学習者に課題解決の方向性を示し、ある一定の理論があることを実感していた。さらに、同じタイプの人たちと一緒にいるのはよくないので、多様性が必要だと気づいたと述べている。学習者が提案したアニメーションは、マニュライフ生命保険会社の代表者自身が企業の信頼につながると納得できた。今回の提案内容で、ブランディング戦略の視野を広げるきっかけになり、学習者の目線で気づき、学ぶことの重要性を明らかにしている。マニュライフ生命保険会社の代表者は、「靴底の色は知っていても、裏から見れば白だとわかるということに大人が気づかされた」と述べている。また、学習者の提

案と学びを社内のチームに紹介している。

　COIL については、効果的なプレゼンテーションのために、企業と学習者の双方が、オンラインコミュニケーションスキルを向上させる必要があると認識している。マニュライフ生命保険会社の代表者の個人的な成長や喜びについては、このプログラムが社員教育であることに気づいたという。代表者の個人にとって、自分の仕事をブラッシュアップするために英語でプレゼンすることは非常に重要であり、自分が勧めたことを吸収し、学習者の成長を見ることは、とても楽しいことであった。チームや個人が成長する過程に携われることがとても嬉しかったと述べていることからもわかる。また、代表者が自身の経験上、若い頃に教えてくれた人の印象がとても良かったので、指導やコーチのような役割に、今後も貢献していきたいと述べている。社会的な共同体の中で、共有財として学習者に接する姿勢が含まれていることが良いということも知っていた。

　マニュライフ生命保険会社の代表者は、起業エコシステムにおけるグローバル・エンゲージメントとステークホルダーとの関係性は、大学が主導で、コミュニティやネットワークに注力する必要性を唱えている。さらに、その代表者は、卒業後も学習者が大学に対して信頼や愛を感じられる場であることが大切であることを提案している。それには、小さなことの積み重ねになってくる。ただ授業を受けて、学習者に吸収させるだけでなく、起業エコシステムの中で、学習者が大学を好きになるような仕組みづくりが必要である。たとえば、学習者はビジネスプランを発表した後に企業や団体の話を真剣に聞くことが多いので、オンライン・ティーパーティーやフリートークの場が必要である。

　本研究では、企業や団体の代表者の声に焦点を当て、起業エコシステムへの貢献について調査した。企業や団体は、その使命や社会的価値観から企業や団体が直面している課題を提供し、授業を支援している。どの課題も非常に専門的で、構造化された概念とデータを用いて学習者にわかりやすく説明している。学習者の質疑応答や最終プレゼンテーションでは、企業や団体は、学習者の声やモチベーション、反応に気を配っていた。学習者は、課題解決のためのビジネスプランを作成し、アントレプレナーシップ教育における理論と実践を学んだ。一方、企業や団体の代表者は、授業

を通じて学習者と共に課題に対する解決策だけでなく、組織的・個人的な人的ネットワークを構築し、社会に貢献する価値を創造している。代表者は、長期間、学習者の積極的な参加、関与、貢献を目の当たりにし、学習者の多様な視点や洞察を見届けながら、普段、職場ではあまり接することのない学習者との交流を楽しんでいる。

企業や組織は、社会における大学、企業、組織間の連携や共創の使命、利益、重要性を認識していた。企業や団体の質の高いインプット、プロセスにおける積極的な参加、貢献、関与、そして学習者の洞察に満ちたアウトプットは、継続的な起業エコシステムの重要な成功要因である。それらの要因は、双方の信頼を構築するのに必要不可欠である。企業や組織は、高等教育に参加・貢献し、起業エコシステムにおける価値の共創をしている。

2国間の4大学と企業・団体との授業の準備には時間がかかったが、全体的に今後も企業や団体の代表者はプログラムに参加することに前向きだった。企業や団体から今後の授業やプログラムの提案としては、学習者の学びをフィードバックする機会や代表者とのグローバルマインドセット等の議題に関してディスカッションの場を持つこと、そして実際のオフィスへの招待があった。学習者は、企業や団体から話を聞き、グローバルマインドセットとは何か、なぜグローバルマインドセットとエンゲージメントが企業や団体にとって重要なのかを話し合いや経験することが提案された。

第2項　CIC Tokyo

CICは1999年にマサチューセッツ州ケンブリッジ市で創業されたイノベーションセンターである。イノベーションは社会問題の解決に必要なものであり、より良い世界になるように変革することを目的に、アントレプレナーの支援を中心に活動している。東京にCIC Tokyoを設置し、アントレプレナー、投資家、企業が高密度に集うイノベーションコミュニティの創出をミッションとしている。具体的には、アントレプレナーが24時間365日利用可能なオフィスと豊富なリソースを使用できる環境とグローバルネットワークづくりを支援する。自分らしくいることができ、共に成

第 5 章　アントレプレナーシップ教育における起業エコシステムの形成

長するコミュニティであること、お互いを尊重し、挑戦、失敗から学び、イノベーションが生み出されることを大切にしている。スタートアップセンターとして CIC Tokyo があり、企業、監査法人等のプロフェッショナルファーム等を含むコミュニティパートナー、グローバルコネクター、投資家、大企業と政府機関・自治体、MIT Sloan、Babson 大学、東京大学、慶應義塾大学等の大学でエコシステムを形成している。CIC Japan の会長は梅澤高明氏、プレジデントは山川恭弘氏である[9]。

　CIC コミュニティパートナーである Venture Café Tokyo は 2018 年に設立された。Venture Café Tokyo は、世界 5 か国 9 都市で展開している Venture Café のアジアで初めての拠点となる。Venture Café Tokyo は、東京、名古屋、茨城つくばに拠点がある。エグゼクティブ・ディレクターの山川恭弘氏のリーダーシップのもとに、「Learn. Connect. Share.」を掲げ、出会いと学びの機会を通じて、魅力的な空間、プログラム、ストーリーを提供している。Venture Café Tokyo は、人をつなぎ、そのつながりを大切にし、共有することで、イノベーション・エコシステムを支援することを目指している。Venture Café Tokyo では CIC と同様に、誰もがコミュニティの中で快適で安全に過ごすために 10 の項目が設置されている。その内容は、上下関係ではなくフラットなコミュニティーで、家にいるような気持ちで、自分らしく楽しむことである。また、参加者がコミュニティの一員であるという責任を持って、経験の中で失敗することはあるかもしれないが、好奇心を持って、積極的に参加することである。Venture Café Tokyo は、全員のプライバシーに配慮しながら、互いを尊重し、商談ではなく安心できる場所の実現を目指している。

　「Thursday Gathering」は木曜日の 16 時から 21 時の間で開催されており、講演、セミナー、ワークショップ等を実施し、学習者の学びの場としてのネットワークづくりに努めている（Venture Café Tokyo 2020）。著者は、2022 年 8 月に Venture Café Tokyo の「Thursday Gathering」を訪問した。オープンスペースや個別のミーティン部屋があった。キッチン＆バーでは、ドリンクが振る舞われ、オープンスペースで大学生が社会課題に対しての解決策や自分の趣味を拡張したビジネスに関するピッチをしており、積極的な人の紹介、起業に関する意見交換や雑談、各自のビジネ

スに取り組む姿があった。

　Venture Café Tokyo にはメンター制度があり、起業のアイデアの相談やビジネスプランのブラッシュアップ、キャリア相談等が可能である。2020 年度は、オンラインや会場でのオフラインを用いて 46 イベントが開催され、起業家や投資家、スタートアップ、起業支援者、政府や自治体の関係者等 13,500 名以上が参加した。ソーシャルメディアをはじめ、さまざまな取り組みやその結果を発信している（Venture Café Tokyo 2020）。

第 3 項　大阪産業局

　公益財団法人の大阪産業局[10]は、2019 年大阪の中小企業等の経営力の強化や創業支援等の事業を実施し、大阪の経済発展に寄与することを目的に設立された。創業支援、事業継承支援、経営力強化支援、経営相談、国際ビジネス支援、販路開拓支援、設備投資支援、人材戦略支援、展示会・会議室の管理・運営、新規事業の創出等と活動範囲が広い。創業支援では、創業に関する基礎知識（事業計画・資金計画）の習得、課題解決セミナー、ワークショップの開催、起業支援スペースを提供する「立志庵」、大阪の経営者 3 団体と共催する「ビジコン OSAKA」、資金とファンを同時に獲得する「Fund & Fan」、女性起業家応援プロジェクトの「LED 関西」がある。新規事業の創出では、イノベーション創出支援拠点として「大阪イノベーションハブ」、テクノロジーのビジネス支援拠点として「ソフト産業プラザ TEQS」、クリエイティブ産業支援施設として「クリエイティブネットワークセンター大阪メビック」、医療・介護・健康分野における新たな製品・サービスの事業化を目指す「大阪トップランナー育成事業」、起業セミナーやイベントの実施やレンタルオフィス等の提供を行う「大阪デザイン振興プラザ」の運営、中小製造事業者が取り組む消費財の商品開発から販路開拓の支援を実施する「大阪商品計画」がある。展示会・会議室の管理・運営として「大阪産業創造館」や「マイドームおおさか」がある。

　大阪イノベーションハブ[11]は、2013 年大阪市が世界に挑戦するアントレプレナーや技術者が集まるイノベーション拠点として設立された。「大阪から世界へ」をテーマに、ビジネスプランの事業化を支援し、多様な人が

第5章　アントレプレナーシップ教育における起業エコシステムの形成

集まるコミュニティ形成を実施するため新規事業やその拡大につながるイベントやプログラムを開催している。2021年には年間14,000人以上が利用し、約200回以上のイベントや50以上のピッチイベントが開催されている。2016年から累計で264億円以上の資金調達が実施された。企業、金融機関、ベンチャーキャピタル、大学・研究機関、連携協定や共同イベント開催等の海外ネットワークを拡大させている。

ソフト産業プラザTEQS[12]は、「人をつなげ、テクノロジーをつなげ、ビジネスを育てる」ことをミッションに掲げ、課題解決を技術で解決する人を対象とした、先端技術を活用したビジネスの支援拠点である。3Dプリンターやレーザーカッターを完備した工房があるインキュベーション施設で、IoT・Robotics関連ビジネスの起業をアクセラレーションするプログラムや実証実験の支援を実施している。先端技術の情報提供やセミナーの開催や5Gを活用する製品、サービスの開発支援やそれらを体験することができる。

大阪産業創造館[13]は、大阪市経済戦略局の中小・ベンチャー企業支援拠点として中小企業の経営力強化と起業を支援し、大阪経済の活性化に寄与することをミッションとして掲げている。具体的には、「経営課題の解決」と「ビジネスチャンスの拡大」のため支援サービスを個々に最適な方法で提携先・取引先の探し方、技術力や新規事業や起業、グローバル展開などの支援を実施している。

著者は、2022年3月にソフト産業プラザTEQS、2022年4月に大阪イノベーションハブ、2022年5月に大阪産業創造館の担当者と意見交換した。ソフト産業プラザTEQSでは、5Gビジネス創出プロジェクトが組まれ、5Gのビジネスアイデアコンテスト、補助金やセミナー、研究会、ビジネスマッチングが実施されている。著者は、ビジネスアイデアコンテストには大学生が参加でき、そのアイデアをロボットビジネス企業ネットワークのソフトバンクグループから支援を得て、5GX LAB Osakaなどを利用して開発し、大阪イノベーションハブや大阪産業創造館を利用し、事業化することができることを知った。また、変化が激しく、専門家でないと理解することが難しいと敬遠されがちな先端技術を体験でき、その理解を深めることができることを認識した。

大阪イノベーションハブ[14]でも、起業や起業支援に関するセミナーが実施され、大学生が気軽に参加でき、他大学生や社会人とも交流できる場所が提供されている。ビジネスのアイデアがなく、何をしたらいいのかわからない人にも初心者向けの講座が充実しており、メンターの協力を得て、ビジネスプランを作成することができる。小規模から大規模までビジネスプランコンテストに参加できる機会があり、英語でのビジネスプランコンテストもあり「大阪から世界へ」羽ばたく人材育成に力を入れている。

大阪産業創造館でも起業や起業支援に関するセミナーが実施されている。教育機関が関連することはあるが、中小企業の育成が中心であるため、教育機関との取り組みは今後の可能性を秘めている。

第4項　東京都産業労働局

東京都産業労働局（東京都高校生起業養成プログラムである起業スタートダッシュ[15]）は、高校生の起業や夢の実現を応援するプログラムを企画する。高校生の新たな可能性として、高校生の将来のキャリア選択に進学、就職だけでなく起業という新たな選択肢の幅を広げる。2022年度に初めて、起業の基礎を学ぶ養成講座（7回）や7か月の長期的な養成講座プログラムが開催された。2022年度の起業の基礎を学ぶ養成講座には、デロイトトーマツベンチャーサポート会社や大学教員等が講師となっている。アントレプレナーシップ、ビジネス入門（投資編、企業価値編）、起業のネタの発見やアイデア発想のワークショップ、プレゼンテーションの講座が実施された。養成講座プログラムでは、コミュニケーションスキル、ビジネスモデル基礎、リーンキャンバス、アントレプレナーの講演、仮説検証、マーケティング基礎・事業計画書、収支計画書、プレゼンブラッシュアップが含まれる。また、参加した高校生は、各自のプランの完成に向けて、個別の指導を受け、伴走するメンターがいる。

著者は、2022年7月に開催された起業スタートダッシュの成果報告会に参加し、2022年8月に起業スタートダッシュを企画する東京都の担当者や運営者と意見交換する機会があった。報告会では、身近に周りにいる人、たとえば、高校生や高齢者だけでなく、アジア地域で困難を抱えている方

第5章　アントレプレナーシップ教育における起業エコシステムの形成

に対して、それを解決してあげたいという想いだけではなく、具体的な解決プランを堂々と発表していた。2022年4月から高校では新学習指導要領に基づき「総合的な探究の時間」が導入され（文部科学省 2018）、PBL を導入し、起業や起業思考を推進する高校もある（寺西・木村・伊藤 2022）。しかしながら、教育機関において、アントレプレナーシップ教育における PBL 科目の必要性が一般的に浸透しておらず（横井 2017）、その研究成果の公表が非常に少ない（文部科学省 2019）。その理由として、産学連携型の PBL 科目の実践報告の事例はまだ少なく（郭ら 2021）、教育的効果が体系的に示されていないことがあげられる（Ruskovaara & Pihkala 2013）。このような課題はあるが、起業スタートダッシュのように自治体によりアントレプレナーや起業思考の育成支援がされ始めている。

　日本は、起業に関しては OECD の中で後進国とされているが、首都圏や大型都市を中心に学習者、教育機関、企業・団体が協力し、協働でアントレプレナーや起業思考の育成やその支援が実施され、エコシステムの形成がされつつある。図表89 は、学習者、教職員、企業・団体の共創を示している（Inada 2022a）。学習者は、企業・団体の代表者から提供された現実のビジネス課題を分析し、実践的な解決策を提示した。学習者、教職員、企業・団体の協働学習において、企業・団体、教員やクラスメイトからのフィードバックを受けながら、新たなビジネス案を繰り返し作成する

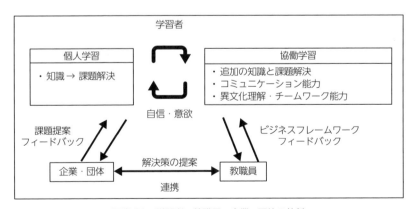

図表89　学習者、教職員、企業・団体の共創

出所）著者作成

319

ことができるようになった。こうして、個人学習と協働学習の両方の段階で、自信と意欲を向上させた学習者がいた。アントレプレナーシップ教育には、現実のビジネス市場での仕事を表現するための実践的な要素が必要である。安岡ら（2018）が述べているように、産学連携による実践的な教育は、学習者の学問的・実践的な成長のために重要である。

Levie & Autio（2008）は、起業エコシステムが地域の起業活動にプラスの影響を与えることは、学術界、産業界、公共政策立案者の事例からも明らかであると示している。また、大学と地域社会との共創の重要性も改めて強調すべきである（Quillinan et al. 2018）。大学は起業エコシステムにおける重要な機関の1つである（O'Brien et al. 2019）。大学は、起業エコシステムにおいて産業界や政策立案者との価値共創を加速させるために、起業エコシステム内の要素を調整することで、学習者のニーズや要件を特定し、それに応えるべきである（Morris et al. 2017; Ferrandiz et al. 2018）。さらに、Rideout & Gray（2013）の大学を基盤とした起業エコシステムに関する洞察やBrush（2014）のダイナミックなネットワークとアクターの相互作用、Mason & Brown（2014）の学術界、産業界、政策立案者が一緒になって、学習者の多様な視点と個人的な開発、組織の関与と開発を確保しなければならない。これらの要素は、起業エコシステムにおいて長期的に起業活動を維持することになる。

起業エコシステムにおける相互作用や制度的環境を伴う社会的、文化的、物質的な要素が起業を生み出し、社会の価値を創造する（Stam 2015; Spigel 2017; Shwetzer, Maritz, & Nguyen 2019）。Hägg & Kurczewska（2022）は、起業エコシステムにおける大学のアントレプレナーシップ教育の重要性を強調している。具体的には、より良い社会のためには、起業思考に焦点を当て、国際的な連携により実践的かつ協力的なコミュニティの構築が必要であると主張している。

起業エコシステムは、大学、企業、団体の連携と共創である。すべての関係機関は、ミッション、ベネフィット、信頼の重要性を認識し、プロジェクトへの積極的な参加、貢献、関与が必要である。言い換えれば、高等教育における価値共創を強化し、起業エコシステムを発展させるためには、企業や組織の支援が重要である。

本研究の主な限界は、日加の企業や組織の声に基づいており、調査対象者数が少ないことである。したがって、結論を一般化することはできない。今後、同様のアントレプレナーシップ教育のプログラムについて、同じ方法論で、より多くの調査対象者数の協力を得て調査を実施すべきである。加えて、今回の研究では、大学を支援する企業や団体の役割に焦点を当てた。しかしながら、エコシステムには、インキュベーター、政策立案者、大学以外のビジネスコミュニティへの関与や大学、企業、社会の政策立案者間の知識移転を通じて価値創造に貢献する場合も含まれる。起業エコシステムは複雑なメカニズムであるので、多角的な視点から起業エコシステムを解明することで、それを発展させることができるだろう。

第3節　教職員の育成

21世紀型スキルとは、生産活動から情報と知識が経済活動の中心へと移行する中で、学習者が職場で求められるスキルである。21世紀型スキルには、1) 創造性、イノベーション、クリティカルシンキング、課題解決、意思決定、学習方略、メタ認知の思考の方法、2) 働く方法としてのコミュニケーションやチームワーク等のコラボレーション、3) 働くためのツールとしての情報やICTリテラシー、4) 地域と世界における市民であること、人生とキャリア、異文化理解と異文化適応能力を含めた個人の責任と社会的責任として世界の中で生きることが含まれる（Griffi, McGaw, & Care 2012）。

文部科学省は、初等・中等・高等教育機関で21世紀型スキルの向上を視野に入れた幅の広い視野や専門性、課題発見や解決能力、事業創造に挑戦する人材育成を積極的に推進し、起業活動や起業支援の向上を目指している。教育機関と企業・団体が連携し、学習者が企業、団体の課題に対する解決策を提案するアントレプレナーシップ教育を推進している（文部科学省 2015; 横井 2017）。Kolb（1984）は、具体的な経験、経験を振り返る反省的観察、積極的な実験、経験から学ぶ抽象的概念化に基づく経験学習サイクルを示した。Deardorff（2015）は、教育は学校だけでなく、学習者のキャリアを通じて長期的な学習支援が必要であると述べている。また、アント

レプレナーシップは学習者や雇用者の教育（Surlemont 2007）や仕事生活（Amabile & Kramer 2011）にも影響を与え、創造性、意欲、幸福感を向上させる（Amabile & Khaire 2008; Amabile & Kramer 2011; Diener & Suh 2003; Goss 2005）。さらに、重要な社会課題の解決にも役立つ（Rae 2010）。アントレプレナーシップ教育は、雇用者、企業、組織に対して、公共の利益のために社会的価値を創造する力を与えることができる（Austin et al. 2006; Wilson et al. 2008）。教育機関において、学習者に主に、直接アプローチし、知識、能力、態度の向上を育成するのは教職員である。教職員間の連携においては、各大学間が連携するため、教職員のコミュニティを構築し、活発な交流をしながらアントレプレナーシップ教育のノウハウを蓄積することが重要である。つまり、教職員のためのアントレプレナーシップ教育の学びの場として研修や勉強会、報告会を開催することは重要である。アントレプレナーシップ教育関連の教職員研修を実施している大学にBabson大学とStanford大学がある。著者は、2022年にそれらの教職員研修に参加した。その内容や受講からの学びについて示す。

第1項 Babson大学の教職員研修

Babson大学は、全米のアントレプレナーシップ教育で高く評価されている。2022年2月22日から25日、3月1日から4日の午前9時から11時にBabson大学による日本の教職員を対象とした研修が実施された。参加者は40名である。Babson大学のアントレプレナーシップ学部に所属するAndrew Zacharakis教授とYasuhiro Yamakawa准教授が授業を進行した。Zacharakis教授は、アントレプレナーシップが専門である。Bygrave & Zacharakis（2008）の「Entrepreneurship」はBabson大学でアントレプレナーシップの教科書として使用されている。山川恭弘[16]准教授は、アントレプレナーシップ、失敗学、経営戦略が専門であり、東京大学の教授や東京の起業支援センターであるCIC Japan、Venture Café Tokyoの代理理事でもある。本研修では8回の授業が実施された。授業内容は、1. アントレプレナーシップの教授法：起業の理論と実践、2. アイデア創出のためのデザインシンキング、3. 事業機会の評価、4. リーダーシップスタイル、5. 学習

者の実践的なアントレプレナーシッププログラム、6. ピッチ、7. アントレプレナーシップ教育の欠如、8. 対面学習と遠隔学習の相違とロケットピッチの発表等であった。

1）アントレプレナーシップの教授法：起業の理論と実践

　Zacharakis 教授から物事の成功には、知識、ネットワーク、熱意、活動するエネルギー、コミットメントの5つが必要であり、特に熱意は非常に重要であることが学習者に伝えられた。次に、Babson 大学は、アントレプレナーシップの理論と実践の融合「Entrepreneurial Thought and Action」を掲げており、学習者の理解度を高めるために実際に講義したことをすぐ実践する。もしくは、テーマの内容を実践してから、その内容の理解を講義で促していることが伝えられた。

　1回目の授業で、学習者は、8チームに分かれて10分間でジグソーパズルを作り、15分間で話を作る体験して、その比較から Prediction と Creation の違いを学んだ。Prediction は、ジグソーパズルのプロセスのように、スタートからゴールがある程度決定されている。Creation は物語を作るプロセスのようにゴールが1、2、3と進行途中で変化する。Prediction は、将来を予測できることが前提としてあり、我々がコントロールすることが可能である。よって Prediction は、知り得る範囲で、直線的に大規模に計画して、失敗を避け、ある程度の成果が見込めるため戦略的思考である。一方、Creation は、多方向から協働で未確定なことを小規模に実践し、将来を創造していき可能な損失も見込んで将来に向けて価値を創造する起業思考である。「Entrepreneurial Thought and Action」では予測しながら戦略的思考と創造しながら進める起業思考の両方が必要である。

　Neck et al.（2017）の「Entrepreneurial Thought and Action」の方法論を示す。「Entrepreneurial Thought and Action」の方法として、まず自分の欲望や動機の方向づけである。自分は何が楽しみで、何に心を動かされて、熱心に取り組んでみたいのかを考え、達成したい目標は何でどのようなビジョンを描く必要があるのか。表現としては、「I want to ～（私は～をしたい）」「How might I ～（私はどうすれば～できるか）」「I have a desire to ～（私は～について要望がある）」になる。そして、エフェクチュエーションにあるように、自分は誰で、何を知っており、誰を知っているのかを考察し、物事を始める意味や損失可能な範囲を決定してから実践する。また、学習者は、他者とのネットワークの確立や協力を仰ぎ、必要な人的資源を考える。学習者は、ワークシートに書き込みながら、自分自身の理解や興味、活動やネットワーク等について考える。ワークシートの項目は、1. 自身の課題、2. 自身のリソース、3. 他者の参画、4. 課題に対する活動、5. 機会損失の範囲（時間、試算、社会的立場、その他）、6. 現在のアイデア、7. 自身の学びや幸せの度合いである。

2）アイディア創出のためのデザインシンキング

　授業の目的は、人間を中心としたデザインシンキングを実践して楽しむことである。IDEO（2009）は、Human Centered Design Toolkit[17]で自分が何を望むのかを明らかにして、技術、組織、資金を活用し解決策を考えることを推奨している。課題解決には、観察、グループインタビュー、自己の文章化、1対1のインタビュー、シャドーイングの繰り返し、観察が非常に重要である。デザインは、Brown（2008, p.5）の3つのステップで、1. 観察や解釈を含めたデザインを形成し、共感を得て課題を発見する。2. どのように課題を解決できるかとブレインストームでアイデアを創造する。3. プロトタイプをテストすることで実現可能かを試行する。本研修の課題は、「私たちは、どのように日本のアントレプレナーシップ教育を向上させることができるのか」である。練習は1から8のステップで実施された（図表90）。

　練習1で、個人が観察と解釈をする。教職員、学習者、アントレプレナーとしての経験から、主に要求が満たされていない3つのニーズを考える。練習2で、チームメンバーとその3つのニーズを共有し、最も重要であると考える満たされないニーズを3つ考える。練習3で、さらに1つのアイデアに絞り込み、「How might we……（私たちはどうしたら……）？」とその課題やニーズを5分で考える。次に、練習4で、3分のブレインストーミングでたくさんのアイデアを考える。その時点ではアイデアを判断したりせず、突拍子もないアイデアや一度にたくさんの話題ではなく、1つの

第5章　アントレプレナーシップ教育における起業エコシステムの形成

図表90　デザインシンキング（観察と解釈、アイデア創出と選択、プロトタイプ、市場）

練習	項目	内容
1	観察と解釈（個人）	個人で要求が満たされていない3つのニーズを考える。
2	観察と解釈（グループ）	チームメンバーでその3つのニーズをシェアし、最も重要であると考える満たされないニーズを3つ考える。
3	観察と解釈（グループ）	3つのアイデアから1つに絞り込み、「私たちはどうしたら……」とその課題やニーズを考える。
4	ブレインストーミング	たくさんのアイデアを考える。
5	投票	各自それらのアイデアを3つ選択し、2つのアイデアを選択する。
6	アイデアの選択	最も選択された2つのアイデアを議論しながら、10分で新規性、独自性、多少リスクはあるが将来的に発展の可能性のある1つに絞る。
7	プロトタイプ	アイデアをホワイトボードなどに書いて可視化し、発表する。
8	新規トレンドや市場	将来の変化に伴うものか、新規商品であるのか、既存商品の延長であるのか、ビジネスプロセスを形成する新しい方法であるのか、新規顧客のセグメントや関係性を考える。

出所）Babson大学の講義資料をもとに著者作成

話題にしてアイデアを出すことを奨励したり、可視化して表現し、他者のアイデアに追随することや多くのアイデアを出すことを先決する。練習5で、それらのアイデアを10分で各自3つ選択し、練習6で、最も選択された2つのアイデアを議論しながら、10分で新規性、独自性、多少リスクはあるが将来的に発展の可能性のある1つに絞る。そのアイデアは突拍子のないものではなく、明らかに安全性があるものではない。「もしあなたが他国でその課題に直面していたら？」「もし人的資源を限界なく使用することができたら？」「もし資金を限界なく使用することができたら？」など限界や制限を排除してアイデアを考えてみる。練習7で、アイデアをホワイトボードなどに書いて可視化し、1分で発表する。練習8で、その発表したアイデアは将来の変化に伴うものか、新規商品であるのか、既存商品の延長であるのか、ビジネスプロセスを形成する新しい方法であるのか、新規顧客のセグメントや関係性を考える。

3）事業機会の評価

アイデアにとどまるのか事業機会に発展するのかの判断には8つの項目を確認する。1.誰が顧客なのか。2.誰が主要顧客になるのか。3.顧客は何に関心があるのか。4.あなたは課題を解決することができるのか。5.現在、顧客はその課題をどのように扱っているのか。6.あなたは、独創的な方法でどのようにその課題を解決しようとするのか。7.あなたが解決を試みている課題に関する市場規模はどれほど大きいのか。8.人々はいくらそれに払う意思があるか。

これらの項目をもとに、食糧資源の事例を用いて、良い事業機会なのかやや弱い事業機会なのかを分析する。良い事業機会の場合、主要顧客を特定し、顧客の関心事項など心理的背景を明確に定義することができる。選定された市場で、事業機会があり、断片的にもしくは新規に思考が構築されている。市場規模は大きな主要顧客グループがおり、需要があり、20％以上の伸びがある。価格に関しては、利益が40％以上見込め、購入比率が高く、価値を価格に反映することができ、比較的営業費用が低く、利益率が高いことが良い。商品・サービスの普及に関しても利益率が高く、円滑に実施することができる。競合や代替品は少なく、競争が少ない。取引先から利益等の圧力が少ない。国際的な環境においても顧客が興味を持ち、取得可能で、競合が少なく、もしくは競合なしで、取引先から支持を得ていることが良い。

次に、グループで事例の仮説を想定し検証するアプローチを実施し、実際に事例として取り上げられたアントレプレナーから当時の起業背景や現在のビジネスについてのコメントを動画で鑑賞した。Zacharakis教授から、事例研究は、学習し、練習し、反映することが大切であることが伝えられた。この授業の最後に、チームの課題である日本のアントレプレナーシップを向上させるというコンセプトの背景にある重要な仮説を検証する。

4）リーダーシップスタイル

山川准教授は、学習者が理想とするアントレプレナーやビジネスリーダーの素質を学習者に問いかけた。リーダーシップは知識や技術的なスキルというよりは、他者との共感し共に活動や作品を創造する人的スキルで

ある。Neck et al.（2017）の「Entrepreneurial Thought and Action」の方法論にある他者とのネットワークの確立や協力を仰ぐにあたる。

　学習者はリーダーシップスタイルに関する18の質問に答え、4つのタイプに分類される。その分類の2軸は、責任と傾聴である。1軸は、人に寄り添い、素直に、柔軟に同情的に開示するより責任を伴うもの、もしくはより課題が中心的で責任をあまり伴わないものである。もう1軸は、個人的な自信や強制力を示す傾聴、もしくはよりプロセス中心で傾聴が少ない。Bolton & Bolton（2009）は、この4つの分類を責任と傾聴が両方少ないのは、1. 良心的、分析的である。責任が少なく、より傾聴が多いのは、2. 支配性、操縦性である。傾聴が少なく、より責任が多いのが、3. 安定性や親しみやすさである。責任と傾聴が両方多いのは、4. 影響性、表現性である。この4分類をその分類の特徴と行動の傾向や制限事項で説明する。

　1は、良心的、分析的である。この分類の人は、既存の構造、手順、システムの中で作業を行い、品質、正確さ、精密さを確保しながら、仕事を成し遂げることができる。行動の傾向として、この分類の人は、基準や詳細に注意を払い、分析的思考をする。外交的で、正しい方法で作業を進めようとする。制限事項としては、この分類の人は、心配性、考えすぎる、細かいことにこだわり、批判的、優柔不断、創造性を妨げ、グループワークから感情的になることがある。

　2は、支配性、操縦性である。この分類の人は、目標に集中し、課題を克服することで、作業を達成する。行動の傾向として、この分類の人は、目標や結果を重視し、野心的でリスクを恐れず、自信があり、決断が早い。制限事項としては、他者への配慮に欠け、せっかち、人の話をよく聞かないで権威を振りかざすことがある。

　3は、安定性や親しみやすさである。この分類の人は他人と協力して仕事を成し遂げる。行動の傾向として、友好的、快活、親切、チームワークが良い、忠実で信頼できる、人間関係を築きやすい、落ち着いている、聞き上手である。制限事項としては、この分類の人は、自分の意見が対立の原因となる場合、不本意ながら受け入れることがある、過度に譲歩したがる、批判を個人的に受け止める、否定的なフィードバックを制限する、変化に強いことがある。

4は、影響性、表現性である。この分類の人は、他人を説得し、影響を与えることで仕事を成し遂げ、大局を見据える。この分類の人は、行動の傾向として、ビジョンを重視し、大きなアイデアを持ち、非常にエネルギッシュで熱狂的であり、感情的に巻き込まれるのが好きである。制限事項としては、この分類の人は、目標設定や計画立案が苦手であり、売り込みや指導が行き届かず、フォローが足りない、短気なところがある。

1から4の学習者が心がけ、求められていることをあげる。

1は、何を知っているか、データを分析して質の高い方法できちんとやり遂げることを得意とするが、事業の撤退や多くの場合、操縦者の不満の原因となる。よって、課題に対して取り組み、感情を重視せず、体系的に整理し、事実に基づいて作業する強みは活かし、ペースは落とし、聞くことを心がける必要がある。

2は、目標は何か、期限は、何がなんでもやり遂げることを得意とするが、独裁的である。非常に支配的で他のアイデアに対して閉鎖的、自己主張の少ない人は威圧的に感じるかもしれない。よって、高いエネルギーを持って、自分のペースを守りながら、自分の考えを言い、目標を明確にして、本題に入り課題をこなすことをしながら、感情を抑えることが求められる。

3は、誰を相手にしているのか、私たちは何を望んでいるのか、みんなで一緒にやりましょうということを得意とし、過度に協力的に同意するが、実際の行動とは一致せず、融通を利かせることが難しい。よって、個人的な関わり合いを持ち、感情を重視し、サポートして、強く出すぎない。自分のペースを落とし、聞くことが求められる。

4は、どうすれば目標を達成できるのか、一緒にやりましょう、応援するということを得意とするが、イライラを他者にぶつけ、短気で、すぐに立ち直るが、攻撃的である。よって、エネルギーがあり、自分のペースをつかみ、思ったことを口に出し、全体像に集中し、個人的なコンタクトを取り、感情を重視することが求められる。

このリーダーシップスタイルの目的は、どの分類になるかによって、自分の特性や相手の特性を理解することである。このスタイルは、個人的な傾向や好み、繰り返されるパターンや習慣、強み弱みもあるが、受け入れ

て適応することを学習することや、強みを活かした多様なスタイルを用いることで、より効果的なチームを作ることができる。4つのどのタイプが良し悪しではない。

　研修では同類のグループで、参加者の主な強みや弱みを話し合った。自分達にはどのような方法でコミュニケーションをしてもらいたいのか、あるいは、どのような方法でコミュニケーションをしてもらいたくないのかを10分で話し合い、3分で、グループ以外のメンバーに発表した。その結果を踏まえて、自分自身が何を学習したのかを10分で学んだ。良いチームとは、目標や目的を達する結果、何が学べるかの学習、もう一度同じメンバーで取り組みたいかの満足度が重要である。感情的な知性は、自分自身を認識し、自分をマネジメントする、そして他者の社会的関心やマネジメントとの関係性を持ち、他者に対して肯定的な効果を出す。

5）学習者の実践的なアントレプレナーシッププログラム

　山川准教授によりBabson大学の特徴的な授業であるFoundations of Management and Entrepreneurship（FME）のコース紹介があった。このコースは、1996年に設置され、1917年にBabson大学設立者のRoger Babsonの「事業創造を理解しない限り経営学を学ぶ意味はない」という哲学に基づいており、Babson大学の「Entrepreneurial Thought and Action」の基礎である。FMEコースの目的は、5つある。1. 統合された企業としてビジネスの本質を体験する。2. 起業思考と行動を実践する。3. 社会的・経済的価値を創造する起業の機会を特定し、開発し、評価する。4. 起業の機会に関連付づけて地域および世界の状況を分析する。5. 起業のリーダーシップと関連しながら自己、チーム、組織について探求する。

　FMEコースは、1年間を通して実施され、週2回、1年生は必須である。12から18セクションに分かれ、1セクションは40名の学習者と2名の教育者と2名の大学院生で構成される。各セクションは$9,000までの起業資金が提供される。起業して得た利益はすべて社会奉仕活動のパートナーを選択して慈善事業に寄付し、社会貢献イベントに参加する。そのプロセスから、学習者は、なぜ起業や起業思考が重要なのか、地域や社会をより良くするにはどのようにすればいいのかなどを学ぶ。

学習者は、秋学期で事業創造（アイデア創出や創造性を活用して事業機会を発見し、市場や顧客を研究し、ビジネスコンセプトを発展させ、資金獲得や資金運営等の必要資源を決定する）を学習する。春学期で経営学（資源を獲得し、マーケティングや個人でのプロモーション、事業戦略、オペレーション、リーダーシップ、人的管理や評価の実践）を学習し、イグジットとなる。つまり、学習者は、事業創造を探索して、追随し、起業と成長を目指す。同時に、個人やチームの取り組みは、自己理解から、他者と協働し、事業をこなすことで起業リーダーを目指す。

　学習者は、「Entrepreneurial Thought and Action」のCreationで抽象的であったものをPredictionで明確に表示できるようにする。FMEコースでの学びとは、学習者に必要なときに必要な道具を提供し、試行錯誤をしながら、学習し、応用しながらする実験的学習である。試行錯誤であるため、失敗もするが、やってみて、失敗から学習するやり方である。学習者は、失敗を恐れるかもしれないが、失敗は成功のもととして、教員は失敗しても学習者が失敗から学び、そこから構築し、再び行動する限り大丈夫であることを伝えている。2010年から2019年までに75以上の団体に$521,000を寄付することができた。経済・社会的な価値創造を実施したことがFMEの評価となっている。

　FMEコースの紹介後、チームで各自が所属する教育機関におけるアントレプレナーシップ教育の基盤（コアバリュー、主要目標など）を構成するものは何か、それをどのようにコースに浸透させるか、カリキュラムをどのように設計・構成するか、教員育成、資金、運営など何の資源が業務の停滞や生産性の低下を招いているのかについて話し合った。

6）ピッチ

　このピッチの授業では、学習者が、投資家やスタートアップから資金を得るとき、新規雇用や新規顧客の獲得にピッチが必要であることを示した。投資家はピッチからビジネスモデルや売上、アントレプレナーの信頼性、熱意や熱心さ、イグジットプラン、成長性、参入障壁、助言が可能かを確認している。また、ピッチについて、Michelle ObamaとRic Eliasのスピーチを比較し、Michelle Obamaの個人的な経験や共感、声の使い方や振る

舞いとRic Eliasのイメージを膨らませるもの、愛や恐れなどの感情、聞き手への質問の仕方について分析した。そして、学習者のピッチを参考に、聞き手がピッチで注目し、印象に残るものは何であるのかや改善点等を話し合った。ストーリーやジレンマ、質問形式、写真やビデオや音楽、プロトタイプ等の何か聞き手に見せることができるもの、デモンストレーションや注意を引くメッセージ、仮説や提案や挑戦、既存の事実を示すなどさまざまな方法がある。最後に、チームで自分たちのピッチでどのように聞き手の注意を引き、印象に残るのかを考えた。

7）アントレプレナーシップ教育の欠如

山川准教授は、GEM調査で日本は起業の後進国であり、失敗を恐れる文化があることを指摘した後、どのように失敗を教えたらいいのかを学習者に伝えた。失敗は「Entrepreneurial Thought and Action」の機会損失の範囲（時間、試算、社会的立場、その他）にあたる。

失敗の定義は、パフォーマンスの成果、知覚と認知、視点が含まれる。パフォーマンスの成果の有形は、測定可能な資金、時間、製品数等である。成果の無形は、信頼性、関係、絆、学習である。知覚と認知には、簡単なもしくは不可能な目標達成や期待と全体的な満足度が含まれる。視点には誰の目から見たかが考慮され、自分もしくは他者、客観的であるのか主観的であるのかが関係する。このように人は役割、文脈、時間の制約のもとで、さまざまな方法で失敗を定義している。個人レベルではそれで良いが、チームや組織の場合は認識が同じである必要がある。失敗したことを認めるために、事前もしくは事後に失敗を定義する必要がある。山川准教授は、失敗は、幸運なことであり、積極的に学んで、次回はもっとうまくやろうということを繰り返す大切さを学習者に伝えた。

失敗のプロセスや段階に関して、事前にどのように準備して、失敗中にどう対処し、失敗後に失敗をどのように活用するのかである。つまり、失敗を定義して、失敗の原因を理解して、失敗を予測することや対処すること、失敗から回復する。失敗から学ぶことで、次回はもっとうまくやるようになる。失敗は、一時的なものであり、永遠ではない。個人が否定されるものでもない。失敗はいいものだという観点の変化が必要である。歴史

的に、技術の進歩は、過去の失敗から学ぶことで形成されている。学習したPredictionとCreationの観点から、Creationは失敗をしながら、目標を変えて、目標に向かって進んでいく。失敗は必要である。

　チームでの議論では、失敗をテーマにした授業をどう作るのか、学習目標は何で、何を教え、どのような教授法で、どのように提供するのか、組織内の失敗に対する寛容さをどのように向上させるか、どのように改善したらいいのかを話し合った。たとえば、山川准教授のクラスでは、アントレプレナーが失敗談を授業で披露する。失敗をオープンにし、意図的に反省するように訓練すれば、失敗は最高の教訓を与えてくれることを学習者に伝える。Babson大学では、失敗を祝うイベントもある。挑戦しないと失敗はなく、失敗から学び、それを活用するマインドやサイクルが重要であるということを示している。

8）対面学習とオンライン学習の相違とロケットピッチの発表

　コロナ禍においてオンライン学習が世界中で拡張した。教育者は、オンライン上で学習者をどのように惹きつけ、親しみを持って交流でき、深い学びを提供できるかについて議論した。対面とは異なるオンライン学習であっても学習者は物理的に身体を動かし、ビデオや投票機能を使って授業に参加することができる。また、教育者は個人の生活や経験を学習者と共有して信頼関係を築くことも可能である。チームでオンライン学習について、各自の教育面での取り組みや授業での経験をシェアし、良い案を話し合った。

　その後、本研修の課題である「私たちは、どのように日本のアントレプレナーシップ教育を向上させることができるのか」について8チームのピッチが実施され、良かった点、今後の挑戦とコメントが発表された。今回の研修で40名の日本の大学や教育機関に所属している教員がいたが、アントレプレナーシップ教育が専門でない教員が多かった。チームの話し合いで、ある教員は、高大接続として高校で探究学習を担当し、大学でアントレプレナーシップ教育を担当しなければならない状態にあり、孤独を感じることを多いことが課題として浮かび上がった。著者のチームでは、日本においてアントレプレナーシップ教育の教員研修や教授法の伝授など

第 5 章　アントレプレナーシップ教育における起業エコシステムの形成

教員を育成する取り組みはまだ少ないことに着目し、教育者のコミュニティ形成をオンラインで開始することを提案した。教員養成のワークショップ、授業についての意見交換やサポート等を含み、教員同士のネットワークを構築することが特徴である。

最後に、Zacharakis 教授と山川准教授から、今後も想像を活かして教えること、新しいアプローチを試すことに自信を持つこと、実践すること、不確実な状況でも先導していくこと、グローバルに活躍し、自分自身の教え方を確立すること、新しいアイデアをすぐに取り組むこと、本研修を受講したことにより Babson 大学の教員仲間の一員であることが伝えられた。

Babson 大学の教職員研修での著者の学びは6つある（図表91）。

図表91　Babson 大学の教職員研修での学び

	項目	学び
1	自分を知る	自分は誰で、どのようなリソースやネットワークを持っており、どのようなことに他者と一緒に取り組み、時間や社会的立場等の機会損失の範囲、自分の学びや幸せについて考える。
2	失敗の捉え方	失敗の機会損失の範囲（時間、試算、社会的立場、その他）を各個人で定義し、そこからの学びについて焦点を当て授業で議論する。失敗への恐れを打破し、失敗を障壁の低いものとして、学習する価値があるというメタ認知が必要である。具体的には、失敗を恐れるのではなく、起業をしないことのリスク等、学習者に起業のマインドセットを促す。
3	フレームワーク	「I wonder why……（どうして……）?」「How might we……（私たちはどうしたら……）?」「What if……（もしも……なら）?」を活用しながら事例を考える。
4	社会貢献	アントレプレナーや起業を支援することは単なるお金儲けだけではなく、利益を地域のチャリティーとして全額寄付し、地域の貢献になることを体験しながら学習できることを知った。
5	リーダーシップ	質問事項によって4つのタイプに分類され、個人的な傾向や好み、繰り返されるパターンや習慣、強み弱みを認識し、それらを受け入れて多様なスタイルを用いて適用することで、より効果的なチームが形成できることを学んだ。
6	愛	先生は、学習者が安心して学習でき、成長できるように愛を注ぎながら、フレンドリーに Babson 大学のチームの一員として受け入れてくれた。

出所）Babson 大学の教職員研修の体験をもとに著者作成

1. 自分を知る。自分は誰で、どのようなリソースやネットワークを持っており、どのようなことに他者と一緒に取り組み、時間や社会的立場等の機会損失の範囲、自分の学びや幸せについて考える。
2. 失敗の捉え方。著者は、失敗についての概念、マインドセットに関して、今回の研修で最も学びが大きかった。著者は、起業の成功例を授業で取り上げることはしているが、失敗の機会損失の範囲（時間、試算、社会的立場、その他）を各個人で定義し、そこからの学びについて焦点を当て授業で議論することが少なかった。確かに、日本は起業後進国で、その大きな要因が失敗への恐れである。この失敗への恐れを打破し、失敗を障壁の低いものとして学習する価値があるというメタ認知が必要である。この取り組みは、失敗を恐れるのではなく、起業をしないことのリスク等、学習者に起業のマインドセットを促すうえで重要な要素である。
3. フレームワーク。「How might we……（私たちはどうしたら……）？」を活用しながら事例を考える。
4. 社会貢献。アントレプレナーや起業を支援することは単なるお金儲けだけではなく、利益を地域のチャリティーに全額寄付し、地域貢献を体験しながら学習できることを知った。
5. リーダーシップ。質問事項によって4つのタイプに分類され、個人的な傾向や好み、繰り返されるパターンや習慣、強み弱みを認識し、それらを受け入れて多様なスタイルを用いて適用することで、より効果的なチームが形成できることを学んだ。
6. 愛。先生は、学習者が安心して学習でき、成長できるように愛を注ぎながら、フレンドリーにBabson大学のチームの一員として受け入れてくれた。

第2項　Stanford大学の教職員研修

Stanford大学d.schoolでは「Teaching & Learning Studio」という教職員研修が実施されている。著者は、Stanford大学d.schoolで実施された2022年6月27日から7月1日の5日間の研修を受講した。参加者は、44名で、

米国を中心とした教職員である。加国、愛蘭国、蘭国、日本からの教職員も参加した。教員は、Leticia Britos Cavagnaro[18]助教授、Erica Estrada-Liou ディレクター、Meenu Singh ディレクターである。Cavagnaro 助教授は、Stanford 大学医学部で発達生物学の博士号を取得し、Stanford 大学教育学部の Research in Education & Design Lab（REDlab）にも所属していた。d.school のプログラムであるイノベーション・フェローの共同設立者である。Cavagnaro 助教授は、教育者と共に学習者の学びの可能性を最大限に引き出すことに取り組んでいる。Stanford 大学のあらゆる分野の学習者を対象に、チームや組織におけるイノベーションの原動力となる創造性を活かして自信をつけることを教えている。d.school での体験によって、学習者や教育者たちの変化を目の当たりにした。Cavagnaro 助教授は、デザイン思考を Stanford 大学以外のより多くの人々に届けることを優先し、米国内外のあらゆる年代の学習者や教育者、企業や非営利団体のリーダーたち数百人と協働してきた。たとえば、2013 年に 130 か国以上から集まった数千人の学習者に体験型 Massive Open Online Course（以下、MOOC）[19]でデザイン思考を伝えている。

　Estrada-Liou ディレクターは、Stanford 大学で機械工学の学士号を取得し、MBA を取得した。現在は、Maryland 大学でイノベーションとアントレプレナーシップのディレクターであり、d.light design の共同設立者でもある。d.light design は、電力網が乏しい地域で生活を送る人々に安価な照明や電化製品を提供する社会的企業である。d.light design の最初の製品を市場に出した後、デザインフェローとして d.school に参加し、後に社会起業ラボの共同設立者兼ディレクターに就任した。Estrada-Liou ディレクターは、貧困やさまざまな社会問題に適用される人間中心のアプローチについて、米国内外でさまざまなクラスやワークショップを教えている。また、学習者や教職員を対象に、授業や大学全体でデザインを取り入れることを提唱している。

　Singh ディレクターは、Stanford 大学教育学部で学習、デザイン＆テクノロジーの修士号を取得した。d.school の「Teaching & Learning Studio」で教鞭をとり、世界中の 600 人以上の大学の教職員と仕事をしてきた。Singh ディレクターは、Stanford 大学医学部の教育者と協働し、医学教育

における形成的評価を改善するためのモバイルアプリケーションを設計するなど、医学教育にデザイン思考を取り入れることに注力し、人々が楽しく学べるような体験や製品を作る。また、Singh ディレクターは、タイの 11 の主要大学の教授を対象とした Innovative Teaching Scholars プログラムを設計し、実施するコアチームの一員でもある。

　Cavagnaro 助教授がコースリーダーとなり、3 名の先生で講義やグループワークのファシリテーション等を務めた。また 2 名の事務局と 1 名の d.school のカメラマン、4 名の過去に d.school の「Teaching & Learning Studio」を受講済みの先生が授業をサポートする。

　授業の目標は、3 つある。全体の目標として、教職員がデザイナーとして未来の高等教育を設計することができることである。また、暗黙的な目標の 1 つとして、受講者の教職員が各自の大学で学習者にデザインすることを新しい学習法で提案できることである。明示的な目標としては、学習者やチームにデザインすることを紹介することである。

　図表 92 は「Teaching & Learning Studio」の授業構成を示している。授業の主な構成は、教職員が試行錯誤し経験する、気づく、意味づける[20]である。5 日間の授業内容の詳細を示す。1 日目は、授業全体の概要説明と学びの文化を育む。4 つの柱とデザイン入門である。2 日目は、経験すると自分の仕事につなげる。3 日目は、気づくと自分の仕事につなげる。4 日目は、意味づけると自分の仕事につなげる。5 日目は、高等教育の未来像を描くが授業内容であった。

　1 日目にアイスブレイク、アプリで教室が案内され、目標の提示、目的の確認があった。また、プログラム全体、デザインシンキング、スペース、行動、結果の説明があった。その後、学習者は、ワークシートで学習した内容を確認し、リフレクションをノートとアプリで実施した。2 日目は、経験するをテーマに、学習者は、アイデア創出やリフレーミングを実施した。プロトタイプを作成し、路上でフィードバックを得たり、Why と How のツリーを Web 上で作成したりした。また、学習者は、"Yes and…" の文章を作って、ブレインストーミングの出し方の練習をした。授業の最後には、1 日目と同様に、学習者は、ワークシートで学習した内容を確認し、リフレクションをノートとアプリで実施した。さらに、学習者は、授

第5章　アントレプレナーシップ教育における起業エコシステムの形成

図表92　Teaching & Learning Studio の授業構成

日程	授業内容
1	授業全体の概要説明と学びの文化を育み、デザインすることを学ぶ
2	経験する＋自分の仕事につなげる
3	気づく＋自分の仕事につなげる
4	意味づける＋自分の仕事につなげる
5	高等教育の未来像を描く

Day1	Day2	Day3	Day4	Day5
アイスブレイク	経験する	気づく	意味づける	高等教育の未来を再構築する
アプリで教室案内	アイデアリフレーミング	Paseo 相互インタビュー	ダンス―自己表現、仲間と空間を作り出す	DJ 教室―空間を作り、楽しむ
目標の提示 目的の確認	プロトタイプ 路上フィードバック	共感ジム 例）車椅子ユーザーとしてキャンパスを歩く	写真の順番合わせ	DJ ストーリー
プログラムの概要	Why-How web ツリー	1) インタビュー 2) イマージョン	卒業生による学びの振り返り	少人数での振り返り
デザインシンキングの説明	ブレインストーミング "Yes and…"	旅行の回想、感情変化ミラーマップ	夕食会	プログラム、コース、教材紹介
スペース → 行動 → 結果				修了式
・ワークシート ・リフレクションシート（ノートとアプリ）	・ワークシート ・リフレクションシート（ノートとアプリ） ・授業の学びを自身の仕事につなげる	・ワークシート ・リフレクションシート（ノートとアプリ） ・授業の学びを自身の仕事につなげる	・ワークシート ・リフレクションシート（ノートとアプリ） ・授業の学びを自身の仕事につなげる	交流、作品づくり

出所）d.school「Teaching & Learning Studio」の講義資料をもとに著者作成

業の学びを自身の仕事につなげるにはどうしたらいいのかを考えた。3日目は、気づくをテーマに実施された。学習者は、大学にある森に行き、Paseo というやり方で相互インタビューをした。その後、学習者は、共感ジムを体験した。学習者は、カードを手渡され、その人物になりきって学内を探索した。たとえば、学習者は、車椅子ユーザーとなってキャンパスを歩いた。次に、試作品を作成してインタビューをしたりイマージョンを

体験した。学習者は、ワークシートを用いながら、個人学習とペア学習班で旅行の回想、感情変化ミラーマップを作成し、対話した。2日目と同様に、授業の最後に、ワークシート、リフレクションシート、授業の学びを自身の仕事につなげることが実施された。

4日目は、意味づけるをテーマに実施された。学習者は、全身が見えるダンス教室で、ダンスの専門の先生から自己表現、仲間と空間を作り出すことを体現した。教室に戻り、写真の順番を合わせ実施し、卒業生による学びの振り返りを聞いた。2、3日目と同様にワークシート、リフレクションシート、授業の学びを自身の仕事につなげることが実施された。この日は、学習者と先生方と一緒に夕食会が開かれた。5日目は、高等教育の未来を再構築するである。学習者は、先生方が手作りで作成したDJ教室で空間を作り、楽しむことを体現する。その後、学習者は、その空間を作り出したDJから空間作りについて話を聞く。少人数で、5日目の活動を振り返る。別室に移り、学習者は、d.schoolが今までに蓄積したプログラム、授業に用いた教材を見たり、体験した。全日程が終了し、修了式が実施された。最後に、交流会とd.schoolのロゴが入ったトレーナやしおりを作成した。

授業の進め方は、体験、リフレクション、講義、リフレクションの構成である。先生から体験する内容の説明がある。そして学習者は、それを体験し、個人で何を感じて、気づいたのかを考え、リフレクションとして個人のノートに書き込む。次に学習者は、その個人のリフレクションをクラスメイト1名もしくはグループと共有し、全体とも共有する。さらに、理論や授業の意図などの講義があり、毎回の授業の最後に、教職員が学習したことを各自の大学でどのように活用できるかについて個人のノートに書き込みリフレクションをする。自宅では、アプリで授業内容の復習と学びの確認が可能である。

授業に用いられたのは、PPTの授業スライド、ワークシート、試作品のための道具、ノート、ステッカー（授業の要点を貼る）である。共通の情報共有プラットフォームとして、Slackを使用する。授業中のPCは使用不可であり、Slackは携帯で確認する。授業のリフレクションには、d.schoolのアプリが使用された。

第5章　アントレプレナーシップ教育における起業エコシステムの形成

　1日目の授業が始まる前に、Slackで自己紹介と課題が2つ課せられた。課題1は、自分の居場所だと感じる場所の写真を共有することである。学習者のd.schoolに訪問するまでの旅は、自分の視野を広げ、新しい場所を知るための素晴らしい時間になる。学習者は、自分が属していると感じている場所について考える機会にもなるため、旅行と関係する必要はないが、自分の居場所を探すことが奨励された。物理的な場所でなくてもよかった。

　課題2は、自分が火星から来た宇宙人であると仮定し、観察力を最大限に高めるために、移動中に気になったことや注目したことをノートや携帯にメモする。それは、特別にうまくいったことでも、自分や周りの人にとってまったくうまくいかないことでもよい。

　授業開始後に、課題1の写真はクラスで共有され、課題2については意見を述べるのに使用された。著者は、実際に旅行中に気になったことや注目したことを携帯にメモし、自分の居場所だと感じる場所の写真を空港でいくつか撮るうちに、普段、気にかけなかった視点に気づくことができた。

　初日の授業から5日目までの授業の詳細を示す。

1) 1日目：授業概要　目標の提示、目的の理由

　初日の授業は、8時半からCoffee breakがあり、9時からStanford大学の芝生で活動し、12時半から昼食になった。その後、午後の活動があり、15時に休憩し、17時に授業は終了した。

　午前の部の目的は、先生、学習者がお互いを知り、共に信頼して学習する文化を作り、共通の合意項目を確認するためである。Stanford大学の芝生で体を使ってアイデアを体現する7つのアクティビティ（図表93）が実施された。1つ目のアイスブレイクでは、参加者全員で世界地図を体現し、出身国を知ることである。2つ目のアイスブレイクでは、教職員の経験年数で一列を作り、お互いの教職員歴を楽しく知ることができた。3つ目のアイスブレイクでは、「Ask me about〜（私に聞いて）」と3つの質問を書いて、先生や事務局員や卒業生が自分の特徴を示し、自己紹介をした。次に、その例にならい1対1で自己紹介、2対2のグループ、4対4のグループになって自己紹介をした。4つ目のアイスブレイクでは、「Yes, Let's〜！」と言って、その動作をみんなで実施した。たとえば、「Let's

図表93　Teaching & Learning Studio のアクティビティ

	アクティビティ	内容
1	世界地図	参加者全員で世界地図を体現し、出身国を知る。
2	教職員歴の一列	教職員歴を可視化し、短いもしくは長い教職員歴を知る。
3	Ask me about	「Ask me about」と3つの質問を書いて、自分の特徴を紹介する。
4	Yes, Let's～!	同じ動作をして、未知のものを一緒に探し、体現することを学ぶ。
5	1-2-3 ジャジャーン！	3つの動作の模倣から失敗していいことを学ぶ。
6	リフレーミング	ある体験に誰が含まれ、誰が除外されるかを理解する。幼少期に実施したゲームをリフレームすることで、インクルーシブを考える。
7	目標の共有	個人目標を書き大きなボードに貼る。全体目標を確認する。

出所）d.school「Teaching & Learning Studio」の授業体験をもとに著者作成

eat!（食べる）」と言って、グループで食べる真似をした。動作の真似をしている中で笑いがおこり、その動作の真似がうまくいかず失敗しても場が和み、体現することの大切さを感じる。

　5つ目のアイスブレイクは、1-2-3 ジャジャーン！である。この活動は、2人グループで1人が3つの動作を行い、もう1人がそれを模倣する。たとえば、1.（声）2.（声）3.（声）を順番に言う。もしくは、1.（声）2.（手）3.（声）や1.（声）2.（手）3.（足）を順番に言うこともできる。意外と3つの動作を模倣することは難しく、失敗することが多々ある。しかし失敗時のアクションを聞いて、どう感じるかを共有し、失敗してもいいことを感じる。

　6つ目のアイスブレイクは、リフレーミングである。ある体験に誰が含まれ、誰が除外されるかを理解する。幼少期に実施したゲームをリフレームすることで、インクルーシブを考える。まず、幼少期に実施したゲームを各自で考え、ゲームに参加できない人がどうやって参加できるかを考える。そして、チームで話し合う。たとえば、聴覚障害者の方がいたら、聴覚障害者の方にゲームのルールを紙に書いて伝える。もしくは、車椅子を使用の方がいたら、バーチャルでみんなでかくれんぼをすることができる等のアイデアを出す。最後は、クラス全体で出てきたアイデアを共有し、インクルーシブになったとしてもゲームの質は落とさずにすることが大切

など懸念事項を話す。

7つ目のアイスブレイクでは、クラス全体の目標や個人の目標を確認する。クラスの目標は、新しいことをすることに前向きに取り組み、失敗を学びの機会として活用し、自分がどのような人間であるかという視点から学ぶことにである。このクラス全体の目標は大きなボードに貼り付けられる。個人の目標は、自分で考える。完璧でなくてよく、自分に問いかける。たとえば、知らないことを知るなどさまざまな個人目標を大きなボードに貼り、クラスメイトと共有する。

Doorley & Witthoft（2012, p.38）は、「空間は組織のボディ・ランゲージである」と述べ、空間は、行動や結果に影響を与えることを示唆した。d.schoolでは、「空間→行動→成果」として空間は人の行動に影響し、その人の行動は成果に直結すると考えている。逆に、「成果→行動→空間」として成果を生み出すには、人の行動に着目し、その行動は空間から影響を受ける。つまり、空間は結果に関係するので、教室の空間に着目するのは大切である。教育者は、空間を協働の教育者として考える必要がある。

Monahan（2002）は、空間の使い方に着目し、建設的な教授法は、規律性と自主性の間で連続的に作用すると考える。たとえば、可動式のパーテーションや机は、空間を柔軟に使用することができ、空間を制限しない。つまり、建設的な教授法は、規律性を担保しつつ学習の可能性を制限しない。規律性とは特定の動きや流れを止める働きがあり、学習の可能性を制限する。たとえば、地面にネジで固定された机は、柔軟に空間を使用することを制限している。自主性とは何も固定していない空間の教室のことである。これは個人のニーズに合わせて空間を使用することができる。Monahan（2002）は、この規律性が高い空間は、指導する側、指導される側などある種の力関係を生み出すことも示唆している。リフレクションで学習者は、空間をどのように利用すれば、さまざまな交流を促進できるのかについて話し合った。

午前の芝生で実施されたアイスブレイクのアクティビティの後、学習者は、Ambi botを使用したアプリケーションを活用して、d.schoolのスペースを探検し、教室のスペースの使い方を学んだ。d.schoolの教室は、小さい部屋から大きな部屋まであり、空間を最大限に利用できる。可動式のホ

ワイトボードや椅子が用意されている。1階には大きなスペースがあり、イベントができるようにスクリーンが設定されている。キッチンやソファーや d.school のプログラムの参加者の顔写真と名前、小さな車などリラックスできる空間があった。2階には、気軽にプロトタイプを作成できるように、工具やプロトタイプの材料が豊富にある作業用の部屋が用意されていた。プロトタイプの材料には、マスキングテープや、布、紙、発泡スチロール、ダンボール、ペン、ハサミなどが整理されており、いつでも使用できる状態である。

　学習者は、昼食をクラスメイトと一緒にとった。午後は、デザインやデザインプロセスの講義があり、学習者は、ワークシート（経験、気づき、意味づけ）を使ってその内容を学習した。また、学習者は、リフレクションに Ambi bot が導くアプリケーションを使用し、そのアプリケーションの使用の練習や教室のスペースの使い方、教室で使用するアクティブ&リフレクティブの音楽リストの紹介や個人用のノートとステッカーの使い方を学習した。

　デザインやデザインプロセスの講義で、学習者は、デザインの定義や概念について説明を受けた。Heskett（2005, p.3）は、デザインとは、「Design is to design a design to produce a design（デザインを創造するためのデザインをデザインすることである）」と定義する。デザインは、問題を解決する、問題を定義する、イノベーションを起こす、他者と一緒に働く、学習する、未来を形成することができることを提唱する。また、デザインは、ツールキットであり、手法の集合体としてのデザイン、知識、デザインスキル、マインドセットや態度の一連の能力としてのデザインであることを示している。

　d.school では、デザインは動詞である。デザインは、体現すべき姿勢であり、仕事の進め方である。その核となるのは、物事をより円滑に進め、より多くの人を喜ばせ、より多くの人の苦しみを和らげるために、自分の能力を最大限に発揮しようとすることである。それは、デザインが職業であっても、日々の些細なマインドセットであろうと同じである。学習者は、経験して、気づき、行動するプロセスを経て、デザインについて積極的に探求する。

次に、学習者は、3つの方法（経験：シェイプシフティング、気づき：カスタマージャーニーマップ、意味づけ：並列推論）を学んだ。学習者は、事前課題1について、経験、気づき、意味づけの3つのチームに分かれワークシートに基づき「旅を再創造する」に取り組んだ（図表94）。基本的な授業構成は、個人で作業し、アイデアをパートナーとシェアし、個人でアイデアを具現化することである。経験のチームは、「ここで本当に問題な

図表94　経験、気づき、意味づけ

		項目	内容
経験	1	アイデアを生み出す。	1人でアイデアを考える。
	2	ブレインストーミング。	「Yes, and…」と2人でアイデアを積み上げていく。
	3	アイデアの選択と描写。	1人でアイデアを1つに絞り、その詳細を描写する。
	4	アイデアの変形。	アイデアの形をアプリや店舗やイベントに変える。実際にどのようなイメージになるのかを描く。
気づき	1	旅行地図を作成する。	1人で最近行った旅行について荷造りから計画まで、旅の全行程で起こった肯定的な感情や否定的な感情を感情軸と時間軸のワークシートに描写する。
	2	パートナーが旅行地図を作る。	自分の旅行地図の話をし、パートナーが聞いた内容を1と同様のワークシートに描写する。
	3	否定的な感情の構成を深く調査する。	否定的な感情の構成を深く調査するために、何が、どのように起こったのかなど、興味関心を持ってパートナーに尋ねる。
	4	自身の学びを振り返る。	1人で今まで考えが及ばなかったことをポストイットに書きとめワークシートに貼る。
意味づけ	1	否定的な感情を抱いた旅行の経験の意見を選択する。	否定的な感情を抱いた旅行の経験の中から1つ選択し、ポストイットに記載する。
	2	推論する。	2人で選択した意見に関して「I wonder if this means…（もしかしたら……はこういうことだろうか）」と推論したことをポストイットに書き出し、ワークシートに貼る。
	3	推論を評価する。	推論の中には、新しい視点から物事を見て、思いがけないこと「インサイト」を明らかにするのに役立つものがある。パートナーと一緒に推論したことを、「驚き、新しい発見、面白さ」「情報の言い換えのみでありきたりなもの」「情報から切り離されており空論のもの」の3つの評価軸に基づいて、2人で議論しながら評価し、「驚き、新しい発見、面白さ」の中からアイデアを探す。
	4	新しい問いを生み出す。	1人でアイデアの探索の結果、新たに浮かび上がった疑問を考えるため、「How might we…（私たちはどうしたら……）?」「What if…（もしも……なら）?」「I wonder why…（どうして……）?」を使用して考える。

出所）d.school「Teaching & Learning Studio」の資料をもとに著者作成

のは何か？」と変化を考え、シェイプシフティングに取り組んだ。気づきのチームは、「他の人の体験はどうなのか」と旅行地図を考え、カスタマージャーニーマップに取り組んだ。意味づけのチームは、「探ってみたいアイデアがある！」と並列推論に取り組んだ。

　経験チームのプロセスは、アイデアを生み出し、ブレインストーミングをする。そして、アイデアの選択と描写をして、アイデアを変形させていく。具体的には、学習者は、1人でアイデアを考え、アイデアを生み出す。2人でアイデアを「Yes, and...（はい、それから……）」というように肯定的に積み上げていく。そしてまた1人でアイデア1つに絞り、その詳細を描写する。アイデアの形をアプリや店舗やイベントに変え、実際にどのようなイメージになるのかを描く。このプロセスで1つのアイデアが具現化されると、同じワークシートで異なるアイデアを考える。

　気づきチームのプロセスは、1人で旅行地図を作成し、2人でお互いにその情報を交換しながら、パートナーが旅行地図を作成する。そして、否定的な感情の構成を深く調査する。最後に学習者自身の学びを振り返る。具体的には、学習者は、1人で最近行った旅行について荷造りから計画まで、旅の全行程でおこった肯定的な感情や否定的な感情を感情軸と時間軸のワークシートに描写する。自分の旅行地図の話をし、パートナーが聞いた内容を1と同様のワークシートに描写する。否定的な感情の構成を深く調査するために、何が、どのように起こったのかなど、興味関心を持ってパートナーに尋ねる。今まで考えが及ばなかったことをポストイットに書きとめワークシートに貼る。

　意味づけのプロセスは、否定的な感情を抱いた旅行の経験の意見を選択し、推論、それを評価する。そして新しい問いを生み出す。具体的には、学習者は、1人で否定的な感情を抱いた旅行の経験の中から1つ選択し、ポストイットに記載する。2人で選択した意見に関して「I wonder if this means...（もしかしたら……はこういうことだろうか）」と推論したことをポストイットに書き出し、ワークシートに貼る。推論の中には、新しい視点から物事を見て、思いがけないこと「インサイト」を明らかにするのに役立つものがある。パートナーと一緒に推論したことを、「驚き、新しい発見、面白さ」「情報の言い換えのみでありきたりなもの」「情報から切

り離されており空論のもの」の3つの評価軸に基づいて、2人で議論しながら評価する。学習者は、「驚き、新しい発見、面白さ」の中からアイデアを探す。学習者は、1人でアイデアの探索の結果、新たに浮かび上がった疑問を考えるため、「How might we...（私たちはどうしたら……）？」「What if...（もしも……なら）？」「I wonder why...（どうして……）？」を使用して考える。

　経験、気づき、意味づけのアクティビティを経験した著者の感想を述べる。学習者は経験のプロセスでアイデアを積み重ね、選択し、具現化する。そのプロセスは、学習者がアイデアを描写するスキルを必要とするが、ワークシートにアプリや店舗やイベントの雛形が書かれているため、学習者に描写のスキルがそれほどなくてもアイデアの具現化はしやすかった。気づきでは、日本から米国までの旅の行程で肯定的な感情や否定的な感情を感情軸と時間軸のワークシートに描写することが可能であった。パートナーから聞いた内容をワークシートに描写するが、著者が話したこととパートナーが描いたこと、もしくは、パートナーが話して、著者が描いたことに違いがあった。このミラーマップは、パートナーのマップをそのまま複製する必要はなく、重要度が高い箇所や感情が否定的である箇所を捉えるものである。学習者は、何に焦点を当てて描写するのかによって、物の捉え方が異なることを学習した。

　経験、気づき、意味づけの中で、意味づけが最も困難であった。パートナーと選択した意見に関して「I wonder if this means（〜はこういうことだろうか）」と推論したことをポストイットに書き出し、ワークシートに貼るまでは良かったが、パートナーと議論をして「驚き、新しい発見、面白さ」「情報の言い換えのみでありきたりなもの」「情報から切り離されており空論のもの」の3つの評価軸に基づいて評価することが難しかった。先生から正解は1つではなく、各自が異なる評価をしていても構わない。学習者同士がなぜ評価が異なるのかを話し合うことで、さらなる発見があるかもしれないという示唆はあった。しかしながら、学習者は、ポストイットに書き出した短文で3つの評価軸の中から1つを判断することが難しかった。さらに学習者は、それがなぜ3つの軸の1つに当てはまるのかの理由を説明したが、3つの軸のどれにグループとして判断をしたらいい

345

のか、迷走することも多々あった。また、著者のチームでは、1つのアイデアを「驚き、新しい発見、面白さ」になんとか決定したが、なかなかこの軸に入るアイデアがなく、すべてのアイデアがこの軸に入らないことも想定できると感じた。

　3つの方法（シェイプシフティング、カスタマージャーニーマップ、並列推論）をそれぞれ試した後、リフレクションを実施した。学習者は、授業を振り返り、自身の気づきや何をどのように学んだか、何かパターンがあったか、類似点や相違点があるのかを考え、先生から頂いたステッカーに記入した。気づきに関しては、今回は、カスタマージャーニーマップを使用したが、学習者が気づきを得るために他の方法があることが紹介された。たとえば、「Day in the life」は、日々の思考や行動に関して、メモや録音や写真をとり、なぜそのように行動するのかについて考察し、気づきを得ることである。また、極端に異なった使用をする人やフォーカスしていない人について観察し、なぜそのような考えや行動をするのかを考え、気づきを得ることが可能である。「AEIOU observations interviews」は、活動（Activities）、環境（Environments）、作用（Interactions）、目的（Objects）、使用者（Users）を軸にした観察インタビューである。このように他のツールがあることが紹介された。著者は、学習者が気づきを得るには、日々の思考や行動に関してデータを取得し、それを考察することが必要であることを認識した。

　2005年にd.schoolはエンジニアリング、デザイン、教育、ソーシャルサイエンス、ビジネス、生物医学の学部や産業界とのハブになる役割で設立された。2007年にデザインシンキングを6つのプロセス（理解、観察、視点、創造、プロトタイプ、テスト）で示した。2009年から5つ（共感、問題定義、アイデア創出、プロトタイプ、テスト）で表示され、その順序や配置は移動することがあった。2021年に図表29の花形(Liberatory design 2021)になった。気づき、リフレクション、共感する、定義する、問い合わせる、イメージする、プロトタイプ、試みるとなる。

　d.schoolは、誰がデザイナーかではなく、誰がデザイナーになれるかである。デザインには、誰、何、なぜ、どのようにを軸に4つの方向から示すことができる。「誰」には、ステークホルダー、デザイナー、共同デザ

イナー、設計者が含まれる。「何」には、概念、解決策、製品、経験、制度等が含まれる。「なぜ」には、目標やインパクトが含まれ、「どのように」には、能力や方法が含まれる。デザインの重要な価値は、脳の学習を可能にする力である。経験は、脳の左（大脳）半球で新しい仮説やアイデアを検証するために行う。気づきに関しては、脳の感覚部分で五感を使用し情報を脳に取り込む。意味づけで新しい理解、新しいアイデアを生み出すためのコネクションを作る（Zull 2002）。

2）2日目：経験する

2日目は、「経験する」ことを中心にして実施された。「Design for Lifelong Learning（生涯学習のためのデザイン）」が課題としてあげられた。まず、学習者は、身近な生涯学習者が思い浮かぶかを話し合い、学習者が生涯継続して学習するには何が必要であるのかを話した。その後、学習者の大学生活が6年間だとしたらなどの「What if...（もしも……なら）?」の質問を考えた。

その後、各チームで「対面のミーティングで、秘密の話をするための装置を開発する」などの課題が与えられた。この課題に関する1つのアイデアとそのアイデアに関連する多くの質問を考え、ホワイトボードに書いた。次にこのアイデアに関連する仮説をいくつも書き出して、その仮説を質問に変えていった。さらに、その中から質問を1つ選択し30分で即興の簡易なプロトタイプをチームで作り、アイデアを構築した。このプロトタイプは、仮説を検証するためである。その後、大学にいる人に声をかけ、自分たちのアイデアに関してプロトタイプを用いて説明し、意見や感想を伺った。学習者は教室に戻って、即興で簡易なプロトタイプを作成して、未完成なものを提示して、知らない人に話しかけてフィードバックをもらうことをどのように感じたのかについて各自で振り返った。

学習者は、各チームでどのような質問が出たのか、仮説を検証するためにどの検証が最も興味深い結果をもたらしたか、これらの実験的な考え方をどのように自分たちの授業に適用できるかについて話し合った。その後、学習者は、リフレクションで授業の学びを自分たちの仕事に結びつけるために、1人で与えられたノートとステッカーに記載されている質問事項を

考え、チームメイトと２人で話し合った。質問事項は、仮説と質問を特定することや質問に答えること、他者と一緒にアイデアをテストしたこと、フィードバックを得たり与えたりすること、未完成のものを作るということなど、自分で質問を作って振り返ることもできた。それらの経験から、学習者は、働き方、他者と協働、自分の学生との学習の旅、自身の目的やアイデアのさらなる発展の４つの事項から自分が１つ取り組んでいきたいことを選択する。そこから、学習者は、理想的にそれを実現したらどのような効果が得られるのかを考える。学習者は、いくつかの異なった例をブレインストーミングする。学習者は、１つのアイデアのスケッチや情報を書いた。資源や許可や多くの時間をかけないで何から始めればいいのかを考えた。授業後、学習者は、初日と同様にアプリケーションで２日目の授業内容の振り返りをした。２日目の内容の理解や個人の課題や目標に向かって何をすればいいのかを認知する復習に役立てることができた。アプリケーションで実施しているため、学習者は、授業内容をゲーム感覚で振り返ることができた。

　２日目で著者が最も難しく感じたのは、課題に関する１つのアイデアとそのアイデアに関連する多くの質問や仮説を考え、仮説を質問に変えていく作業である。ホワイトボードの２つに多くの質問、仮説、質問を列挙することができた。しかし、質問、仮説、質問のプロセスでどう変化しているのか、果たしてそれが何を意味しているのか、どのように関連しているのか、最後に１つどの質問を選択するのがいいのかなど、的確な理由づけが難しかった。そもそも解答がないのかもしれないが、チームで議論しても答えが見つからなかった。このプロセスでは、あまり深く考えることは求められておらず、発散することが重要だという示唆が先生からあったが、発散から収束に至るまでモヤモヤ感が著者だけでなくチームメンバーも感じていたようである。

3）３日目：気づき
　３日目は、「気づき」である。この授業では、自分自身に気づくこと、他者に気づくこと、チームワーク（自分と他者が協力すること）に気づくことに重点が置かれていた。最初に、１日目の授業の目標の確認があった。

全体の目標として、教職員がデザイナーとして未来の高等教育を設計できることである。また、受講者である教職員が各自の大学で学習者に新しい学習法で授業やプログラムのデザインを提案できることである。さらに、その教職員が各自の大学の学習者やチームにデザインすることを紹介できることである。

　Stanford 大学のキャンパス内に森があり、パプアニューギニアの彫刻がある。学習者は、森で心を落ち着かせながら Paseo という方法で構成主義的なリスニングの練習をした。School Reform Initiative（2001）によると、Paseo は対話を始めるためのツールである。Paseo は、個人的な内省から始まり、個人的な語りに移行する。グループの目的に合わせて柔軟に質問等を調整することができる。Paseo の目的は、学習者がアイデンティティ、多様性、信念、価値観の問題を検討する際、学習者が何者であるかということと、どのようにアイデンティティが意思決定や行動に関連があるのかを理解することである。Paseo の際の空間の使い方は、空から見て学習者の配置が二重丸になるように、大きな丸と小さな丸の2つを学習者同士で作った。小さな丸に所属する学習者から先に話し始め、大きな丸の学習者が聞き役になる。小さな丸の人が1歩、時計回りに歩くと、大きな丸に所属する人が異なる。学習者は、回りながらパートナーを変えて、多くの学習者と話し合うことができた。

　まず、ストーリー・エクスチェンジというアクティビティを実施した。学習者が一人称で語り、他の学習者が、そのストーリーを聞いた。たとえば、自分で自分をどのように認識しているのかについては、「私は、大学の教員で、母親であり、教育と研究に興味があり、20年間水泳を続けており、水泳に趣味がある」となる。

　次に、社会的に構築されたレッテルから切り離されたとき、「あなたは誰ですか？」と投げかけて、自分が何を大切に思っているのか、何に苦労しているのかを考えた。自分の専門分野に関連する思い込みについてお互いにインタビューし、他者に気づく能力に目を向けた。まず、ストーリー・エクスチェンジというアクティビティで、あるパートナーが他のパートナーのストーリーを一人称で語った。語り手は、話すことに集中し、聞き手は聞くことに集中する。聞き手は、途中、その会話を中断することはな

い。話し手に沈黙の時間があるかもしれないが、沈黙は良いものとして捉え、話し手のタイミングを尊重する。

　学習者は、森の中にいることもあり、普段と違う落ち着いた気持ちになった。自分の説明をするときにも素直に話すことができた。自分は一体、何者なのかを考えるにあたり、自分で自分を制約していること、あるいは、社会における規範の中で自分に制約を課していることなどを気づくことができた。あらゆるラベルを取り外したとき、自分にとっての本当の幸せは、自分を知ること、友人との時間や家族の存在であり、他者との関係性に置かれていることを認識した。

　著者は、平和な環境で研究や教育に充実することができ、自分の環境が恵まれていることも認識した。他者との語り合いでは、自分のストーリーを語る機会があることで、どうしても自分でコントロールできない悲しい出来事に遭遇したこと、恵まれない環境で育ってきたことや、このように自分を捉えてほしいと提唱する学習者もいた。教室ではにこやかに授業に参加している学習者ではあるが、一見、外見ではわからないような複雑な悩みを抱えて生きていることが認識できた。素直に自分の心に向き合う時間や他者との語り合いの時間が必要であることを認識した。学習者の位置は、二重のサークルになる。その位置で1人の学習者が他の学習者と正面に向き合い、対等な関係で、移動が少なく会話をすることができた。Paseoで学習者は、自分と他者に対しての気づきに関する能力に着目することができた。

　リフレクションでは、インタビューの構造について考えた。一般的なインタビューでは、自己紹介から始まり、プロジェクトを紹介し、相手とラポートの関係を築いていく。ストーリーを引き出して、感情を探索し、質問をして、インタビューはお礼を述べて終了する。質問の仕方に関する注意点は7つある。

1）　質問は、オープンエンド質問をすることで答えを示唆しない。たとえ相手が答える前に間を置いたとしても、答えを示唆することはしない。なぜなら、質問は中立性を保つ必要がある。話し手は、知らず知らずのうちに、あなたの期待に沿うような発言をする可能性があるか

らである。
2) フォローアップの質問をする。答えがわかっているつもりでも、フォローアップ質問をすることで、話し手からより深い真相を聞き出すことができる可能性がある。
3) 具体的な事例について質問する。通常のことや将来の仮想的な状況について質問するのではなく、あの時点であなたは何をしたのかなどの話し手のストーリーを聞く。
4) 感情に着目する。「あなたは、その時、何を感じていましたか？」と感情に着目した質問をして、相手の感情を引き出す。
5) 沈黙を恐れない。沈黙は深い答えの前にあることが多く、すぐに次の質問に移らないようにする。
6) 非言語的な合図を意識する。ボディランゲージや声のトーンに気を配る。
7) 詳細なメモを取る。話し手の言葉を使う。

「気づき」を促すもう1つのアクティビティとしてImmersion（没入）という方法がある。学習者は、カードの中から1つ選択し、そのカードに書かれた人物になって、キャンパスを探索しながら、自分ではない他者の異なる役割や視点、アイデンティティを身につける。カードの中身は、たとえば、「新しい自分として動物学者になってください。キャンパス内を移動するときは、動物学者の視点を持って移動してください。あなたの仕事は、キャンパス内の野生動物に注目することです。あなたの五感をフルに使ってください。あなたが遭遇した野生動物を書き留めておいてください」である。キャンパスには、木に鳥やリスがたくさんおり、地面にはアリ、昆虫などたくさんの野生動物がいる。その種類や名前を調べる。
　その他の例では、「新しい自分として子どもになってください。キャンパス内を移動するときは、子どもの目線で移動しましょう。20〜30歩、歩くごとに、幼い子どもの高さまで（安全に）しゃがんでください。360度回転して、その高さから周囲を眺めてみてください。何が気になりますか？　大人の高さでは気づかないようなことが目に飛び込んできますか？」がある。また、「新しい自分としてワゴンを引っ張りながらキャン

パスを移動してください。ワゴンの車輪はずっと地面についていなければならず、卵が置いてある前提でその卵が割れないよう Google Map を使って自由に移動してください」などがある。学習者は、子どもの視点で歩くことで、木々で隠れていて見えにくい看板や文字だけで読めない看板があることや用水路など危険な場所等に気づいたりする。また、学習者は、ワゴンを引っ張って移動すると、少しの段差に気づく。坂になっているところはワゴンが急に速度を伴うので危険である。逆に石など大きなものがあるとワゴンが転倒するなどの可能性がある。学習者は、自転車が駐輪場に止められていないとワゴンが移動できないということに気づく。これにより、車椅子で移動している人の気持ちになることができる。

各自このアクティビティをした後、学習者は一緒に昼食をとり、その経験を共有した。そして、学習者は、このインタビューと Immersion（没入）の共感の構築から何を学習したのか、この2つの方法を試みてどのように感じたのか、この方法が有効であると思うのかについて考えた。これらの質問項目はステッカーになっており、それをノートに貼り、振り返った。また、もう1枚のステッカーには、インタビューで他者と協働する際、質問されたこと、アイデアを提案したこと、あるアイデアを実現した、もしくはアイデアを封印したことなどがある。学習者に質問はどのように機能するのか、アイデアを提案し実現すると何が起こったのか、また、アイデアがうまくいかなかった理由や反論等は何だったのかについて話し合った。それらを時間軸に基づいて描写した。

また学習者は、自分自身や他の学習者の肯定的な感情（野心、探求、慎重、信頼、自信、解決、驚き）や否定的な感情（不安、混乱、焦り、諦め、退屈、フラストレーション、圧倒、疑い、不信）について考えた。人間には感情がある。先生は、学習者に肯定的な感情も否定的な感情も両方重要であり、自分そして他者の感情を認識することの大切さを伝えた。

4）4日目：意味づけ

4日目は、「意味づけ」に着目した授業である。Stanford 大学でダンスを通じてリーダーシップを体現することを教授している Aleta Hayes 講師による授業であった。Stanford 大学にあるダンススタジオで、体現され

たリーダーシップと、教育者としての身体的な自己表現と姿勢をどのように活用できるかを探求した。Hayes 講師は、私たちは、すでにいつも日常生活で踊っており、人生は踊りであるということを伝えてくださった。

　実施したアクティビティは 6 つある。1 つ目は、4 人でダイヤモンドを作って、北南東西の方向で踊って、先頭に立った学習者の真似を残りの 3 人でする。先頭に立ってリーダーになること、真似をすることで導かれることを体感した。2 つ目は、自分の名前を体で表現する。1 人で練習して、4 人ずつ前に出てきて踊る。学習者は、自分の名前は、自分が一番よく知っていて、上手にできることを知る。3 つ目は、アイコンタクトをして歩く。学習者全員で円を作り、相手とアイコンタクトが取れたらその方向へ歩き出す。相手の存在を感じることを知る。4 つ目は、学習者全員で円を作り、Hayes 講師が発言した街（東京、New York、Stanford、Colorado など）を歩き方で表現する。たとえば、New York では、混み合っており急ぎながら早歩きをし、東京ではアイコンタクトをすることが少なく、下を向いて歩き、Stanford ではゆっくり歩き、心地よい環境の中で散歩している学習者が多かった。5 つ目は、学習者が 2 列になって 2 人で一緒に踊る。2 人で同じ動きを踊り、協働で表現することを学ぶ。6 つ目は、大きな丸と小さな丸を作って 1 つずれて話し合う。円は、学習者全員が入ることができ、全員が参加していることを確認できる。インクルーシブを感じ、安心して話しやすい空間になる（図表 95）。

　リフレクションでは、この身体的な自己表現とリーダーシップの体験を教育者として授業で実践する際にどのように関連づけることができるかを考えた。著者は、久しぶりにオープンな広い空間を利用して、授業で他の学習者と一緒に体を動かした。体を動かしながら、どうして、このような体現する活動を授業に取り入れてこなかったのか、空間を必要とするが、小グループで小さい円を作り、活動することが可能なのではないのかと考えた。著者は、もしこのアクティビティを体現したら、学習者がより楽しく自己表現を体現し、リーダーシップを可視化することができるのではないかと思った。体を動かして学んだことは、数か月経過しても認知し続けていることが多いことを思い出した。もちろん、このようなオープンな広い空間がない、学習者がこの活動を実施したくないかもしれないと一瞬頭

図表 95　身体的な自己表現とリーダーシップの活動

	活動	内容と活動の学び
1	ダイヤモンド	4人でダイヤモンドを作って、北南東西の方向で踊って、先頭に立った学習者の真似を残りの3人でする。先頭に立ってリーダーになること、真似をすることで導かれることを体感した。
2	名前	自分の名前を体で表現する。1人で練習して、4人ずつ前に出てきて踊る。自分の名前は、自分が一番よく知っていて、上手にできることを知る。
3	アイコンタクト歩行	学習者全員で円を作り、相手とアイコンタクトが取れたら、その方向へ歩き出す。相手の存在を感じることを知る。
4	街	学習者全員で円を作り、先生が発言した街（東京、Stanfordなど）を歩き方で表現する。
5	協働	学習者が2列になって2人で一緒に踊る。2人で同じ踊りを踊り、一緒に表現することを学ぶ。
6	円	大きな丸と小さな丸を作って1つずれて話し合う。円は、学習者全員が入ることができ、全員が参加していることを確認できる。学習者が、インクルーシブを感じ、安心して話しやすい空間になることを感じる。

出所）d.school「Teaching & Learning Studio」の授業体験をもとに著者作成

をよぎったが、自然と「I wonder why...（どうして……）?」、自然と「How might we...（私たちはどうしたら……）?」「What if...（もしも……なら）?」を使用して肯定的に考えていることにも気づいた。このように、リフクレションで実際に自分の教育現場と学習内容をリンクすることの重要性も確信した。

　ダンススタジオからd.schoolに戻り、各チームで「写真合成」アクティビティを実施した。課題2で自分の居場所として提出した写真を用いて、その写真を学習者がグループで解釈し、データとして意味づけをし、観察を質問や洞察に変える練習をした。まず、5、6枚の写真全体を眺めて、その共通点や違いを考える。机にマスキングテープで1軸を作る。たとえば、沈黙と動作など対象の軸を作る。タイトルを決めて、「I wonder if this means ...（もしかしたら……はこういうことだろうか）?」と、1軸にその写真を並べていく。次に、マスキングテープで2軸を十字に作る。たとえば、沈黙と動作、遊びと真面目さなど対象の軸を作り、カテゴリーごとに並べていく。4つの空間が作成できるが、空白のところについて考える。その後、インサイトを探すための3つの評価軸（「驚き、新しい発見、面

第5章　アントレプレナーシップ教育における起業エコシステムの形成

白さ」「情報の言い換えのみでありきたりなもの」「情報から切り離されており空論のもの」）を用いて、チーム内で議論しながら、推論を評価する。どの軸のラベルが最も興味深い推論を導き出したかについても考える。

　昼食後、「Teaching & Learning Studio」をすでに受講した先生から授業から得られた学習ストーリーを聞いた。チリから参加した先生は、Stanford大学のd.schoolで何を学んだのかを聞かれたときや、それを自国のカリキュラムに反映させようとしたときに、非常に困ったと素直に語った。なぜなら、一般的な学会などの資料はない。学習者が、経験して、気づきを高め、感性を磨いていく。d.schoolのプログラムは、当たり前のようで、当たり前でないことに着目している。学習者が体感することが多いため、本当に実用的に学習したことを運営できるのかが不安であったと話した。著者も同感することが多かった。しかしながら、常に情報を理解すること、自分たちの洞察を整理し、「How might we…（私たちはどうしたら……）？」という問いをどのように組み立てるか、さまざまな方法を探索し、具体的に学習者が各自の大学でd.schoolのプログラムの学びをどのように活用できるのかについて参考になった。

　次に、私たちは常に物事に意味を持たせている。「自分が持っていた、そして持っていることすら知らなかった概念的な枠組みを取り払った」などの課題が学習者に与えられた。学習者は、意識しているときに意味づけをしていないか確認した。その課題に関して、「I wonder if this means…（もしかしたら……はこういうことだろうか）？」を使用しながら4つ推論を考え、インサイトを探すための3つの評価軸で評価し、アイデアを探した。

　また、先生は、不確実で曖昧な状況は、情報が少ないことや情報が多いことをあげた。そのような状況を打破するために、情報の定量分析を実施し、行動や態度を示せる項目に力を注ぐことが重要であることを示唆された。さらに、曖昧な状況で課題からイノベーションを生み出す機会にシフトするには、「How might we…（私たちはどうしたら……）？」と考える必要があることを学習者に何度も示された。次の課題は表現の仕方である。学習者は、もし自宅に1本の花があったら、どのように花瓶に飾られているかを想像する。自宅で1本の花に感謝していることを表現するにはどうしたらいいのかを考えた。学習者の大半は、花瓶を記載していたが、花瓶

以外の表現方法があることも学んだ。

　イノベーションの機会を探るには、3つの方法を試すのが良い。1つ目は、ステークホルダーマップを作成することである。テーマを真ん中に書き込み、関係者を書き込んでいく。2つ目は、動詞を使ったリフレームである。クラスメイトからそのリフレームの色々な案を聞いて、創造力のすばらしさや、さらなる可能性を考えることができる。たとえば、花瓶ではなく、花を家庭で愛する方法としてリフレームする。健康管理アプリではなく、患者を在宅医療につなげるなど、名詞ではなく動詞でリフレームする。3つ目は、「How might we...（私たちはどうしたら……）？」の質問を用いて、何が課題を解決するための壁になっているのか、なぜそれを実施する価値があるのかを考えた。このような思考方法を用いることで、固定概念にとらわれず、さまざまな創造力を働かせることができる。

　最後に、意味づけの授業の学習事項の5項目（写真の2軸分析、推論と帰納的思考、写真・インタビュー・統計などの多様なデータの活用、花瓶のケースなどの人間中心のデザイン、意味づけから経験までの問い「How might we...（私たちはどうしたら……）？」）から1つを選択し、個人でノートに書き込み、2人でペアになってその経験をどう自分の仕事に意味づけるのかについて話し合った。想定外の出来事や不確実性の高い事象が起こった場合、どのように意味づけをして、その状況が好転するためにどう行動するかについて話し合った。

　次に、「It's unclear」をテーマに、先生が「Teaching & Learning Studio」の授業を過去に受講した卒業生に、学習事項を用いてデザインした経験について聞いた。その後、夕食をテラスで一緒に食べ、d.schoolのロゴをトレーナーにスクリーン印刷で入れ、オリジナルのトレーナーを作った。d.schoolのロゴで型押ししたブックマークも作成した。

5）5日目：高等教育の未来を再構築

　5日目は、先生が装飾や音響を使用して、教室をクラブの空間に変えた。ゲスト講師としてDJが来た。学習者は、DJが音楽と光を使用して、どのようにクラブで空間を創造するのか、音楽を人の心に届けるのか、共創できるデザインをするのかについて聞いた。先生は、教育者はDJのよう

に空間を創造し、ダンスをする人を楽しませ、価値を創造できるデザインをする必要性があることを示唆した。

　デザインするための７つの項目（役割、共有された行動と儀式、言語とコミュニケーション、活動、評価、成果物、空間）が必要である。その役割、言語とコミュニケーション、活動、評価に対して、先生からどのようにそれらを活用しているのかについて説明があった。教育の未来を想像するために、その７つの項目を用いる。役割には、学習者や利害関係者の動機、態度、信念をどのように理解したらよいのかが含まれる。どのようにしたら学習者、ステークホルダーの機能、貢献、つながりを再構築することができるか。誰を含めるかをどのように考え直すか。共有された行動と儀式では、学習文化を支える共有の行動や儀式をどのように確立するか。学習文化や新しい働き方、交流の仕方をサポートする新しい働き方や関わり方を確立することができるか。言語とコミュニケーションでは、人間中心の方法でどのように学習者とステークホルダーをつなげることができるか。学習者は、これらの項目について考える。活動では、学習者やステークホルダーが、どのような体験ができるか、より深く掘り下げる。評価では、学習者やステークホルダーの変化を全体的に描写するような評価システムの作成を考える。成果物では、新しい学習方法をどのようにサポートするか、教材とメディアでどのようにサポートするのかを考える。空間では、学習者やステークホルダーが望ましい行動ができるように、新しい学習方法や働き方を促進する空間や環境の設計を考える。

　午後からは、d.school が使用する教材や動画の展示会が開催された。学習者が各大学で授業運営に役立てるためである。学習者は、ネームプレートの作り方、ワークシート、インタビューの仕方を実物と動画などで学んだ。学習者が理解しやすいように文字だけでなく、画像を多く取り入れたワークシートや音声や動画を活用したものがあった。リフレクションにおいて、デザインするための７つの項目（役割、共有された行動と儀式、言語とコミュニケーション、活動、評価、成果物、空間）を学習者は、どの程度達成できたのか確認した。

　学習者は、データ、テクノロジー、製品、体験、システム、（意図的、非意図的な）影響など、授業運営についてデザイナーとして考慮しなけれ

ばならないことがある。現在の状態で実現できることを想像しながら、授業運営に関して想像を膨らませた。最後に、学習者が1か月から5年の間で思い描く4つの目標をポストイットに貼り、その内、どのような基準でもよいが、実現可能性の高低は含めずに1つ選択する。学習者は、なぜ、これをやる価値があるのか、どのようなソリューションや資源がすでに存在し、それを活用し、インスピレーションを得たりすることができるのか、自分や他者は何を想像することができるのかという点について考えた。

学習者は、過去にはこう思っていたが、今はこう考えることにしたということを各自でメモに書き込んで、ホワイトボードに貼り共有した。修了式の儀式として、学習者は、お互いにピンを留める伝統的な儀式に参加した。学習者は何を、どのように、なぜ学ぶのか、学習のコミュニテイや文化の形成について書かれた直近のd.schoolの書籍をギフトとしてもらい修了となった。

2021年にデザインシンキングのプロセスである、気づき、リフレクション、共感する、定義する、問い合わせる、イメージする、プロトタイプ、試みるが定義された（Liberatory design 2001）。d.schoolの5日間の研修において、「経験、気づき、意味づけ」で著者が主に学習したことは8つある（図表96）。

1. 人の感情を大切にしているということである。感情の動きに着目し、個人の肯定的・否定的な感情を大切にする。個人が他者をどう思うのかを個人で問う時間があり、他者にも問いかける時間があった。
2. 自分を知る、他者を知る。自分が誰であるのか、何を感じ、どんなことに幸せを抱き、何をしたいのか、なぜそれをしたいのか、他者が誰であるのか、他者は何を感じて、どう考えているのかを考える時間が多かった。そして考えるだけでなく、それをノートに書き込んだり、自分と対話し、他者と話し合い、体で表現したり、クラス全体で共有したり、インプットとアウトプットがされていた。
3. 学習者の理解を促進し、課題に取り組みやすいようにフレームワークを多々活用していた。「I wonder why...（どうして……）？」「How might we...（私たちはどうしたら……）？」「What if...（もしも……

第5章　アントレプレナーシップ教育における起業エコシステムの形成

図表96　Stanford大学の教職員研修での学び

	項目	学び
1	人の感情	個人の肯定的・否定的な感情を大切にしている。感情の動きに着目し、個人が他者をどう思うのかを個人で問う時間があり、他者にも問いかける時間があった。
2	自分を知る、他者を知る。	自分が誰であるのか、何を感じ、どんなことに幸せを抱き、何をしたいのか、なぜそれをしたいのか、他者が誰であるのか、他者は何を感じて、どう考えているのかを考える時間が多かった。そして考えるだけでなく、それをノートに書き込んだり、自分と対話し、他者と話し合い、体で表現したり、クラス全体で共有したり、インプットとアウトプットがされていた。
3	フレームワーク	「I wonder why…（どうして……）？」「How might we…（私たちはどうしたら……）？」「What if…（もしも……なら）？」を活用しながら事例や個人、グループワークで課題を変えて、何度もフレームワークを使用して、その思考を学習者が定着するように授業が構成されていた。
4	ワークシート	経験、気づき、意味づけのどの授業にも絵や文字、数字が記載されているワークシートを活用し、学習者が、どこにポストイットを貼ればよいのか、どのように進めればよいのか説明が書かれていた。「I wonder why…（どうして……）？」「How might we…（私たちはどうしたら……）？」「What if…（もしも……なら）？」等の課題に取り組みやすいようにされていた。振り返り事項が記載されている質問事項のステッカーにも質問事項が記載されており、学習者が取り組みやすい設計になっていた。
5	リフレクション	授業の中間、最後、授業のアプリケーションと振り返りの機会が非常に多かった。個人で自分の過去を振り返る。個人で授業の活動を振り返る。他の学習者と2人で授業の活動を振り返る。リフレクションをすることで、学習者の学びを深いものとしている。
6	空間	授業の目的によって、空間を自由自在にアレンジして使用し、空間を創造していた。d.school内の小さい空間、広い空間だけでなく、キャンパスのテラス、芝生や森、ダンススクールを教室として活用した。学習者全員で円を作り、2列に並び、教員と学習者が対面になるなど自由自在に空間を使用した。学習者は、クラスメイトと一緒に学び、表現することができた。
7	プロトタイプ	学習者は、教室や作業室を利用してプロトタイプを何度も作成した。アイデアを可視化することができ、そしてそのプロトタイプを使用して、他者の反応や意見を得ることがなぜ重要なのかを再確認することができた。
8	愛	先生は、学習者が安心して学習でき、成長できるように愛を注ぎながら、フレンドリーにStanford大学d.schoolのチームの一員として受け入れてくれた。

出所）d.school「Teaching & Learning Studio」の授業体験をもとに著者作成

なら）?」を活用しながら事例や個人、グループワークで課題を変えて、何度もフレームワークを使用して、その思考を学習者が定着するように授業が構成されていた。
4. 経験、気づき、意味づけのどの授業にも絵や文字、数字が記載されているワークシートを活用し、学習者が、どこにポストイットを貼ればよいのか、どのように進めればよいのか説明が書かれていた。「I wonder why…（どうして……）?」「How might we…（私たちはどうしたら……）?」「What if…（もしも……なら）?」等の課題に取り組みやすいようにされていた。振り返り事項が記載されている質問事項のステッカーにも質問事項が記載されており、学習者が取り組みやすい設計になっていた。
5. リフレクションは、講義やアクティビティの中間や最後に何度も実施された。授業では、ノートに振り返り事項が記載されている質問事項のステッカーを活用して実施された。授業外ではAmbi botが導くアプリケーションで実施された。このように何度もリフレクションを実施し、学習者が授業内容や授業の学びを認知する方法が確立されていた。
6. 授業の目的によって、空間を自由自在にアレンジして使用し、空間を創造していた。d.school内の小さい空間、広い空間だけでなく、キャンパスのテラス、芝生や森を教室として使用した。体で自己表現やクラスの一体感を示す際には、ダンススクールを教室として活用した。学習者全員で円を作り、2列に並び、教員と学習者が対面になるなど自由自在に空間を使用した。学習者は、クラスメイトと一緒に学び、表現することができた。
7. 学習者は、教室や作業室を利用してプロトタイプを何度も作成した。アイデアを可視化することができ、そしてそのプロトタイプを使用して、他者の反応や意見を得ることがなぜ重要なのかを再確認することができた。
8. 先生は、学習者が安心して学習でき、成長できるように愛を注ぎながら、フレンドリーにStanford大学 d.schoolのチームの一員として受け入れてくれた。

第5章　アントレプレナーシップ教育における起業エコシステムの形成

第3項　教職員研修の重要な項目

　Babson大学とStanford大学の教職員研修に共通する点は、学習者が自分を知ることや「I wonder why…（どうして……）？」「How might we…（私たちはどうしたら……）？」「What if…（もしも……なら）？」を考えることを重視している。また、学習者がそれらの概念を理解しやすいようにワークシートを活用している。ほかには、学習者が自分の特性を知りながら、自分だけでなく相手にとっても心地よい環境で、より良い信頼関係を築くことにも力点を置いている。さらに、不確かな状況において、学習者は失敗を恐れず、成功のための学習事項として、挑戦することの重要性を伝え続けている。また、先生がロールモデルとして、学習者が安心して学習ができるように、成長できるように学習者に愛を注ぎながら、フレンドリーに接し、チームの一員として受け入れている。

　Babson大学とStanford大学の教職員研修は、理論と実践の融合が特徴的であった。Babson大学においては、「Entrepreneurial Thought and Action」を掲げており、学習者の理解度を高めるために実際に講義したことをすぐに実践する。学習者が、PredictionとCreationの違いを理解するために実際にジグソーパズルをすること（Prediction）、物語を作ること（Creation）で実践して理論を理解していた。また、FMEの授業紹介にあったように、学習者のビジネスアイデアに対して起業資金が提供され、地域や社会をより良くするにはどのようにすればいいのかなどを学ぶ講義の説明もあった。また、学習者と教員の対話やフィードバックを大切にしており、Babson大学は遠隔での受講であったが、翌年の対面で実施した同様の教職員を対象としたワークショップではプロトタイプを作成していた。リフレクションに関しては、理論と実践の融合について授業中や授業後に考えることを促進していた。

　Stanford大学の場合、デザインなどの講義はあるが、学習者は、実際に教室外に出て、キャンパスにいる人と話し、自分たちのアイデアを伝え、プロトタイプの仮説検証をした。プロトタイプに関しては、学習者は、一度作るだけでなく、複数にわたり作る機会があった。先生は、学習者にイメージを実際に作ることの大切さを伝えた。そのほかには、学習したこと

を定着させるためにリフレクションに非常に時間を取っている。Stanford大学の場合、学習者に自分が感じたこと、気づいたこと、学んだことをノートに記載させる。さらに、Ambi botのアプリケーションを使用して、学習者が授業で習ったことを復習できる環境を作っている。

日本のアントレプレナーシップ教育における教職員研修は、日本ベンチャー学会が、Babson大学の教職員研修を主催している。日本の大学の教職員は参加が可能であるが、Stanford大学の教職員研修を受講できるのは一部の教職員のみである。日本のアントレプレナーシップ教育における教職員研修は、教職員を育成していくために、どのような内容をどのように教授していくのかが今後の課題である。

第4節　まとめ

起業のエコシステムは、数多くの利害関係者が存在し、多様なコミュニティにおける多文化的・社会的要素が含まれるため非常に複雑である。アントレプレナーシップ教育の役割は時代とともに進化してきた。大学、企業、団体の連携による国際産学官連携型PBLは、価値共創を強化する起業エコシステムにおいて重要な役割を果たしている。学習者に企業と団体が実際に直面している課題を解決する機会を提供し、質の高い提案から異なった視点からの課題に対する解決策から、個人的にも組織的にも気づきや学びを得ていた。このような組織への関与と個人の成長は、大学と積極的に連携し、価値を創造するとともに起業エコシステムを形成し、次世代のリーダー育成に貢献している。本研究は、社会への貢献や産学官連携による起業エコシステムの形成に重要な示唆を与えるものである。

アントレプレナーシップ教育のエコシステムにおいて、大学は重要な役割を占める。大学は、アントレプレナーシップ教育の学術的な示唆だけでなく、地域との包括的な取り組みを実施し、社会に価値を生み出すために、地域との共創が重要である。企業団体の持続的なアントレプレナーシップ教育のエコシステム形成には、企業・団体等の支援者との協働と教職員の育成が欠かせない。企業・団体の支援者の活動に関しては、E&Y、在日カナダ大使館、マニュライフ生命保険会社やCIC Tokyo、大阪産業創造館、

第 5 章　アントレプレナーシップ教育における起業エコシステムの形成

起業スタートダッシュ等の起業支援を中心としたインキュベーターの取り組みによって地域の連携を強化し、エコシステムを構築しながら地域の発展に携わっている。教職員の育成には Babson 大学と Stanford 大学の事例を用いて、教職員の育成に必要な事項をまとめた。Babson 大学の教職員研修で、学習者は理論と実践の融合、予測の戦略的思考と創造の起業思考の両輪、学習者の各自のリーダシップスタイルの認知とそれを活用した効果的なチームの形成、失敗の定義を主に学習した。Stanford 大学の教職員研修で、学習者は経験、気づき、意味づけのプロセスで、人間の感情の動きや空間を大切にし、ワークシートやリフレクションを活用し、自己と他者を探索することを主に学習した。アントレプレナーシップ教育における起業エコシステム形成には、企業団体の教育支援、起業支援を中心としたインキュベーターの取り組みが基盤となる。21 世紀型スキルの向上を視野に入れ、地域に根差した、国際的に活躍するアントレプレナーの育成やアントレプレナーシップ教育の醸成には、個人学習、COIL を活用した国際産学官連携を含めた協働学習、共創が重要である。

注

1　日本政府「第 5 期科学技術基本計画」平成 28 年 1 月 22 日　閣議決定。https://www8.cao.go.jp/cstp/kihonkeikaku/5honbun.pdf（最終閲覧日：2023 年 8 月 3 日）。
2　昭和女子大学グローバルビジネス学部ビジネスデザイン学科。https://www.swu.ac.jp/faculty/global/business/（最終閲覧日：2022 年 9 月 1 日）。
3　専修大学経営学部ビジネスデザイン学科。https://www.senshu-u.ac.jp/education/faculty/business/business_design/（最終閲覧日：2022 年 9 月 1 日）。
4　桃山学院大学ビジネスデザイン学部。https://www.andrew.ac.jp/businessdesign/（最終閲覧日：2022 年 9 月 1 日）。
5　武蔵野大学アントレプレナーシップ学部。https://www.musashino-u.ac.jp/academics/faculty/entrepreneurship/（最終閲覧日：2022 年 9 月 1 日）。
6　文部科学省は COIL を「オンラインを活用した国際的な双方向の教育手法」と記載している。「文部科学省平成 30 年度『大学の世界展開力強化事業～ COIL 型教育を活用した米国等との大学間交流形成支援～』の選定事業の決定について」。https://www.mext.go.jp/a_menu/koutou/kaikaku/ sekaitenkai/1408256.htm（最終閲覧日：2022 年 11 月 10 日）。

7　SUNY COIL center "Faculty guide for collaborative online international learning course development" Version 1.4. Issues of process: COIL center suggestions. http://www.ufic.ufl.edu/uap/forms/coil_guide.pdf（最終閲覧日：2022年11月10日）．
8　総抽出語数は、助詞、助動詞を含まない。
9　CIC Tokyo. https://jp.cic.com/（最終閲覧日：2022年8月1日）．
10　大阪産業局。https://www.obda.or.jp/（最終閲覧日：2022年7月1日）。
11　大阪イノベーションハブ。https://www.innovation-osaka.jp/ja/oih/about/what-oih（最終閲覧日：2022年7月1日）。
12　ソフト産業プラザTEQS。https://teqs.jp/seminar/list（最終閲覧日：2022年7月1日）。
13　大阪産業創造館。https://www.sansokan.jp（最終閲覧日：2022年7月1日）。
14　大阪イノベーションハブ。https://www.innovation-osaka.jp/ja/oih/about/what-oih（最終閲覧日：2022年7月1日）。
15　東京都高校生起業養成プログラム　起業スタートダッシュ。https://kstartdash.metro.tokyo.lg.jp（最終閲覧日：2022年9月1日）。
16　山川恭弘（2020）『全米ナンバーワンビジネススクールで教える起業家の思考と実践術』東洋経済新報社。
17　IDEO（2009）. *Design kit: The human-centered design toolkit*. https://www.ideo.com/journal/design-kit-the-human-centered-design-toolkit（最終閲覧日：2024年9月1日）．
18　Cavagnaro, B.（2023）*Experiments in reflection: How to see the present, reconsider the past, and shape the future*. CA:Ten Speed Press.
19　NovoEd. *Foster a culture of innovation and design thinking*. http://www.novoed.com/use-cases/innovation-design-thinking（最終閲覧日：2024年7月31日）．
20　Experiment、Notice、Sensemakingを経験する、気づく、意味づけると訳している。

第6章

アントレプレナーシップ教育の価値創造

探求と共創

　本章は、探求と共創に着目し、アントレプレナーシップ教育の価値創造について示す本研究の目的は、欧米日のアントレプレナーシップ教育内容を明らかにしたうえで、授業・プログラムの効果測定の有効性を検証することである。そして教職員の人材育成、企業・団体の教育支援、起業エコシステムを考察し、日本の大学における有効的なアントレプレナーシップ教育のフレームワークの示唆を行うことである。アントレプレナーシップ教育のフレームワークには、定義、目的、プログラム、教授法、効果測定が含まれる。プログラムには、プログラムの種類、対象者、科目内容、実践活動が含まれている。日本の大学は、国内外の教育機関、企業、団体、地域と連携し、学習者を中心とした協働学習を促進するプログラムが必要とされている。日本の大学が、アントレプレナーシップ教育の価値を創造し、その普及にどのように取り組むのかについて示す。

第1節　アントレプレナーシップ教育

　図表97は、アントレプレナーシップ教育の協働学習における学習事項を示している。アントレプレナーシップ教育のミッションは世界のリーダー育成と各大学における特徴が含まれる。学習者は、授業、プログラムとして展開される理論、ケーススタディ、ビジネスプラン、ビジネスプランコンテスト、フィールドワーク、インターンシップ、インキュベーション、実践を通して個人の知識、能力、態度である認知能力と非認知能力の

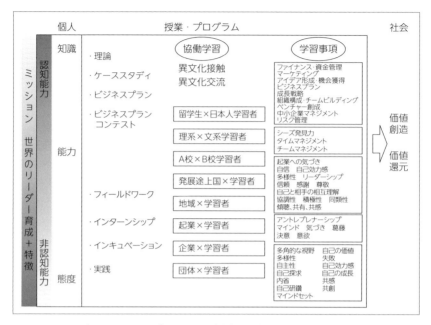

図表 97　アントレプレナーシップ教育の協働学習における学習事項
出所）著者作成

向上を目指す。協働学習の学習者に関しては、さまざまな組み合わせが考えられる。たとえば、留学生と日本人学習者、理系と文系の学習者、A校とB校の学習者、発展途上国の方々と学習者、地域の方々と学習者、アントレプレナーと学習者、さまざまな業種の企業・団体の方々と学習者である。協働学習において、異文化接触もしくは異文化交流が行われる。その結果、学習者は、学習事項を修得する。学習事項は、アントレプレナーシップ教育の基本科目であるファイナンス・資金管理、マーケティング、アイデア形成・機会獲得、ビジネスプラン、成長戦略、組織構成・チームビルディング、ベンチャー創成、中小企業マネジメント、リスク管理である。

　理系と文系の協働学習を実施した学習者は、シーズ発見力、タイムマネジメント、チームマネジメントなどの能力が特に向上した。留学生と日本人学習者の協働学習においては、学習者は、起業への気づき、自信、自己

効力感、多様性、リーダーシップ、信頼、感謝、尊敬、相互理解、協調性、積極性、同類性、傾聴、共有、共感を修得した。また、地域と学習者の協働学習に関しては、学習者は、アントレプレナーシップマインド、起業に関する気づき、葛藤、決意、意欲を修得した。A校とB校の学習者、発展途上国の方々と学習者、アントレプレナーと学習者、さまざまな業種の企業の方々と学習者との協働学習において、学習者は、多角的な視野、多様性、自主性、自己探求、内省、自己研鑽、マインドセット、自己の価値、失敗、自己効力感、自己の成長、共感、共創を学習した。授業・プログラムのアントレプレナーシップ学習者の協働学習において、学習者は、個々の成長があり、社会に価値を創造、価値の還元を実施している。

　アントレプレナーシップ教育は、米国から始まった。米国の大学は、国際認証機関から助言を得て、アントレプレナーシップ教育プログラムの改革を実施してきた。欧州の大学は、米国からの影響を受けつつ、アントレプレナーシップの教育者の不足、言語と文化の問題に対して、世界各国から教授を招聘し、ネットワークを拡大しアントレプレナーシップ教育を進展させた。また、欧州の大学は、欧州、米国、アジア等の大学と提携し、国際認証の取得を積極的に進め、多国籍の学習者の獲得、アントレプレナーシップやテクノロジーなどの分野に特化してプログラムを展開する。

　日本の大学は、欧米がアントレプレナーシップ教育に着手した後、理系と経営の融合を目的にアントレプレナーシップ教育を開始した。日本の大学は、国際認証の取得、企業、団体、地域との連携、アントレプレナーシップ教育科目の単位認定、授業、プログラムの効果測定、学習者の多様性、教育者の確保、海外での短期研修やインターンシップ、インキュベーション施設、資金調達を含んだ実践的な教育が弱い傾向にある。日本独自の有効なアントレプレナーシップ教育のフレームワークの構築が求められている。

　Jones & Matlay（2011, p.694）のアントレプレナーシップ教育のフレームワークに関しては、ステークホルダーの視点に着目したものやMwasalwiba（2010, p.23）のアントレプレナーシップ教育の定義、目的、プログラム、教授法、効果測定に焦点を当てたものがある。それらをもとに、文献調査、授業・プログラムの教育の効果測定を用いて日本の大学に

おける有効なアントレプレナーシップ教育のフレームワークを構築することが必要である。また、国際認証や国内外の大学との提携が不足しているため、それらを加速させつつ、企業、団体、地域の技術、ものづくりなどのハード面と精神、サービスなどのソフト面などの日本独自のリソースを活用する。日本の大学は、協働学習において、学習者が、自己探求、内省、研鑽する中で、共感、共創ができることが大切である。そして、学習者が個人の成長を認識でき、個人と社会の持続的発展のための価値創造ができるアントレプレナーシップ教育のフレームワーク開発が必要である。

第1項　フレームワーク

　Jones & Matlay（2011, p.694）はアントレプレナーシップ教育の理解を深めるために時代に沿ったフレームワークが必要であると考え、Gartner（1985, p.698）の示した概念的枠組みを進化させた（図表3）。そのフレームワークには学習者、教育者、教育プロセス、教育機関、地域の5つの要素で構成される。

　第3章の文献調査からアントレプレナーシップ教育は、学習者が主体であること、企業・団体との提携が重要であることが明らかとなった。第4章の欧米の大学のインタビュー調査から、欧米の大学は世界が学習の場であり、企業・団体・教育機関との提携により学習者は、自由度の高い選択科目を受講することや起業やスタートアップでのインターンシップ等の実務経験が可能であることが明らかとなった。

　第3章、第4章、第5章の結果から、著者は、学習者が主体となり、教育者、教育機関、企業、団体、地域との協働学習を強化することで、共創、課題に対する価値を創造する人材育成が可能であると考える。その考えを反映させたのが図表98のアントレプレナーシップ教育のフレームワークである。Jones & Matlay（2011）と同様に学習者がアントレプレナーシップ教育の主体であり、最も重要な要素であるため中心に位置する。多様な学習者を想定すると、学習の目標や目的はさまざまである。学習者はさまざまな知見を蓄積、活用し、経験を積んで、その目標を達成する必要がある。よって、学習者の要望に応じて、時代に沿った個々に対応できるプロ

第 6 章　アントレプレナーシップ教育の価値創造

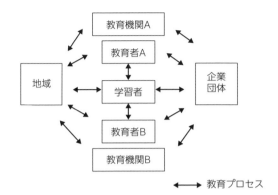

図表 98　アントレプレナーシップ教育のフレームワーク
出所）Jones & Matlay（2011, p.694）のアントレプレナーシップ教育のフレームワークをもとに著者作成

グラムの提供が必要となる。

　Jones & Matlay（2011）の指摘のように、教育機関においては、グローバル化が進む教育市場、地域でブランドの確立のため、教育機関の専門性、特化した分野の発展性が必要である。より専門性が求められるため、教育機関同士の連携が重要となる。教育者に関して、教育者 A は教育機関 A に所属し、教育者 B は教育機関 B に所属する。教育機関 B は、日本もしくは海外の教育機関である。日本の専門職大学院の場合、必要専任教員の 3 割以上は実務家教員である（文部科学省 2019）が、Jones & Matlay（2011）が指摘するように、教育者は、起業経験や教育経験の有無、さまざまな年齢、他学部の担当者であるなど多様化している。教育者はファシリテーターとして、理論や実践教育をし、学習者の課題の解決や目標の達成のために足場づくり（Scaffolding）をする必要がある。このように学習者にとって教育者の役割は非常に多岐に渡っており、非常に密接であり奥深い。

　原田（2010）はアントレプレナーシップ教育の教育者や研究者の不足を指摘する。アントレプレナーシップ担当の教育者の不足、言語と文化の問題に対して、欧州のアントレプレナーシップ教育の進展した事例（Wilson 2008 p.12, 13）やプログラムを学習者の要望に応じてカスタマイズする観点から、学習者は A という所属機関に属し、教育者 A との研究や交流を

主とするが、専門分野に応じて、教育機関 B の教育者 B の授業やプログラムに科目連携、交換留学などを通して参加することが可能である。世界を学習の場として、相互に研究を深めるという柔軟な制度を推奨する。

　また、日本の教育機関が、国内・海外の教育機関と交換留学の提携をすることで、学習者は、国内の教育機関で必要な科目選択ができ、海外で世界を学習の場として活用することができる。多様な学習者という観点から、経営学を専攻する学習者と理系を専攻する学習者の協働学習など他学部との連携、他の教育機関と連携を強化することで、学習者は新たな視点で課題を発見し、解決策を提示したビジネスプランを作成、実行することができる。海外の大学は、国際認証を獲得傾向にある。海外の大学と提携するために、日本の大学も国際認証を獲得し、教育の評価を明確にし、教育の質を国際的に証明する必要がある。また、海外からの優秀な学習者を日本の大学に誘致するためにも、英語で実施するアントレプレナーシップに関する授業やオンラインで受講できる授業が必要である。

　坂本（2008）は、異なる組織、地域、文化に属することや多様な能力を持った人々と接触し、対等なパートナーシップや相互の信頼関係の構築、学習目標や課題、価値観、成果の共有ができる協働学習の重要性を指摘している。なぜなら、協働学習において、組織、地域、文化が異なる多様な学習者が、相互の知識、能力を共有し、対等なパートナーシップや信頼関係を構築するからである。また、学習者にとって学習目標や課題、価値観、成果の共有が可能になり、新たな「学びの共同体」と「学びの文化」が作られるからである。

　実際に、MIT Sloan Business School のアントレプレナーシップの名物講義を Harvard Business School の学習者が受講することができる。その逆も可能な体制が整備されている。また、IE Business School は、Keio Business School やシンガポールの Nanyang Business School など提携校の学習者を受け入れ、選択授業で協働学習する体制をとっているため、学習者の Diversity や協働学習をさらに促進している。もし、物理的な学習者の移動が協働学習の課題となっているのであれば、COIL、MOOC などのオンライン教育を駆使して、世界各国と交流を図ることも可能である。国内・海外の大学との連携が強化されれば、世界中の大学で学習者が学びた

第 6 章　アントレプレナーシップ教育の価値創造

い分野を強化することやバックグラウンドの異なる教育者や学習者と交流することができる。また、学習者が、母校の大学で学習したことを他校で実践することができる。学習者は、他大学の学習者と国際的なビジネスプランコンテストに挑戦することも可能になる。

　Jones & Matlay（2011, p.694）のアントレプレナーシップ教育のフレームワークでは、地域という観点はあったが、企業や団体という観点はなかった。日本の大学は、実践の場が海外の大学と比較して少ない。海外研修やインターンシップ、インキュベーション施設、資金調達などの実践の強化には企業、団体、地域との連携が欠かせない。フィールドワーク、インターンシップ、企業、団体、地域の課題を解決するプログラム、資金提供など企業との連携を深めることで、学習者はより実践的なプログラムを選択することが可能である。つまり、日本の大学は、企業、団体、地域と連携することで、地域に根差したスタートアップの育成から、グローバル企業においての起業支援まで可能になる。

　Timmons（2003）は、世界中の大学でアントレプレナーシップの授業数を分析した結果、理論だけでなく事例とフィールドワークなどを含む実践の両方を用いていることを明らかにした。日本は GDP 4 位[1]の経済大国であり、多くの日系企業が海外に進出し、外資系企業が日本でビジネスを展開している。フィールドワーク調査の結果から、学習者が日本企業や団体を訪問することで、起業に対する意識の変化や今後のキャリア形成に有効であることが明らかとなった。日本各地にある企業や団体と協力することで、企業の資源を活用したプログラムを実施し、有効的なフィールドワークが可能になる。

　第 4 章のインタビュー調査において、学習者にとって、フィールドワークなど他企業、他分野の企業を訪問し、その企業の事業や取り組みを理解することは有意義であると肯定的な意見があった。インターンシップにおいて、学習者は、企業の活動の詳細を理解することが可能である。また、企業、団体、地域に対してもメリットがある。日本の大学の学習者が、企業、団体、地域からの課題に対して新たな知見を与え、課題の解決案を提示することで価値を創造する可能性がある。さらに、日本の大学は、企業との連携を深めることで、企業からの資金提供が高まる可能性がある。つ

まり、日本の大学は、学習者と企業、団体、地域の方々との協働学習で実践を強化することができる。

このように、学習者を中心に、教育者A、教育機関A、教育者B、教育機関B、企業、団体、地域から教育プロセスを得て、学習者自身の目標を達成することがアントレプレナーシップ教育のフレームワークとなる。教育機関は、このフレームワークにより、企業や団体、地域との連携を強化し、ローカルから世界を実践の場とするグローバルまで幅広い展開が可能なプログラムを提供できる。このフレームワークは、多様な学習者の需要に応じた時代に沿ったフレームワークである。

第3章の大学の事例に関する文献調査から、大学は世界のリーダーを育成していることが共通点として明らかになった。世界を率先するリーダーの育成には、理論だけでなく実践が不可欠である。また、Stanford、IE、Kellogg Business School、九州大学は、基礎から応用まで段階的なプログラムで起業、起業思考の育成を実施している。第4章の起業に関する適性を用いた授業、プログラム効果検証、欧米日のインタビュー調査から、欧米では1年間のアントレプレナーシップ教育の取り組みの成果を示す報告書、社会への価値創造、価値還元が実施されていることが明らかとなった。第5章では産学連携、起業支援、教職員研修による地域発展やエコシステムの形成が重要であることが明らかとなった。第3、第4、第5章の結果から、ミッション、目標、目的、人物像の明確化、プログラムの改善、教授法、授業やプログラムの効果測定、報告書、PDCAの循環によるフレームワークの進展が示唆される。

図表99は、日本の大学における有効的なアントレプレナーシップ教育の概要を示している。Mwasalwiba（2010, p.23）のアントレプレナーシップ教育のフレームワークには、1）定義、2）目的、3）プログラム（プログラムの種類、対象者、科目内容、実践活動）、4）教授法、5）効果測定が含まれる。Mwasalwiba（2010, p.23）は、アントレプレナーシップ教育に関する論文数の文献調査から、そのフレームワークを構築した。しかしながら、そのフレームワークの内容の詳細は明らかにされていない。日本の大学における有効的なアントレプレナーシップ教育のフレームワークは、Mwasalwiba（2010, p.23）のこれら5つの項目を含み、より具体的な示唆

第6章　アントレプレナーシップ教育の価値創造

図表99　アントレプレナーシップ教育の概要

P	①定義：	アントレプレナーシップ教育とは価値を創造するアントレプレナーとアントレプレナーシップマインドを育成し、理論と実践を融合したアプローチで個人の成長と社会の発展を促進するための教育
	②目標：	未知で複雑な社会問題に対して、深い専門的な知識を用いて、個人と社会の持続的発展のために価値を創造する。
D	③目的：	理論と実践を用いて多様な学習者と共に協働学習し、自己探求、内省、研鑽、共感、共創するアントレプレナーと起業思考の育成を実践する。
	④人物像：	地域に根付いたアントレプレナー、グローバルアントレプレナー、企業・団体における新規事業開発、実践者、アントレプレナーシップ教育者、支援者、理解者
	⑤プログラム：	初級（知識、能力、態度）、中級（応用）、上級（実践）。国内・海外ビジネススクールとの提携、企業・団体、起業支援センターなどの活用
C	⑥教授法：	ケーススタディ、アクティブラーニング、リフレクション
	⑦効果測定：	1. ミッション　2. 目的と成果　3. 授業　4. 授業支援　5. 起業支援　6. 教授法　7. 効果測定　8. 学習者の個人・専門性の進展　9. 卒業者の進路、キャリア（業界、起業率、内定率、給与）10. 学習者の満足度　11. 卒業生との関係構築　12. 教育者の研究・活動　13. プログラムの進展　14. プログラムの普及　15. 理論と実践　16. 倫理、責任、持続性　17. 国際化　18. 企業、団体との提携　19. 教育機関との提携　20. 地域への貢献
A	⑧報告書：	年報

出所）著者作成

を行う必要がある。

　アントレプレナーシップ教育の定義は、本書の第1章で提唱した「価値を創造するアントレプレナーとアントレプレナーシップマインドを育成し、理論と実践を融合したアプローチで個人の成長と社会の発展を促進するための教育」（European Commission 2008a; Jones & English 2004; Lackéus 2015; Mwasalwiba 2010; Timmons 1997; 大江 2004）である。

　日本の大学におけるアントレプレナーシップ教育の目標は、「未知で複雑な社会問題に対して、深い専門的な知識を用いて、個人と社会の持続的発展のために価値を創造する」である。アントレプレナーシップ教育の目的は、「理論と実践を用いて多様な学習者と共に協働学習し、自己探求、内省、研鑽、共感、共創するアントレプレナーと起業思考の育成を実践する」ことである。目標、目的に基づいた人材育成において理想の人物像に

ついては、明確に記載している大学は少ない。Kourilsky（1995）の起業活動の推進とサポート体制ピラミッドをもとに考察すると、アントレプレナーシップ教育の理想の人物像は、「地域に根付いたアントレプレナー、グローバルアントレプレナー、企業・団体における新規事業開発、実践者、アントレプレナーシップ教育者、支援者、理解者」である。

第2項　プログラム

アントレプレナーシップ教育のプログラムに関しては、初級（知識、能力、態度）、中級（応用）、上級（実践）の3段階とし、国内・海外の教育機関や企業、団体、地域との提携、支援センター、学外提携、研究会、研究室を活用する（図表100）。第3章の事例研究から大学では段階的なプログラムが実施されている。第4章の授業・プログラムの効果検証から、学習者は、知識、能力、態度が向上し、アントレプレナー、起業思考の育成が行われている。

初級、中級、上級の3段階の授業の初級は、アントレプレナーシップの基礎である。この段階では、起業に関する適性（知識・能力・態度）の育

図表100　アントレプレナーシップ教育のプログラム
出所）著者作成

成が必要である。知識には起業の基礎と応用知識、自己洞察が含まれる。能力には、マーケティング、新規事業計画、機会獲得、対人・学習・戦略能力が含まれる。態度には、熱意、自己効力感、主体性、積極性、不確実性への寛容、革新性、忍耐性が含まれる。デザインシンキングやビジネスモデルキャンバス、リーン・スタートアップ、エフェクチュエーションのフレームワークを用いながら、社会課題の発見の仕方、事業機会の見つけ方、アイデアの構築、事業計画の書き方等を教育する。

中級では、第3章の文献調査、第4章のプログラムの効果検証の結果から、アントレプレナーシップの実践として、事業計画の専門分野や技術を高め、Webやアプリケーションの構築をし、プロトタイプとして試作品を作ることが含まれる。また、大学内、他大学や企業と共同でビジネスプランコンテストを開催することで、学習者は、新規事業計画のフィードバックを客観的な視点から得ることができる。さらに、学習者は、大学内、他大学や企業・団体のメンバーと混ざり、共創の場があることでネットワークの確立に役立つ。

上級では、起業の実践や運営を実施するさまざまなプログラムを用意する。産学官連携の企業・団体・地域の課題解決型プロジェクトでは、企業・団体・地域の現場を訪問する。学習者は、課題の発見もしくは企業から提供された課題に対して、グループメンバーと解決策の提案を行う。第4章のプログラムの効果検証の結果から、海外の大学ではこのような取り組みは活発に実施されている。学習者がケーススタディで培った知識や能力を活用することができる場になっている。また、企業・団体・地域においても大学の学習者から新たな視点で課題、解決策の提示があることで、企業・団体・地域の改善になり、協力が得られる。

フィールドワークなどの学外の現場に行くことによって、学習者は、文献だけでなく実践的な企業、団体、地域の活動に対して、多くのことを学習することができる。文部科学省（2019, p.1）の専門職大学院の目的においても、授業の基本は、理論と実務を架橋した実践的な教育としてフィールドワークなどを用いた事例研究や現地調査を中心に実施することが推奨されている。第4章のフィールドワーク調査で、学習者は日系企業や団体を訪問し、創業者の起業に対する想いや企業の成長、取り組み、社会的な

貢献を感じることができた。そして、学習者の志や今後の目標に反映することが可能であった。日本は経済大国であり、自動車、電機、半導体、ロボテックス、食、サービス産業で世界的に競争上の優位性のあるものづくり、技術、オペレーション、サービスがある。それらを強みにし、大学が企業と連携することで、有意義なフィールドワークを提供することが可能である。

インターンシップに関して、日本の大学の学習者は、仕事と両立し大学に通うケースが約80％を占める。学習者は、スタートアップや異なる企業や業種でインターンシップを行う場合、多角的な視野を育成し、学習した知見を用いて現場で実践することにより実践力が培われる。第3章の文献調査、第4章のプログラムの効果測定の調査結果から、欧米の大学は、起業支援センターをはじめ、手厚い起業支援、起業体験を推進している。第4章の調査結果から Harvard、MIT Sloan、Chicago Booth、IE、Kellogg、Babson Business School、九州大学でインターンシップに参加した学習者は、現地に足を運び課題を見つけ、その企業や国、地域における発展に貢献することで起業の意義、起業することへの自分自身の適性、ロールモデルとの出会いを通してアントレプレナーシップマインドセットなどの効果があった。

国内、海外の大学との提携においては、学習者は、世界を学習の場として、専門性の高い授業の受講や実践を行うことができる。ビジネスプランの共同開催やワークショップなどさまざまな交流が可能である。第4章のプログラムの効果検証から、欧米大学の学習者である9名は全員ビジネスプランを作成し、その内、2名はビジネスプランコンテストに参加している。国内の大学においても7名は全員ビジネスプランを作成し、5名はビジネスプランコンテストに参加している。国際ビジネスプランコンテストなどにより交流の幅を広げることが可能である。

QAA（2018, p.22）は、アントレプレナーシップ教育のプログラム内外の学びの重要性を示している。第4章の調査結果から、欧米の大学では、アントレプレナーシップ教育プログラム外の学びも、大学のプログラムの中で展開されていた。したがって、日本の大学においても支援センターを設立し、学外の起業支援やベンチャーキャピタル等とも提携、もしくは学内のプログラムに反映し、維持することが必要である。

第6章　アントレプレナーシップ教育の価値創造

第3項　教育支援

　起業の支援として、誰でも気軽に訪問できる起業カフェを開設する。そのカフェでは、学習者は、カフェを楽しみながら、起業に関する知識やネットワークなどの情報を得ることができ、参加者同士で情報をシェアできる環境である。このカフェの目的は、Kourilsky（1995）の起業活動の推進とサポート体制ピラミッドにあるように、起業への理解者を拡大すると共に、支援者、アントレプレナーがどういうものであるのかの概要を知ることである。次のステップとして起業道場[2]で本格的に起業に取り組みたい学習者がメンター制度を活用し、ビジネスアイデアを実践する場所が必要である。この起業道場の目的は、より実践を伴ったアントレプレナーと支援者の育成である。チームでビジネスアイデアを申請し、メンターから承諾を得られれば、資金提供がされ、ビジネスアイデアを具現化、実現が可能になる。九州大学や早稲田大学には起業を支援する本格的な活動がある。さらなるステップとして、実際に起業し始めた際に中小企業診断士やシリアルアントレプレナーなど専属の起業トレーナーが指導し、企業や人材の紹介など事業拡大に対して総合的にサポートしてくれる支援センターがあることが望ましい。

　しかしながら、欧米の大学と比較して、日本の大学では起業支援が確立されていない。企業・団体や地域との連携を深め、学内支援センターの設立や稼働率の向上を行うのと同時に、学外の支援センターとの連携が必要である。インキュベーションセンターについては、学内のハブとして、また、学外とのネットワークの確立に有効であることが示された。学内の人材バンクとして在学生同士の交流や卒業生とのネットワークの強化、企業・団体、地域の方々との接触を増やす必要がある。

　Gratton（2011）は、未来を形成する要因として、テクノロジーの進化、グローバル化の進展、人口構成の変化と長寿化、社会における人の価値観の変化、エネルギーや環境問題の深刻化をあげる。一方、2025年の世界は、50億人の人と人とが結びつき、世界中の創造力を活かし、協力しながらアイデア、知恵を出し合う。アントレプレナーが他のアントレプレナーと相互に共存し、エコシステム（生態系）を築く。高度な専門性と技能を持

377

ち合わせ、自分で未来を切り開く能力を持つ人材が必要である。新たなものを創造するには、多くの人達との知識と能力と技術、人的ネットワークを統合することが必要である。

　また、新規事業を実践するための施設や資金提供などの仕組みを構築することが必要である。同様に、学習者が実際に立案したビジネスプランを実行できる環境を提供するにあたり、ビジネスプランコンテストや資金提供にも注力する必要がある。学習者への幅広い支援としてアントレプレナーシッププログラムは、アントレプレナーシップ研究会やイノベーション研究会などの研究会やバイオ研究室などの研究室で学習者のビジネスに関しての発表や事例などを課題として扱い、さまざまな分野からの意見を得ることができる活動の場所が必要である。また、学外で提供しているベンチャーキャピタルや支援センターから、さらに専門的な分野の意見や資金調達が可能な環境があることが望ましい。このように初級から中級、上級のステップに上がっていくことで、起業に関する適性から実践まで網羅的にカバーすることができる。

　第4章のプログラムの効果検証の結果から、学習者の起業や起業思考の育成のために、マインドセットが必要であり、学習者のマインドセットはさまざまな知識や経験を通して起こることが明らかとなった。海外の大学には、多くの選択授業が用意され、知識と実践が行われており、教育者、在学生、卒業生のメンター支援を受け、失敗から学べる環境にある。谷川(2016, p.9)は、アントレプレナーシップ教育に重要なのは、「人」「手法」「場」であると提唱する。そのヒントは、国内外のアントレプレナーシップ教育の事例を共有し、教育者の意識改革を行うことが必要であると述べている。谷川（2016, p.9）の提唱する環境を作りつつ、授業やプログラムの効果を明確にし、プログラムの改善を図ることが大切である。そして、日本の大学のアントレプレナーシップ教育の授業数の拡大と実践的なプログラムを加速させる必要がある。

第4項　教授法

　教授法に関しては、「ケーススタディ、アクティブラーニング、リフレ

クション」を主に用いる。日本の高等教育機関では、アントレプレナーシップ教育の教授法は講義に重点が置かれている。一方、欧米の大学ではケーススタディ、アクティブラーニング、リフレクションを促進する方法が広く用いられている。ケーススタディでは、学習者が事業の背景を理解し、理論やデータを用いて分析、事業の展開や意思決定のプロセス、倫理等を修得していた。アクティブラーニングでは、学習者が主体的に他の学習者と協働して取り組む。Gibb（1993）の「講義中心モデルと起業育成モデルの対比」の起業育成モデルにあるように、学習者は、学習者同士、人々との交流、ディスカッション、ディベート、実体験など課題解決型の協働学習を実施する。そして、学習者は、多くの人々からの助言や反応から自己を探求している。学習者は、不確実なことが生じて失敗したとしても、失敗から内省し、学習している。学習者のリフレクションの姿勢がうかがえる。文部科学省（2019, p.1）の専門職大学院の目的においても、授業の基本は、事例研究や現地調査を中心に双方向、多方向に討論や質疑応答を行うことが示され、アクティブラーニングが推奨されている。

　リフレクションに関しては、第5章のStanford大学の教職員研修にあったように、学習者の学びを定着させるためにリフレクションを重要視している。1つのアクティビティ後に学習者に自分が感じたこと、気づいたこと、学んだことをノートに記載させている。さらにAmbi botのアプリケーションを使用して、学習者が復習できる環境を整備している。このようにリフレクションは学習者の学びにとって重要である。

　近年、世界中で新型コロナウイルス感染症（COVID-19）の拡大により、教育機関で教員と学習者には、ICTを活用した教授法のパラダイムシフトが起こっている。教員には、ICTを活用し、学習者同士の有意義な関わり合いや活動など、教育の質を確保することが求められている（Misha et al. 2020; Neuwirth et al. 2020）。学習者がICTを活用し、課題解決能力やコミュニケーション能力を向上できたという研究結果がある（Yazici 2005; Inada 2022a, 2022b）。一方、オンライン上の授業運営や学習者の参加の欠如を指摘している研究もある（Gray et al. 2021）。日本は、初等、中等、高等教育をはじめICTの導入を試みている。しかしながら、OECDの先進国の中でICT導入は遅れをとっている。個人学習の対応やデジタルコンテン

ツ、教職員の教育支援等が課題である（文部科学省 2021a, b）。

　21世紀型スキルとは、生産活動から情報と知識が経済活動の中心へと移行する中で、学習者が職場で求められるスキルである（Griffi et al. 2012）。1）創造性、イノベーション、クリティカルシンキング、課題解決、意思決定、学習方略、メタ認知の思考の方法、2）働く方法としてコミュニケーションやチームワーク等のコラボレーション、3）働くためのツールとして情報やICTリテラシー、4）地域と世界における市民であること、人生とキャリア、異文化理解と異文化適応能力を含めた個人の責任と社会的責任として世界の中で生きることである。ICT教育のデータを活用して、学習者の個人学習や学習者同士の協働学習の状況を記録し、自主的な学びの促進や学習者同士の活動や成果を共有、可視化することができる。それを活用し、多様な視点や考察を得て、知識の定着や活動の幅を広げることが可能である。

　海外の学習者との授業において、COILでは、オンライン上で学習者が講義を聞くことができ、小グループに分かれてプロジェクトを進め、協働学習の過程でチーム内の他のメンバーからフィードバックを受けることなどが可能である。21世紀型スキルの向上に役立てることも可能であるため、教授法の1つとしてICTの活用は重要である。

第5項　効果測定

　効果測定に関しては、第3章と第4章の調査結果から、AACSB、AMBA、EQUISの評価指標、Jack & Anderson（1998, p.10）の効果指標、Lackéus（2015, p.6, 7）の起業に関する適性、Vesper & Gartner（1997, p.413）のプログラムの評価指標、European Commission（2019）のErasmusと高等教育の効果研究における評価指標、卒業者の進路（業界、内定率、給与）を用いて、学習者の外面的な評価指標と内面的な評価指標が必要であると考える。

　外面的な評価指標は、図表101の評価項目にある20項目（ミッション、目的と成果、授業、授業支援、起業支援、教授法、効果測定、学習者の個人・専門性の進展、卒業者の進路・キャリア（業界、起業率、内定率、年収）、

第6章　アントレプレナーシップ教育の価値創造

図表101　評価項目

	評価項目		
1	ミッション	11	卒業生との関係構築
2	目的と成果	12	教育者の研究・活動
3	授業	13	プログラムの進展
4	授業支援	14	プログラムの普及
5	起業支援	15	理論と実践
6	教授法	16	倫理・責任・持続性
7	効果測定	17	国際化
8	学習者の個人・専門性の進展	18	企業、団体との提携
9	卒業者の進路・キャリア（業界、起業率、内定率、年収）	19	教育機関との連携
10	学習者の満足度	20	地域への貢献

出所）著者作成

　学習者の満足度、卒業生との関係構築、教育者の研究・活動、プログラムの進展、プログラムの普及、理論と実践、倫理・責任・持続性、国際化、企業、団体との提携、教育機関との提携、地域への貢献）である。

　図表102に自己探求、内省、自己研鑽、自己成長の認識を示す。内面的な評価指標に関しては、自己洞察や主体性の向上、学びの可視化として、学習者の自己探求、内省、自己研鑽、自己成長の認識などの項目が必要となる。シャーマー＆カウファー（2015）、シャーマー（2017）のU理論、Kolb（1984）の経験学習のプロセスとその効果による基礎知識の形成に関するフレームワーク、村田（2018）の提唱する体験学習の実践と振り返りの実証例や問いかけの例を用いる。内省の促進、学習成果の蓄積、自己成長の可視化、生涯学習の一環と整理のための学習者自身のポートフォリオが重要である。Drucker（1993, p.263）は、起業の環境においては、学習者は、挑戦の連続である。その機会を最大限に活用し、挑戦し続けることが生涯学習になることを示す。London & Smither（1999, p.13）は、自主性を重んじる学習や生涯の重要性を述べている。また、第3章、第4章、第5章の調査結果から、欧米の大学では、Harvard大学の失敗から学ぶ、

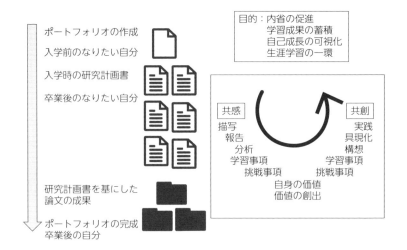

図表 102　自己探求、内省、自己研鑽、自己成長の認識

出所）シャーマー＆カウファー（2015）、シャーマー（2017）のU理論、Kolb（1984）の経験学習のプロセスとその効果による基礎知識の形成に関するフレームワーク、村田（2018）の問いかけの例をもとに著者作成

Stanford大学の自分を知る、MIT Sloanの内省からの価値創造など内面の向上を重視していることが明らかとなっている。また、学習者は、試行錯誤や葛藤を通じて、客観的に自己分析をしている。そして、学習者は、各自のさらなる学習事項を発見し、授業での取り組み方やスタートアップや企業でのインターンシップや挑戦、実践することでキャリアを形成している。

　日本の大学の学習者の内面の向上には、大学に入学前、在学中、卒業後にポートフォリオの作成をすることが望ましい。たとえば、入学前のなりたい自分、入学前の研究計画書、卒業後のなりたい自分、在学中の取り組み、研究計画書をもとにした論文の成果に関して、入学前と卒業の際に比較、検証し、在学中のポートフォリオを作成する。そして、卒業後のさらなる未来の自分に対しての目標を設定しポートフォリオを継続する。日本の専門職大学院で修士論文は必修ではない（文部科学省 2019）。しかしながら、齋藤（2012）の学位論文を作成する過程に概念の思考能力の向上や

多様なメンバーと協働学習を促進し、企業が求めるリーダーシップ能力の向上においても、有効な方法として提唱している。本書の第4章の結果においても、学習者の思考能力の向上や学習の成果として有効であることが示されたため必要事項と考える。

　著者は、学習者が自己の学習の成果を蓄積することで、学習者の内省の促進、自己の成長を可視化することができ、生涯学習、キャリアデザインの参考になると考える。学習者一人一人が、授業で学んだことを記録する。知識、能力、態度、起業意志が自己の成長にどのように役立ったのかもしくは役立たなかったのか、何に挑戦するのかを書き込める成長ノートをWeb方式や紙で記載する。また、学習者が、それを教室でシェアすることで学習者のさらなる内省を促し、学習者同士の新たな気づきが生まれると考える。Bain et al. (1999)、Driscoll (1994)、Gibbs (1988)、村田 (2018) の問いかけの例を参考にし、教育者が事例の描写や報告、学習者自身の考えや原因分析、行動目標や学習の成果を引き出す問いかけをすることが必要である。学習者が、入学前のなりたい自分、入学時の研究計画書と卒業後のなりたい自分を記載したポートフォリオや研究計画書をもとにした論文の成果を評価項目に換算することも可能になる。学習者は、誰に、何を、どのように、なぜその考え、行動をするのか、そしてその結果どう考え、行動するのかというプロセスを踏むことが大切である。つまり、学習者は、描写、報告、分析、学習事項、挑戦事項の共感プロセスを経て、自身の価値、価値の創出を考える。その後、学習者は、挑戦事項、学習事項を考察し、事業の構想、具現化、実践へと共創していく。

　効果測定の結果は、報告書を通じて年間に発行され、オンライン上でも確認でき、効果測定の結果を蓄積していくことが望まれる。報告書には、学習者のアントレプレナーシップの教育内容、第3章の文献調査から、MIT Sloanや九州大学ではアントレプレナーシップ教育の内容、起業支援センターの活動紹介、学習者の起業に関する成果について報告書を発行している。1年間の活動としての報告書は、学習者、教育機関、企業、団体、地域において、情報の伝達、活動の可視化、ポートフォリオの役割となり非常に重要である。

第6項　アントレプレナーシップ教育の価値創造

　価値創造は組織間のコラボレーションによって強化され、そこでは利害関係者が協力して戦略的有効性を向上させ、共創価値を通じて相互に有益な多種多様な目標を達成する（Gummesson & Mele 2010; Nenonen & Storbacka 2010; Gide & Shams 2011; Grönroos 2012; Aarikka-Stenroos & Jaakkola 2012; Jaakkola & Hakanen 2013; Hsiao et al. 2015; Iyanna et al. 2015; Shams 2015, 2016）。共創は、対話的で創造的かつ社会的なプロセスであり、促進された社会的相互作用である（Roser et al. 2013）。Cohen（2006）は、起業エコシステムには、フォーマルなネットワークとインフォーマルなネットワークを特定し、物理的なインフラと起業を醸成する文化が重要であることを強調している。

　図表103はアントレプレナーシップ教育の価値創造を示している。第3章の文献調査から、欧米の大学では、アントレプレナーシップ教育において協働学習が推進されていることが明らかとなっている。第4章の授業・プログラムの調査結果から、学習者は、個人の知識、能力、態度における認知能力、非認知能力を理論と実践の授業・プログラムで、協働学習を通じて向上し、社会に価値を創造、価値の還元を実施していることが明らかとなった。第5章の企業、団体、地域との持続的な協働と教職員の育成に関する調査から、アントレプレナーシップ教育における起業エコシステムの形式の重要性が明らかとなった。アントレプレナーシップ教育における協働学習には、さまざまな組み合わせが可能である。留学生と日本人学習者、理系と文系の学習者、A校とB校の学習者、発展途上国の方々と学習者、地域の方々と学習者、アントレプレナーと学習者、企業、団体の方々と学習者である。協働学習において、学習者は、異文化接触もしくは異文化交流からアントレプレナーシップの基本科目、起業への気づき、事業機会の発見、チームマネジメント、自己探求、自己研鑽、アントレプレナーシップマインドセット、自信、自己効力感、協調性、積極性、共感、共創の学習事項の修得をしている。つまり、学習者は個人の自己探求、内省、研鑽を行い、自己を向上させながら、協働学習を通じて、仲間と共感し、共創することで、社会に価値を創造および還元をしている。

第6章 アントレプレナーシップ教育の価値創造

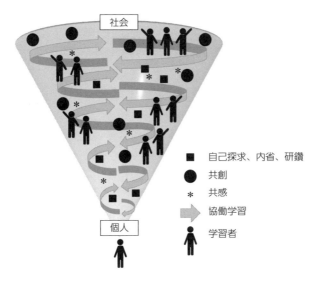

図表 103　アントレプレナーシップ教育の価値創造
出所）著者作成

以上の内容を踏まえて、アントレプレナーシップ教育のフレームワークに必要な 13 の事項について、次のような示唆が考えられる。

1. 海外、国内の大学、企業・団体、地域の提携
2. ミッション、目標、目的、人物像の明確化、プログラムの改善、教授法、授業やプログラムの効果測定、報告書、PDCA の循環によるフレームワークの進展
3. 基礎知識や理論・多角的な視野・人脈の構築
4. 起業に関する適性（知識・能力・態度）の向上
5. アントレプレナー・起業思考の育成
6. 起業体験、インターンシップ、留学など実践的な経験の場
7. 日本の産業や歴史的価値を活用し、企業や地域などからの課題を教材とする経験学習
8. 人・施設・資金・情報提供を実施するインキュベーター・支援センター
9. 在校生、卒業生、起業・企業のエコシステムの構築、確立

図表 104　アントレプレナーシップ教育のフレームワーク
出所）著者作成

10. 外面・内面評価、評価指標・自己探求、内省、自己研鑽、自己成長の認識システム
11. 多様性、協働学習、共感、共創の場
12. 教職員の人材育成と情報共有
13. 個人と社会の持続的発展のための価値創造、価値の還元、循環、社会貢献

これらの事項を PDCA で確認し、アントレプレナーシップ教育のフレームワーク（図表 104）を進展させていくことが必要である。

第 7 項　アントレプレナーシップ教育の普及

欧米日のアントレプレナーシップ教育比較では、欧米のアントレプレナーシップ教育は全校で体系的に実施されている。一方、日本ではアントレプレナーシップ教育が体系的に実施されているのは一部の大学のみであった。アントレプレナーシップ教育は、経営学の分野で新規の分野ではあるが、社会、経済の発展に欠かせないものであることが明示されつつある。日本のアントレプレナーシップ教育のミッションを明確に示し、初級、中級、上級クラスなど段階的な科目の設置や学習者が新規事業を実践できる環境づくりが必要である。

第 6 章　アントレプレナーシップ教育の価値創造

　また、日本の大学は、学習者にアントレプレナーシップ教育の履修プログラムの全体像、授業、ビジネスコンテストなどの詳細や支援センターの施設を紹介する情報を提供することが求められている。学習者が起業に関して利用できる事項を可視化し、学習者の起業に関する教育機関のリソースの利用を促進することが必要である。大学が、実際に起業した学習者をロールモデルとして紹介することも有益であると考えられる。

　また、大学は、学習者の協力を得て、実際のアントレプレナーシップの活動に関して、学習者の視点から、授業の様子やビジネスコンテストやゼミの活動、支援センターの取り組み、学習者のアントレプレナーシップ教育の学びなどの情報を Website や Blog や SNS などを通じて発信していく必要がある。同時に、学習者からアントレプレナーシップ教育に関するフィードバックを得て、アントレプレナーシップ教育プログラムの改善を実施する必要がある。

　海外の大学は、各国の主要都市にオフィスを構え、拠点を持っている。そして、各国へ出向き、他大学と共同もしくは単独で大学の説明会を実施し、積極的に優秀な学習者のリクルート活動を実施している。体験授業が実施され、卒業生が自身の体験や起業体験を述べる機会も多い。一方、日本の大学は各大学で説明会を実施している傾向にある。日本人学習者の獲得には有効かもしれないが、世界各国からの多様で優秀な学習者を獲得するためには共同で、オンライン、オフライン両方でガイダンスを実施することが必要である。また、海外の大学が主催する大学説明会にも参加し、日本の大学の強みを PR することが必要である。

　そのほかに、日本の大学は、Financial Times のランキング等で示されていないことが多い。海外からの優秀な学習者を獲得するためにも AACSB、AMBA、EQUIS のマネジメント教育の質を評価する国際機関などから国際認証を取得し、大学の質を確保する必要がある。また、アントレプレナーシップ教育に携わるステークホルダー（学習者、教育機関、企業、団体、地域）に対して、アントレプレナーシップ教育のフレームワークを用いて、定義、目標、目的、人物像、プログラム、教授法、効果測定を含めた報告書を作成し、アントレプレナーシップ教育の進展を図ることが求められている。著者は、アントレプレナーシップ教育を含めた日本の大学の

評価が向上することで、国内、海外の大学との提携が敏速に実施されやすくなると考える。

　このようなアントレプレナーシップ教育プログラムの普及を図ることにより、日本の大学のブランディングを構築し、理論と実践を融合した魅力的なアントレプレナーシップ教育が実施される。優秀な人材を日本に惹き寄せるエコシステムが確立することが可能である。

第 2 節　本研究の要約

　経済発展や価値創造の観点から、世界各国でアントレプレナーシップ教育の重要性は認識されているが、日本のアントレプレナーシップ教育は低調である（GEM 2017; 大和総研 2009）。アントレプレナーシップ教育を拡充し、アントレプレナーや起業思考を用いて不確実で複雑な社会の課題を解決し価値を創造する人材を育成する必要がある。本書では、アントレプレナーシップ教育の定義、目的、意義、アントレプレナーシップ教育のフレームワークを明示した。授業・プログラムの効果検証、教育支援、人材育成に着目した欧米日のアントレプレナーシップ教育を比較し、アントレプレナーシップ教育フレームワークの示唆をすることを目的に論じてきた。

　これらの目的を踏まえて、本書の総括を行う。第 1 章では、アントレプレナーシップ教育の定義を整理し、アントレプレナーシップ教育の意義と課題を示している。アントレプレナーシップ教育の定義を「価値を創造するアントレプレナーとアントレプレナーシップマインドを育成し、理論と実践を融合したアプローチで個人の成長と社会の発展を促進するための教育」として、価値を創造する人材育成の重要性を述べた。アントレプレナーシップ教育は、アントレプレナーを育成することと起業思考を向上させることが含まれている。日本の大学では、体系的なアントレプレナーシップ教育が実施されている大学が少ないことを示した。第 2 章では、アントレプレナーシップ教育の歴史、Jones & Matlay（2011, p.694）やMwasalwiba（2010, p.23）のアントレプレナーシップ教育のフレームワーク、Lackéus（2015, p.6, 7）や Jack & Anderson（1998, p.10）のアントレ

プレナーシップ教育の効果測定を提示した。先行研究から、欧米日のアントレプレナーシップ教育の内容が不明確で、その効果測定の研究が少ない。Jones & Matlay（2011, p.694）やMwasalwiba（2010, p.23）のアントレプレナーシップ教育のフレームワークはあるが、授業やプログラムの効果検証に基づいたアントレプレナーシップ教育のフレームワークやその詳細に関しては明らかになっていない。先行研究を検討し、提示したリサーチクエスチョンは、次のとおりである。

1) 欧米日の大学において、アントレプレナーシップ教育はどのように展開されているか。
2) アントレプレナーシップ教育の授業・プログラムは、学習者にどのような影響を及ぼすのか。
3) 日本の大学において、有効なアントレプレナーシップ教育のフレームワークとはどういうものか。

第3章では、欧米日のアントレプレナーシップ教育比較の文献調査、第4章では、本書の課題に対する分析の枠組みを示し、実証研究の手法、分析対象の選定、データの収集・分析に関して、具体的な調査手順を提示した。また、なぜ量的研究と質的研究の両方のアプローチを行う方法論的多元論が必要であるのかを述べ、アントレプレナーシップ教育の授業とプログラムの効果に関する実証研究を行った。調査対象者に対する倫理的な配慮や、調査対象者の選定方法、データの収集方法や分析方法、短期・長期プログラムの質問事項やインタビュー事項をあげている。具体的には、質問紙調査には関西学院大学の8つの授業とIE Business Schoolのプログラムを対象としている。インタビュー調査に関しては、欧米日の9つの大学（Harvard、MIT Sloan、Chicago Booth、IE、Babson、Kellogg Business School、早稲田大学、九州大学、関西学院大学）を対象としている。量的研究では、Lackéus（2015, p.13）の「起業に関する適性（知識・能力・態度）」を活用し、分析方法としてt検定を用いている。質的研究では、半構造化インタビューを実施している。分析方法として、大量のテキスト情報を分析するのに優れたテキストマイニング方法であるKH Coder、研究対

象者である人間の視点を重視し、教育など社会的な相互作用がある研究に適しているとされる M-GTA の使用について、それらの妥当性を検討している。

　第 5 章では、国際産学官連携型 PBL 科目における COIL の効果検証の調査で、対面と COIL の授業効果の比較、COIL の授業効果の比較、テキストマイニングを用いた学習者の学びを明らかにした。対面と COIL の授業比較において、COIL は、知識、課題解決能力、コミュニケーション能力、異文化理解・チームワーク能力、自信・意欲の 5 つの項目において学習者の学びを確認することができた。学習者を支援した企業や団体は、社会における大学、企業、組織間の連携や共創の使命、利益、重要性を認識していた。企業や団体の質の高いインプット、プロセスにおける積極的な参加、貢献、関与、そして学習者の洞察に満ちたアウトプットは、継続的な起業エコシステムの重要な成功要因である。高等教育における企業や団体の支援は必要である。また、授業を支える教職員の育成として Babson 大学や Stanford 大学の研修事例を取り上げ、教職員の育成や国際的なネットワークの構築の重要性を明らかにしている。産学官、CIC Tokyo、大阪産業創造館、起業スタートダッシュ等の起業支援を中心としたインキュベーターが基盤となり、産学官連携における協働学習や共創、国際ネットワークを構築しつつ、21 世紀型スキルの向上を視野に入れたアントレプレナーの育成やアントレプレナーシップ教育の普及活動、地域の連携を強化している。これらのネットワークの構築がエコシステムの形成に大きく関与していることを明らかにしている。

　第 6 章では、第 3 章、第 4 章、第 5 章の結果を踏まえて、アントレプレナーシップ教育フレームワークの示唆を行った。リサーチクエスチョン 1 に対する回答が第 3 章である。リサーチクエスチョン 2 に対する回答が第 4 章である。リサーチクエスチョン 3 に対する回答が第 3、第 4、第 5、第 6 章である。

1) リサーチクエスチョン 1 の回答

　リサーチクエスチョン 1 の欧米日の大学におけるアントレプレナーシップ教育に関して、第 3 章で示した欧米日の大学のアントレプレナーシップ

教育比較から、欧米の大学と日本の大学では、アントレプレナーシップ教育の専攻・コース、実践活動、支援センター、企業、団体、地域連携において大きな差がある。欧米の大学のアントレプレナーシップ教育の専攻・コース、実践活動において、段階的なプログラムの設計がなされている。学部、大学院等の垣根を越えた支援センターが形成され、企業や団体との提携が推進されている。欧米の大学は、規模が大きく、国際性、企業との連携、国際認証機関からの教育の質の保証、卒業生の進路等を明確に開示している。在校生と卒業生の交流などを含めて実践的な教育が実施されている。欧米の大学に関しては、2017年 Financial Times Global MBA Rankingの上位10校のうち、全10校でアントレプレナーシップ教育の専攻・コースや実践活動、支援センターがあることが明らかになった。アントレプレナーシップ教育のプログラムには、多様性、協働学習を用いたアントレプレナーシップ教育に関する授業数も多く、アントレプレナーシップ論などの理論だけでなく、デザインシンキングやリーン・スタートアップなど起業を疑似体験し、企業とコラボレーションする実践の授業や支援センター施設が用意されている。基礎、応用、実践など3段階でプログラムが構成されており、大学や大学院、学部の垣根を越えた学習者同士の交流や教育者、支援センターの方々の交流が促進されていた。つまり、大学でアイデアの創出から実現、起業支援、マーケットで持続的な運営や展開ができるシステムが存在している。このようなアントレプレナーシップ教育を実施することで、世界各国から留学生を集客できるブランド力も兼ね備えている。

一方、文部科学省（2017b）の専門職大学院一覧の23校の日本の大学に関しては、アントレプレナーシップ教育の専攻・コースがあるのは7校である。実践活動を実施しているのは、3校（九州大学、早稲田大学、事業創造大学院大学）である。アントレプレナーシップ支援センターを併設しているのは2校（九州大学、早稲田大学）である。日本においては、アントレプレナーシップ教育の専攻・コース、実践活動があり、支援センターを併設しているのは2校（九州大学、早稲田大学）である。この調査結果から、日本の大学のアントレプレナーシップ教育プログラムは、アントレプレナーシップ教育の専攻・コースが少なく、アントレプレナーシップ科

目の設置数も少ないことが明らかとなった。欧米日の大学における共通するミッションは、世界で率先するリーダーの育成である。日本の大学の課題は、国際認証機関からプログラムの評価を得ること、アントレプレナーシップ専攻・コース、実践活動、支援センターを拡充すること、企業、団体、地域との提携を強化し、グローバル化に対応した協働学習を推進するプログラムの開発やブランドの確立が求められている。つまり、アントレプレナーシップ教育プログラムの量と質を強化する必要がある。

2）リサーチクエスチョン 2 の回答

　リサーチクエスチョン 2 のアントレプレナーシップ教育の効果に関して、第 4 章のアントレプレナーシップ教育の授業やプログラムの効果検証の結果から学習者の起業に関する適性（知識・能力・態度）の向上、協働学習による共創の有効性が示された。授業を対象とした短期調査では、関西学院大学の 8 つの授業、フィールドワーク調査の結果が含まれている。プログラムを対象とした長期調査では、IE Business School をはじめとした欧米大学の 7 校と日本の大学の 3 校が含まれている。アントレプレナーシップ教育における学習者の起業に関する適性（知識・能力・態度）の有意な上昇変化により、アントレプレナーシップ教育の授業やプログラムは有効であったことが明らかとなった。IE Business School においては、卒業後、学習者の 15％ から 23％ が起業したことが明らかとなった。IE Business School は卒業後の起業率を 15％ と公表しており、本研究においても同様の結果を得た。

　欧米の大学の 6 校を対象とした長期調査で、欧米の大学では、教室内で基礎知識や理論を用いた事例研究、学習者と多様な視点からグループワークやディスカッションで協働学習が推進されている。幅広い選択科目、人・施設・資金・情報の手厚い支援があり、在校生、卒業生、教育者、他大学、企業、団体、地域と連携を強化し、システムを構築している。

　日本の大学の卒業生のインタビュー調査で、学習者は、学内のネットワークを活用し、授業の課題、経験学習、学位論文、ビジネスプランの作成や発表を通して、クラスメイトやゼミの仲間、教育者との人的ネットワークを構築している。そして、卒業後も大学や社会に価値を還元している。

第6章　アントレプレナーシップ教育の価値創造

　アントレプレナーシップ教育の効果として、学習者は、リスクや失敗を恐れず挑戦することで多様な仲間と共に価値を創造している。さらに、学習者が、起業体験、フィールドワーク、インターンシップ、短期・長期留学などの実践的な経験を積むことや自主的に自己を探求し、内省を試み、自己研鑽、自己の価値や自己成長を認識することで、アントレプレナーシップのマインドセットが起こることを示している。アントレプレナーシップ教育において、学習者の協働学習は重要である。学習者は、自己の成長を認識することと学習者同士、教育機関、企業、団体、地域との協働学習における共創により、個人と社会の持続的な発展のための価値創造を行っている。アントレプレナーシップ教育のフレームワークには、ものづくりなどのハード面と精神、サービスなどのソフト面の日本独自のリソースを活用しつつ協働学習を考慮し、理論と実践を用いて、教育の効果を計測し、プログラムの内容を改善していくことが求められている。

3）リサーチクエスチョン3の回答

　リサーチクエスチョン3の日本の大学において有効なアントレプレナーシップ教育のフレームワークに関して、著者は、第3章、第4章、第5章、第6章から、Gartner（1985, p. 698）、Jones & Matlay（2011, p. 694）に続く、日本独自の教育のフレームワークを示唆している。

　第3章、第4章に関しては、上記で述べたとおりである。第5章の調査結果から、企業・団体・地域の支援、教職員の育成など起業エコシステムの形成が重要である。産学官連携に関しては、E&Y、マニュライフ生命保険、在日カナダ大使館の教育支援、CIC Tokyo、大阪産業創造館、起業スタートダッシュ等の起業支援を中心としたインキュベーターの支援が基盤となっている。産学官連携における協働学習や共創が大切である。日本の大学は、地域の連携を強化し、エコシステムを構築し、地域の発展に携わる必要がある。Babson大学やStanford大学では国内外からの教職員に対して研修を行い、学習者にとってより良い教育が提供できるように授業内容や教授法、評価方法等の研修が実施されていた。日本の大学は、国際ネットワークを構築しつつ、21世紀型スキルの向上を視野に入れたアントレプレナーの育成やアントレプレナーシップ教育の醸成が必要である。

第6章では、高等教育機関における有効的なアントレプレナーシップ教育のフレームワークには、学習者を中心に、教育者A、教育機関A、教育者B、教育機関B、企業、団体、地域から教育プロセスを得ることが重要であることを示している。日本の大学の特徴を明確にし、多様性、異質性のある学習者や教育者を確保する。教育市場における地域やグローバルでのブランドを確立する。学習者が、自分自身の目標を達成するための多様なプログラムを構築する。日本の大学における有効的なアントレプレナーシップ教育に関しては、1）定義、2）目的、3）プログラム（プログラムの種類、対象者、科目内容、実践活動）、4）教授法、5）効果測定が必要とされる。アントレプレナーシップ教育の定義は、「価値を創造するアントレプナーとアントレプレナーシップマインドを育成し、理論と実践を融合したアプローチで個人の成長と社会の発展を促進するための教育」である。目標は、「未知で複雑な社会問題に対して、深い専門的な知識を用いて、個人と社会の持続的発展のために価値を創造する」である。目的は、「理論と実践を用いて多様な学習者と共に協働学習し、自己探求、内省、研鑽、共感、共創するアントレプレナーと起業思考の育成を実践する」ことである。理想の人物像については、「地域に根付いたアントレプレナー、グローバルアントレプレナー、企業・団体における新規事業開発、実践者、アントレプレナーシップ教育者、支援者、理解者」である。
　プログラムに関しては、初級、中級、上級の段階的なプログラムが必要であると考える。学習者は、初級で、アントレプレナーシップ教育の理論を中心とした知識、能力、態度を修得し、中級で学習者の専門分野を確立し、事業計画を加速させる。そして、上級では、実践で起業や国内外の大学、企業、団体、地域とのプロジェクトの実行を行うことができる。また、学習者は、支援センターや学外提携しているベンチャーキャピタル、研究会・研究室から起業やプロジェクトの支援を得ることができる。教授法に関しては、ケーススタディ、アクティブラーニング、リフレクションを用いる。学習者は、理論やデータに基づいた分析や学習の定着率を考慮した主体的な学び、そして内省から学習者の強み、弱みを把握し、学習者の目標に対しての課題や挑戦事項の選定、生涯学習に役立てる。教育者は、授業のファシリテーターであり、学習者の目標に対して、必要な事項を支援

する足場づくり（Scaffolding）を行い、学習者と共に授業を作り上げていくことが求められている。

効果測定に関しては、学習者の外面的な評価指標と内面的な評価指標が必要であると考える。外面的な評価指標は、20の項目（ミッション、目的と成果、授業、授業支援、起業支援、教授法、効果測定、学習者の個人・専門性の進展、卒業者の進路・キャリア（業界、起業率、内定率、給与）、学習者の満足度、卒業生との関係構築、教育者の研究・活動、プログラムの進展、プログラムの普及、理論と実践、倫理・責任・持続性、国際化、企業、団体との提携、教育機関との提携、地域への貢献）が必要である。

内面的な評価指標としては、自己洞察や主体性の向上、学びの可視化として、内省の促進、学習成果の蓄積、自己成長の可視化、生涯学習の一環と整理のための学習者自身のポートフォリオの項目が重要である。

以上のことから、アントレプレナーシップ教育のフレームワークに必要な13の事項を示す。

1. 海外、国内の大学、企業・団体・地域の提携
2. ミッション、目標、目的、人物像の明確化、プログラムの改善、教授法、授業やプログラムの効果測定、報告書、PDCAの循環によるフレームワークの進展
3. 基礎知識や理論・多角的な視野・人脈の構築
4. 起業に関する適性（知識・能力・態度）の向上
5. アントレプレナー・起業思考の育成
6. 起業体験、インターンシップ、留学など実践的な経験の場
7. 日本の産業や歴史的価値を活用し、企業や地域などからの課題を教材とする経験学習
8. 人・施設・資金・情報提供を実施するインキュベーター・支援センター
9. 在校生、卒業生、起業・企業のエコシステムの構築、確立
10. 外面・内面評価・評価指標・自己探求、内省、自己研鑽、自己成長の認識システム
11. 多様性、協働学習、共感、共創の場
12. 教職員の人材育成と情報共有

13. 個人と社会の持続的発展のための価値創造、価値の還元、循環、社会貢献

これらの事項をPCDAで確認し、アントレプレナーシップ教育のフレームワークを進展させていくことが大切である。

アントレプレナーシップ教育の普及に関しては、学習者が、アントレプレナーシップ教育プログラムの授業や支援が受けられやすいように、それらの情報の提供を学習者のメディアリテラシーに応じてわかりやすく行う。日本の大学のグローバル戦略に関しては、国際認証などの教育の質の保証を明らかにしたうえで、日本の大学の特徴、授業やゼミ活動、企業・団体との連携、起業支援センターの仕組みなどの情報、報告書の発信や各国での説明会に参加し、多様な学習者の確保に努めることが必要とされている。また、アントレプレナーシップのグローバルキャリア人材教育には、海外の大学や企業との業務提携の拡大や初等・中等・高等教育機関、生涯教育にまで幅広く活動の場を広げることか必要である。

第3節　教育的示唆

第1に、アントレプレナーシップ教育プログラムの量と質を強化する必要がある。文献調査の結果から、欧米の大学に関しては、2017年Financial Times Global MBA Rankingの上位10校のうち、全10校でアントレプレナーシップ教育の専攻・コースや実践活動、支援センターがあることが明らかになった。アントレプレナーシップ教育のプログラムには、多様性、協働学習を用いたアントレプレナーシップ教育に関する授業数も多く、アントレプレナーシップ論などの理論だけでなく、デザインシンキングやリーン・スタートアップなど起業を疑似体験し、企業とコラボレーションする実践の授業や支援センター施設が用意されている。プログラムは基礎、応用、実践など3段階で構成されており、大学や大学院、学部の垣根を越えた学習者同士の交流や教育者、支援センターの方々の交流が促進されている。つまり、大学でアイデアの創出から実現、起業支援、市場で持続的な運営や展開ができるシステムが存在している。このようなアントレプレ

第 6 章　アントレプレナーシップ教育の価値創造

ナーシップ教育を実施することで、世界各国から留学生を集客できるブランド力も兼ね備えている。

　一方、文部科学省（2017b）の専門職大学院一覧の 23 校の日本の大学に関しては、アントレプレナーシップ教育の専攻・コースがあるのは 7 校である。実践活動を実施しているのは、3 校（九州大学、早稲田大学、事業創造大学院大学）である。アントレプレナーシップ支援センターを併設しているのは 2 校（九州大学、早稲田大学）である。この調査結果から、日本の大学のアントレプレナーシップ教育プログラムは、アントレプレナーシップ教育の専攻・コースが少なく、アントレプレナーシップ科目の設置数も少ないことが明らかとなった。

　高等教育のアントレプレナーシップ教育（文部科学省 2021a, p.22, 24, b, p.7）の現状では、アントレプレナーシップ教育を実施している大学は 27％である。アントレプレナーシップ教育の受講率（国内大学生、大学院生）は 1％である。全プログラムのうち実践の割合は 7％、年間の予算がないところが 35％、民間や他大学等外部機関との連携はほとんどの大学で不十分であった。また、学習者の裾野が広がらない、指導体制や外部のリソース不足、成果を生むための仕組みづくりができておらず、効果検証や成功事例の横展開が不足している。

　また、文部科学省（2019, p.1）は、専門職大学院は、グローバル化に伴い、社会的・国際的に活躍できる高度専門職業人養成のため、授業の基本は、理論と実務を架橋した実践的な教育として、フィールドワーク、ワークショップ、シミュレーション、ロールプレイングを用いた事例研究や現地調査を中心に、双方向、多方向に討論や質疑応答することを提唱する。しかしながら、日本の大学の実情は、実践活動や起業支援などに消極的である。よって、理論と実務を架橋した実践的なアントレプレナーシップ科目を増加し、その科目を実施する大学の増加が必要である。

　第 2 に、アントレプレナーシップの教育効果について、授業に関する短期調査、プログラムに関する長期調査の結果から、授業やプログラムの前後で起業に関する適性（知識・能力・態度）の有意な上昇変化がみられた。IE Business School の卒業後の起業率は 15％以上であることが明らかとなった。

また、日本人学習者と留学生、MBA学習者と理工学学習者の協働学習において、学習者はチームメンバーの役割遂行能力、異文化適応能力、専門分野や専門分野以外のコミュニケーション能力、達成感、自己効力感、起業への関心が向上し、アントレプレナーとしてのキャリアの可能性を考慮していた。フィールドワークにおいて、訪問場所で多くの気づきがあった。フィールドワークは、アントレプレナーシップマインドを促進するための経験学習として非常に重要である。

　日本の大学（卒業生）のインタビュー調査で、学習者は、起業支援、資金調達、単位認定に課題があると認識していたが、人的ネットワークを構築している。そして、学習者は、お互いに助け合いながら、起業に対する意識を向上させ、課題に対する解決策を提示することで価値を創造し、社会に貢献している。また、学習者は、卒業後も国内大学の在学中のネットワークを駆使し、大学や社会に還元するエコシステムを構築している。

　欧米の大学では、教室内で基礎知識や理論を用いた事例研究、ディスカッションで多様なバックグラウンドの学習者と協働学習が推進されている。学習者の知識や思考を育成し、多様な視点から起業の意識を向上させる。選択科目の幅を広げるだけでなく、人・施設・資金・情報の手厚い支援があり、在校生、卒業生、教育者、起業、地域を連結するシステムを構築している。また、欧米の大学は、企業・団体の産学連携を強化し、他大学と提携している。学習者に国内外の企業・団体で起業・起業支援の体験、短期・長期留学、フィールドワークやインターンシップを含めて世界を学習の場として提供するネットワークを構築している。そのような環境を学習者に提供することで、学習者は、豊富な選択肢の中から実践的な選択が可能になる。インキュベーション施設で新規ビジネスを具現化し、運営することができる。

　欧米の大学の学習者は、自主的に自己を探求し、内省、研鑽することで、自己の価値を高めている。そして、学習者は、リスクや失敗を恐れず挑戦し、ネットワーキング力を行使している。学習者は、協働学習における多様な人脈とアントレプレナーシップマインドを構築し起業を共感し、国内外で共創を実践している。また、学習者の積極的な振り返りと学びの可視化により、学習者のアントレプレナーシップマインドセットが起こり、卒

業後に起業を選択するキャリア形成が行われている。

　第3に、起業エコシステムの形成である。起業エコシステムの形成には、COILにおける国際産学官連携、企業・団体による教育支援、教職員の育成が含まれる。日加の5大学が提携したアントレプレナーシップ教育を対面とCOILの授業効果の比較調査結果から、アントレプレナーシップ教育をオンライン上で実施できる可能性を示した。文部科学省（2021a, b）は、2014年から高等教育において、起業に挑戦する人材育成している。2021年から2025年には高等教育機関だけでなく、自治体・産業界との連携を強化し、起業エコシステムの支援体制を構築しようとしている。また、先端のアントレプレナーシップ教育を実施しているStanford大学とBabson大学の教職員研修では、学習者に創造性を豊かにするデザインやネットワークの重要性を伝えている。新たな教授法や実践経験を含んだ体系的なプログラムを学習者に提供している。アントレプレナーシップ教育の発展には、それを支える教職員の育成が欠かせない。日本の教職員の育成プログラムを開発していくうえで重要な知見である。そのほかには、企業や団体、起業支援の団体の視点から、どのように起業エコシステムが構築されるのかについて新たな知見を得た。これらの知見は、日本のアントレプレナーシップ教育の国際化なプログラム開発、大学・大学院の学生や教職員の人材育成、企業や団体の支援者に焦点を当てた起業エコシステムの拡充に重要である。いずれも日本のアントレプレナーシップ教育の課題である教育内容の実態把握、人材の育成、国際的な起業エコシステムの構築に関する解決策になる可能性がある。

　第4に、日本の高等教育機関は、授業やプログラムに焦点を当てたMwasalwiba（2010, p.23）のアントレプレナーシップ教育フレームワークの定義、目的、プログラム（プログラムの種類、対象者、科目内容、実践活動）、教授法、効果測定をもとに、アントレプレナーシップ教育のフレームワークの詳細を構築することが必要である。そして、日本の高等教育機関は、ミッション、目標、目的、人物像を明確に示し、プログラム、教授法、授業やプログラムの効果測定を行い、その成果を報告書として可視化する。日本の高等教育機関は、国内外の高等教育機関との提携を加速させるために、国際認証を獲得し、教育の評価を明確にし、教育の質を証明す

る。また、日本の高等教育機関は、企業や団体や地域との連携を深める必要がある。それらのステークホルダーとの提携により、学習者は、専門分野の科目や学習者のキャリアや興味関心の需要に応じた授業の受講を国内外でできるようになる。学習者は、世界を学習の場として活用する機会が増える。それらを実施することで、日本の大学は、多数を占める日本人学習者だけでなく、海外から多様なバックグラウンドを持った優秀な学習者の獲得につながる。学習者は、企業、団体、地域と協働しながら起業や起業思考に関して修得することができる。

具体的には、日本の大学は、学習者一人一人が内省や成長を認識できるポートフォリオの作成ができ、多様な学習者と協働学習で共感、共創できる環境を推進し、PDCAを押し進めフレームワークを改良していくことが求められている。また、教職員の育成や情報共有の場は欠かせない。

アントレプレナーシップ教育の調査結果から、著者は、Gartner（1985, p.698）、Jones & Matlay（2011, p.694）に続く、日本独自の教育のフレームワークを示唆している。米国の大学は、国際認証機関から助言を得て、アントレプレナーシップ教育プログラムの改革を実施してきた。欧州の大学は、米国からの影響を受けつつ、米国、アジア等の大学間の提携、多国籍の学習者の獲得、アントレプレナーシップやテクノロジーなどの分野に特化したプログラムを展開している。日本の大学は、国際認証、アントレプレナーシップ教育科目の単位認定、授業、プログラムの効果測定、学習者の多様性、教育者の確保、海外での短期研修やインターンシップ、企業、団体、地域との連携、起業を支援するインキュベーション施設、資金調達を含んだ実践的な教育が弱い傾向にある。

日本は、GDPが世界第4位[3]の経済大国である。日本の大学は、企業、団体、地域と連携を強化することで、技術、ものづくりなどのハード面と精神、サービスなどのソフト面の日本独自のリソースを活用することができる。つまり、日本の大学は、日本の企業の資源を利用したフィールドワーク、インターンシップ、企業の課題を解決するプログラム、資金提供などを活用し、学習者やそれらのステークホルダーとの協働学習、共創を含んだ実践的なプログラムを提供することが可能である。さらに、日本の大学は、学内インキュベーターの設立もしくは活性化を行うのと同時に、

第6章　アントレプレナーシップ教育の価値創造

学外のインキュベーションセンターと連携することで、より実践的なプログラム、起業支援の強化を図ることができる。よって、日本の大学は、未知で複雑な社会課題に対する価値を創造し、個人と社会の持続的な発展のために理論と実践を融合した体系的なアントレプレナーシップ教育が可能となる。

次に、日本の大学は、個人と社会の持続的発展のための価値を創造するアントレプレナーシップ教育フレームワークの開発とその普及を進める必要がある。

アントレプレナーシップ教育のプログラムにおいては、日本の大学は、初級、中級、上級クラスの設置や起業支援など体系的なアントレプレナーシップ教育を提供することが含まれる。アントレプレナーシップ教育のプログラムの初級、中級、上級クラスの設置や起業の支援体制を図で体系立てて学習者に提示することで、アントレプレナーシップ教育の全体図を手に入れ、学習者にとって何が必要であるのか、どの授業が必要であるのかを考えることができる。学習者が、授業や支援に対してよりアプローチしやすくなるような体制づくりが必要である。

初級クラスでは、学習者は、基礎知識や理論の修得、多角的な視野・人脈の構築を行いながら、起業に関する適性（知識、能力、態度）の向上を目指す。また、学習者は、ビジネスプランの基礎的な考え方などアントレプレナーや起業思考の育成を含有したアントレプレナーシップの基礎を築く。中級クラスでは、学習者は、実際にビジネスプランに基づいた試作品を作成し、想定した顧客から試作品の反応を得て、改善を試みる。学習者は、支援センターを利用し、起業、事業運営に必要な人・施設・資金・情報の確保を模索する。上級クラスでは、学習者は、学外の提携先であるベンチャーキャピタル、支援センターを活用し、実際に起業し、事業を運営する。もしくは、学習者は、企業と大学が連携した授業やインターンシップ、日本企業・団体の経済的な強みや歴史的価値を活用したフィールドワーク、国内外の提携大学に短期・長期留学をして専門性を極め、企業や地域などからの課題を教材とする経験学習や実践経験を積むことができる。また、起業支援センターで人・施設・資金・情報提供が行われることにより、学習者は、起業に関する活発な行動が可能となる。在校生、卒業生、起業・

企業のネットワークを駆使し、エコシステムが構築され、日本の大学は、その好循環を目指す。効果測定に関しては、外面的・内面的評価がある。

　日本のアントレプレナーシップ教育プログラムの普及に関しては、アントレプレナーシップ教育プログラムの授業や支援内容の情報を可視化し、学習者に利用を促進する。日本の大学における独自の強み、授業やゼミ活動、支援センターの仕組みなどの情報を発信する。大学独自の説明会だけではなく、各国の説明会に参加することで、優秀な学習者への直接的なアプローチが可能になる。国内外の大学の提携や産学官連携を拡大し、対面やオンライン等を駆使しながら、学習者を主体とした授業、プログラムを実施していく。同時に、充実した教職員の育成の仕組みを構築し実施する。その取り組みを可視化し、情報を発信する。国際認証機関からフィードバックを受け、アントレプレナーシップ教育の醸成を促進する。

第4節　今後の課題

　本研究の限界を踏まえて、今後の課題について述べる。本研究の限界は、まず、文献調査において、文部科学省の2017年専門職大学院一覧をもとにリストを作成しているため、専門職大学院以外の修士課程の大学院については調査対象外である。また、本研究は、各大学のホームページまたは学校案内をもとに実施しているため、選択科目の詳細などの情報が反映されていない可能性がある。

　次に、アントレプレナーシップ教育の効果に関する短期調査と長期調査に関して、質問紙調査は、関西学院大学、IE Business Schoolの学習者を対象者とし、インタビュー調査は、Harvard、MIT Sloan、Chicago Booth、IE、Babson、Kellogg Business School、早稲田大学、九州大学、関西学院大学の学習者を対象としたため一事例である。

　今後の課題を示す。第1に、本研究は、アントレプレナーシップ教育について学習者の視点から効果測定を実施し、フレームワークの開発を実施した。示唆したフレームワークを実証し、効果検証をする必要がある。そして、今後の研究では、教育者、企業、団体の担当者の意見も取り入れたプログラム開発や卒業後の学習支援など、より踏み込んだ議論が必要であるように

思われる。Nabi et al.（2017）が示唆するように、アントレプレナーシップ教育の成果を蓄積し、将来の研究のために役立てることが重要である。

　第2に、学習者を対象とした日本のアントレプレナーシップ教育の研究は非常に少ない。国内はもとより、海外に日本の大学の授業、プログラムの内容、効果検証の事例を発信し、フィードバックを得て、アントレプレナーシップ教育のフレームワークを向上する必要がある。

　第3に、本書は、大学の学習者に特化している。小・中・高校生、生涯学習者を含んだアントレプレナーシップ教育が必要である。つまり学習者の発達段階に応じたより体系的なアントレプレナーシップ教育の検討が必要である。

注

1　World Bank（2024）. *Gross domestic product 2023*. https://datacatalogfiles.worldbank.org/ddh-published/0038130/DR0046441/GDP.pdf?versionId=2024-07-01T12:42:23.8710032Z（最終閲覧日：2024年12月5日）.

2　九州大学には2017年に起業部が設立された。http://qdai-startup.com/（最終閲覧日：2020年8月7日）。

3　World Bank（2024）. *Gross domestic product 2023*. https://datacatalogfiles.worldbank.org/ddh-published/0038130/DR0046441/GDP.pdf?versionId=2024-07-01T12:42:23.8710032Z（最終閲覧日：2024年12月5日）.

参考文献

AACSB (2017). *Eligibility procedures and accreditation standards for business accreditation*. Florida, FL: AACSB International-The Association to Advance Collegiate Schools of Business.

Aarikka-Stenroos, L., & Jaakkola, E. (2012). Value co-creation in knowledge intensive business services: A dyadic perspective on the joint problem solving process. *Industrial Marketing Management, 41* (1), 15–26.

Addae, Y. I, Singh, P. R., & Abbey, A. (2014). Cultivating black technology entrepreneurs through HBCU engineering & business programs. *Journal of Entrepreneurship Education, 17* (2), 12–30.

Algieri, B., Aquino, A., & Succurro, M. (2013). Technology transfer offices and academic spin-off creation: The case of Italy. *The Journal of Technology Transfer, 38* (4), 382–400.

Allport, G. W. (1954). *The nature of prejudice*. Oxford, UK: Addison-Wesley.

Alvarez, J. L. (1996). The role of business ideas in the promotion of unemployment: the case of entrepreneurship in the 1980s. In Gual, J. (Ed.), *The Social Challenge of the Creation of Employment in Europe* (pp.190–213). Cheltenham, UK: Edward Elgar.

Amabile, T. M., & Khaire, M. (2008). Creativity and the role of the leader. *Harvard Business Review*, 86 (10), 100–109.

Amabile, T. M., & Kramer, S. (2011). *The progress principle: Using small wins to ignite joy, engagement, and creativity at work*. Boston, MA: Harvard Business Review Press.

AMBA (2016). *MBA Accreditation criteria*. London, UK: Association of MBAs.

American Psychological Association (2001). *Publication manual of the American Psychological Association (5*th *ed.)*. Washington, DC: American Psychological Association.

Appiah-Kubi, P., & Annan, E. (2020). A review of a collaborative online international learning. *International Journal of Engineering Pedagogy, 10* (1), 109–124.

Astebro, T. B., & Bazzazian, N. (2011). Universities, entrepreneurship and local economic development. In M. Fritsch (Ed.) *Handbook of Research on Entrepreneurship and Regional Development* (pp. 252–333). Cheltenham, UK: Edward Elgar.

Austin, J., Stevenson, H., & Wei-Skillern, J. (2006). Social and commercial entrepreneurship: same, different, or both? *Entrepreneurship Theory and Practice, 30 (1),* 1–22.

Avramenko, A. (2012). Enhancing students' employability through business simulation. *Education+ Training, 54* (5), 355–367.

Azagra-Caro, J. M., Archontakis, F., Gutierrez-Gracia, A., & Fernandez-de-Lucio, I. (2006). Faculty support for the objectives of university-industry relations versus degree of R&D cooperation: The importance of regional absorptive capacity. *Research Policy, 35* (1), 37–55.

Bain, J., Ballantyne, R., Packer, J., & Mils, C. (1999). Using journal writing to enhance student teachers' reflectivity during field experience placements. *Teachers and Teaching: Theory and Practice, 5* (1), 51–73.

Bandura, A. (1994). Self-efficacy. In V.S. Ramachaudran (Ed.), *Encyclopedia of Human Behavior*, 4 (pp. 71–81). New York, NY: Academic Press. (Reprinted in H. Friedman (Ed.),

Encyclopedia of Mental Health. San Diego, CA: Academic Press).

Banks, J. A. (2007). *Diversity and citizenship education: Global perspectives.* New York, NY: Jossey-Bass.

Baumeister, R. F., Vohs, K. D., Aaker, J. L., & Garbinsky, E. N. (2013). Some key differences between a happy life and a meaningful life. *Journal of Positive Psychology, 8* (6), 505–516.

Baron, R. M., & Kenny, D. A. (1986). The moderator–mediator variable distinction in social psychological research: Conceptual, strategic, and statistical considerations. *Journal of Personality and Social Psychology, 51* (6), 1173–1182.

Barrow, C., & Brown, R. (1996). Training to help small businesses grow. *Proceedings of the 19th Institute of Small Business Affairs* (pp. 1062–1078*).* Reading, Birmingham: National Small Firms Conference.

Bechard, J., & Toulouse, J. (1998).Validation of a didactic model for the analysis of training objectives in entrepreneurship. *Journal of Business Venturing, 13* (4), 317–332.

Belitski, M., & Heron, K. (2017). Expanding entrepreneurship education ecosystems. *Journal of Management Development, 36* (2), 163–177.

Benbunan-Fich, R., Hiltz, S. R., & Harasim, L. (2005). The online interaction learning model: An integrated theoretical framework for learning networks. In S. R. Hiltz and R. Goldman (Eds.), *Learning Together Online: Research on Asynchronous Learning Networks* (pp. 19–37). New York, NY: Routledge.

Bennett, R. (2006). Business lecturers' perception of the nature of entrepreneurship. *International Journal of Entrepreneurial Behaviour & Research, 12* (3), 165–188.

Berelson, B. (1952). *Content analysis in communication research.* New York, NY: Free Press.

Bliemel, M. (2014). Getting entrepreneurship education out of the classroom and into students' heads. *Entrepreneurship Research Journal, 4* (2), 237–260.

Block, Z., & Stumpf, S. A. (1992). Entrepreneurship education research: experience and challenge. In D.L. Sexton and J. D. Kasarda (Eds.), *The State-of-the-Art of Entrepreneurship* (pp. 17–42). Boston, MA: PWS-Kent Publishing Company.

Bolton, R., & Bolton, D. G. (2009). *People style at work…and Beyond: Making bad relationships good and good relationships better.* New York, NY: Amacom.

Bonwell, C. (2000). Active learning: Creating excitement in the classroom. Retrieved November 20, 2024, from https://www.ufv.ca/media/assets/teaching--learning-centre/images/Active_Learning_Creating_Excitement_in_the_Classroom.pdf

Bradshaw, J., & Hinton, L. (2004). Benefits of an online discussion list in a traditional distance education course. *Turkish Online Journal of Distance Education, 5* (3).

Brassler, M. , & Dettmers, J. (2017). How to enhance interdisciplinary competence—Interdisciplinary problem-based learning versus interdisciplinary project-based learning. *Interdisciplinary Journal of Problem-Based Learning, 11* (2).

Brockhaus, R.H., Hills, G.E., Klandt, H., & Welsch, H.P. (2001). *Entrepreneurship education: A global view.* Surrey, UK: Ashgate.

Brooks, C. M., & Ammons, J. L. (2003). Free riding in group projects and the effects of timing, frequency, and specificity of criteria in peer assessments. *Journal of Education for Business, 78* (5), 268–272.

Brown, R. (1990). Encouraging enterprise: Britain's graduate enterprise program. *Journal of Small Business Management, 28* (4), 71–77.

Brown, T. (2008). Design thinking. *Harvard Business Review*, June, 1–10.

Brown, T. (2009). *Change by design: How design thinking transforms organizations and inspires innovation*. New York, NY: Harper Business.

Bruner, J. (1986). *Actual minds, possible worlds*. Cambridge, MA: Harvard University Press.

Brush, C. G. (2014). Exploring the concept of an entrepreneurship education ecosystem. In: D. Kuratko and S. Hoskinson (Eds.), *Innovative Pathways for University Entrepreneurship in the 21st Century* (pp. 25–39). Bingley, UK: Emerald Publishing Limited.

Bruton, G. D., Ahlstrom, D., & Obloj, K. (2008). Entrepreneurship in emerging economies: Where are we today and where should the research go in the future. *Entrepreneurship Theory and Practice, 32* (1), 1–14.

Bryman, A. (2016). *Social research methods* (5th ed.). Oxford, UK: Oxford University Press.

Bryman, A., & Bell, E. (2007). *Business research methods*. 2nd ed. Oxford, UK: Oxford University Press.

Bryman, A., & Bell, E. (2015). *Business research methods*. 4th ed. Oxford, UK: Oxford University Press.

Bygrave, W., & Zacharakis, A. (2008). *Entrepreneurship* (2nd ed.). Hoboken, NJ: Wiley.

Caiazza, R, Aileen R., & Audretsch, D. (2015). Knowledge effects on competitiveness: From firms to regional advantage. *The Journal of Technology Transfer, 40* (6), 899–909.

Callahan, C., Umeda, K., & Matsubara, S. (2021). Collaborative, online, and international learning to promote civic competence in Japan and the U.S. *Journal of International Social Studies, 11* (1), 2–32.

Callan, K., & Warshaw, M. (1995). The 25 best business schools for entrepreneurs. *Success,42* (7), 37–49.

Cantillon, R. (1755). *Essai sur la nature du commerce en general. Traduit de L'anglois*. Londres, UK: Fletcher Gyles.

Chwolka, A., & Raith, M. G. (2012). The value of business planning before start-up – a decision – theoretical perspective. *Journal of Business Venturing, 27 (3)*, 385–399.

Clark, R. W., Davis, C. H., & Harnish, V. C. (1984). Do courses in entrepreneurship aid in new venture creation? *Journal of Small Business Management, 22* (2), 26–31.

Clarysse, B., & Moray, N. (2004). A process study of entrepreneurial team formation: The case of a research-based spin-off. *Journal of Business Venturing, 19* (1), 55–79.

Co, M., & Mitchell, B. (2006). Entrepreneurship education in South Africa: a nationwide survey. *Education + Training, 48* (5), 348–359.

Cohen, B. (2006). Sustainable valley entrepreneurial ecosystems. *Business Strategy and the Environment, 15* (1), 1–14.

Coleman, J. A. (2006). English-medium teaching in European higher education. *Language Teaching, 39* (1), 1–14.

Colin, J. (2004). A contemporary approach to entrepreneurship education. *Education + Training, 46* (8/9), 416–423.

Corey, R. E. (1990). *MBA field studies*. Boston, MA: Harvard Business School Publishing.

Cotton, J. (1991). Enterprise education experience: A manual for school-based in-service training. *Education + Training, 33* (4), 6–13.

Covin, J. G., & Slevin, D. P. (2002). The entrepreneurial imperative of strategic leadership. In M.A. Hitt, R. D. Ireland, S. M. Camp and D. L. Sexton (Eds.)., *Strategic entrepreneurship: Creating a new mindset* (pp. 309–327). Oxford, UK: Blackwell Publishers.

Cox, L. W., Mueller, S. L., & Moss, S. E. (2002). The impact of entrepreneurship education on entrepreneurial self-efficacy. *International Journal of Entrepreneurship Education, 1* (2), 229–245.

Cox, T. H., Lobel, S. A., & McLeod, P. L. (1991). Effects of ethnic group cultural differences on cooperative and competitive behavior on a group task. *Academy of Management Journal, 34* (4), 827–847.

Creswell, J. W., & Creswell, J. D. (2018). *Research design: qualitative, quantitative and mixed methods approaches.* London, UK: SAGE.

Cullen, A. (2015). *Developing 21st century business leaders: The role of librarians in experiential field-based learning in U.S. MBA education.* Dissertation proposal for Simmons Course LIS 600.

Cullen, A. (2017). *Developing 21st century business leaders through practice: The organizational dynamics and role of librarians and other facilitators of experiential field-based learning in U.S. MBA education.* Doctor Thesis. Simmons College Graduate School.

Cunningham, J. B., & Lischeron, J. (1991). Defining entrepreneurship. *Journal of Small Business Management, 29* (1), 45–61.

Curran, J., & Stanworth, J. (1989). Education and training for enterprise: Some problems of classification, evaluation, policy and research. *International Small Business Journal, 7* (2), 11–23.

Datar, S. M., Garvin, D. A., & Cullen, P. G. (2010). *Rethinking the MBA: Business education at a crossroads.* Boston, MA: Harvard Business Review Press.

Deardorff, D. (2015). *Demystifying outcomes assessment for international educators: A practical approach.* Sterlling, VR: Stylus Publishing.

De Faoite, D., Henry, C., Johnston, K., & Van der Sijde, P. (2003). Education and training for entrepreneurs: a consideration of initiatives in Ireland and the Netherlands. *Education + Training, 45* (8/9), 430–438.

De León, L. (2012). Model of models: Preservice teachers in a Vygotskian scaffold. *The Educational Forum, 76* (2), 144–157.

De Vaus, D. (2001). *Research design in social research.* London, UK: SAGE.

Delmar, F., & Shane, S. (2003). Does business planning facilitate the development of new ventures? *Strategic Management Journal, 24* (12), 1165–1185.

Dennen, V. P., Aubteen Darabi, A., & Smith, L. J. (2007). Instructor-learner interaction in online courses: The relative perceived importance of particular instructor actions on performance and satisfaction. *Distance Education, 28* (1), 65–79.

Deuchar, R. (2004). Changing paradigms-The potential of enterprise education as an adequate vehicle for promoting and enhancing education for active and responsible citizenship: Illustrations from a Scottish perspective. *Oxford Review of Education, 30* (2), 223–239.

Dewey, J. (1899). *The school and society: Being three lectures.* Chicago, IL: University of Chicago Press.

Dewey, J. (1933). *How we think: A restatement of the relation of reflective thinking to the educative process.* Boston, MA: D.C.Heath.

Dewey, J. (1938). *Experience and education.* New York, NY: Macmillan.

Diener, E., & Suh, E. M. (1999). National difference in subjective well-being. In: D.Kahneman, E. Diener and N. Schwarz (Eds.), *Well-being: The Foundations of Hedonic Psychology* (pp. 434–450). New York, NY: Russel Sage Foundation.

Doorley, S., & Witthoft, S. (2012). *Make space: How to set the stage for creative collaboration.*

Hoboken, NJ: Wiley.
Driscoll, J. (1994). Reflective practice for practise. *Sr. Nurse, 14* (1), 47–50.
Driscoll, J. (2000). *Practising clinical supervision: A reflective approach*. Edinburgh, UK: Bailliere Tindall.
Drucker, P. (1985). *Innovation and entrepreneurship*. Oxford, UK: Butterworth-Heinneman.
Drucker, P. (1993). *Innovation and entrepreneurship*. New York, NY: Harper & Row.
Dunbar, R., & Bird, A. (1992). Preparing managers for foreign assignments: The expatriate profile program. *Journal of Management Development, 11* (7), 58–66.
Durand, T., & Dameron, S. (2008). *The future of business school*. New York, NY: Palgrave Macmillan.
Dyer, J., Gregersen, H., & Christensen, C. (2008). Entrepreneur behaviors, opportunity recognition, and the origins of innovative ventures. *Strategic Entrepreneurship Journal, 2* (4), 317–338.
Ekman, P. (1982). Methods for measuring facial action. In K. R. Scherer and P. Ekman (Eds.), *Handbook of Methods in Nonverbal Behavior Research* (pp. 45–135). Cambridge, UK: Cambridge University.
EQUIS (2019). *Equis standards & criteria*. Brussels, Belgium: EFMD.
Etzkowitz, H., & Leydesdorff, L. (2000). The dynamics of innovation: from national systems and "Mode2" to a triple helix of university-industry-government relations. *Research Policy, 29*, 109–123.
European Commission (2000). *The most competitive and dynamic knowledge-driven economy by 2010*. Commitment by the EU Heads of States and Governments to make the EU. March.
European Commission (2008a). *Entrepreneurship in higher education, especially within non-business studies*. Retrieved November 11, 2017, from https://commission.europa.eu
European Commission (2008b). *Survey of entrepreneurship in higher education in Europe*. Retrieved November 11, 2017, from https://www.eurashe.eu
European Commission (2012a). *Effects and impact of entrepreneurship programmes in higher education*. Retrieved November 11, 2017, from https://commission.europa.eu
European Commission (2012b). *Entrepreneurship 2020 action plan*. Retrieved November 11, 2017, from https://www.eesc.europa.eu/en/our-work/opinions-information-reports/opinions/entrepreneurship-2020-action-plan
European Commission (2015) *Entrepreneurship education: A road to success*. Retrieved November 1, 2017, from https://op.europa.eu/en/publication-detail/-/publication/c6590fd6-3e54-4989-bbe0-21d9785dff54/language-en
European Commission (2018). *Strategy documents*. Retrieved November 11, 2017, from https://ec.europa.eu/info/strategy/strategy-documents_en
European Commission (2019). *Erasmus + higher education impact study*. Retrieved November 1, 2020, from https://op.europa.eu/en/publication-detail/-/publication/94d97f5c-7ae2-11e9-9f05-01aa75ed71a1
EVCA (European Private Equity and Venture Capital Association) (2005). *Private equity and venture capital: An engine for economic growth, competitiveness and sustainability*. EVCA Public Policy Priorities. February.
Faherty, A. (2015). Developing enterprise skills through peer-assessed pitch presentations. *Education + Training, 57* (3), 290–305.
Fayolle, A., & Gailly, B. (2008). From craft to science: Teaching models and learning process in entrepreneurship education. *Journal of European Industrial Training, 32* (7), 569–593.
Fayolle, A., Gailly, B., & Lassas-Clerc, N. (2006). Assessing the impact of entrepreneurship education

programmes: A new methodology. *Journal of European Industrial Training, 30* (9), 701–720.

Featherman, D. L. (1980). Retrospective longitudinal research: Methodological considerations. *Journal of Economics and Business, 32* (2), 152–169.

Feld, B. (2012). *Startup communities: Building an entrepreneurial ecosystem in your city*. Hoboken, NJ: Wiley.

Ferrandiz, J., Fidel, P., & Conchado, A. (2018). Promoting entrepreneurial intention through a higher education program integrated in an entrepreneurship ecosystem. *International Journal of Innovation Science, 10* (4), 6–21.

Fiedler, F. E. (1966). The effect of leadership and cultural heterogeneity on group performance: A test of the contingency model. *Journal of Experimental Social Psychology, 2* (3), 237–264.

Fiedler, F. E., Meuwese, W. A. T., & Oonk, S. (1961). Performance on laboratory tasks requiring group creativity. *Acta Psychologica, 18*, 100–119.

Field, A., & Hole, G. (2003). *How to design and report experiments*. London, UK: SAGE.

Fiet, J. O. (2000a). The theoretical side of teaching entrepreneurship. *Journal of Business Venturing, 16* (1), 1–24.

Fiet, J. O. (2000b). The pedagogical side of entrepreneurship theory. *Journal of Business Venturing, 16* (2), 101–117.

Financial Times (2018). *Financial times global MBA ranking 2017*. Retrieved April 25, 2017, from https://rankings.ft.com/rankings/2710/global-mba-ranking-2017

Finkle, T. A., Soper, J. C., Fox, D., Reece, J., & Messing, J. (2009). Constructing an innovative model of entrepreneurship education through regional collaboration. *Journal of Entrepreneurship Education,12* (June), 43–66.

Fisher, M., & Coleman, B. (2001). Collaborative online learning in virtual discussions. *Journal of Educational Technology Systems, 30* (1), 3–17.

Fisher, S., Graham, M., & Compeau, M. (2008). Starting from scratch: Understanding the learning outcomes of undergraduate entrepreneurship education. In R. T. Harrison and C. Leitch (Eds.), *Entrepreneurial Learning: Conceptual Frameworks and Applications* (pp. 313–340). New York, NY: Routledge.

Fleming, P. (1996). Entrepreneurial education in Ireland: a longitudinal study. *Academy of Entrepreneurship Journal, European Edition, 2* (1), 95–119.

Fletcher, M. (1999). Promoting entrepreneurship as a career option-the graduate enterprise programme. *Journal of European Industrial Training, 23* (3),127–139.

Fournier, S. M., & Ineson, E. M. (2014). Age, gender and work experience as predictors of success. *Education + Training, 56* (1), 59–77.

Fulmer, R., & Keys, B. (1998). A conversation with Peter Senge: New developments in organizational learning. *Organizational Dynamics, 27* (2), 33–42.

Gabora, L. (2010). Revenge of the "neurds: Characterizing creative thought in terms of the structure and dynamics of memory. *Creativity Research Journal, 22* (1), 1–13.

Galloway, L., Anderson, M., Brown, W., & Wilson-Edwardes, L.A. (2005). Enterprise skills for the economy. *Education + Training, 47* (1), 7–17.

Gartner, W. B. (1985). A conceptual framework for describing the phenomenon of new venture creation. *Academy of Management Review, 10* (4), 696–706.

Gartner, W. B. (1990). What are we talking about when we talk about entrepreneurship? *Journal of Business Venturing, 5* (1), 15–28.

Gartner, W. B., & Birley, S. (2002). Introduction to the special issue on qualitative methods in entrepreneurship research. *Journal of Business Venturing, 17* (5), 387–395.

Gatfield, T. (1999). Examining student satisfaction with group projects and peer assessment. *Assessment & Evaluation in Higher Education, 24* (4), 365–377.

Gedeon, S. A. (2010). What is entrepreneurship? *Entrepreneurial Practice Review, 1* (3), 16–35.

Gedeon, S. A. (2014). Application of best practices in university entrepreneurship education: Designing a new MBA program. *European Journal of Training and development, 38* (3), 231–253.

Gerring, J. (2017). *Case study research: Principles and practices.* Cambridge, UK: Cambridge University.

Gibb, A. (1987). Enterprise culture - its meaning and implications for education and Training. *Journal of European Industrial Training, 11* (2), 2–38.

Gibb, A. (1993). The enterprise culture and education: understanding enterprise education and its links with small business, entrepreneurship and wider educational goals. *International Small Business Journal, 11* (3), 11–34.

Gibb, A. (2002). In pursuit of a new 'enterprise' and 'entrepreneurship' paradigm for learning: creative destruction, new values, new ways of doing things and new combinations of knowledge. *International Journal of Management Reviews, 4* (3), 233–269.

Gibb, A. (2006). *Towards the entrepreneurial university: Entrepreneurship education as a lever for change.* Birmingham, UK: NCGE Policy Paper Series.

Gibb, A. (2008). Entrepreneurship and enterprise education in schools and colleges: Insights from UK practice. *International Journal of Entrepreneurship Education, 6* (2), 48.

Gibbs, B. (1988). *Learning by doing: A guide to teaching and learning methods.* Oxford, UK: Further Education Unit, Oxford Polytechnic.

Gide, E., & Shams, R. (2011). The use of e-CRM database to promote a value-breeding bond network: The case of hawthorn football club of Australian rules. *Procedia Computer Science, 3,* 1083–1088.

Gill, J., & Johnson, P. (2002). *Research methods for managers* (3rd Ed.). London, UK: Sage.

Glaser, B. G., & Strauss, A. L. (1999). *The discovery of grounded theory: Strategies for qualitative research.* Piscataway, NJ: Aldine Transaction.

Glăveanu, V. P. (2010). Principles for a cultural psychology of creativity. *Culture & Psychology, 16* (2), 147–163.

Global Entrepreneurship Monitor (2017). *Global report 2017/18.* The global entrepreneurship research association.

Global Entrepreneurship Monitor (2024). *Global report 2023/2024.* The global entrepreneurship research association.

Gorman, G., Hanlon, D., & King, W. (1997). Some research perspectives on entrepreneurship education, enterprise education and education for small business management: A ten-year literature review. *International Small Business Journal, 15* (3), 56–77.

Goss, D. (2005). Schumpeter's legacy? Interaction and emotions in the sociology of entrepreneurship. *Entrepreneurship Theory and Practice, 29* (2), 205–218.

Granovetter, M. (1973). The strength of weak ties. *American Journal of Sociology, 78* (6), 1360–1380.

Gratton, L. (2011). *The shift: The future of work is already here.* London, UK: Harpercollins.

Gray, M. I., Asojo, A., Lindgren, J., Nolan, D., & Nowak, A. V. (2021). COIL: A global experience for everyone. *Journal of Higher Education Theory and Practice, 21* (4), 64–79.

Griffi, P., McGaw, B., & Care, E.(2012). *Assessment and teaching of 21st century skills.* Heidelberg, Germany: Springer.

Grönroos, C. (2012). Conceptualising value co-creation: A journey to the 1970s and back to the future. *Journal of Marketing Management, 28* (13), 1520–1534.

Gummesson, E., & Mele, C. (2010). Marketing as value co-creation through network interaction and resource integration. *Journal of Business Market Management, 4,* 181–198.

Guth, S. (2013). *The COIL institute for globally networked learning in the humanities.* The SUNY COIL Center.

Hägg, G., & Kurczewska, A. (2022). *Entrepreneurship education: Scholarly progress and future challenges.* New York, NY: Routledge.

Hajro, A., Gibson, C. B., & Pudelko, M. (2017). Knowledge exchange processes in multicultural teams: linking organizational diversity climates to teams' effectiveness. *Academy of Management Journal, 60* (1), 345–372.

Hakim, C. (1992). *Research design: Strategies and choices in the design of social research.* London, UK: Routledge.

Harasim, L. M. (1990). Online education: An environment for collaboration and intellectual amplification. In L. M. Harasim (Ed.), *Online education: Perspectives on a new environment* (pp. 39–66). New York, NY: Praeger Publishers.

Harland, T. (2003) Vygotsky's zone of proximal development and problem-based learning: Linking a theoretical concept with practice through action research. *Teaching in Higher Education, 8* (2), 263–272.

Harrison, J. (1992). Individual and combined effects of behavior modeling and the cultural assimilatior in cross-cultural management training. *Journal of Applied Psychology, 77*(6), 952–963.

Harvey, C., Kelly, A., Morris, H., & Rowlinson, M. (2010). *The association of business schools (ABS): Academic journal quality guide version 4.* ABS.

Hasler-Waters, L., & Napier, W. (2002). Building and supporting student team collaboration in the virtual classroom. *Quarterly Review of Distance Education, 3* (3), 345–352.

Hebert, R. F., & Link, A. (1989). In search of the meaning of entrepreneurship. *Small Business Economics, 1* (1), 39–49.

Hechavarria, D. M., Ingram, A., & Heacock, J. (2016). Entrepreneurial ecosystems and entrepreneurship education: The role of universities in fostering ecosystem development. In. In M H. Morris and E. W. Liguori (Eds.), *Annals of Entrepreneurship Education and Pedagogy* (pp. 305–322). Cheltenham, UK: Edward Elgar.

Hennings, M., &Tanabe, S. (2018). Study abroad objectives and satisfaction of international students in Japan. *Journal of International Students, 8* (4), 1914–1925.

Henry, C., Hill, F., & Leitch, C. (2004). The effectiveness of training for new business creation: A longitudinal study. *International Small Business Journal, 22* (3), 249–271.

Henry, C., Hill, F., & Leitch, C. (2005a). Entrepreneurship education and training: Can entrepreneurship be taught? Part I. *Education + Training, 47* (2), 98–111.

Henry, C., Hill, F., & Leitch, C. (2005b). Entrepreneurship education and training: Can entrepreneurship be taught? Part II. *Education + Training, 47* (3), 158–169.

Heskett, J. (2005). *Design: A very short introduction.* Oxford, UK: Oxford University Press.

Hill, S., & O'Cinnéide, B. (1998). Entrepreneurship education- Case studies from the celtic tiger. *Proceedings of the Enterprise and Learning Conference.* Reading, Scotland: University of Aberdeen.

Hills, G. (1988). Variations in university entrepreneurship education: An empirical study of an evolving field. *Journal of Business Venturing, 3* (2), 109–122.

Hino, N. (2017). The significance of EMI for the learning of EIL in higher education: Four cases from Japan. In B. Fenton-Smith, P. Humphreys and I. Walkinshaw (Eds.), *English Medium Instruction in Higher Education in Asia-Pacific: From Policy to Pedagogy* (pp. 115–132). Dordrecht, South Holland : Springer.

Holloway, I., & Galvin, K. (2016). *Qualitative research in nursing and healthcare* (4th ed.). London, UK: Wiley-Blackwell.

Honing, B. (2004). Entrepreneurship education: Toward a model of contingency-based business planning. *Academy of Management Learning and Education, 3*(3), 258–273.

Hsiao, C., Lee, Y. H., & Chen W. J. (2015). The effect of servant leadership on customer value co-creation: A cross-level analysis of key mediating roles. *Tourism Management, 49*, 45–57.

Hsu, D. H., Edward, R., & Eesley, C. (2007). Entrepreneurs from technology-based universities: Evidence from MIT. *Research Policy , 36* (5), 768–788.

Hytti, U., & O'Gorman, C. (2004). What is 'Enterprise education'? An analysis of the objectives and methods of enterprise education programmes in four European countries. *Education + Training, 46* (1), 11–23.

IDEO (2019). *Design thinking.* https://www.ideo.com/pages/design-thinking （最終閲覧日：2019年9月2日）.

Inada, Y. (2018). Collaborative learning effects in entrepreneurship education in Japanese business school. *Proceedings of 13th European Conference on Innovation and Entrepreneurship* (pp. 319–327). Reading, UK: Academic Conferences and Publishing International Limited Reading.

Inada, Y. (2019). Effects of a Japanese business school course on entrepreneurial competencies. *Proceedings of the 14th European Conference on Innovation and Entrepreneurship* (pp. 408–416). Readig, UK: Academic Conferences and Publishing International Limited Reading.

Inada, Y. (2020a). The impact of higher education entrepreneurship practical courses: Developing an entrepreneurship mindset. *Journal of Applied Business and Economics, 22* (8), 162–177.

Inada, Y. (2020b). Effects of collaborative learning in a Japanese higher education entrepreneurship course: Developing self-efficacy and confidence. *Review of Integrative Business & Economics Research, 9* (3), 108–132.

Inada, Y. (2022a). Collaborative online international learning classes to enhance co-creation in Canada and Japan. *Journal of Education and Learning, 11* (4), 15–30.

Inada, Y. (2022b). A comparative study of physical versus online classrooms: Co-creation in industry-academia collaborative education. *Review of Integrative Business & Economics Research,12* (2), 97–117.

Inada, Y. (2023). Enhancing value co-creation in higher education: The role of companies and organizations in the entrepreneurial ecosystem. *Proceedings of the European Academy of Management*. dublin, Ireland: European Academy of Management.

Iñiguez, O. S. (2011). *The learning curve: How business Schools are re-inventing education.* London, UK: Palgrave Macmillan.

Ireland, R.D., Hitt, M.A., & Sirmon, D. G. (2003). A model of strategic entrepreneurship: The construct and its dimensions. *Journal of Management, 29* (6), 963–990.

Isenberg, D. J. (2010). How to start an entrepreneurial revolution. *Harvard Business Review, 88* (6), 40–50.

Isenberg, D. J. (2013). *Worthless, impossible and stupid: How contrarian entrepreneurs create and capture extraordinary value*. Cambridge, MA: Harvard Business Review Press.

Iyanna, S.,Winklhofer, H., & Devlin, J. (2015). A framework to measure the co-created concept of value. In Robinson L. (Ed). *Marketing dynamism & sustainability: Things change, things stay the same. Developments in marketing scienc. Proceedings of the Academy of Marketing Science* (pp. 165). Boston, MA: Springer.

Jaakkola, E., & Hakanen, T. (2013). Value co-creation in solution networks. *Industrial Marketing Management,42* (1), 47–58.

Jack, S. L., & Anderson, A. R. (1998). Entrepreneurship education within the condition of entreprenology. *Proceedings of the conference on Enterprise and Learning*. Readings, Scotland: Aberdeen.

Janz, B. D. (1999). Self-directed teams in IS: Correlates for improved systems development work outcomes. *Information and Management, 35* (3), 171–192.

Jennings, C., & Wargnier, J. (2010). Experiential learning: A way to develop agile minds in the knowledge economy? *Development and Learning in Organizations, 24* (3), 14–16.

Joinson, C. (1999). Teams at work. *HR Magazine, 44*, 30–36.

Jones, C., & English, J. (2004). A contemporary approach to entrepreneurship education. *Education + Training, 46* (8/9), 416–423.

Jones, C., & Matlay, H. (2011). Understanding the heterogeneity of entrepreneurship education: Going beyond Gartner. *Education + Training, 53* (8–9), 692–703.

Jones, C., & Penaluna, A. (2013). Moving beyond the business plan in enterprise education. *Education + Training, 55* (8/9), 804–814.

Jones, P., Pickernell, D., Fisher, R., & Netana, C. (2017). A tale of two universities: Graduates perceived value of entrepreneurship education. *Education + Training, 59* (7/8), 689–705.

Joshi, R. (2014). Entrepreneurship education: Core, context and challenges. *Journal of Entrepreneurship and Management, 3* (2), 26–36.

Katz, J. A. (2003). The chronology and intellectual trajectory of American entrepreneurship education. *Journal of Business Venturing, 18* (2), 283–300.

Kayumova, A. R., & Sadykova, G. V. (2016). Online collaborative cross-cultural learning: Students' perspectives. *Journal of Organizational Culture, Communications and Conflict, 20*, 248–255.

Keogh, W., & Galloway, L. (2004). Teaching enterprise in vocational disciplines: Reflecting on positive experience. *Management Decision, 42* (3/4), 531–541.

Kidder, L. H. (1981). *Research methods in social relations* (4th ed.). London, UK: Harcourt Brace.

Killick, D. (2006). *Cross-cultural capability and global perspectives: Guidelines for curriculum review*. Leeds, UK: Leeds Metropolitan University.

Kirby, D. (2004). Entrepreneurship education: Can business schools meet the challenge? *Education + Training, 46* (8/9), 510–519.

Kirkpatrick, D. L. (1959). Techniques for evaluation training programs. *Journal of the American Society of Training Directors, 13* (3), 21–26.

Kirzner, M. I. (1973). *Competition and entrepreneurship*. Chicago, IL: The University of Chicago Press.

Knight, J. (2003). Updated definition of internationalization. *International Higher Education, 33*, 2–3.

Ko, S., & Rossen, S. (2001). *Teaching ontinc: A practical guide*. Boston, MA: Houghton Mifflin Company.

Kolb, D. (1984). *Experiential learning: Experience as the source of learning and development.* Englewood Cliffs, NJ: Prentice Hall.

Konig, L. S. (2016). Integrating entrepreneurial self-efficacy into education at universities. *Ekonomski Vjesnik, 29* (2), 311–321.

Kourilsky, M. L. (1995). *Entrepreneurship education: Opportunity in search of curriculum.* Kansas, Mo: Ewing Marison Kauffman Foundation.

Kouzes, J. M., & Posner, B. Z. (1998). *The Leadership challenge: How to make extraordinary things happen in organizations.* San Francisco, CA: Jossey-Bass.

Kraiger, K., Ford, J. K., & Salas, E. (1993). Application of cognitive, skill-based, and affective theories of learning outcomes to new methods of training evaluation. *Journal of Applied Psychology, 78* (2). 311–328.

Krippendorff, K. (2013). *Content analysis: An introduction to its methodology.* Thousand Oaks, CA: Sage.

Krueger, N. F. (2005). The cognitive psychology of entrepreneurship. In Z. J. Acs and D. B. Audretsch (Eds.) *Handbook of Entrepreneurship Research: An Interdisciplinary Survey and Introduction* (pp. 105–140). New York, NY: Springer.

Krueger, N. F. (2007). What lies beneath? The experiential essence of entrepreneurial thinking. *Entrepreneurship Theory and Practice, 31* (1). 123–138.

Kuratko, D. F. (2005). The emergence of entrepreneurship education: Development, trends, and changes. *Entrepreneurship Theory and Practice, 29* (5), 577–598.

Kuratko, D. F., & Hodgetts, R. M. (2004). *Entrepreneurship: Theory, process, practice.* Mason, OH: South Western College Publishers.

Lackéus, M. (2013). *Developing entrepreneurial competencies: An action-based approach and classification in education.* Licentiate Thesis, Chalmers University of Technology.

Lackéus, M. (2015). *Entrepreneurship in education: What, why, when, how.* Entrepreneurship 360. Background Paper. OECD.

Lange, J., Mollov, A., Pearlmutter, M., Singh, S., & Bygrave, W. D. (2007). Pre-start-up formal business plans and post-start-up performance: A study of 116 new ventures. *Venture Capital, 9* (4), 237–256.

Leask, B., & Bridge, C. (2013). Comparing internationalization of the curriculum in action across disciplines: theoretical and practical perspectives. *Compare: A Journal of Comparative and International Education, 43* (1), 79–101.

Leibenstein, H. (1968). Entrepreneurship and development. *The American Economic Review, 58* (2), 72–83.

Lejk, M., & Wyvill, M. (2001). The effect of the inclusion of selfassessment with peer assessment of contributions to a group project: A quantitive study of secret and agreed assessments. *Assessment & Evaluation in Higher education, 26* (6), 551–561.

Levie, J., & Autio, E. (2008). A theoretical grounding and test of the GEM model. *Small Business Economics, 31* (3), 235–263.

Li, J., & Matlay, H. (2005). Graduate employment and small businesses in China. *Industry & Higher Education, 19* (1), 45–54.

Liberatory design (2021). Liberatory design: Mindsets and modes to design for equity. https://www.liberatorydesign.com/（最終閲覧日: 2024年4月10日）.

Linán, F., Rodríguez-Cohard, J. C. & Rueda-Cantuche, J. M. (2011). Facfors affecting entrepreneurial intention levels: A role for education. *International Entrepreneurship and Management*

Journal, 7, 195–218.
London, M., & Smither, J. (1999). Empowered self-development and continuous learning. *Human Resource Management, 38* (1), 3–15.
MaCall, M. W., & Bobko, P. (1990). Research methods in the service of discovery. In M. D. Dunnette and L. M. Hough (Eds.), *Handbook of Industrial and Organizational Psychology* (pp. 381–418). Palo Alto, CA: Consulting Psychology Press.
Macaro, E., Curle, S., Pun, J., An, J., & Dearden, J. (2018). A systematic review of English medium instruction in higher education. *Language Teaching, 51* (1), 36–76.
Macht, S. A., & Ball, S. (2016). Authentic alignment: A new framework of entrepreneurship education. *Education + Training, 58* (9), 926–944.
Madichie, N. O., & Gbadamosi. A. (2017). The entrepreneurial university: An exploration of "value-creation" in a non-management department. *Journal of Management Development, 36* (2), 196–216.
Mahieu, R. (2006). *Agents of change and policies of scale: A policy study of entrepreneurship and enterprise in education.* Doctoral Thesis, Umea University.
Maier, N. (1967). Assets and liabilities in group problem solving: The need for an integrative function. *Psychological Review, 74* (4), 239–249.
Man, W. Y. T., & Farquharson, M. (2015). Psychological ownership in team-based entrepreneurship education activities. *International Journal of Entrepreneurial Behaviour and Research, 21* (4), 600–621.
Maritz, A., & Brown, C. R. (2013). Illuminating the black box of entrepreneurship education programs. *Education + Training, 55* (3), 234–252.
Markman, G. D., Baron, R. A., & Balkin, D. B. (2005). Are perseverance and self-efficacy costless? Assessing entrepreneurs' regretful thinking, *Journal of Organizational Behavior, 26* (1), 1–19.
Martin Trust Center for MIT Entrepreneurship (2018). *Entrepreneurship is a craft that can be taught.* 2018 Annual report.
Mason, C., & Brown, R. (2013). Creating good public policy to support high-growth firms. *Small Business Economics, 40* (2), 211–215.
Mason, C., & Brown, R. (2014). Entrepreneurial Ecosystems and Growth-Oriented Entrepreneurship. Background Paper Prepared for the Workshop Organized by the OECD LEED Programme and the Dutch Ministry of Economic Affairs on Entrepreneurial Ecosystems and Growth Oriented Entrepreneurship, November, Hague. Available online: https://www.oecd.org/cfe/leed/ Entrepreneurial-ecosystems.pdf（最終閲覧日: 2024年4月10日）.
Matlay, H. (2001). Strategic issues in vocational education and training in central and Eastern Europe. *Education + Training, 43* (8/9), 395–404.
Matlay, H. (2005a). Entrepreneurship education in the UK business schools: Conceptual, contextual and policy considerations. *Journal of Small Business and Enterprise Development, 12* (4), 627–643.
Matlay, H. (2005b). Researching entrepreneurship and education, Part 1: What is entrepreneurship and does it matter? *Education + Training, 47* (8/9), 665–677.
Matlay, H. (2006). Researching entrepreneurship and education, part 2: What is entrepreneurship education and does it matter? *Education + Training, 48* (8/9), 704–718.
Matlay, H. (2008). The impact of entrepreneurship education on entrepreneurial outcomes. *Journal of Small Business and Enterprise Development, 15* (2), 382–396.

Matlay, H., & Carey, C. (2007). Entrepreneurship education in the UK: A longitudinal perspective. *Journal of Small Business and Enterprise Development, 14* (2), 252–263.
McCall, G. J. (1984). Systematic field observation. *Annual Review of Sociology, 10.* 263–282.
McCall, G. J., & Simmons, J.L. (1969). *Issues in participant observation: A text and reader.* Boston, MA: Addison-Wesley.
McDonald, D. (2017). *The golden passport.* New York, NY: Harper Collins.
McGrath, R. G., & MacMillan, I. (2000). *The entrepreneurial mindset: Strategies for continuously creating opportunity in an age of uncertainty.* Brighton, MA: Harvard Business School Press.
McInnerney, J., & Roberts, T. (2009). Collaborative and cooperative learning. In P. Rogers, G. Berg and J. Boettecher (Eds.), *Encyclopedia of Distance Learning* (pp. 319–326). Hershey,PA: Information Science Reference.
McKeon, T. K. (2013). A college's role in developing and supporting an entrepreneurship ecosystem. *Journal of Higher Education Outreach and Engagement, 17* (3), 85–90.
McKeown, J., Millman, C., Reddy Sursani, S., Smith, K., & Martin, L. M. (2006). Graduate entrepreneurship education in the United Kingdom. *Education + Training, 48* (8/9), 597–613.
McLennan, G. (1995). *Pluralism.* Oxford, UK: Oxford University Press.
McMullan, W. E., & Gillin, L.M. (2001). Entrepreneurship education in the nineties, revisited. In R.H.Brockhaus, G.E.Hills, H. Klandt and H.P.Welch (Eds.), *Entrepreneurship Education: A Global View* (pp. 57–77). Aldershot, UK: Ashgate Publishing.
McMullan, W. E., & Long, W. A. (1987). Entrepreneurship education in the nineties. *Journal of Business Venturing, 2* (3), 261–275.
Mikkelsen, A., & Gronhaug, K. (1999). Measuring organizational learning climate: A cross-national replication and instrument validation study among public sector employees. *Review of Public Personnel Administration, 19* (4), 31–44.
Ministry for Industry, Tourism and Trade (2006). *Directorate General for SME Policy,* 2006.
Misha, L., Gupta, T., & Shree, A. (2020). Online teaching-learning in higher education during lockdown period of COVID-19 pandemic. *International Journal of Educational Research Open, 1,* Article ID: 100012.
Mohamadi, Z. (2018). Comparative effect of project-based learning and electronic project-based learning on the development and sustained development of English idiom knowledge. *Journal Computing in High Education, 30* (2), 363–385.
Monahan, T. (2002). Flexible Space & Built Pedagogy: Emerging IT Embodiments. *Inventio, 4* (1), 1–19.
Moore, J. (1993). Predators and prey: A new ecology of competition. *Harvard Business Review, 71* (3), 75–86.
Moore, J. (2014). Effects of online interaction and instructor presence on students' satisfaction and success with online undergraduate public relations courses. *Journalism and Mass Communication Educator, 69*(3), 271–288.
Moore, M. G. (1989). Three types of interaction. *The American Journal of Distance Education, 3* (2), 1–6.
Morris, M. H., Shirokova,G., & Tsukanova, T. (2017). Student entrepreneurship and the university ecosystem: A multi-country empirical exploration. *European Journal of International Management, 11* (1): 65–85.
Murnieks, C. Y. (2007). *Who am I? The quest for an entrepreneurial identity and an investigation of*

its relationship to entrepreneurial passion and goal-setting. Doctoral Thesis, University of Colorado.

Murphy, W., & Kram, K. (2014). *Strategic relationships at work.* New York, NY: McGraw Hill.

Mwasalwiba, E. S. (2010). Entrepreneurship education: A review of its objectives, teaching methods, and impact indicators. *Education + Training, 52* (1), 20–47.

Nabi, G., Linan, F., Fayolle, A., Krueger, N., & Walmsley, A. (2017). The impact of entrepreneurship education in higher education: A systematic review and search agenda. *Academy of Management Learning and Education, 16* (2), 277–299.

Napier, W., & Hasler-Waters, L. (2002). Building and supporting student team collaboration in the virtual classroom. *Quarterly Review of Distance Education, 3*(3), 345–352.

National Council for Graduate Entrepreneurship (2007). *Report on enterprise and entrepreneurship in higher education.* https://www.climate-kic.org/partners/national-council-for-graduate-entrepreneurship/（最終閲覧日：2022年8月21日）.

Neal, J., Schor, S., & Sabiers, M. (1998). This is your life: A lifetime exercise to promote discussion of differences. *Journal of Management Education, 22*(6), 745–752.

Neck, H. M., & Greene, P. G. (2011). Entrepreneurship education: Known words and new frontiers. *Journal of Small Business Management, 49*(1), 55–70.

Neck, H. M., Greene, P. G., & Brush, C. G. (2015). *Teaching entrepreneurship: A practice-based approach.* Cheltenham, UK: Edward Elgar.

Neck, H. M., Neck C. P., & Murray, E. L. (2017). *Entrepreneurship: The practice and mindset.* Los Angeles, CA: Sage.

Nenonen, S., & Storbacka, K. (2010). Business model design: Conceptualizing networked value co-creation. *International Journal of Quality and Service Sciences, 2* (1), 43–59.

Neuwirth, S., Jović, S., & Mukherji, B. R. (2020). Reimagining higher education during and post-COVID-19: Challenges and opportunities. *Journal of Adult and Continuing Education, 27* (2), 141–156.

Nga, J. K. H., & Mun, S. W. (2013). The perception of undergraduate students towards accountants and the role of accountants in driving organizational change: A case study of a Malaysian business school. *Education+Training, 55* (6), 500–519.

Ngereja, B., Hussein, B., & Andersen, B. (2020). Does project-based learning (PBL) promote student learning? A performance evaluation. *Education Sciences, 10* (11), 330.

Nielsen, S. L., & Stovang, P. (2015). DesUni: University entrepreneurship education through design thinking. *Education + Training, 57* (8/9), 977–991.

Obadire, O. S., Mashau, T. S., & Misumi, C. (2020). Understanding internationalisation of higher education in the era of COVID-19. *Gender & Behaviour, 18* (4), 16777–16786.

O'Brien, E., Cooney, T.M., & Blenker, P. (2019). Expanding university entrepreneurial ecosystems to under-represented communities. *Journal of Entrepreneurship and Public Policy, 8* (3), 384–407.

OECD (2018). *The Future of Education and skills: Education 2030.* https://www.oecd.org/content/dam/oecd/en/publications/reports/2018/06/the-future-of-education-and-skills_5424dd26/54ac7020-en.pdf（最終閲覧日: 2022年8月21日）.

Okudan, G.E., & Rzasa, S.E., (2006). A project-based approach to entrepreneurial leadership education. *Technovation, 26* (2), 195–210.

Oosterbeek, H., Van Praag. M., & Ijsselstein, A. (2010). The impact of entrepreneurship education on entrepreneurship skills and motivation. *European Economic Review, 54* (3), 442–454.

Osgood, C. E. (1974a). Probing subjective culture: Part 1. Cross-linguistic tool-making. *Journal of Communication, 24* (1), 21–35.

Osgood, C. E. (1974b). Probing subjective culture: Part 2. Cross-linguistic tool-making. *Journal of Communication, 24* (2), 82–100.

Osgood, C. E., Suci, G. J., & Tannenbaum, P. H. (1957). *The measurement of meaning.* Urbana, IL: University of Illinois Press.

Osterwaider, A., & Pigneur, Y. (2010). *Business model generation: A handbook for visionaries, game changers, and challengers.* Hoboken, NJ: Wiley.

Peterman, N. E., & Kennedy, J. (2003). Enterprise education: Influencing students' perceptions of entrepreneurship. *Entrepreneurship Theory and Practice, 28* (2), 129–144.

Philpott, K., Dooley, L., O'Reilly, C., & Lupton, G. (2011). The entrepreneurial university: Examining the underlying academic tensions. *Technovation, 31* (4), 161–170.

Piccoli, G., Ahmad, R., & Ives, B. (2001). Web-based virtual learning environments: A research framework and a preliminary assessment of effectiveness in basic IT skills training. *MIS Quality, 25* (4), 401–426.

Pirnay, F., Surlemont, B., & Nlemvo, F. (2003). Toward a typology of university spin-offs. *Small Business Economics, 21* (4), 355–369.

Pittaway, L., & Cope, J. (2007). Entrepreneurship education: A systematic review of evidence. *International Small Business Journal, 25* (5), 479–510.

Prahalad, C. K., & Ramaswamy, V. (2004). *The future of competition: Co-creating unique value with customers.* Boston, MA: Harvard Business School Press.

Purbasari, R., Muhyi, A. H., & Sukoco, I. (2020). Actors and their roles in entrepreneurial ecosystem: A network theory perspective: Cooperative study in Sukabumi, West Java. *Review of Integrative Business & Economics Research, 9* (3), 240–253.

QAA (2012). *Enterprise and entrepreneurship education: Guidance for UK higher education providers.* Gloucester, UK: The QAA for Higher Education.

QAA (2018). *Enterprise and entrepreneurship education: Guidance for UK higher education providers.* Gloucester, UK: The QAA for Higher Education.

Quillinan, B., McEvoy, E., MacPhai, A., & Dempsey, C. (2018). Lessons learned from a community engagement initiative within Irish higher education. *Irish Educational Studies, 37* (1), 113–126.

Rae, D. (2010). Universities and enterprise education: Responding to the challenges of the new era. *Journal of Small Business and Enterprise Development, 17* (4), 591–606.

Ramírez, C. K. (2020). Influences of academic culture in collaborative online international learning (COIL): Differences in Mexican and US students' reported experiences. *Foreign Language Annals, 53* (3), 438–457.

Rarick, A. C., & Erfani, G. (2002). Reflections on foreign field-based experiential learning: Taking the classroom to the culture. *Academy of Leadership Journal, 6* (2), 20–25.

Read, S., Sarasvathy, S., Dew, N., Wiltbank, R., & Ohlsson, A.V. (2011). *Effectual entrepreneurship.* London, UK: Taylor & Francis.

Rideout, E. C. & Gray, D. O. (2013). Does entrepreneurship education really work? A review and methodological critique of the empirical literature on the effects of university-based entrepreneurship education. *Journal of Small Business Management, 51* (3), 329–351.

Riebe, L., Roepen, D., Santarelli, B., & Marchioro, G. (2010). Teamwork: Effectively teaching an employability skill. *Education + Training, 52* (6/7), 528–539.

Ries, E. (2017). *The lean startup.* New York, NY: Currency.

Roberts, E., & Eesley, C. (2011). Entrepreneurial impact: The role of MIT. *Foundations and Trends in Entrepreneurship, 7* (1/2), 1–149.

Romeo-Martinez, A. M. & Montoro-Sanchez, A. (2008). How clusters can encourage entrepreneurship and venture creation. Reasons and advantages. *International Entrepreneurship and management Journal, 4* (3), 315–329.

Rooney, P. S. (2000). Constructive controversy: A new approach to designing team projects. *Business Communication Quarterly, 63* (1), 53–61.

Roser, T., Defillippi, R., & Samson, A. (2013). Managing your co-creation mix: Co-creation ventures in distinctive contexts. *European Business Review, 25* (1), 20–41.

Rubin, J. (2017). Embedding collaborative online international learning (COIL) at higher education institutions. *Internationalisation of Higher Education, 2,* 27–44.

Ruhe, J., & Eatman, J. (1977). Effects of racial composition on small work groups. *Small Group Behavior, 8* (4), 479–486.

Ruskovaara, E., & Pihkala, T. (2013). Teachers implementing entrepreneurship education: Classroom practices. *Education + Training, 55* (2), 204–216.

Sánchez, J. C. (2011). University training for entrepreneurial competencies: Its impact on intention of venture creation. *International Entrepreneurship and Management Journal, 7* (2). 239–254.

Sarasvathy, S. D. (2001). Causation and effectuation: Toward a theoretical shift from economic inevitability to entrepreneurial contingency. *Academy of Management Review, 26* (2), 243–263.

Sarasvathy, S. D. (2008). *Effectuation: Elements of entrepreneurial expertise.* Northampton, MA: Edward Elgar.

Sarasvathy, S. D., & Dew, N. (2005). Entrepreneurial logics for a technology of foolishness. *Scandinavian Journal of Management, 21* (4), 385–406.

Sarasvathy, S. D., & Venkataraman, S. (2011). Entrepreneurship as method: Open questions for an entrepreneurial future. *Entrepreneurship Theory and Practice, 35* (1),113–135.

Say, J. B. (1803). A treatise on political economy. Dover, NY: Dover Publications.

Schon, D. (1983). *The reflective practitioner: How professionals think in action.* New York, NY: Basic Books.

School Reform Initiative (2001). *The paseo or circles of identity.* https://www.clee.org/resources/paseo-or-circles-of-identity/（最終閲覧日: 2024年11月20日）.

Schumpeter, J. A. (1934). *The theory of economic development.* Cambridge, MA: Harvard University Press.

Scott-Ladd, B., & Chan, C. C. (2008). Using action research to teach students to manage team learning and improve teamwork satisfaction. *Active Learning in Higher Education, 9* (3), 231–248.

Sexton, D. L., & Bowman, N. (1985). The entrepreneur: A capable executive and more. *Journal of Business Venturing, 1* (1), 129–140.

Shams, R. (2015). Stakeholders' perceptions and reputational antecedents: A review of stakeholder relationships, reputation and brand positioning. *Journal of Advances in Management Research,12* (3), 314–329.

Shams, R. (2016). Branding destination image: A stakeholder causal scope analysis for internationalisation of destinations. *Tourism Planning & Development, 13* (2), 140–153.

Shams, R., & Kaufmann, H. R. (2016). Entrepreneurial co-creation: A research vision to be materialised. *Management Decision, 54* (6), 1250–1268.
Shane, S. (2003). *A general theory of entrepreneurship: The individual – opportunity nexus*. Cheltenham, UK: Edward Elgar.
Shane, S., & Venkataraman, S. (2000). The promise of entrepreneurship as a field of research. *Academy of Management Review, 25* (1). 217–226.
Sharp, S. (2006). Deriving individual student marks from a tutor's assessment of group work. *Assessment & Evaluation in Higher Education, 31* (3), 329–343.
Shaw, M. E. (1983). Group composition. In H. H. Blumberg, A. P. Hare, V. Kent and M. F. Davies (Eds.), *Small Groups and Social Interaction* (pp. 89–96). Chichester, UK: Wiley.
Sher, A. (2009). Assessing the relationship of student-instructor and student-student interaction to student learning and satisfaction in web-based online learning environment. *Journal of Interactive Online Learning, 8* (2), 102–120.
Sheriff, M., & Muffatto, M. (2015). The present state of entrepreneurship ecosystems in selected countries in Africa. *African Journal of Economic and Management Studies, 6* (1), 17–54.
Shimauchi, S. (2018). Gender in English-medium instruction programs: Differences in international awareness? In A. Bradford and H. Brown (Eds.), *English-Medium Instruction in Japanese Higher Education: Policy, Challenges and Outcomes* (pp. 71–87). Bristol, UK: Multilingual Matters.
Shwetzer, C., Maritz, A., & Nguyen, Q. (2019) Entrepreneurial ecosystems: A holistic and dynamic approach. *Journal of Industry-University Collaboration,1* (2),79–95.
Siciliano, J. (2001). How to incorporate cooperative learning principles in the classroom: It's more than just putting students in teams. *Journal of Management Education, 25* (1), 8–20.
Siegel, D. S. (2012). Academic entrepreneurship: Lessons learned for university administrators and policymakers. In D. B., Audretsch and M. L.,Walshok (Eds), *Creating Competitiveness: Entrepreneurship and Innovation Policies for Growth* (pp. 116–135). Cheltenham, UK: Edward Elgar.
Sirelkhatim, F., & Gangi, Y. (2015). Entrepreneurship education: A systematic literature review of curricula contents and teaching methods. *Cogent Business & Management, 2* (1),1–11.
Solomon, G. (2007). An examination of entrepreneurship education in the United States. *Journal of small business and Enterprise Development, 14* (2), 168–182.
Souitaris, V., Zerbinati, S., & Al-Laham, A. (2007). Do entrepreneurship programmes raise entrepreneurial intention of science and engineering students? The effect of learning, inspiration and resources. *Journal of Business Venturing, 22* (4), 566–591.
Spigel, B. (2017). The relational organization of entrepreneurial ecosystems. *Entrepreneurship Theory and Practice, 41* (1), 49–72.
Spigel, B., & Stam, E. (2017). Entrepreneurial ecosystems. In R. Blackburn, D. De Clercq and J. Heinonen (Eds.), *Sage Handbook for Entrepreneurship and Small Business* (pp. 407–422). London, UK: Sage.
Stam, E. (2015). Entrepreneurial ecosystems and regional policy: A sympathetic critique. *European Planning Studies, 23* (9), 1759–1769.
Stanford d.school (2010). *An introduction to design thinking process guide*. https://web.stanford.edu/~mshanks/MichaelShanks/files/509554.pdf（最終閲覧日: 2024年11月20日）.
Stanford d.school (2019). *d.school*.https://dschool.stanford.edu/（最終閲覧日: 2019年3月20日）.
Stevenson, H., & Jarillo, J. (1990). A paradigm of entrepreneurship: entrepreneurial management.

Strategic Management Journal, 11 (5), 17–27.
Storey, D. J. (2000). Six steps to heaven: evaluating the impact of public policies to support small business in developed economies. In D.Sexton and H.Landstrom (Eds.), *The Blackwell Handbook of Entrepreneurship* (pp. 176–193). Oxford, UK: Blackwell.
Surlemont, B. (2007). Promoting enterprising: a strategic move to get schools' cooperation in the promotion of entrepreneurship. In: A, Fayolle. (Ed.), *Handbook of Research in Entrepreneurship Education: Contextual perspectives* (pp. 255–265). Cheltenham, UK: Edward Elgar.
Tan, S. S., & Ng, C. K. F. (2006). A Problem-based learning approach to entrepreneurship education. *Education + Training, 48*(6), 416–428.
Tanabe, S., & Hennings, M. (2017). Regional differences in the perception of study abroad in Japan: A case study of international exchange studies at Kwansei Gakuin University. *Kwansei Gakuin Humanities Review, 22*, 145–159.
Teichler, U. (2004). The changing debate on internationalization of higher education. *Higher Education, 48* (1), 5–26.
Thorsten, R. DeFillippi, R., & Samson, A. (2013). Managing your co-creation mix: Co-creation ventures in distinctive contexts. *European Business Review, 25* (1), 20–41.
Timmons, J. A. (1997). *New venture creation: Entrepreneurship for the 21st century* (4th ed.). New York, NY: McGraw-Hill/Irwin.
Timmons, J. A. (2003). *Entrepreneurial thinking: Can entrepreneurship be taught?* coleman foundation white paper series. Chicago, IL: Coleman Foundation.
Tsui, A. S., Egan, T. D., & O'Reilly, C. A. (1992). Being different: Relational demography and organizational attachment. *Administrative Science Quarterly, 37* (4), 549–579.
Tsuneyoshi, R. (2005). Internationalization strategies in Japan: The dilemmas and possibilities of study abroad programs using English. *Journal of Research in International Education, 4* (1), 65–86.
Twaalfhoven, B., & Wilson, K. (2004). Breeding more gazelles: The role of european universities. *The European Foundation for Entrepreneurship Research*, October.
Van de Ven, H. (1993). The development of an infrastructure for entrepreneurship. *Journal of Business Venturing, 8* (3), 211–230.
Venture Café Tokyo (2020) *Annual report 2020–2021*. https://venturecafetokyo.org/wp-content/uploads/sites/14/2021/09/VCT-Impact-Report-20-21.pdf（最終閲覧日：2024年9月1日）.
Vesper, K., & Gartner, W. (1997). Measuring progress in entrepreneurship education. *Journal of Business Venturing, 12* (5), 403–421.
Villar-Onrubia, D., & Rajpal, B. (2016). Online international learning. *Perspectives: Policy and Practice in Higher Education, 20* (2–3), 75–82.
Vincett, P., & Farlow, S. (2008). "Start-a-Business": An experiment in education through entrepreneurship. *Journal of Small Business and Enterprise Development, 15*(2), 274–288.
Vos, M., Celik, G., & de Vries, S. (2016). Making cultural differences matter? Diversity perspectives in higher education. *Equality, Diversity and Inclusion: An International Journal, 35*(4), 254–266.
Vygotsky, L. S. (1978). *Mind in society: The development of higher psychological processes*. Cambridge, MA: Harvard University Press.
Watson, W. E., Kamalesh, K., & Larry, K. M. (1993). Cultural diversity's impact on interaction process and performance: Comparing homogeneous and diverse task groups. *Academy*

of Management Journal, 36 (3), 590–602.

Williams, G. (1983). Managing diverse work groups: The implications for management education. *Leadership and Organization Development Journal, 40* (1), 20–25.

Wilson, K. (2008). Entrepreneurship education in Europe. *Entrepreneurship and Higher Education* (pp. 1–20). OECD.

Wilson, K. E., Vyakarnam, S., Volkmann, C., Mariotti, S., & Rabuzzi, D. (2009). *Educating the next wave of entrepreneurs: Unlocking entrepreneurial capabilities to meet the global challenges of the 21st century*. Cologny, Switzerland: World Economic Forum.

Wolcott, R. C., & Lippitz, J. M. (2009). *Grown from within mastering corporate entrepreneurship and innovation*. New York, NY: McGraw-Hill.

Wong, P. K., Ho, Y. P., & Autio, E. (2005). Entrepreneurship, innovation and economic growth: Evidence from GEM data. *Small Business Economics, 24* (3), 335–350.

Wood, D., Bruner, J., & Ross, G. (1976). The role of tutoring in problem solving. *Journal of Child Psychology and Psychiatry , 17* (2), 89–100.

Wright, M., Andy L., Bart C., & Binks, M. (2006). University spin-out companies and venture capital. *Research Policy, 35* (4), 481–501.

Wyckham, R. G. (1989). Ventures launched by participants of an entrepreneurial education program. *Journal of Small Business Management, 27* (2), 54–61.

Yazici, J. H. (2005). A study of collaborative learning style and team learning performance. *Education + Training, 47* (3), 216–229.

Yin, R. K. (1994). *Case study research: Design and methods*. 2nd ed. Thousand Oaks, CA: Sage.

Yin, R. K. (2009). *Case study research: Design and methods*. 4th ed. Thousand Oaks, CA: Sage.

Young, J. E. (1997). Entrepreneurship education and learning for university students and practicing entrepreneurs. In D. L. Sexton and R. W. Simlor (Eds.), *Entrepreneurship 2000* (pp. 215–238). Chicago, IL: Upstart Publishing.

Zhang, L. (2011). Comparative study of China and USA's colleges entrepreneurship education from an international perspective. *Journal of Chinese Entrepreneurship, 3* (3),185–194.

Zhou, Y., Jindal-Snape, D., Topping, K., & Todman, J. (2008). Theoretical models of culture shock and adaptation in international students in higher education. *Studies in Higher Education, 33* (1), 63–75.

Zull, J. (2002). *The art of changing the brain: Enriching the practice of teaching by exploring the biology of learning*. New York, NY: Routledge.

飯塚重善（2018）「大学教育における地域連携活動のあり方に関する一考察」『国際経営論集』55, 97-111.

飯田永久（2006）「わが国における MOT 教育の課題」『吉備国際大学政策マネジメント学部研究紀要』2, 7-12.

稲田優子（2018a）「アントレプレナーシップ教育の効果── IE Business School の事例を用いて」『Venture Review』32, 37-41.

稲田優子（2018b）「欧米・日本のビジネススクールにおけるアントレプレナーシップ教育プログラム比較──専攻（コース）・科目内容・実践活動を中心として」『経営戦略研究』12, 37-50.

稲田優子（2019a）「アントレプレナーシップ教育──欧州ビジネススクール卒業生のキャリア形成」『産研論集』46, 129-138.

稲田優子（2019b）「アントレプレナーシップ教育における起業に関する適性の効果──

理工学学習者と MBA 学習者のキャリア形成の示唆」『経営戦略研究』13, 17–29.
稲田優子（2023）「日加学習者の COIL における国際産学官連携型 PBL 科目の学習事項」『桃山学院大学総合研究所紀要』48（3）, 131–152.
五十嵐伸吾（2018）「テクノロジー・スタートアップと地域エコシステム ——福岡にいかにテクノロジー・スタートアップ創出のエコシステムを形成するか」『Venture Review』31, 3–13.
池田佳子（2016）「バーチャル型国際教育は有効か ——日本で COIL を遂行した場合」『留学交流』67, 1–11.
磯辺剛彦・矢作恒雄（2011）『起業と経済成長 Global Entrepreneurship Monitor 調査報告』慶應義塾大学出版会.
入江章栄（2015）『ビジネススクールでは学べない世界最先端の経営学』日経 BP 社.
岩城奈巳（2014）「渡航前、渡航中、渡航後の振り返りから考える交換留学に対する意識調査」『名古屋大学国際教育交流センター紀要』1, 27–32.
岩瀬大輔（2006）『ハーバード MBA 留学記』日経 BP 社.
上田完次・黒田あゆみ（2004）『共創とは何か』培風館.
畝田谷桂子（2022）「オンライン国際交流教育によるグローバルコンピテンス育成の一考察 ——タイ王国プーラバー大学とのオンライン国際協働学習の試み」『鹿児島大学総合教育機構紀要』5, 100–114.
江口誠（2016）「Web 学習システムを活用した英語教育の実践と課題（2）」『佐賀大学全学教育機構紀要』4, 57–70.
大江建（2004）「地域と一体となった、明日の日本を担う『生きる力』を育む起業家教育」『中小商工業研究』79, 20–30.
大江建（2008）「大学・大学院におけるアントレプレナー教育」基調講演Ⅰ　2008 年 10 月 18 日、日本ベンチャー学会「ベンチャービジネス・ベンチャーキャピタル教育フォーラム」主催：京都大学経営管理大学院，三菱 UFJ キャピタル寄付講座，経済産業省，日本ベンチャー学会，場所：京都大学.
郭潔蓉・杉本正彦・森下一成・金塚基（2021）「専門演習における産学連携事業を活用した実践型教育の導入」『東京未来大学研究紀要』15, 181–189.
亀田弘之・中村太一・駒谷昇一・神沼靖子・黒田幸明（2007）「産学協同による PBL の実践報告と評価」『情報処理学会研究報告情報システムと社会環境』25, 63–70.
河津祐之介・西誠・大林博一・堤厚博・山岡英孝・工藤知草・谷口哲也・藤井俊・内島洋子（2018）「入学前教育の改編に伴う学習効果の検証」『工学教育研究』26, 275–284.
木下康仁（1999）『グラウンデッド・セオリー・アプローチ ——質的実証研究の再生』弘文堂.
木下康仁（2003）『グラウンデッド・セオリー・アプローチの実践 ——質的研究への誘い』弘文堂.
木下康仁（2007）『ライブ講義 M-GTA ——実践的質的研究法　修正版グラウンデッド・セオリー・アプローチのすべて』弘文堂.
木村広幸・松尾潤・橋爪健一・中陳元彦・張宇（2019）「産学連携による PBL 型キャリア教育の試み」『工学教育研究講演会講演論文集』日本工学教育協会.
清川忠康（2013）『スタンフォードの未来を創造する授業』総合法令出版.
金雅美（2004）『キャリア・エンジンとしての MBA ——日本 MBA と米国 MBA の比較』学文社.

忽那憲治（2013）「アントレプレナーシップ教育の役割」忽那憲治・長谷川博和・高橋徳行・五十嵐伸吾・山田仁一郎『アントレプレナーシップ入門——ベンチャーの創造を学ぶ』有斐閣, 13-16.
グラハム, R. ギブス（2017）『質的データの分析』砂上史子・一柳智紀・一柳梢訳, 新曜社.
クリステンセン, C., J. ダイアー, H. グレガーセン（2012）『イノベーションのDNA——破壊的イノベーターの5つのスキル』桜井裕子訳, 翔泳社.
グローバル人材育成推進会議（2011）「グローバル人材育成推進会議中間まとめ」.
https://www.mext.go.jp/b_menu/shingi/chousa/koutou/46/siryo/__icsFiles/afieldfile/2011/08/09/1309212_07_1.pdf（最終検索日：2022年11月10日）.
経済産業省（2009）「起業家人材育成事業」.
https://warp.da.ndl.go.jp/info:ndljp/pid/10249573/www.meti.go.jp/policy/newbusiness/edu.html（最終閲覧日：2024年11月20日）.
経済産業省（2022）「スタートアップ創出元年、『5か年計画』で政策をギアチェンジ」.
https://journal.meti.go.jp/p/22377/（最終閲覧日：2020年8月1日）.
小泉潤二・志水宏吉（2007）『実践的研究のすすめ——人間科学のリアリティ』有斐閣.
小玉安恵（2018）「オンラインによる異文化間協働型の日本文化の授業COILの試み——異文化間で活躍できる人材の育成をめざして」『日本語教育』169, 93-108.
齋藤弘通（2012）「企業の中堅社員・ミドルマネージャーにとっての社会人大学院の意識と社会人大学院発展に向けた課題——国内MBAにおける社会人教育を中心に」法政大学大学院政策創造研究科博士学位論文.
齊藤園子・マーケン美乃里（2022）「オールド・ドミニオン大学の日本語クラスと北九州市立大学の授業を通じた国際協働学習」『北九州市立大学国際論集』20, 91-104.
坂口典弘・森数馬（2017）『心理学統計入門』講談社.
坂本旬（2008）「『協働学習』とは何か」『生涯学習とキャリアデザイン』5, 49-57.
佐藤郁哉（1992）『フィールドワーク——書を持って街へ出よう』新曜社.
佐藤智恵（2013）『世界最高MBAの授業』東洋経済新報社.
佐藤智恵（2017）『スタンフォードでいちばん人気の授業』幻冬舎.
サラスバシー, サラス（2015）『エフェクチュエーション——市場創造の実効理論』高瀬進・吉田満梨訳, 加護野忠男監訳, 中央経済社.
産学協議会（2019）「中間取りまとめと共同提言」.
https://www.keidanren.or.jp/policy/2019/037.html（最終閲覧日：2022年8月3日）.
採用と大学教育の未来に関する産学協議会（2022）「産学協働による自律的なキャリア形成の推進」.
https://www.keidanren.or.jp/policy/2022/039_honbun.pdf（最終閲覧日：2022年8月3日）.
篠原清夫・清水強志・榎本環・大矢根淳（2010）『社会調査の基礎——社会調査士A・B・C・D科目対応』弘文堂.
芝祐順・南風原朝和（1990）『行動科学における統計解析法』東京大学出版会.
嶋内佐絵（2016）『東アジアにおける留学移動のパラダイム転換——大学国際化と「英語プログラム」の日韓比較』東信堂.
島岡未来子（2022）「起業家を生み出す共創エコシステム、早稲田大学の実践的を超えた起業家教育」『先端教育』2月号.
https://www.sentankyo.jp/articles/aff357fe-1c8f-4bff-bd40-f80f323988d7（最終閲覧日：2022年8月3日）.

社会人基礎力に関する研究会 (2006)「職場や地域社会で活躍する上で必要となる能力について」.
　　　https://warp.da.ndl.go.jp/info:ndljp/pid/282046/www.meti.go.jp/press/20060208001/shakaijinkisoryoku-honbun-set.pdf（最終閲覧日：2024 年 9 月 1 日）.
シャーマー, C. オットー (2017)『U 理論　過去や偏見にとらわれず、本当に必要な「変化」を生み出す技能』中土井僚・由佐美加子訳，英治出版.
シャーマー, C. オットー & カウファー, カトリン (2015)『出現する未来から導く——U 理論で自己と組織、社会のシステムを変革する』由佐美加子・中土井僚訳, 英治出版.
シュンペーター, J. ヨーゼフ. (1998)『企業家とは何か』清成忠男訳，東洋経済新報社.
鈴木秀樹・庄子幸恵・板垣恵子・林圭子・小野八千代 (2015)「看護学生の早期体験実習における教育評価 (1)」『東北文化学園大学看護学科紀要』4 (1), 59–71.
須田敏子 (2019)『マネジメント研究への招待——研究方法の種類と選択』中央経済社.
大和総研 (2009)「平成 20 年度大学・大学院における起業家教育実態調査報告書」平成 20 年度経済産業省委託事業.
　　　https://dl.ndl.go.jp/view/download/digidepo_11220640_po_0017381.pdf?contentNo=1&alternativeNo=（最終閲覧日：2020 年 8 月 18 日）.
高田仁・松橋俊彦・中川功一・加藤浩介・松行輝昌 (2018)「産学連携型アントレプレナーシップ教育に関する考察——技術商業化を担う人材育成プログラムの特徴と効果」『研究　技術　計画』33 (2), 144–153.
高橋徳行 (2014)「企業家教育」宮本又郎・加護野忠男・企業家研究フォーラム編『企業家学のすすめ』有斐閣，476–488.
高山靖子・エドワード　サリッチ・服部守悦 (2021)「国際デザインワークショップにおける ICT の用研究」『静岡文化芸術大学研究紀要』22, 136–143.
谷川徹 (2016)「起業家教育（アントレプレナーシップ教育）の新潮流——"デザイン思考"を中心に」『Venture Review』28, 3–10.
寺島雅隆 (2013)『起業家育成論——育成のための理論とモデル』唯学書房.
寺西望・木村竜也・伊藤大輔 (2022)「PBL に基づいた『総合的な探究の時間』の実践」『日本教育工学会研究報告集』2, 1–6.
トーマツ (2014)「平成 25 年度創業・起業支援事業（起業家育成の実態及びベンチャー支援策の周知・普及等に関する調査）調査報告書」平成 25 年度経済産業省委託事業.
鞆大輔 (2018)「大学教育における産学連携型 PBL 実施手法の研究」『商経学叢』64 (3), 345–361.
永田祥子 (2019)「PBL における学生の主体的な学び——グローバル人材育成を目指した授業実践」『関西大学高等教育研究』10, 47–54.
二神恭一 (1997)『ビジネス・経営学辞典』中央経済社.
日経キャリアマガジン (2016)『社会人の大学院 2017』日本経済新聞出版.
日本学生支援機構 (2022)「2020（令和 2）年度日本人学生留学生状況調査結果」.
　　　https://www.studyinjapan.go.jp/ja/_mt/2022/11/date2020n.pdf（最終閲覧日：2022 年 11 月 16 日）.
日本経済再生本部 (2016)「ベンチャー・チャレンジ 2020」.
　　　https://www.kantei.go.jp/jp/singi/keizaisaisei/venture_challenge2020/pdf/venture_challenge2020_pamphlet.pdf（最終閲覧日：2020 年 8 月 18 日）.
日本経済新聞 (2006)「起業家講座の 70％が私立大、大和総研が調査」2006 年 3 月 15

日朝刊 15.
日本経済新聞（2017）「経営大学院留学生に活路」2017 年 7 月 26 日朝刊 27.
日本経済団体連合会（2015）「グローバル人材の育成・活用に向けて求められる取り組みに関するアンケート結果」.
　　https://www.keidanren.or.jp/policy/2015/028_honbun.pdf#page=15（最終閲覧日：2023 年 9 月 5 日）.
日本経済団体連合会（2018）「Society 5.0 ——ともに創造する未来」.
　　https://www.keidanren.or.jp/policy/2018/095_honbun.pdf（最終閲覧日：2023 年 7 月 30 日）.
野田智義・金井壽宏（2007）「リーダーシップの旅 ——見えないものを見る」光文社.
野村康（2017）「社会科学の考え方 ——認識論、リサーチ・デザイン、手法」名古屋大学出版会.
博報堂ブランドデザイン（2012）『ビジネスは「非言語」で動く ——合理主義思考が見落としたもの』アスキー・メディアワークス.
長谷川博和（2015）「アントレプレナー思考 ——イノベーションのデザイン」淺場茂・今村英明・根来龍之・長谷川博和・樋原伸彦・平野正雄『MBA ビジネスデザイン 戦略設計の基本と応用』日経 BP, 157–180.
濱嶋郎・竹内郁郎・石川晃弘（2005）『社会学小辞典』有斐閣.
林雄亮・石田賢示（2017）『基礎から学ぶ社会調査と計量分析』北樹出版.
原田紀久子（2010）「地域連携型アントレプレナーシップ教育とその効果」『経済教育』29, 81–83.
日向野幹也・松岡洋祐（2017）「大学教育アントレプレナーシップ ——いかにリーダーシップ教育を導入したか」ブックウェイ.
日向野幹也（2018）「高校生からのリーダーシップ入門」ちくまプリマー新書.
日向野幹也編（2022）「大学発のリーダーシップ開発」ミネルヴァ書房.
樋口耕一（2013）KH Coder. http://khcoder.net（最終閲覧日：2024 年 11 月 30 日）.
樋口耕一（2014）『社会調査のための計量テキスト分析 ——内容分析の継承と発展を目指して』ナカニシヤ出版.
ヒックス, ジョーゼル・平賀史子（1998）「人間科学における研究倫理について ——特に心理学における倫理的諸問題の概要」高橋順一・渡辺文夫・大渕憲一『人間科学研究法ハンドブック』ナカニシヤ出版, 31–51.
藤掛千絵（2020）「国際産官学連携 PBL 科目終了後の学生に対するインタビューから得たデータの考察 ——バーンド H. シュミットの 5 つの経験価値より」『南山大学教職センター紀要』6, 14–21.
藤本元啓（2021）「初年次教育科目「SOJO 基礎」について ——初年次教育と理工系専門教育との連動による大学と産業界との接続教育プログラムの試み」『崇城大学紀要』46, 37–55.
洞口治夫（2018）『MBA のナレッジ・マネジメント ——集合知創造の現場としての社会人大学院』文眞堂.
牧野恵美（2018）「海外における起業家教育の先行研究レビュー」『研究　技術　計画』33（2）, 92–100.
松尾亮爾（2018）「地方自治体における政策の形成と実践の論理 ——NPM と NPG の融合」関西学院大学大学院経営戦略研究科博士論文.
松田修一（2000）『ベンチャー企業の経営と支援』日本経済新聞出版.
松田修一（2003）「今、なぜ技術系人材への経営教育（MOT）が必要か」『情報管理』

46（4），242–252.

松永正樹・芦澤美智子・渡邉万里子（2020）「アントレプレナーシップ教育における Project-Based Learning（PBL）の効果と可能性――九州大学ロバート・ファン／アントレプレナーシップ・センターにおける実践事例から」『ベンチャーレビュー』36，91–105.

真野毅（2020）「全員参加の短期海外研修の教育的効果――修正版グラウンデッド・セオリー・アプローチ（M-GTA）を活用して」『グローバルマネジメント』3，45–63.

マーフィー，J. ビル（2011）『ハーバードビジネススクールが教えてくれたこと、教えてくれなかったこと――起業した卒業生3人の10年間』藤原朝子訳，阪急コミュニケーションズ．

みずほ情報総研（2017）「平成28年度産業経済研究委託事業（起業家精神に関する調査事業）報告書」平成28年度経済産業省委託事業．
https://www.meti.go.jp/policy/newbusiness/h28sangyoukeizaikenkyuitaku_houkokusho.pdf（最終閲覧日：2024年11月20日）．

水本篤（2010）「サンプルサイズが小さい場合の統計的検定の比較――コーパス言語学・外国語教育学への適応」『言語コーパス分析における数理データの統計的処理方法の検討』238，1–14.

水本篤・竹内理（2008）「研究論文における効果量の報告のために――基本的概念と注意点」『英語教育研究』31，57–66.

溝上慎一（2014）『アクティブラーニングと教授学習パラダイムの転換』東信堂．

箕浦康子（1999）『フィールドワークの技法と実際』ミネルヴァ書房．

水戸考道・森本郁代・Hennings, M.・田邉信（2019）「交換留学の経験と成果に関する研究」『関西学院大学高等教育研究』9，1–17.

宮本又郎（2014）「企業家学の系譜」宮本又郎・加護野忠男・企業家研究フォーラム編『企業家学のすすめ』有斐閣，4–21.

宮脇啓透・小森亜紀子・前田純弘，（2015）「学士（経営学）課程教育における学習効果の測定―― PBL による学生の態度変化の分析」『昭和女子大学現代ビジネス研究所紀要』1，1–13.

村瀬洋一・高田洋・廣瀬毅士（2007）『SPSS による多変量解析』オーム社．

村田晶子（2018）『大学における多文化体験学習への挑戦――国内と海外を結ぶ体験的学びの可視化を支援する』ナカニシヤ出版．

森下一成（2019）「産学公金連携『雷おこしプロジェクト』報告――足立区におけるコミュニティ・デザインを用いたキャリア教育（PBL）実践報告その1」『東京未来大学研究紀要』13，141–149.

文部科学省（2015）「我が国の高等教育の将来像」．
https://www.mext.go.jp/b_menu/shingi/chukyo/chukyo0/toushin/05013101.htm（最終閲覧日：2023年9月5日）．

文部科学省（2017a）「次世代アントレプレナー育成事業（EDGE-NEXT）」．
https://www.mext.go.jp/a_menu/jinzai/edge/1346947.htm（最終閲覧日：2020年8月18日）

文部科学省（2017b）「専門職大学院一覧 平成29年度5月現在）」．
http://www.mext.go.jp/a_menu/koutou/senmonshoku/__icsFiles/afieldfile/2017/08/28/1388009_1.pdf（最終閲覧日：2018年3月2日）．

文部科学省（2017c）「先導的経営人材養成機能強化促進委託事業 MOT 教育コアカリキュ

ラム平成 28 年度版」.
https://www.mext.go.jp/component/b_menu/shingi/toushin/__icsFiles/afieldfile/2017/06/13/1386737_2.pdf（最終閲覧日：2019 年 4 月 19 日）.

文部科学省（2018）「経営系大学院を取り巻く現状・課題について」.
http://www.mext.go.jp/b_menu/shingi/chousa/koutou/085/gijiroku/__icsFiles/afieldfile/2018/01/29/1400609_04.pdf（最終閲覧日：2018 年 3 月 2 日）.

文部科学省（2019）「専門職大学院制度の概要」（2019 年 5 月）.
https://www.mext.go.jp/content/20240221-mxt_senmon02-100001400_1.pdf（最終閲覧日：2024 年 11 月 10 日）.

文部科学省（2020）「Society 5.0 に向けた大学教育と採用に関する考え方－概要－」.
https://www.mext.go.jp/content/20200716-mxt_koutou01-000008782_01.pdf（最終閲覧日：2023 年 8 月 3 日）.

文部科学省（2021a）「アントレプレナーシップ教育の現状について」.
https://www.mext.go.jp/content/20210728-mxt_sanchi01-000017123_1.pdf（最終閲覧日：2022 年 8 月 3 日）.

文部科学省（2021b）「アントレプレナーシップ人材の裾野拡大に向けたプラットフォーム形成に係る調査分析報告」.
https://www.mext.go.jp/a_menu/shinkou/sangaku/mext_00008.html（最終閲覧日：2022 年 8 月 3 日）.

安岡高志・宮田安彦・井上俊也・菊地克彦（2018）「専門職大学での教養教育の内容と方法」川廷宗之編『専門職大学の課題と展望──社会人などの多様な学びを支えていくために』ヘルス・システム研究所, 145–167.

山田仁一郎（2013）「アントレプレナーという用語の輸入と訳語の変遷」忽那憲治・長谷川博和・高橋徳行・五十嵐伸吾・山田仁一郎『アントレプレナーシップ入門──ベンチャーの創造を学ぶ』有斐閣, 17–18.

横井奈央（2017）「EDGE プログラムにおける PBL の取組と今後の課題について」『工学教育』65（1），16–20.

吉川正美（2016）「学習者の動機づけ推移の考察──テキスト計量分析を中心に」『中国地区英語教育学会研究紀要』46, 11–20.

早稲田大学ビジネススクール（2002）『MOT 入門──技術系の MBA』寺本義也・松田修一監修, 日本能率協会マネージメントセンター.

早稲田大学ビジネススクール（2019）（早稲田大学大学院経営管理研究科）「Waseda business school 2019」パンフレット.

あとがき

　本刊行物は、JSPS 科研費 JP24HP5114 の助成を受けたものです。この場をお借りしてお礼を申し上げます。本書を刊行するにあたり、非常に多くの方々にご指導、ご協力を頂きました。石原俊彦教授、稲澤克祐教授、西本凌教授、梅村仁教授には、お忙しい中ご指導をして頂きましたことを深く感謝申し上げます。石原教授の研究室は、英国を中心とした海外研究者との結びつきが強く、活発な議論を通して石原教授と一門の方々から多角的な視点からご指導を頂きました。同時に、一門の発表を聞く中で、多様な知見を得ることができました。研究者や教育者としての根幹になるフィロソフィーも学習させて頂きました。日々の自己研鑽、生涯学習の重要性、相手の立場になって考え、苦楽を想像することなど今後の糧にしていきます。このように非常に恵まれた環境で、研究することができ、大変感謝しております。

　授業や調査にあたり、早稲田大学の大江建教授、九州大学の五十嵐伸吾教授、谷川徹教授、関西学院大学の甲斐良隆名誉教授、定藤繁樹名誉教授、佐藤善信名誉教授、鈴木修教授、谷村真理教授、玉田俊平太教授、西本凌教授、羽室行信准教授、冨田欣和教授、山本昭二教授（あいうえお順、調査当時の職名）にご協力頂きましたこと御礼申し上げます。

　定藤繁樹名誉教授は、私をアカデミック、アントレプレナーシップ教育の世界に導いてくれました。大学にインキュベーターがなくても Salon de Shigeki（定藤繁樹名誉教授の研究室）で、起業を志す学習者のメンターになり、人と人をつなぎ、学習者の夢を全力で支援する姿勢を間近で見ることができ、幸せな時間を過ごせましたことを心より感謝申し上げます。故佐竹隆幸教授は、お忙しい中、ご指導をして頂きました。ご冥福を心から申し上げます。

　また、Harvard Business School、MIT Sloan Business School、Chicago Booth、IE Business School、Kellogg Business School、Babson Business School、早稲田大学、九州大学、関西学院大学の皆様、貴重なお時間を頂いて快く質問紙調査およびインタビュー調査にご協力して頂きました。

Stanford 大学、Babson 大学の教職員研修、CIC Tokyo、大阪府、東京都の関係者の皆様にも知見をいただきました。心より感謝申し上げます。

　日本ベンチャー学会、関西ベンチャー学会、国際ビジネス研究学会、異文化経営学会、European Academy of Management, European Conference on Innovation and Entrepreneurship 等の学会発表等で研究に関する知見、多くの助言を頂いきました。国際ビジネス研究学会、異文化経営学会、関西学院大学から研究に関する経済的な支援をして頂きました。心より感謝申し上げます。

　本書の執筆に関して、八井田収教授、中山哲郎様、石原俊彦教授の一門の皆様、特に細海真二教授、松尾亮爾准教授、関西学院大学出版会の戸坂美果様、浅香雅代様から有益なご助言、ご指導を頂きました。心より感謝申し上げます。

　最後に、私をいつも温かく見守り、支え、一生涯、学習することの大切さ、勤勉さ、人への思いやり、優しさを教えてくれた両親、家族、友人に心から感謝の意を捧げます。

　私のアントレプレナーシップ教育の旅は、多くの人のご理解、励ましに支えられ、凝縮された貴重なものでした。関西学院大学の皆様をはじめ、世界のさまざまな素敵な方々と出会い、アントレプレナーシップに関する熱い思いを感じました。また、私は、この旅で、新たな知見の発見など知的好奇心のワクワク感を何度も得て、非常に楽しく、有意義な時間を過ごすことができました。目を輝かせた子ども達は、どのような未来を生きるのだろうかと思いを馳せながら、今後も、私は、「Mastery for Service」をモットーに、理論と実践におけるアントレプレナーシップ教育に携わり、自己研鑽に励みます。教育機関で教育、研究、社会貢献を進めながら、行動することで価値を創造し、世界・社会・地域がより良いものになるように貢献して参る所存です。

索 引

人名

Anderson, A. R.　iv, 8, 55, 59, 60, 69, 71, 180, 218, 285, 380, 388
Bandura, A.　256
Benbunan-Fich, R.　54, 55
Brown, R.　62
Brown, T.　x, 34, 324
Bruner, J.　290
Bygrave, W.　10, 11, 12, 14, 322
Cantillon, R.　9, 17
Cavagnaro, L. B.　335, 336
Clayton, C　10
Cotton, J.　56, 57, 58
Dewey, J.　43, 45, 49
Drucker, P.　10, 11, 12, 13, 381
Estrada-Liou, E.　335
Fayolle, A.　v, 12, 13, 25, 60, 224
Fisher, S.　56, 57
Gartner, W. B.　27, 28, 29, 393, 400
Gibb, A.　vi, 19, 29, 38, 43, 44, 45, 51, 52, 68, 234, 248, 253, 256, 258, 379, 383
Guth, S.　53, 275, 303
Hägg, G.　65, 67, 71, 263, 320
Harasim, L. M.　54, 55, 290, 302
Hiltz, S. R.　54, 55
Isenberg, D. J.　264, 266
Jack, S. L.　iv, 8, 55, 59, 60, 69, 71, 180, 218, 285, 380, 388
Jones, C.　iv, vi, vii, 8, 15, 27, 28, 41, 69, 71, 367, 368, 369, 371, 373, 388, 389, 393, 400
Katz, J. A.　x, 7, 19, 69
Kirzner, I　9
Kolb, D.　x, 49, 50, 51, 71, 146, 235, 248, 253, 258, 321, 381, 382
Kourilsky, M. L.　vi, viii, x, 8, 38, 39, 41, 69, 71, 244, 248, 254, 260, 374, 377
Kraiger, K.　55, 56, 57
Krueger, N. F.　56, 57, 58
Kuratko, D. F.　1, 12, 13
Kurczewska, A.　65, 67, 71, 263, 320
Lackéus, M.　iv, v, x, 8, 12, 14, 15, 26, 32, 38, 42, 54, 55, 57, 58, 69, 71, 165, 169, 170, 171, 180, 218, 261, 373, 380, 388, 389
Leibenstein, H.　9
Markman, G. D.　56, 57, 58
Mason, C.　264, 265, 320
Matlay, H.　iv, vi, vii, 8, 27, 28, 29, 41, 63, 64, 69, 71, 367, 368, 369, 371, 388, 389, 393, 400
Moore, J.　53, 54, 264, 276
Murnieks, C. Y.　56, 57, 58
Mwasalwiba, E. S.　iv, vi, vii, x, 7, 8, 15, 27, 29, 30, 31, 41, 43, 54, 58, 69, 71, 152, 189, 251, 367, 372, 373, 388, 389, 399
Nabi, G.　v, 8, 60, 65, 189, 251, 261, 287, 403
Neck, H. M.　10, 11, 12, 13, 14, 33, 38, 39, 40, 41, 244, 254, 260, 261, 323, 327
Rubin, J.　53, 54, 275, 304
Sánchez, J. C.　56, 57, 58
Sarasvathy, S. D.　x, 34, 35
Say, J. B.　9
Schumpeter, J. A.　9, 10, 11
Singh, M.　335, 336
Spigel, B.　264, 265, 320
Stam, E.　264, 265, 320
Timmons, J. A.　10, 11, 12, 13, 14, 15, 142, 371, 373
Vygotsky, L. S.　290
Yin, R. K.　164, 262
Zacharakis, A.　10, 11, 12, 14, 322, 326, 333

あ行

五十嵐伸吾　138, 139, 141, 142, 151, 431
大江建　15, 133, 134, 135, 151, 373, 431

か行

カウファー, カトリン　vi, vii, 46, 48, 58, 146,

235, 253, 258, 381, 382
木下康仁　　178, 179, 180, 249, 306
金雅美　　　78, 80, 81, 103, 105, 152
清川忠康　　107, 108, 109, 149

　　　　さ行

佐藤智恵　　78, 105, 107, 108, 109, 116, 121, 126, 127
島岡未来子　136, 137
シャーマー，C. オットー　vi, vii, 46, 47, 48, 51, 58, 146, 235, 253, 258, 381, 382

　　　　た行

高橋徳行　　19, 129, 172
谷川徹　　　139, 141, 151, 172, 378, 431
寺島雅隆　　11, 172

　　　　は行

原田紀久子　7, 22, 69, 369
日向野幹也　272
樋口耕一　　179, 180, 249

　　　　ま行

牧野恵美　　8
松田修一　　7, 191
溝上慎一　　43
村田晶子　　vii, 49, 50, 51, 52, 71, 235, 248, 253, 258, 381, 382, 383

　　　　や行

安岡高志　　vi, 8, 41, 42, 43, 44, 45, 53, 69, 71, 235, 253, 258, 273, 290, 304, 305
山川恭弘　　315, 322, 326, 329, 331, 332, 333
山田仁一郎　11

索　引

事項

あ行

愛　　111, 313, 331, 333, 334, 356, 359, 360, 361
IE　　v, vi, xi, 67, 76, 77, 86, 96, 98, 99, 101, 102, 103, 104, 121, 122, 123, 125, 126, 146, 148, 150, 151, 166, 168, 169, 172, 173, 174, 175, 176, 177, 218, 220, 223, 224, 225, 232, 235, 240, 243, 244, 251, 256, 257, 259, 260, 261, 370, 372, 376, 389, 392, 397, 402, 431
アイスブレイク　　275, 276, 289, 295, 336, 337, 339, 340, 341
アイデア創出　　41, 55, 110, 136, 139, 192, 325, 330, 336
アカデミック　　80, 117, 121, 154, 431
アクティブラーニング　　iii, 42, 43, 44, 46, 71, 234, 253, 258, 373, 378, 379, 394
足場づくり　　46, 149, 234, 290, 369, 395
アントレプレナー　　iii, iv, v, vi, viii, ix, 1, 2, 9, 10, 11, 12, 14, 15, 16, 17, 19, 20, 21, 25, 32, 33, 34, 38, 41, 55, 56, 57, 58, 60, 63, 114, 127, 128, 130, 131, 137, 138, 142, 143, 190, 197, 199, 200, 201, 202, 212, 223, 224, 231, 232, 233, 243, 244, 257, 261, 264, 266, 314, 319, 330, 374, 377, 385, 388, 390, 398
アントレプレナーシップ　　iv, 4, 5, 11, 12, 13, 14, 15, 16, 17, 24, 42, 43, 59, 67, 128, 130, 131, 137, 138, 139, 141, 142, 144, 145, 147, 151, 152, 166, 174, 199, 201, 224, 231, 235, 266, 271, 335, 370, 375, 396
アントレプレナーシップ教育　　iii, iv, v, vi, vii, viii, ix, x, xi, xii, xiii, xiv, 1, 3, 5, 7, 8, 14, 15, 16, 17, 19, 20, 21, 22, 24, 25, 26, 27, 28, 29, 30, 31, 32, 36, 38, 45, 46, 54, 55, 59, 60, 63, 64, 65, 67, 68, 69, 70, 71, 72, 75, 76, 109, 117, 122, 128, 136, 139, 146, 151, 153, 155, 161, 180, 218, 225, 249, 263, 267, 321, 322, 331, 365, 366, 367, 368, 369, 373, 374, 384, 385, 386, 388, 389, 390, 391, 392, 393, 394, 395, 396, 397, 400, 401, 402, 403, 431, 432
アントレプレナーシップ教育フレームワーク　　iv, vi, vii, xiv, 7, 8, 16, 27, 28, 30, 41, 152, 399, 401

アントレプレナーシップマインド　　iii, v, 15, 17, 211, 213, 256, 367, 388, 398
アントレプレナーシップマインドセット　　vi, 13, 121, 376, 384, 398
EFMD　　80, 81, 82, 83, 84, 85
E&Y　　279, 306, 307, 311, 312, 362
EQUIS　　75, 77, 81, 82, 84, 96, 97, 99, 103, 380, 387
イノベーション　　1, 9, 10, 11, 31, 47, 107, 108, 113, 114, 115, 117, 121, 126, 127, 139, 147, 191, 213, 265, 314, 315, 316, 321, 335, 342, 355, 356, 380
異文化理解　　xiii, 80, 277, 278, 282, 283, 285, 287, 288, 291, 292, 293, 299, 319, 321, 380, 390
意味づけ　　336, 337, 338, 342, 343, 344, 345, 347, 352, 354, 355, 356, 358, 359, 360, 363
意欲　　xiii, 14, 26, 138, 204, 210, 211, 215, 236, 243, 255, 282, 285, 287, 289, 291, 292, 293, 295, 298, 299, 300, 320, 322, 367, 390
インキュベーション　　vii, 30, 36, 75, 133, 134, 135, 139, 148, 317
インターンシップ　　vii, xi, 30, 41, 75, 81, 105, 108, 127, 148, 149, 216, 226, 227, 229, 231, 232, 234, 235, 240, 241, 244, 246, 247, 248, 249, 253, 256, 259, 260, 278, 304, 365, 366, 367, 368, 371, 374, 376, 385, 398, 400
インタビュー調査　　v, xii, 116, 165, 166, 168, 172, 177, 178, 181, 194, 200, 204, 206, 210, 218, 225, 235, 243, 245, 250, 368, 371, 389, 398, 402, 431
Well-being　　3, 5, 16, 59
AACSB　　75, 76, 77, 80, 81, 82, 83, 84, 85, 96, 97, 99, 103, 104, 154, 380, 387
AMBA　　75, 77, 80, 81, 82, 83, 84, 85, 97, 99, 103, 380, 387
エフェクチュエーション　　x, 32, 34, 35, 36, 71, 145, 374, 375
MIT Sloan　　v, xi, 19, 76, 77, 86, 96, 98, 99, 101, 102, 116, 117, 118, 119, 126, 142, 146, 147, 148, 149, 150, 166, 168, 172, 173, 176, 218, 225, 232, 315, 370, 376, 382, 383, 389, 402, 431
M-GTA　　168, 178, 179, 180, 210, 211, 226, 229, 238, 240, 245, 246, 249, 262, 306, 308, 390

435

OECD　　　　4, 5, 55, 59, 319, 379
大阪産業創造館　　xii, 317, 318, 362, 390, 393

か行

可視化　　33, 39, 49, 50, 178, 189, 235, 253, 258, 300, 325, 340, 353, 359, 360, 380, 381, 383, 387, 395, 399, 402
仮説検証　　24, 40, 136, 161, 162, 318, 361
課題解決能力　　xiii, 53, 198, 273, 277, 282, 285, 287, 293, 295, 298, 302, 379, 390
価値創造　　v, viii, ix, xii, xiii, xiv, 6, 13, 15, 16, 20, 26, 45, 46, 56, 57, 58, 70, 115, 126, 138, 234, 246, 247, 248, 249, 259, 265, 321, 330, 365, 372, 382, 384, 385, 386, 388, 393, 396
感謝　　200, 204, 206, 255, 299, 355, 367
関西学院大学　　v, xi, 76, 87, 96, 98, 99, 101, 102, 142, 143, 144, 147, 155, 166, 168, 169, 172, 173, 174, 176, 177, 180, 181, 182, 189, 194, 202, 206, 208, 218, 225, 245, 250, 251, 255, 256, 278, 284, 285, 292, 293, 295, 389, 402, 431, 432
起業　　iii, ix, xii, 2, 3, 13, 23, 29, 30, 32, 34, 36, 37, 38, 41, 56, 58, 59, 60, 61, 63, 64, 90, 101, 105, 106, 107, 108, 109, 117, 118, 119, 122, 126, 127, 128, 131, 134, 136, 137, 146, 147, 148, 149, 150, 151, 172, 173, 182, 184, 194, 199, 202, 204, 206, 208, 223, 224, 225, 226, 229, 231, 232, 233, 234, 240, 242, 244, 247, 248, 249, 255, 256, 257, 258, 259, 260, 261, 266, 267, 305, 315, 316, 317, 318, 319, 320, 322, 323, 329, 330, 331, 334, 366, 367, 368, 371, 372, 374, 375, 376, 377, 378, 381, 383, 384, 385, 387, 396, 398, 399, 400, 401
起業エコシステム　　iv, x, xii, xiii, xiv, 119, 136, 263, 264, 265, 266, 268, 310, 313, 314, 320, 321, 362, 384, 399
起業活動　　viii, ix, x, 1, 2, 14, 19, 38, 39, 68, 182, 265, 266, 267, 268, 269, 272, 320, 321, 374, 377
起業支援　　iii, viii, xii, 2, 6, 23, 64, 91, 141, 232, 233, 234, 240, 248, 259, 318, 321, 322, 363, 371, 372, 376, 377, 380, 390, 395, 396, 397, 398, 399, 401
起業思考　　iii, ix, 1, 12, 13, 14, 26, 38, 39, 56, 58, 109, 114, 122, 141, 142, 182, 184, 223, 225, 244, 260, 319, 320, 323, 329, 372, 373, 374, 378, 388
起業体験　　xi, 229, 230, 231, 233, 253, 257, 374, 376, 385, 387
起業に関する適性　　iv, v, xi, 8, 19, 54, 55, 59, 180, 181, 182, 223, 256, 261, 378, 380, 385, 389, 392, 395, 397, 401
起業率　　99, 103, 153, 154, 380, 397
気づき　　36, 37, 51, 112, 113, 139, 141, 202, 203, 211, 214, 244, 246, 248, 256, 259, 288, 300, 308, 312, 342, 343, 344, 345, 346, 347, 348, 350, 351, 355, 358, 359, 360, 362, 363, 366, 383, 384, 398
キャリア　　v, vi, 12, 36, 51, 60, 68, 80, 83, 84, 103, 108, 121, 141, 144, 150, 151, 154, 194, 202, 206, 218, 238, 240, 242, 243, 257, 260, 281, 289, 292, 300, 301, 302, 303, 304, 305, 321, 380, 382, 398, 400
キャリアデザイン　　383
QAA　　vi, vii, 8, 12, 13, 15, 36, 37, 69, 71, 235, 253, 254, 258, 260, 376
九州大学　　v, xi, 76, 90, 96, 98, 99, 101, 102, 134, 138, 139, 141, 147, 148, 150, 151, 155, 166, 172, 173, 177, 218, 225, 245, 372, 376, 377, 383, 389, 391, 397, 402, 431
教育学　　ix, x, 62
共感　　v, 5, 6, 12, 49, 59, 110, 111, 116, 146, 147, 206, 209, 233, 244, 255, 258, 260, 266, 299, 324, 326, 330, 346, 352, 358, 367, 368, 373, 383, 384, 386, 394, 395, 398, 400
教授法　　iv, vi, vii, x, xii, xiii, 8, 21, 22, 27, 29, 31, 42, 43, 45, 46, 71, 84, 109, 125, 129, 273, 278, 322, 323, 332, 341, 365, 367, 372, 378, 379, 380, 387, 395, 399
教職員　　viii, ix, xii, 6, 16, 21, 22, 52, 54, 55, 82, 84, 263, 273, 275, 276, 283, 284, 290, 291, 292, 300, 304, 305, 306, 310, 319, 321, 322, 324, 335, 336, 338, 339, 349, 361, 362, 363, 380, 386, 390, 393, 395, 399, 400, 402
教職員研修　　xii, 41, 42, 322, 333, 334, 359, 361, 362, 363, 372, 399, 432
共創　　v, viii, xi, xii, xiii, xiv, 45, 46, 49, 145, 229, 233, 240, 255, 256, 258, 264, 265, 266, 290, 291, 292, 300, 314, 319, 320, 356, 362, 363, 365, 367, 368, 373, 375, 383, 384, 386, 390,

索　引

392, 393, 394, 395, 398, 400
協働学習　　v, viii, xi, xii, xiii, xiv, 38, 43, 44, 45, 46, 53, 54, 55, 61, 62, 64, 71, 102, 103, 109, 115, 122, 143, 144, 146, 147, 153, 169, 190, 191, 192, 193, 194, 198, 202, 203, 223, 229, 230, 231, 232, 233, 234, 240, 241, 248, 249, 252, 253, 254, 255, 256, 258, 259, 261, 272, 275, 276, 278, 280, 281, 284, 289, 290, 291, 292, 295, 298, 300, 301, 302, 303, 304, 305, 311, 319, 320, 363, 365, 366, 367, 368, 370, 372, 373, 379, 380, 383, 384, 385, 386, 390, 391, 392, 393, 394, 396, 398, 400
空間　　315, 337, 338, 341, 342, 349, 353, 354, 356, 357, 359, 360, 363
グローバルキャリア　　xiv, 278, 279, 284, 287, 289, 290, 291, 292, 293, 300, 305, 311, 396
グローバル人材　　ix, 270, 274, 279
経営　　x, 3, 22, 58, 80, 116, 125, 138, 145, 367
経営学　　ix, x, 23, 129, 330
経　験　　xi, 45, 49, 111, 336, 337, 342, 343, 344, 345, 347, 355, 356, 358, 359, 360, 363, 385, 393
経験学習　　x, 26, 28, 36, 37, 45, 49, 50, 71, 122, 235, 248, 252, 256, 258, 261, 321, 381, 382, 385, 392, 395, 398, 401
経済産業省　　iii, ix, x, 2, 23, 24
傾聴　　48, 56, 57, 146, 147, 206, 255, 288, 291, 298, 300, 327, 366, 367
KH Coder　　168, 178, 179, 180, 194, 196, 249, 301, 304, 389
Kellogg　　v, xi, 76, 77, 86, 96, 98, 99, 101, 102, 126, 127, 128, 146, 148, 149, 150, 166, 168, 172, 173, 176, 218, 225, 228, 372, 376, 389, 402, 431
COIL　　viii, xiii, 53, 54, 61, 62, 71, 274, 275, 276, 277, 278, 279, 280, 282, 284, 288, 289, 290, 291, 292, 300, 303, 304, 305, 306, 308, 310, 313, 363, 380, 390, 399
効果検証　　iv, v, vii, ix, xi, xiv, 6, 7, 8, 16, 24, 61, 62, 63, 64, 67, 69, 114, 115, 161, 178, 179, 180, 249, 250, 251, 261, 278, 304, 305, 374, 375, 376, 378, 388, 389, 390, 392, 397, 402, 403
効果指標　　vii, 59, 380
効果測定　　iv, v, vi, vii, ix, xiii, 6, 8, 29, 31, 54, 55, 59, 67, 68, 69, 85, 141, 180, 218, 250, 251, 257, 259, 282, 306, 365, 367, 372, 376, 380, 383, 385, 387, 389, 395, 399, 400, 402
効果量　　168, 177, 178, 182, 220, 223, 224, 251, 287, 292, 295, 298
行動　　ix, 1, 2, 4, 6, 10, 11, 12, 13, 14, 21, 24, 25, 26, 31, 33, 34, 38, 40, 46, 47, 48, 51, 56, 59, 60, 83, 110, 112, 113, 114, 116, 139, 141, 142, 144, 145, 162, 179, 200, 231, 248, 258, 259, 269, 282, 300, 327, 328, 329, 330, 336, 341, 342, 346, 349, 355, 356, 357, 383, 401
国際産学官連携　　viii, 278, 300, 305, 363, 390, 399
国際認証　　77, 80, 81, 98, 99, 103, 153, 154, 155, 367, 368, 370, 396, 399, 400
国際認証機関　　vii, 75, 76, 81, 85, 96, 103, 151, 155, 250, 391, 392, 400, 402
個人学習　　54, 55, 281, 289, 292, 300, 303, 319, 320, 338, 363, 379, 380
コミュニケーション能力　　xiii, 53, 76, 199, 269, 274, 282, 285, 287, 288, 295, 299, 379, 390, 398

さ行

在日カナダ大使館　　279, 292, 306, 307, 310, 311, 362, 393
産学官連携　　269, 273, 290, 306, 310, 402
CIC Tokyo　　xii, 6, 314, 315, 362, 364, 390, 393, 432
GEM　　1, 2, 16, 130, 331
支援者　　v, viii, ix, 6, 38, 41, 71, 118, 149, 234, 244, 246, 248, 257, 260, 263, 310, 362, 374, 377, 399
支援センター　　iv, v, x, xi, 8, 75, 76, 90, 91, 96, 116, 117, 118, 146, 147, 149, 151, 153, 154, 166, 173, 229, 232, 233, 234, 250, 257, 374, 376, 377, 378, 385, 387, 391, 396, 401, 402
Chicago Booth　　v, xi, 67, 76, 86, 96, 98, 99, 101, 102, 104, 120, 146, 149, 150, 166, 168, 172, 173, 176, 218, 225, 376, 389, 402, 431
事業機会　　2, 10, 11, 12, 14, 33, 38, 41, 107, 129, 207, 322, 326, 374, 375, 384
事業創造　　ix, 35, 206, 269, 272, 321, 329, 330
資金調達　　vii, 56, 77, 119, 120, 127, 129, 152, 182, 224, 249, 267, 317, 367, 371, 378, 400
自己研鑽　　xi, xiii, 52, 165, 232, 240, 241, 243,

437

258, 300, 367, 381, 382, 384, 386, 393, 394, 395, 431
自己効力感　5, 26, 56, 57, 59, 184, 200, 202, 203, 207, 223, 224, 230, 231, 232, 233, 234, 252, 253, 255, 257, 366, 367, 375, 384, 398
自己成長　7, 230, 233, 240, 241, 242, 244, 274, 381, 382, 393
自己探求　v, viii, 46, 258, 366, 367, 368, 373, 381, 382, 384, 385, 394
自己の価値　xi, 231, 233, 234, 258, 367, 393, 398
自己表現　273, 338, 353
自主性　62, 230, 231, 232, 233, 256, 277, 290, 341, 366
自信　xiii, 14, 59, 117, 127, 200, 202, 203, 255, 256, 282, 285, 287, 289, 291, 292, 293, 295, 298, 299, 300, 320, 327, 333, 335, 352, 366, 384, 390
実証研究　iv, xi, 67, 71, 161, 166, 249, 310, 389
実践活動　x, xi, xiii, 8, 29, 30, 31, 75, 76, 86, 90, 91, 151, 152, 153, 155, 166, 172, 234, 250, 258, 365, 372, 391, 392, 394, 396, 397
質的研究　xi, 68, 161, 162, 163, 164, 165, 178, 179, 249, 389
質問紙調査　60, 63, 163, 166, 168, 169, 173, 176, 177, 181, 208, 209, 218, 256, 292, 389, 402, 431
社会課題　ix, 6, 70, 278, 322, 375, 401
生涯学習　50, 82, 83, 84, 381, 382, 383, 403, 431
醸成　iii, 5, 23, 24, 136, 138, 363, 384, 393, 402
新規事業　iii, vi, viii, 2, 3, 7, 27, 32, 136, 138, 236, 243, 256, 316, 317, 378, 386
人材育成　iii, iv, v, ix, xii, 1, 2, 3, 16, 23, 26, 42, 72, 138, 142, 270, 271, 272, 318, 321, 368, 373, 399
信頼　54, 117, 149, 203, 204, 205, 206, 290, 291, 300, 303, 312, 313, 314, 320, 327, 339, 352
信頼性　162, 163, 164, 215, 249, 255, 330, 331
SWOT　193, 280, 281, 284, 289, 298, 301, 302, 311
Stanford　vii, xi, xii, 67, 76, 77, 86, 96, 98, 99, 101, 102, 104, 107, 108, 109, 110, 111, 114, 115, 141, 142, 145, 146, 147, 148, 149, 150, 151, 172, 263, 322, 334, 335, 339, 349, 352, 353, 355, 360, 361, 362, 372, 382, 390, 393, 399, 432

ステークホルダー　41, 83, 85, 265, 266, 268, 313, 346, 356, 357, 367, 387, 400
専門職大学院　x, 75, 78, 79, 86, 87, 91, 96, 142, 249, 369, 375, 379, 397, 402
創造性　iv, 12, 13, 14, 15, 16, 57, 58, 59, 63, 114, 115, 273, 321, 322, 327, 330, 335, 380, 399

た行

体験学習　49, 50, 381
大和総研　3, 7, 22, 388
妥当性　33, 162, 164, 165, 249, 251, 390
多様性　viii, 3, 83, 84, 85, 102, 152, 169, 190, 240, 255, 291, 300, 308, 311, 312, 349, 367, 386, 394, 395, 396, 400
短期調査　v, vii, xi, 161, 168, 169, 180, 189, 250, 251, 261, 402
探究　319, 332
チームマネジメント　59, 252, 256, 366
長期調査　v, vii, xi, 64, 161, 168, 218, 250, 251, 257, 259, 392, 397, 402
挑戦　iii, vi, xi, xiii, 7, 23, 28, 39, 40, 107, 111, 112, 114, 121, 125, 135, 142, 197, 198, 199, 201, 233, 234, 258, 269, 272, 291, 299, 300, 315, 316, 321, 331, 332, 361, 371, 381, 382, 383, 399
t 検定　168, 177, 180, 249, 293, 389
d.school　109, 110, 111, 114, 115, 116, 148, 334, 335, 336, 338, 339, 341, 342, 346, 354, 355, 356, 357, 358, 360
Teaching & Learning Studio　334, 335, 336, 340, 355, 356
テキストマイニング　178, 278, 304, 389, 390
デザイナー　113, 336, 346, 349, 357
デザイン思考　4, 113, 114, 136, 139, 197, 199, 335
デザインシンキング　x, 32, 33, 36, 71, 109, 110, 111, 115, 116, 123, 154, 322, 324, 325, 336, 346, 358, 374, 375, 396
東京都産業労働局　xii, 306, 318
洞察力　15, 307, 311
トーマツ　3, 7, 318

索　引

な行

内省　v, vii, viii, xi, xiii, 4, 5, 37, 46, 47, 48, 59, 71, 116, 146, 231, 233, 234, 235, 258, 260, 349, 367, 368, 373, 381, 382, 383, 384, 386, 393, 394, 395, 398, 400

ネットワーク　ix, 10, 11, 20, 23, 38, 39, 40, 41, 77, 91, 103, 108, 109, 120, 122, 131, 133, 135, 146, 149, 176, 229, 234, 244, 245, 246, 248, 249, 258, 259, 264, 266, 313, 314, 315, 317, 320, 323, 324, 327, 333, 334, 367, 375, 377, 378, 384, 390, 398, 399, 402

は行

Harvard　v, ix, xi, 19, 29, 67, 70, 76, 77, 86, 96, 98, 99, 101, 102, 104, 105, 106, 107, 109, 135, 145, 146, 147, 151, 166, 168, 172, 173, 176, 218, 225, 231, 232, 234, 257, 370, 376, 381, 389, 402, 431

Babson　v, vii, xii, 10, 76, 86, 96, 98, 99, 101, 102, 103, 128, 129, 130, 131, 142, 147, 149, 150, 151, 166, 172, 173, 176, 218, 225, 263, 315, 322, 323, 329, 332, 333, 334, 361, 362, 363, 376, 389, 390, 393, 399, 402, 431, 432

PDCA　372, 373, 385, 386, 395, 400

PBL　42, 43, 125, 148, 267, 268, 269, 270, 271, 272, 273, 278, 282, 300, 304, 305, 306, 319, 362, 390

ビジネスプラン　12, 28, 30, 31, 32, 33, 36, 57, 58, 60, 61, 71, 75, 86, 90, 95, 106, 120, 121, 124, 129, 133, 146, 147, 153, 169, 173, 182, 184, 189, 197, 198, 199, 200, 203, 206, 235, 260, 279, 280, 281, 282, 284, 289, 313, 316, 365, 370, 392, 401

ビジネスプランコンテスト　37, 106, 120, 199, 200, 235, 244, 245, 371, 374, 376, 378

ビジネスモデルキャンバス　32, 33, 36, 71, 124, 197, 199, 280, 281, 284, 298, 301, 302, 374, 375

評価　2, 10, 21, 32, 35, 37, 43, 53, 55, 60, 64, 67, 77, 78, 81, 84, 85, 105, 108, 128, 129, 152, 154, 155, 172, 250, 275, 278, 280, 308, 312, 322, 326, 329, 330, 345, 354, 355, 357, 370, 387, 388, 399

評価指標　vii, 64, 65, 75, 81, 84, 85, 162, 380, 381, 386, 395, 402

フィードバック　34, 43, 44, 53, 103, 112, 121, 125, 205, 281, 284, 287, 298, 300, 302, 311, 314, 319, 327, 347, 348, 361, 375, 380, 387, 403

フィールドワーク　32, 75, 78, 81, 105, 106, 147, 162, 166, 167, 168, 169, 172, 173, 176, 177, 208, 209, 210, 211, 213, 215, 216, 244, 251, 256, 261, 365, 366, 371, 374, 375

フィールドワーク調査　xi, 166, 167, 169, 173, 176, 177, 181, 208, 371, 375

普及　vii, xiii, 3, 7, 23, 30, 79, 326, 365, 381, 386, 388, 390, 396, 402

フレームワーク　iii, iv, v, vi, vii, x, xii, 7, 8, 9, 25, 26, 27, 29, 31, 41, 49, 58, 59, 60, 67, 69, 70, 71, 85, 108, 123, 136, 147, 150, 151, 152, 235, 258, 292, 303, 359, 360, 365, 367, 368, 372, 381, 385, 387, 388, 389, 390, 395, 396, 399, 400, 402, 403

プロトタイプ　34, 47, 48, 110, 111, 112, 116, 118, 148, 282, 325, 337, 342, 346, 347, 358, 359, 360, 361, 375

ベンチャー企業　iii, 1, 23, 106, 108

ベンチャー創成　13, 58, 71, 75, 86, 87, 90, 153, 189, 366

報告書　21, 62, 150, 372, 383, 385, 387, 396, 399

方法論的多元論　162, 165, 389

ポートフォリオ　49, 50, 82, 84, 381, 382, 383, 395, 400

ま行

マインドセット　12, 13, 36, 37, 113, 114, 233, 244, 258, 259, 334, 367, 378

マニュライフ生命保険　292, 306, 307, 312, 313, 362, 393

メンター　vi, 6, 28, 37, 91, 109, 118, 120, 121, 124, 125, 149, 232, 233, 246, 249, 259, 316, 318, 377, 378, 431

文部科学省　iii, ix, x, 2, 3, 4, 5, 6, 7, 8, 16, 23, 69, 78, 79, 87, 91, 96, 135, 152, 321, 375, 379, 391, 397, 399, 402

や行

U理論　　vii, 46, 48, 51, 71, 146, 235, 258, 381, 382

European Commission　　x, 1, 8, 14, 15, 20, 21, 62, 63, 68, 69, 223, 225, 373, 380

ら行

リーダー　　13, 105, 108, 116, 121, 128, 132, 148, 151, 238, 250, 279, 353, 362, 372

リーダーシップ　　10, 14, 36, 56, 59, 76, 77, 78, 84, 107, 109, 113, 114, 126, 129, 131, 145, 191, 204, 206, 223, 255, 268, 270, 272, 273, 291, 299, 300, 315, 326, 330, 333, 334, 352, 353, 367

リーン・スタートアップ　　32, 34, 36, 58, 71, 154, 374, 375, 396

理解者　　v, viii, 38, 41, 71, 244, 248, 260, 374, 377

リフレクション　　4, 28, 37, 84, 112, 113, 229, 275, 278, 282, 304, 305, 336, 338, 341, 342, 346, 347, 350, 353, 357, 358, 360, 361, 362, 363, 379, 394

量的研究　　v, xi, 68, 161, 162, 163, 164, 165, 249, 389

倫理　　26, 39, 40, 76, 83, 84, 85, 137, 161, 165, 214, 231, 249, 379, 381, 389, 395

わ行

早稲田大学　　v, xi, 76, 80, 86, 87, 90, 91, 96, 98, 99, 101, 102, 103, 132, 133, 134, 135, 136, 137, 147, 148, 151, 154, 155, 166, 172, 173, 177, 218, 225, 245, 377, 389, 391, 397, 402, 431

【著者略歴】

稲田 優子（いなだ・ゆうこ）

桃山学院大学ビジネスデザイン学部准教授、博士（先端マネジメント）
コクヨ株式会社、Amazon Japan G.K.、関西学院大学国際教育・協力センター専任講師を経て、2021年4月から現職。

アントレプレナーシップ教育

2025年2月28日初版第一刷発行

著　者	稲田優子
発行者	田村和彦
発行所	関西学院大学出版会
所在地	〒662-0891 兵庫県西宮市上ケ原一番町1-155
電　話	0798-53-7002
印　刷	株式会社クイックス

©2025 Yuko Inada
Printed in Japan by Kwansei Gakuin University Press
ISBN 978-4-86283-386-0
乱丁・落丁本はお取り替えいたします。
本書の全部または一部を無断で複写・複製することを禁じます。